SCHÄFFER
POESCHEL

Péter Horváth (Hrsg.)

Erfolgreiche Steuerungs- und Reportingsysteme in verbundenen Unternehmen

Controlling als Chance in der Rezession

2009
Schäffer-Poeschel Verlag Stuttgart

Herausgeber:
Prof. Dr. Dr. h. c. mult. Péter Horváth,
Aufsichtsratsvorsitzender der Horváth AG, Stuttgart, und Geschäftsführer
der International Performance Research Institute gGmbH (IPRI), Stuttgart

Bibliografische Information Der Deutschen Nationalbibliothek
Die Deutsche Nationalbibliothek verzeichnet diese Publikation in der Deutschen Nationalbibliografie;
detaillierte bibliografische Daten sind im Internet über < http://dnb.d-nb.de > abrufbar.

Gedruckt auf chlorfrei gebleichtem, säurefreiem und alterungsbeständigem Papier

ISBN 978-3-7910-2897-2

Dieses Werk einschließlich aller seiner Teile ist urheberrechtlich geschützt. Jede Verwertung außerhalb der engen Grenzen des Urheberrechtsgesetzes ist ohne Zustimmung des Verlages unzulässig und strafbar. Das gilt insbesondere für Vervielfältigungen, Übersetzungen, Mikroverfilmungen und die Einspeicherung und Verarbeitung in elektronischen Systemen.

© 2009 Schäffer-Poeschel Verlag für Wirtschaft • Steuern • Recht GmbH
www.schaeffer-poeschel.de
info@schaeffer-poeschel.de
Einbandgestaltung: Willy Löffelhardt/Melanie Frasch
Satz: DTP + TEXT Eva Burri, Stuttgart, www.dtp-text.de
Druck und Bindung: Kösel, Krugzell, www.koeselbuch.de
Printed in Germany
September 2009

Schäffer-Poeschel Verlag Stuttgart
Ein Tochterunternehmen der Verlagsgruppe Handelsblatt

Vorwort

Es ist wichtig – gerade in der heutigen Situation – an der ständigen Qualitätsverbesserung des Steuerungssystems zu arbeiten, damit die Navigationsfunktion des Controllings auch bei rauem Seegang gut funktioniert. Es wäre ein grober Fehler des Controllers, wenn er auf die gegenwärtige Rezession allein mit blindwütigen Kostensenkungsaktionen reagieren würde.

Eine besondere Herausforderung an das Controlling stellt die Tatsache dar, dass die Wertschöpfung in komplexen Organisationsstrukturen stattfindet. Unternehmen sind heute vielfach komplexe Gebilde von miteinander in unterschiedlicher Intensität verbundenen Teileinheiten. Dies gilt auch für Organisationen im öffentlichen und Non-Profit-Bereich. Wir wagen die These, dass manche Kosten- und Absatzprobleme der gegenwärtigen Krise aus der suboptimalen Steuerung und aus mangelnder Erkennung von Risiken in solchen Strukturen entstanden sind.

Das 23. Stuttgarter Controller-Forum hat sich deshalb zum Ziel gesetzt, sich mit der Gestaltung von Steuerungs- und Reportingsystemen in verbundenen Unternehmen zu befassen. Mit der Unterstützung von hochkarätigen Experten haben wir dieses hochaktuelle Thema aus verschiedenen Perspektiven beleuchtet und analysiert. Dieser Tagungsband gibt einen hervorragenden Überblick über die gewonnenen Erkenntnisse.

Im ersten Abschnitt des Buches werden der Stand und Best Practices in der Konzernsteuerung anhand konkreter Praxislösungen demonstriert. Altfrid Neugebauer diskutiert die wesentlichste Herausforderung an die Steuerung in Konzernstrukturen: dezentrales »Unternehmertum« vs. zentrale »Steuerung«. Thomas M. Fischer und Stefanie Beckmann stellen die Anforderungen an die Informationsversorgung der Aufsichtsräte anhand einer empirischen Studie dar. Arno Mahlert, Ralf v. Baer, Martin Schomaker und Peter Zattler präsentieren Best-Practice-Beispiele der Konzernsteuerung.

Der zweite Abschnitt fokussiert auf die Steuerung in internationalem Kontext. Klaus Schmidt beschreibt die erforderlichen Controllingstrukturen in einem international ausgerichteten Dienstleistungskonzern. Boris Gleißner und Ellen Hohenfeld sowie Lothar Sander und Jan Vycital gehen in ihren Beiträgen auf die besonderen Aspekte der Unternehmenssteuerung in Russland ein.

Der dritte Abschnitt des Buches präsentiert Lösungsansätze zur Strukturierung des Controllings und aktuelle Controllingwerkzeuge. Zunächst berichten Jana Heimel, Uwe Michel und Holger Schmidt über aktuelle Benchmarks aus dem CFO-Panel von Horváth & Partners. Thomas Spitzenpfeil zeigt, wie die Balanced Scorecard zur Verbesserung des Planungsprozesses beiträgt. Katrin Hummel, Catharina Kriegbaum-Kling und Stefan Schuhmann stellen ein Verrechnungspreissystem vor, das sowohl berichtswirtschaftlichen als auch steuerlichen Anforderungen genügt. Carsten Bange erläutert den Nutzen von Business-Intelligence-Werkzeugen für den Controller. Meinhard Remberg stellt einen Vorschlag zum Aufbau einer Compliance-Organisation als Bestandteil des Risikocontrollings vor. Alexander Becker und René Linsner präsentieren das Beispiel einer Zentralisation des internen Rechnungswesens in einem internationalen Konzern.

Der vierte Abschnitt befasst sich mit der Unternehmenssteuerung im Gesundheits- und Sozialwesen. Bernd Halfar befasst sich in seinem Beitrag mit der Erfolgsmessung in sozialen NPO-Unternehmen. Wolfgang Rieger, Elizabeth Harrison und Volker Wendel stellen erfolgreiche Lösungen der Unternehmenssteuerung im Gesundheitsbereich vor.

Der fünfte Abschnitt stellt Steuerung und Reporting in verschiedenen Organisationen des öffentlichen Bereichs zur Diskussion. Vorgestellt werden: Universitäten (Peter Gomez und Sascha Spoun), die Bundesagentur für Arbeit (Klaus Schuberth und Michael Schopf), die Finanzagentur des Bundes (Carsten Lehr), das Finanzministerium Baden-Württemberg (Thomas Bögelein) und die Stadt Sindelfingen (Bernd Vöhringer und Barbara Stahl). Schließlich setzt sich Sven Christian Gläser mit dem hochaktuellen Problem des Cross Border Leasing auseinander.

Danken möchte ich allen Autoren, die viel Zeit und Mühe investiert haben, damit dieser Tagungsband termingerecht entstehen konnte. Ebenfalls danke ich Tanja Cramer, Susanne Donabauer und Benjamin Schulz, die mit großer Tatkraft die Redaktion dieses Buches besorgt haben.

Frau Ass. jur. M. Rollnik-Mollenhauer vom Schäffer-Poeschel Verlag unterstützte uns in gewohnt professioneller Weise bei der Realisierung des Buches. Auch ihr sei gedankt.

Stuttgart im Juli 2009   Prof. Dr. Dr. h.c. mult. Péter Horváth

Inhaltsverzeichnis

Vorwort V

I. Konzernsteuerung – State of the Art

Altfrid Neugebauer
Steuerung in Konzernstrukturen: dezentrales »Unternehmertum«
und zentrale »Steuerung« effektiv koordinieren 3

Thomas M. Fischer/Stefanie Beckmann
Informationsversorgung von Aufsichtsräten – Herausforderungen
an das Controlling 21

Arno Mahlert
Anforderungen an das Controlling aus Sicht der Holding 37

Ralf v. Baer
Von der AG zur Holding – Strukturelle Veränderungen im Mittelstand
und deren Auswirkung auf das Controlling 47

Martin Schomaker
Controlling zur Steuerung im Spannungsfeld zwischen Börsennotierung
und mittelständischen Konzernstrukturen 57

Peter Zattler
Die finanzielle Steuerung eines mittelständischen Konzerns –
Anforderungen an das Controlling 67

II. Internationales Controlling – Blickpunkt Russland

Klaus Schmidt
Zukunftsfähige Controllingstrukturen in der internationalen Dienstleistungs-
branche 77

Boris Gleißner/Ellen Hohenfeld
Das Bosch Management Reporting System 85

Lothar Sander/Jan Vycital
Das Planungs- und Kontrollsystem im Volkswagen Konzern 101

III. Steuerungsstrukturen und -werkzeuge

Jana Heimel/Uwe Michel/Holger Schmidt
Controller in der Krise – Aktuelle Benchmarks aus dem CFO-Panel 115

Thomas Spitzenpfeil
Verbesserung von strategischer Planung, Budgetierung und Reporting
mit Hilfe von Strategy Map und Balanced Scorecard 129

Katrin Hummel/Catharina Kriegbaum-Kling/Stefan Schuhmann
Verrechnungspreise bei TRUMPF unter betriebswirtschaftlichen
und steuerlichen Gesichtspunkten 145

Carsten Bange
Business-Intelligence-Werkzeuge – Nutzen für den Controller.......................... 157

Meinhard Remberg
Aufbau einer Compliance-Organisation in Familienunternehmen
als Bestandteil des Risikocontrollings 179

Alexander Becker/René Linsner
Zentralisierung von Internal-Accounting-Prozessen im Global Expert Center 185

IV. Unternehmenssteuerung und Reporting im Gesundheits- und Sozialsektor

Bernd Halfar
Social Return on Investment eines sozialen Unternehmens............................... 199

Wolfgang Rieger
Steuerung einer Unternehmensgruppe des Gesundheits- und Sozialsektors –
am Beispiel ZfP Südwürttemberg 207

Elizabeth Harrison
Controlling – oder die Kunst des Schattenboxens 219

Volker Wendel
Gruppenweite Unternehmenssteuerung in der Gesundheitswirtschaft 231

V. Steuerung und Reporting im öffentlichen Bereich

Peter Gomez/Sascha Spoun
Visionen und Strategien als Instrumente für eine eigenständige Profilbildung
von Hochschulen 245

Klaus Schuberth/Michael Schopf
Das Führungsinformationssystem der Bundesagentur für Arbeit 263

Carsten Lehr
Handlungsoptionen für die Strategische Unternehmenssteuerung
in der Finanzagentur des Bundes 277

Thomas Bögelein
Untersuchung komplexer Aufgaben und Prozesse am Beispiel
der Organisationsuntersuchung des Finanzministeriums Baden-Württemberg ... 289

Bernd Vöhringer/Barbara Stahl
Steuerung von kommunalen Beteiligungen im Spannungsfeld zwischen
privatwirtschaftlichen Anforderungen und öffentlichem Auftrag 299

Sven Christian Gläser
Cross Border Leasing – was nun? 311

Autorenverzeichnis 325

I. Konzernsteuerung – State of the Art

Steuerung in Konzernstrukturen: dezentrales »Unternehmertum« und zentrale »Steuerung« effektiv koordinieren

Altfrid Neugebauer[*]

1 Konzernstrukturen mit als Holding ausgeprägter Führungsgesellschaft – State of the Art?

2 Konzerne – eine kurze Einführung

3 Steuerung von Konzernen – Ausprägungen einer Holding

4 Welche Holding passt zu wem?

5 Kritische Würdigung durch den Autor – Ursachen für Konflikte in Holdingkonzepten

6 Konzern-Controlling – dezentrales Unternehmertum mit zentraler Steuerung kombinieren

7 Aktuelle Schwerpunkte auf der CFO-Agenda für das Konzern-Controlling

Literatur

---

[*] Altfrid Neugebauer, Senior Partner, Horváth & Partner GmbH, München.

1 Konzernstrukturen mit als Holding ausgeprägter Führungsgesellschaft – State of the Art?

Ja, wenn man nur alleine den Zahlen folgt. Aber sind Konzernstrukturen leicht zu steuern? Gibt es unternehmensindividuelle Unterschiede zu berücksichtigen? Sind Konzernstrukturen für jedes Unternehmen, insbesondere mittelständische, die richtige Wahl?

Mehr als 90 % aller deutschen Aktiengesellschaften sind heute als Konzern mit einer als Holding ausgeprägten Führungsgesellschaft organisiert. Konzernähnliche Strukturen sind heute zunehmend aber auch bei mittelständischen Unternehmen aller Größenordnungen zu beobachten.

Die Ausprägung des steuernden Eingreifens durch die Holding ist jeweils abhängig vom gewählten Holdingkonzept, welches ein Resultat der gewählten Steuerungsphilosophie des Unternehmens sein sollte.

Aktuelle Beispiele wie die Metro AG, die Deutsche Telekom AG, die ThyssenKrupp AG oder die Haniel-Gruppe zeigen dabei, dass gerade in wirtschaftlich schwierigen Zeiten Konzernführungen dazu neigen, Dezentralisierung in den Geschäftsfeldern zu regulieren und die Konzerngesellschaften durch entsprechende Controllinginstrumente enger zu führen oder sogar organisatorisch zu straffen und enger an die Holdinggesellschaft zu binden.

Dieser Artikel soll die typischen Fragestellungen bei der Steuerung in Konzernstrukturen beleuchten und insbesondere für das Controlling mit Beispielen aufzeigen, welche Schwerpunkte bei der Ausprägung von Prozessen, Organisation und Instrumenten des Controllings gesetzt werden sollten.

2 Konzerne – eine kurze Einführung

Das deutsche Aktiengesetz definiert den Konzern wie folgt: »Sind ein herrschendes und ein oder mehrere abhängige Unternehmen unter der einheitlichen Leitung des herrschenden Unternehmens zusammengefasst, so bilden sie einen Konzern; die einzelnen Unternehmen sind Konzernunternehmen« (§ 18 AktG).

Das zentrale Wesensmerkmal des Konzerns ist also die Zusammenfassung rechtlich selbstständiger Unternehmen unter einheitlicher Leitung. Die einheitliche Leitung ist ein unbestimmter Rechtsbegriff, bei dem der Gesetzgeber bewusst auf eine Konkretisierung verzichtet hat. Nach herrschender Meinung liegt einheitliche Leitung dann vor, wenn verbundene Unternehmen zu einer Planungseinheit zusammengefasst werden.

Die Gründe, die zur Bildung von Konzernen führen, sind vielfältiger Natur. Häufig ergeben sich Konzerngebilde als Folge organischen Wachstums, das die Gründung von Tochterunternehmen zweckmäßig erscheinen lässt. Daneben führen auch gezielte Expansions- und Diversifikationsstrategien zur Bildung von Konzernen bzw. zu deren Erweiterung (vertikale und/oder horizontale Expansion sowie laterale Expansion oder Diversifikation, Outsourcing).

Ein in der Literatur weiter genanntes Motiv, Transparenz durch Verschachtelung von Konzernunternehmen zu verhindern, mag vorkommen, begegnet uns bei unseren Klienten aber nicht und soll hier nicht weiter verfolgt werden.

Betrachtet man den Lebenszyklus von erfolgreich wachsenden und international tätigen Unternehmen ist festzustellen, dass die Entwicklung der Organisation eines Unternehmens zwangsläufig in einer Ausprägung einer Konzernorganisation resultiert. Dabei beschreibt die Konzernorganisation weniger die operative Organisation des Unternehmens zur Unterstützung der Kernprozesse als vielmehr die Führungsorganisation.

Auf dem Weg zum Konzern – Phasenmodell
Bei vielen großen und mittelständischen, oft auch noch familiengeführten Unternehmen (> 500 Mio. Euro Umsatz) sind diese Wachstumsschritte gut nachzuvollziehen (vereinfacht):
- Phase eins: Gründung/Marktreife, oft aus einer technologischen, hoch innovativen Kernzelle
- Phase zwei: Wachstum, Ausprägung einer funktionalen Organisation
- Phase drei: Internationalisierung mit Gründung regionaler Vertriebs- und Produktionsgesellschaften, erste Zukäufe von Unternehmen
- Phase vier: Sortimentserweiterung, Spezialisierung, Segmentierung: Management von Brands- und Produktgruppen, zunehmende Komplexität der Organisation
- Phase fünf: Ausprägung von Business Units, Segmenten, oft Übergang in eine Matrixorganisation (Funktionen/Business Units oder Regionen/Business Units)
- Phase sechs: Weiteres Wachstum, verbunden mit Diskussionen hinsichtlich der Rollenverteilung und Kompetenzen zwischen Zentrale und dezentralen Einheiten
- Phase sieben: Rechtliche Verselbstständigung der Business Units, Gründung einer Führungsgesellschaft

Die hier dargestellten Phasen werden natürlich nicht immer so idealtypisch durchlaufen und werden oft von Zukäufen begleitet. Die Phase sieben folgt auch nicht bei allen Unternehmen zwingend, viele Unternehmen sind auch heute richtigerweise noch in einer rechtlichen Einheit (Legal Entity) mit Geschäftsbereichen und Zentrale organisiert.

3 Steuerung von Konzernen – Ausprägungen einer Holding

Konzerne werden entweder durch eine selbst noch operativ tätige Gesellschaft geführt, die die Rolle einer Zentrale für die anderen Konzerngesellschaften übernimmt. Ein prominentes Beispiel hierfür ist sicherlich die Siemens AG. Hier hat sich der Begriff Stammhaus-Konzern geprägt. Alternativ werden Konzerne durch eine nicht operativ tätige Gesellschaft, die so genannte Holding, geführt. Diese ist, wie in der Einleitung beschrieben, die häufigste Verbreitungsform.

In der Realität haben sich drei verschiedene Grundformen der Holding ausgeprägt, Mischformen aus diesen werden hier nicht betrachtet.

- Die *Managementholding* hat kein eigenes operatives Geschäft. Im Gegensatz zu der Strategischen Holding bzw. Finanzholding hält sie jedoch nicht nur die Beteiligungen an den Tochtergesellschaften bzw. beschränkt sich auf die strategische Steuerung, sondern führt diese auch. Zu diesen Führungsaufgaben gehören typischerweise die Festlegung der strategischen Geschäftsfelder, die strategische Steuerung, die Besetzung von Führungspositionen und die Steuerung des Kapitalflusses innerhalb der Gruppe. Es ist möglich, dass die Vorstandsmitglieder der Holdinggesellschaft auch die Leitungsfunktionen der Tochtergesellschaften, z. B. als Vorstandsvorsitzende, wahrnehmen. Größter Vorteil dieser Holding ist ihre Flexibilität, da jedes Tochterunternehmen Strategien für sein Geschäftsfeld entwickelt. Diese Holdingform kombiniert Marktnähe und Flexibilität mittelständischer Strukturen mit der Kapitalkraft und Marktpräsenz großer Unternehmen. Beispiele: ThyssenKrupp AG (nach Reorganisation), Jungheinrich AG
- Die *Strategische Holding* hat keinen operativen Führungsanspruch, sie beschränkt sich auf die Mitgestaltung und Zusammenführung der Strategien der Tochtergesellschaften. Weitere Ziele sind die Optimierung der Kapitalbeschaffung, das Einbringen von Erfahrungswerten und Spezialisten, das »Abfedern« von Einzelentscheidungen der Gesellschaften sowie die Förderung des Informationsflusses. Beispiele: EON AG, RWE AG
- Die *Finanzholding* verwaltet vorrangig das Vermögen der Gesamtgruppe und übt weder die operative noch die strategische Leitung in ihren Tochtergesellschaften aus. Durch die Besetzung der obersten Führungspositionen, die Vorgabe von finanziellen Zielgrößen und die Zuteilung finanzieller Ressourcen besteht nur mittelbar Einfluss. Im Vordergrund steht die Ertrags- und Wertoptimierung des Konzerns als Gesamtheit, oder auch lediglich einzelner (Minderheits-)Beteiligungen. Beispiele: Werhahn-Gruppe (Düsseldorf), Schörghuber-Gruppe (München), Haniel-Gruppe (Duisburg)

4 Welche Holding passt zu wem?

Bei der Beurteilung der verschiedenen Holdingformen sollen steuerrechtliche und gesellschaftsrechtliche Aspekte nicht betrachtet werden, im Fokus soll die Eignung der Holding als Führungsorganisation stehen.

Konzerne, die ein Portfolio aus Unternehmen verschiedenster Branchen und Geschäftsmodelle führen, wählen verständlicherweise die Form der Finanzholding. Die Führung delegiert in solchen Konzernen die Definition und Umsetzung der Strategie an das Management der Töchter und erwartet »nur« die Erfüllung finanzieller Vorgaben. Die Tochterunternehmen in solchen Portfolios haben i. d. R. untereinander wenige Berührungspunkte und können kurzfristig zwecks Verkaufs aus dem Verbund gelöst werden.

Die Entscheidung für eine Strategische Holding bzw. Managementholding hängt vorrangig vom Führungsanspruch der Eigentümer bzw. des Managements der Holding und dem Reifegrad der Führungsorganisation ab:
- *Beispiel Strategische Holding (stark vereinfacht):* Das Management der Holding lässt sich im Rahmen der strategischen Planung die Strategien der Tochterunternehmen

erläutern, plausibilisiert diese und führt gemeinsame strategische Zielsetzungen auf Holdingebene zusammen. Das Management der Holding wird durch die Töchter mit einem standardisierten Monats- und Quartals-Reporting über die operative Performance des Geschäfts informiert und diskutiert nur über gravierende Abweichungen vom Plan. Weitere Schwerpunkte des Managements der Holding sind Akquisitionen, die Entwicklung neuer Geschäftsfelder sowie Mittel- und Ressourcenallokation.

- *Beispiel Managementholding (stark vereinfacht):* Das Management der Holding erarbeitet gemeinsam mit den Töchtern die strategische Planung, stimmt Synergien zwischen den Töchtern ab und verfolgt die Strategieumsetzung einschließlich der dazugehörigen Maßnahmen sehr eng. Das Management der Holding reagiert bei Planabweichungen im Monats-Reporting auch operativ mit der Initiierung von Maßnahmen zur Gegensteuerung. Das Management ist verantwortlich für die Standardisierung von Prozessen und Instrumenten in den operativen Prozessen.

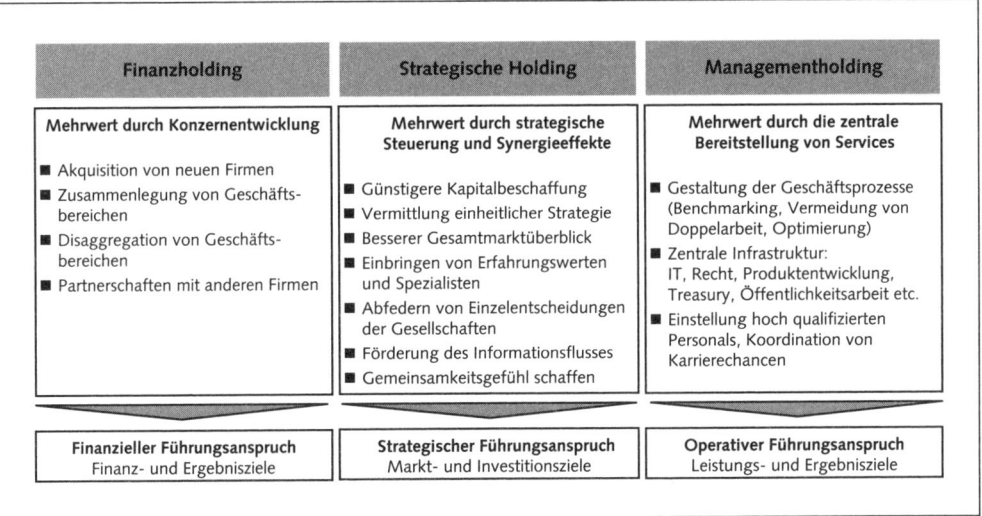

Abb. 1: Führungsanspruch nach Holdingtypen

Viele mittelständische Konzerne (und damit sind aus unserer Erfahrung durchaus Unternehmen in der Größenordnung 3–5 Mrd. Euro Umsatz gemeint), die den Schritt zur Gründung einer Holdinggesellschaft machen, sind sich über den gewollten Führungsanspruch der Holding nicht klar. Insbesondere in Familienunternehmen mit starkem Beirat und so genanntem Fremdmanagement sind die Grenzen zwischen strategischem und operativem Handeln oft fließend.

Für diese Unternehmen empfiehlt sich zunächst der Schritt Richtung Managementholding mit dem Ziel, das Management in Holding und Töchtern für die neuen Herausforderungen in der Führungsorganisation »einzuüben«. Gleichfalls gilt es, Prozesse und Instrumente der Unternehmenssteuerung zu standardisieren. Der Schritt Richtung Strategische Holding kann dann einige Jahre später erfolgen.

Die Bilanz der Vor- und Nachteile von Segment- bzw. Geschäftsbereichsorganisationen mit einer Holding als Führungsgesellschaft fällt auf dem Papier (und meistens auch in der Praxis) positiv für die Holding aus.

Den vielen offensichtlichen Vorteilen wie (Auswahl)
- hohe Motivation von Management und Mitarbeitern u. a. durch größere Autonomie,
- erhöhte Flexibilität und Koordination (durch kleinere Einheiten),
- Marktnähe/Marktorientierung, bessere Kunden-, Gebiets- bzw. Produktorientierung,
- leichterer Zukauf/Verkauf von Einheiten, genauso Desinvestitionen,
- spezifische Ausrichtung auf die Divisionsstrategien möglich,
- struktureller Anstoß für strategisches Denken,
- bessere Kunden-, Gebiets- bzw. Produktorientierung,
- ...

stehen aber gewichtige mögliche negative Effekte entgegen:
- Synergie-Verluste,
- Spartenegoismus (Kannibalismus: Substitutionskonkurrenz zwischen den Divisionen),
- erhöhter Bedarf an Leitungsstellen,
- höherer Koordinierungsbedarf und hoher administrativer Aufwand,
- potenzielle Differenz zwischen Divisions- und Unternehmenszielen,
- ...

Gemeinsames Ziel des Managements muss es sein, diese negativen Effekte zu vermeiden und ihnen entgegenzuwirken.

5 Kritische Würdigung durch den Autor – Ursachen für Konflikte in Holdingkonzepten

Zwei wesentliche Gründe für das Scheitern von Holdingskonzepten haben wir in den vergangenen Jahren beobachtet:

Unzureichende Definition von Rollen/Verantwortung
In einer Holdingstruktur zu arbeiten heißt für das Management der Töchter »Macht teilen« mit dem Management der Holding und für das Holding-Management »führen«. Diese Idealvorstellung entspricht in vielen Fällen aber nicht den Skills bzw. dem Selbstverständnis der Manager. Eine sehr klare Ausformulierung der Rollen und Verantwortlichkeiten sowie das Durchsetzen der Holdinginteressen (aus Sicht der Holding) bzw. das Einhalten formulierter Kompetenzgrenzen (aus Sicht der Töchter) ist daher elementar für den Erfolg der Holding als Führungsorganisation.

In der Praxis sind immer wieder Mischformen von Holdingstrukturen zu erkennen (z. B. die »Strategische Finanzholding« oder die »Operative Managementholding«, die sich nach genauerer Analyse oft als Kompromiss entpuppt haben: Führungsorganisation wurde »rund um handelnde« Personen konstruiert. Diese »Individualisierung« kann Vorteile haben, um die Nachteile muss das Management wissen und mit ihnen umgehen können.

Überforderung der Organisation durch die Führungskomplexität einer Holding
Beim Übergang von einer Stammhausorganisation in eine Konzernstruktur mit einer Holding als »Zentrale« erfolgt eine Umverteilung von Verantwortung und Leitungsfunktionen. Auch neue Rollen wie z. B. die eines Shared Service Centers entstehen. Neben der Komplexität in der Führungsorganisation wächst der Aufwand für die Administration der Holding: interne Verträge, Transferpreise, Konzernumlagen, Service Level Agreements, Aufgabenbeschreibungen für zentrale/dezentrale Services, um nur einige Themenfelder zu nennen. Diese Herausforderungen gilt es bei einer Aufwand-/Nutzenbetrachtung zu berücksichtigen bzw. anzunehmen.

Der Schritt in eine Konzern- und Holdingstruktur sollte gerade für mittelständische Unternehmen gut überlegt sein: Generell erkennen wir einen Trend zu (vor-)schnellen rechtlichen Ausgründungen von Geschäftsfeldern. Die Motivation dazu liegt oft in einer damit (gewünschten) einhergehenden erhöhten Transparenz, reduzierten Risiken und motiviertem, unternehmerisch handelndem Management. Diese Ziele können aus unserer Sicht aber unbedingt auch ohne das Ausgründen von Gesellschaften und Schaffen von Konzern-/Holdingstrukturen (und den damit verbundenen Nachteilen) erreicht werden: Transparenz ist eine Frage guter Controllingsysteme und die Motivation zu unternehmerischem Handeln resultiert aus der Kombination von guter Führung und Incentivierung.

6 Konzern-Controlling – dezentrales Unternehmertum mit zentraler Steuerung kombinieren

Die notwendige Definition von Rollen und Verantwortlichkeiten gilt insbesondere auch für das Controlling in Konzernstrukturen. Das Controlling ist in alle wichtigen kaufmännischen Entscheidungsprozesse eingebunden und damit auch Teil eines möglichen Konflikts in der Führungsorganisation.

In vielen uns bekannten Unternehmen ist zu beobachten, dass die am Markt tätigen Business Units und Regionen ihren Anspruch auf unternehmerischen Freiraum auch auf die unterstützenden Unternehmensprozesse wie Controlling, Rechnungswesen, Personal u. a. ausweiten. Dies steht in Konflikt zu den Bemühungen des Konzerns, diese Prozesse möglichst effizient und wirtschaftlich abzuwickeln. Damit verbundene Überlegungen wie z. B. der Aufbau von Shared Services für das Rechnungswesen oder die Einrichtung einer Reporting Factory für das Controlling stoßen in vielen Unternehmen auf Widerstand.

Die Aufgabe des Konzern-Managements besteht darin, die Interessen sowohl der dezentralen Einheiten hinsichtlich unternehmerischer »Bewegungsfreiheit« als auch die wirtschaftlichen Zielsetzungen auszugleichen.

Dabei ist die Diskussion hinsichtlich der Frage, ob eine zentrale oder dezentrale Controllingorganisation die richtige ist, eigentlich nicht zielführend. Generell gilt auch für das Controlling, sich »kundenorientiert« aufzustellen, was zwangsläufig zu einer Ausrichtung auf Geschäftsbereiche bzw. auf funktionale Verantwortungsbereiche führt. Damit verbunden ist auch immer eine Annäherung an diesen »internen« Kunden und eine damit verbundene Dezentralisierung. Die Frage ist letztlich immer, wer den physischen, fachlichen und disziplinarischen Zugriff auf den Controller hat.

Aktuell: Trend zur Zentralisierung im Controlling
Schon vor Beginn der so genannten Wirtschaftskrise war seit einigen Jahren zu beobachten, dass ein zunehmender Trend zur Zentralisierung im Controlling vorlag (vgl. *Horváth & Partners CFO-Panel* 2009). Treiber dieses Trends waren sicherlich Bemühungen der Unternehmen, die Controllingprozesse effizienter zu gestalten.

Die Wirtschaftskrise hat diesen Trend sicherlich beschleunigt, die bereits zitierten Beispiele zeigen, dass Unternehmen in Krisenzeiten Transparenz und Reaktionsgeschwindigkeit auch durch eine zentralere Steuerung sicherstellen wollen.

Letztlich folgt auch die Controllingorganisation einem bekannten Zyklus in der Soziologie von Unternehmen: Besteht Unsicherheit hinsichtlich der wirtschaftlichen Situation oder der Qualität in der Standardisierung von Prozessen und Instrumenten sowie der Qualifikation der Mitarbeiter, dann neigen Unternehmen zu einer Zentralisierung. In der Praxis beobachtet man anschließend (so genannte Phase der Sicherheit) wiederum eine Phase der Dezentralisierung.

7 Aktuelle Schwerpunkte auf der CFO-Agenda für das Konzern-Controlling

Die Ausrichtung der Controllingorganisation und damit verbundene Diskussion der Rollen und Verantwortlichkeiten ist generell für jeden einzelnen Controllingprozess bzw. jedes Controllinginstrument zu beantworten. Hier bietet es sich an, die Aufgabenverteilung zwischen zentralem und dezentralem Controlling in einer so genannten Funktions-/Prozessmatrix zu visualisieren (vgl. Abbildung 2).

Die wirtschaftlichen Entwicklungen des vergangenen Jahres haben vielen Unternehmen schmerzhaft gezeigt, dass eine mangelnde Transparenz und eine fehlende Durchgängigkeit von Controllingprozessen in der Konzernorganisation Geschwindigkeit bei der Erarbeitung von Gegensteuerungsmaßnahmen gekostet hat.

Die CFO-Agenda in vielen uns bekannten Unternehmen beinhaltet die Weiterentwicklung bzw. Schärfung wesentlicher Instrumente der Steuerung: Die wichtigsten Hebel zur Optimierung im Konzernverbund sollen hier kurz erläutert werden. Die Priorität ist hinsichtlich des gewünschten Realisierungszeitraums individuell zu setzen:
- Standardisierung der strategischen Planung (mittelfristiges Ziel)
- Integration von strategischer und operativer Planung (mittelfristiges Ziel)
- Beschleunigung/Komplexitätsreduktion der operativen Planung (mittelfristiges Ziel)

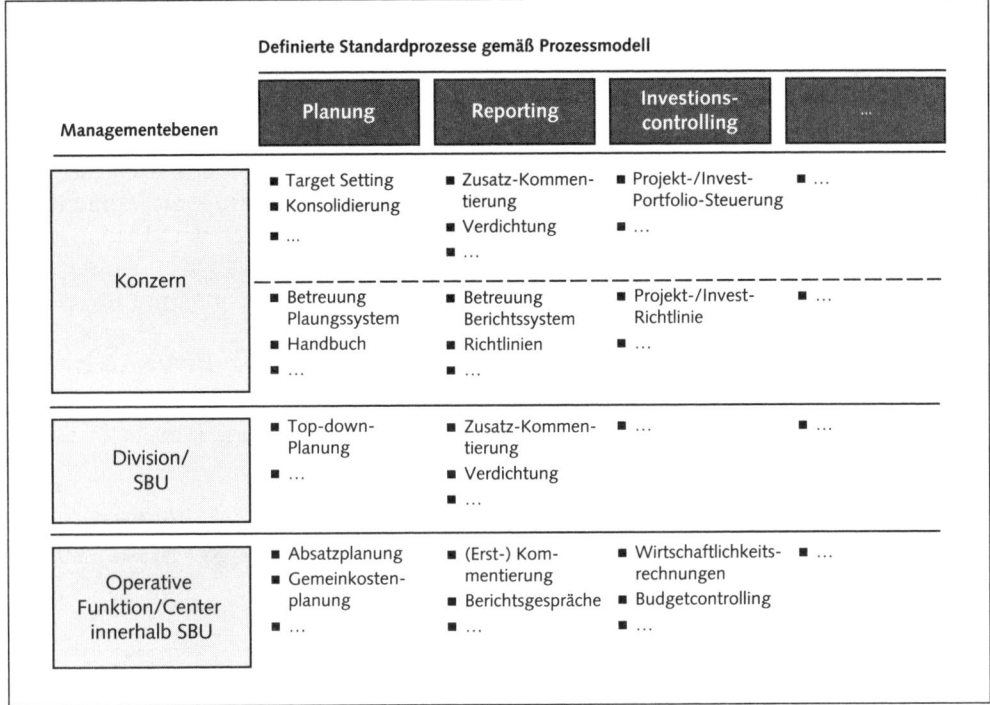

Abb. 2: Funktions- und Prozessmatrix für das Controlling im Konzern (vereinfacht)

- Konzepte/Tools zur Szenario-Planung und Simulation (kurzfristiges Ziel)
- Integration von Forecast-Prozessen und Instrumenten (kurzfristiges Ziel)
- Integriertes Maßnahmencontrolling (kurzfristiges Ziel)
- Einführung von Flash-Reports (kurzfristiges Ziel)
- Working Capital Management als Garant für die Liquiditätssicherung (kurzfristiges Ziel)

Standardisierung der strategischen Planung
Unabhängig von der Ausprägung der gewählten Holding (Strategische Holding bzw. Managementholding) ist, dass in den meisten uns bekannten Konzernen die Geschäftsfelder als Ergebnis der strategischen Planung eine hoch verdichtete Strategieunterlage präsentieren, deren Umfang und Layout meist nicht standardisiert ist. Gleiches gilt für den Prozess der Erstellung und die Nutzung geeigneter Analyse-Instrumente.

Zielsetzung der i. d. R. jährlich stattfindenden strategischen Planung ist, Markt- und Wettbewerbsumfeld des Unternehmens zu analysieren und Handlungsoptionen abzuleiten, diese mit eigenen Ideen zu kombinieren und so genannte strategische Optionen zu formulieren. Wichtig ist, den Grad der Einbringung ausgesuchter Mitarbeiter zu definieren und mit Hilfe von Instrumenten der strategischen Analyse sicherzustellen, dass die richtigen Fragen formuliert und beantwortet werden. Schließlich sollen die

Ergebnisse dieses »kreativen« Prozesses in einer Weise dokumentiert werden, dass sie transparent und nahezu selbsterklärend sind, aber sich besonders auch als Basis für unterjährige Strategie-Reviews eignen.

Zu den Bausteinen einer Standardisierung der strategischen Planung gehören daher: Einheitlicher zeitlicher Prozess mit »Übergabe«-Stelle zur operativen Planung, »Pflicht«-Instrumente der strategischen Analyse (z. B. Trendanalysen, Portfolios, Porters 5 Forces, SWOT), Sicherstellung des Einbezugs bestimmter Mitarbeitergruppen, einheitliche Dokumentation der Ergebnisse. Insbesondere der letzte Punkt hilft dem Management im Konzern, Schwerpunkte wieder zu erkennen und Vergleiche ziehen zu können. Die Transparenz und Qualität in der strategischen Diskussion der Holdingführung erhöht sich deutlich.

Der in Abbildung 3 dargestellte strategische Planungsprozess nach Horváth & Partners formuliert die wesentlichen Schritte des Prozesses.

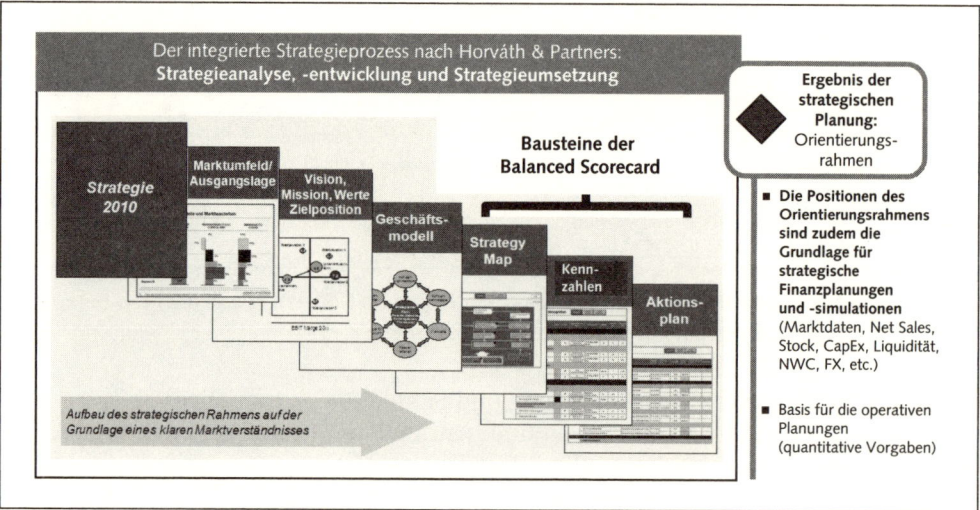

Abb. 3: Strategischer Planungsprozess nach Horváth & Partners

Integration von strategischer und operativer Planung

Die als Ergebnis der strategischen Planung ausgewählte strategische Option gilt es nun in die operative Planung zu überführen. Dies sollte mit Hilfe einer komprimierten Planung wesentlicher finanzieller Kennzahlen erfolgen. Diese werden für den gewählten Planungshorizont im so genannten Orientierungsrahmen (OR) zusammengeführt. Dieser OR ist anschließend auch das Medium, mit dem die Targets des Konzerns für den operativen Planungsprozess in den Gesellschaften kommuniziert werden. Der OR ist stark vereinfacht die Brücke zwischen strategischer und operativer Planung. Erstaunlicherweise gehen viele Konzerne diesen letzten Schritt der strategischen Planung nicht, beklagen später jedoch die unzureichende Strategieumsetzung.

Ein weiterer Aspekt der Integration ist, dass die in der gewählten strategischen Option enthaltenen »Maßnahmen zur Umsetzung« nicht budgetiert werden. Die notwendigen internen Aufwände und Investitionen werden so nicht über die Planung freigegeben, auch dieses ist oft ein Grund für die stockende Umsetzung von Strategien. Die Ausdetaillierung der Strategie in Form einer Balanced Scorecard (BSC) hilft daher nicht nur in der Zielverfolgung, sondern bietet mit dem dazugehörigen Aktionsprogramm auch die Basis für die Budgetierung der Aufwände und Investitionen.

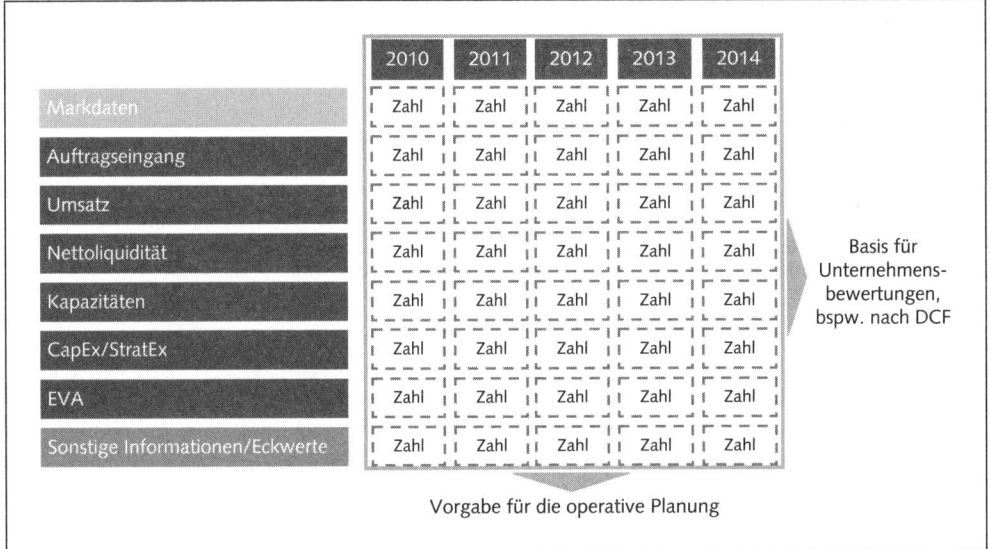

Abb. 4: Orientierungsrahmen als Brücke zwischen strategischer und operativer Planung

Beschleunigung/Komplexitätsreduktion der operativen Planung (Mittelfristiges Ziel)
Die grundsätzlichen Ansatzpunkte zur Optimierung des operativen Planungsprozesses sind dem Leserkreis sicherlich aus anderen Publikation von Horváth & Partners bekannt und sollen daher hier nur kurz »angerissen« werden: Integration, Zielfokussierung, Komplexitätsreduktion und Kontinuität (vgl. Abbildung 5).

Die Bedeutung der Integration der strategischen und operativen Planung wurde bereits diskutiert. Die Bedeutung der Integration einzelner Teilpläne (z.B. Absatzplanung, Einkaufsplanung, Produktionsplanung, Personalplanung) in einem einheitlichen Planungssystem liegt auf der Hand, birgt in vielen Unternehmen aber noch deutliches Verbesserungspotenzial.

Das Target Setting über den beschriebenen Orientierungsrahmen birgt enorme Potenziale für die Beschleunigung des Planungsprozesses: Durch klare Zielvorstellungen des Konzern- und Teilkonzernmanagements erübrigen sich viele Diskussionen und Abstimmschleifen im Prozess. Aus vielen Gesprächen mit Managern von Holdinggesellschaften nehmen wir mit, dass sie fürchten, über ein konsequentes Target Setting die Manager in den Konzerngesellschaften zu bevormunden und zu demotivieren. Unsere Erfahrung zeigt aber auch, dass es genau der Erwartungshaltung der Manager in den Konzerngesellschaften an die Holding entspricht, Ziele genau zu formulieren.

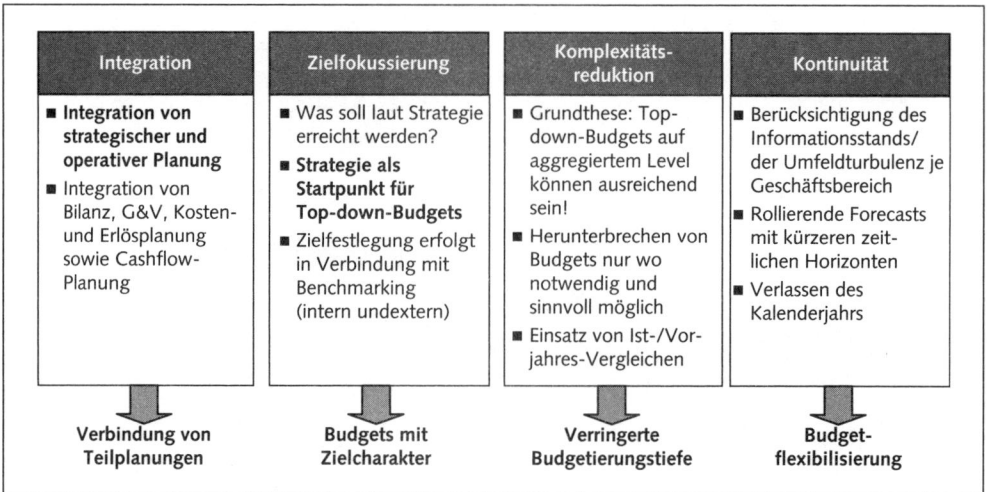

Abb. 5: Leitprinzipien des Advanced Budgeting nach Horváth & Partners

Die Sicherung der Kontinuität durch eine rollierende Planung bzw. einen rollierenden Forecast zu gewährleisten, wird im Anschluss noch erläutert.

Die größten Potenziale hinsichtlich des Aufwands und des zeitlichen Ablaufs der Planung bieten sicherlich die deutliche Reduktion der Komplexität in Planungsinhalten und Prozessen. Besonders letzter Punkt lässt sich insbesondere durch den Einsatz intelligenter Planungsinstrumente erreichen.

Mit zunehmender Größe und Diversifikation der Geschäftsfelder eines Konzerns nimmt i. d. R. die Anzahl der eingesetzten unterschiedlichen Planungstools zu. Daraus resultieren differierende Planungsinhalte und Instrumente zur Planungsunterstützung. Der kleinste gemeinsame Nenner sind oft die vom Konzern vorgegebenen Planungspositionen, die dann eine Aggregation und Konsolidierung der Planung ermöglichen. Die hier skizzierte Situation ist in vielen Konzernen Status quo und lässt die Potenziale zur Optimierung erahnen.

Die notwendige Standardisierung von Planungsinhalten und -prozessen wird in Konzernen durch die Tochtergesellschaften oft als »Akt der Zentralisierung« bzw. einer ungewollten Transparenz-Erhöhung gesehen. Gleiches gilt später auch für den Einsatz integrierter Reporting- und Konsolidierungsinstrumente. Diesen Einwänden zu begegnen ist Aufgabe der Konzernleitung und darf nicht dem Konzerncontrolling überlassen bleiben.

Konzepte/Tools zur Szenario-Planung und Simulation
In wirtschaftlich unsicheren Zeiten, in denen ein Großteil der Unternehmen von sich sagt »auf Sicht zu steuern« (*Horváth & Partners Benchmarking-Studie Navigator* 2009), erlebt die kurzfristige Simulation unterschiedlicher strategischer Szenarien eine Renaissance. Konnten sich die Instrumente zur Unternehmenssimulation in der Vergangenheit nicht durchsetzen, stehen heute Tools zur Verfügung, die durch bessere Funktionen

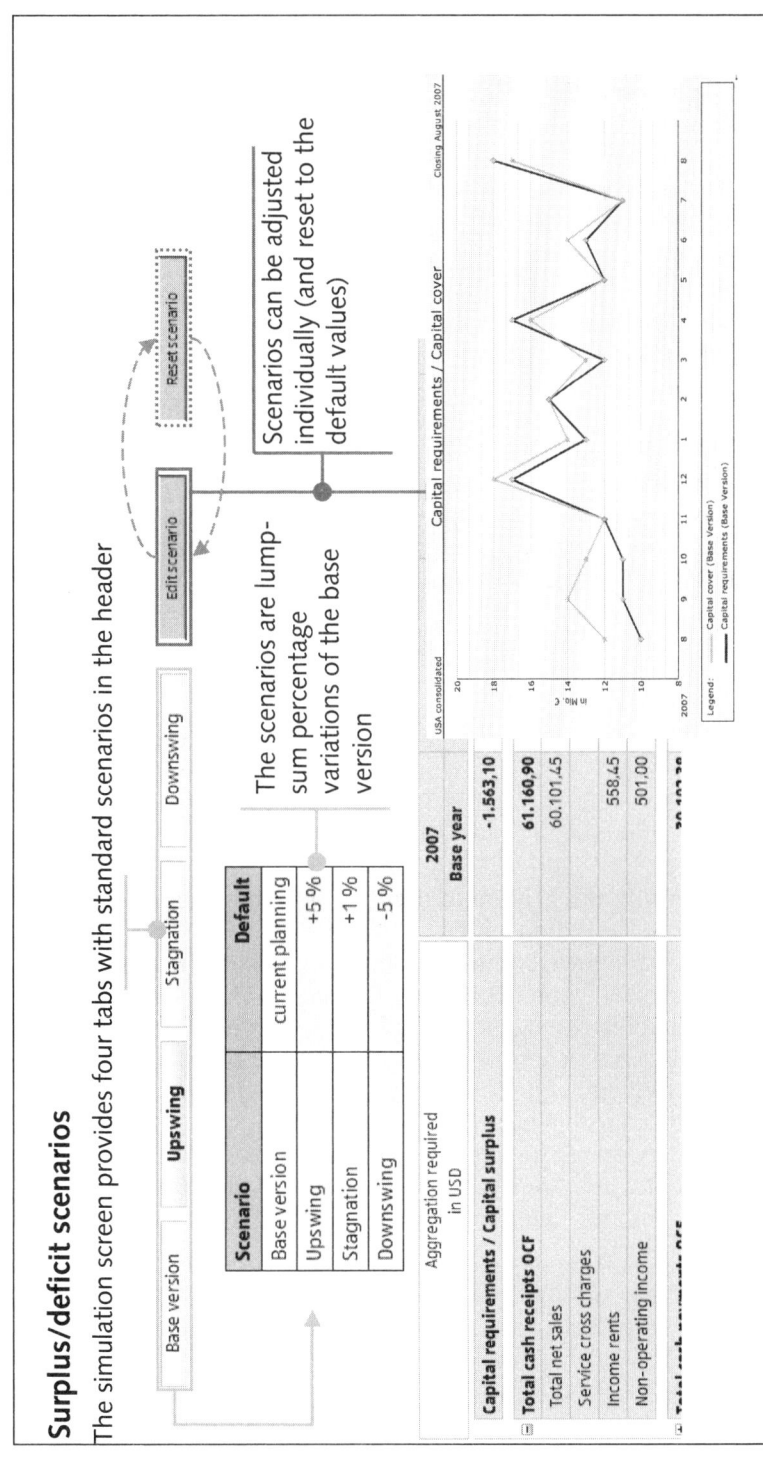

Abb. 6: Beispiel Screenshot, Simulation finanzieller KPI

überzeugen: Integrierbarkeit in den strategischen Planungsprozess, handhabbare Komplexität und Flexibilität bzw. Schnelligkeit (Online-Simulation). Wichtigster Vorteil ist aber sicherlich, dass »State-of-the-Art«-Planungstools über eine Simulationsfunktion verfügen und somit die Zahlenbasis für Simulationen und Szenarien-Planung einheitlich konzernweit zur Verfügung gestellt werden kann.

Aus aktuellen Projekterfahrungen wissen wir, dass solche Tools den Unternehmen auch relativ kurzfristig zur Verfügung gestellt werden können und es sich um deutlich überschaubare Aufwände handelt (im Verhältnis zum Nutzenumfang).

Einführung von Forecast-Prozessen und Instrumenten
Das Arbeiten mit rollierenden Forecasts hat aktuell besonders an Bedeutung gewonnen. Mit zunehmendem Druck der Konzernleitung bzw. des Managements, kurzfristig Entscheidungen zu treffen, hat sich aber auch eine wesentliche Schwachstelle in heute üblichen Forecast-Prozessen offenbart.

In einem mehrstufigen Prozess (Holding-Teilkonzern, Gesellschaft) werden üblicherweise im Vorfeld zum Monats- bzw. Quartals-Reporting die Einschätzungen zum Forecast abgefragt. Diese Beruhen auf Einschätzung der lokalen bzw. Business-Unit-Manager, zum Teil auf »Baucheinschätzungen« und sind zum Teil über Analysen fundiert. Da das Konzerncontrolling oder Teilkonzerncontrolling die Annahmen nicht kennt, auf denen der Forecast beruht, sind die Daten für das Controlling weder analysierbar noch erklärbar: Auf unterschiedlichen Annahmen beruhende Prognosen führen zu Fehlentscheidungen.

Es empfiehlt sich also den Forecast-Prozess zu ergänzen. Dezentrale Forecasts sind auf Basis der im vorigen Absatz beschriebenen Szenarien-Simulation abzugeben: Entweder der Konzern stellt bestimmte Top-down-Annahmen in das System ein oder die Forecast-Einheit dokumentiert ihre individuell gewählten Kriterien in dem Tool.

Maßnahmencontrolling integrieren und zum Top-Management-Thema machen
Kein Forecast ohne Maßnahmendefinition und -verfolgung: Weicht der Forecast um einen definierten Schwellenwert vom Plan ab, sind zwingend Maßnahmen zu definieren, zu bewerten und in ein vom Controlling gesteuertes Maßnahmentool einzustellen. Dieses Maßnahmentool ist zwingender Bestandteil auch des Konzernreportings.

Nur auf diese Weise wird sichergestellt, dass bei unzureichender Maßnahmenwirkung kurzfristig reagiert werden kann. Bei einer dezentralen Organisation dieses Prozesses ist eine ausreichend schnelle Reaktion durch eine Holding nicht immer möglich.

Die regelmäßige Bewertung und Verfolgung der Top-Maßnahmen aus dem Forecast-Prozess ist Aufgabe des Top-Managements (in Holding und Töchtern), wurde in der Vergangenheit allzu oft aber delegiert (vgl. Abbildung 7).

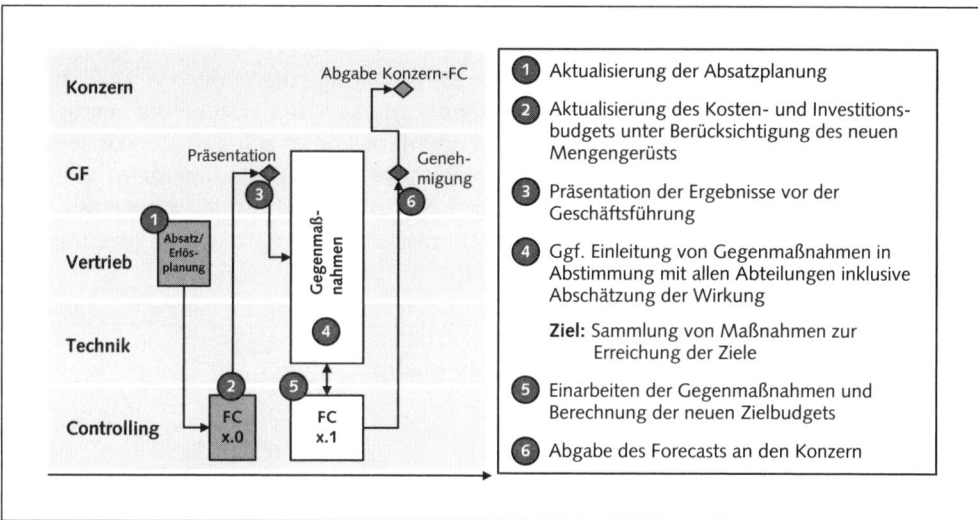

Abb. 7: Integrierte Maßnahmenverfolgung im Rahmen des Forecast-Prozesses

Einführung von Flash-Reports (Kurzfristiges Ziel)
Befragt man das Management in Konzernverbünden (Holding und Töchter), ob sie mit der Geschwindigkeit der Erstellung des Monatsberichts zufrieden sind, bekommt man nur selten eine positive Antwort. Entscheidend ist allerdings, ob die Informationen zum Zeitpunkt der Zurverfügungstellung noch Optionen für kurzfristige Gegenreaktionen zulassen oder allenfalls einen Lerneffekt bieten können.

Es verwundert daher nicht, dass wahrscheinlich ein Großteil deutscher Konzerne in den vergangenen Jahren an Lösungen zur Beschleunigung der Berichterstellung gearbeitet hat bzw. arbeitet. Verschiedenste Varianten von so genannten Fast-Close-Lösungen sind so entstanden.

Eine zusätzliche Variante ist der so genannte Flash-Report bzw. die Schnellmeldung. Ziel ist, wenige für die Steuerung wesentliche Informationen in kurzen Frequenzen zur Verfügung zu stellen (z. B. alle zwei Wochen). Der Flash-Report eignet sich somit zur Einschätzung der Unternehmensperformance und macht kurzfristiges Handeln, natürlich nur auf Basis aggregierter Informationen, möglich. Die Besonderheit gegenüber einer Fast-Close-Lösung ist, dass nicht versucht wird, schneller »buchungsrelevante« Daten verarbeiten zu können, sondern auf alternative quantitative und qualitative Kennzahlen zurückzugreifen, die schneller als der Abschluss vorliegen. In der Energiewirtschaft sind dies z. B. Verbrauchsinformationen, im Handel z. B. durchschnittliche Wochenumsätze, im Anlagenbau z. B. Bestand Letter of Intents (LOI) und Auftragseingänge in Kombination mit Plan-Abweichungen auf Projekten.

Working Capital Management als Garant für die Liquiditätssicherung (Innenfinanzierung)

In der aktuellen Krisensituation bilden liquide Mittel häufig einen Engpass. Doch bevor Unternehmen auf externe Finanzierungsquellen zurückgreifen, sollten sie versuchen, Liquidität im laufenden Geschäft freizusetzen und dabei gleichzeitig Kosten zu senken.

Der Schlüssel dazu ist ein professionelles Working Capital Management, welches an vier Hebeln ansetzen sollte: Optimierung der Bestände, Optimierung der Kapital- und Finanzstrukturen, fokussierteres Lieferantenmanagement und Optimierung des Liquiditätsmanagements (vgl. Abbildung 8).

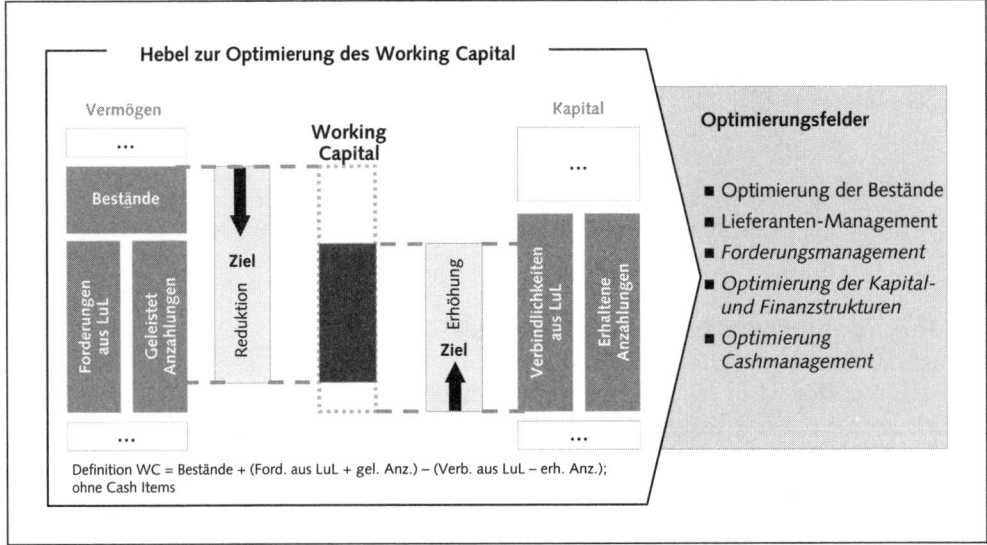

Abb. 8: Hebel zur Optimierung des Working Capital Management

In der Studie *Horváth & Partners Navigator 2009* haben nahezu alle befragten Manager angegeben, dass sie in der Optimierung des Working Capital ein wesentlichesPotenzial sehen. Gleichzeitig stößt dessen Optimierung gerade in Konzernstrukturen auf Hindernisse. Ursache dafür ist häufig der Konflikt zwischen den strategischen Vorgaben des Konzerns (Bestandsstrategie, Beschaffungsstrategie, Absatzstrategie, Vertriebsstrategie) und den operativen Notwendigkeiten in den Prozessen (Bestandsreichweite, Liefertreue, Integrationsgrad).

Diese Konflikte aufzulösen gelingt nur durch eine stärkere Integration des Working Capital Management in die Organisation. Dies gelingt nur durch das »Ausrollen« von Kennzahlen bis auf Ebene einzelner Business Units inklusive der Verankerung in die Incentivierungs-Systeme.

Zusätzlich dazu muss das Working Capital Management nachhaltig in der Konzernorganisation verankert werden (vgl. Abbildung 9). Dazu gehören sicherlich die Definition von Rollen und Verantwortlichkeiten, die Beschreibung der vom Working

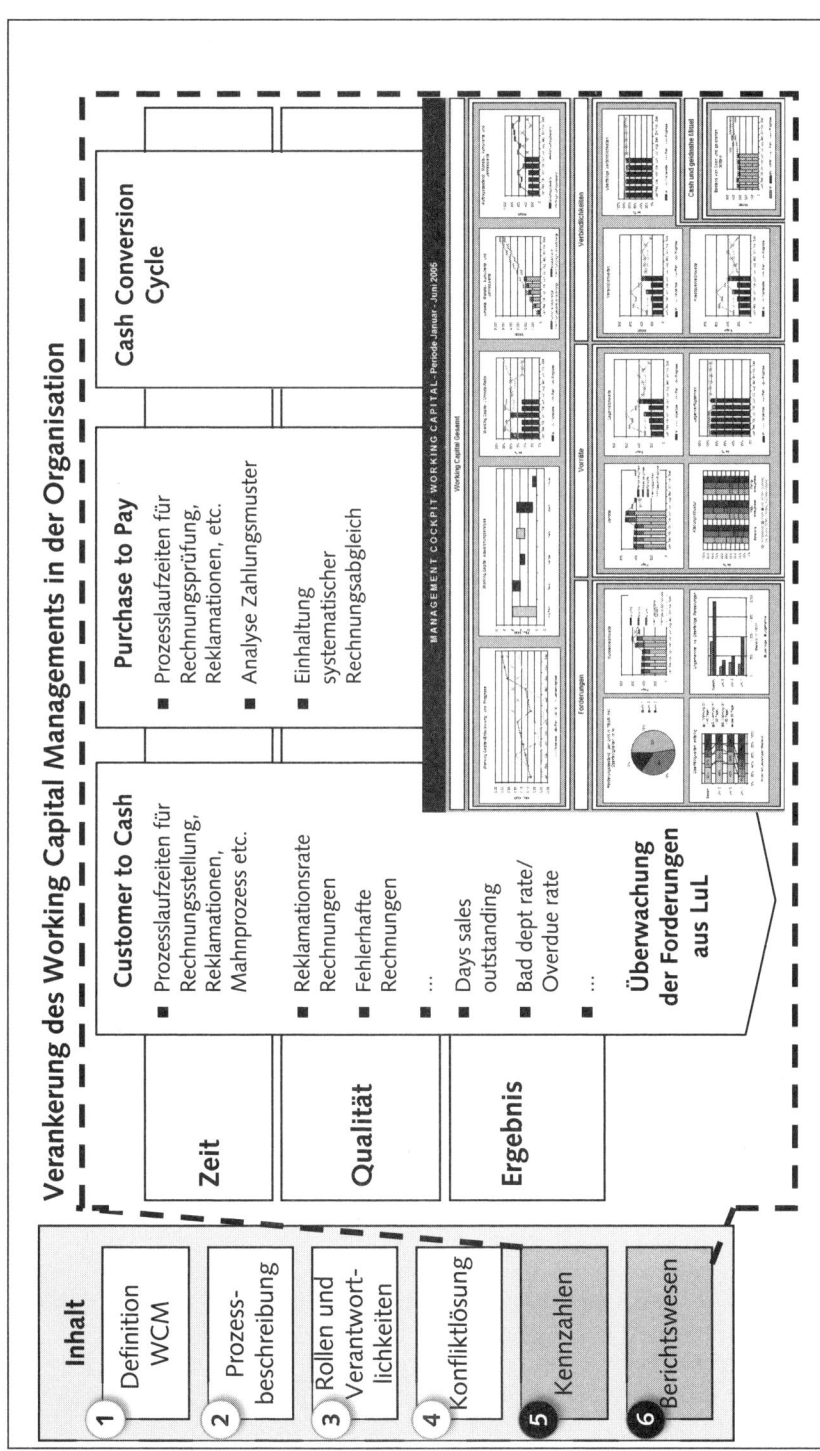

Abb. 9: Verankerung des Working Capital Managements in der Organisation

Capital Management betroffenen Prozesse, die Definition entsprechender Kennzahlen je Prozess und schließlich der Aufbau eines spezifischen Reportings.

Zusammenfassung
Führungsorganisationen von Konzernen verändern sich mit wechselndem Führungsanspruch der Holding oder dem Reifegrad der jeweiligen Organisation. Auch die jeweils aktuelle wirtschaftliche Situation beeinflusst diesen Wandel. Die Organisation und Prozesse des Controllings folgen dieser Veränderung. Die Controllingorganisation und die Menschen im Controlling müssen flexibel sein und die jeweilige Steuerungsphilosophie unterstützen. Von besonderer Bedeutung ist dabei die Aufgabenverteilung des Controllings im Konzern. Regelmäßige Veränderungen helfen zentrale/dezentrale Denkweisen zu vermeiden.#Die Konzern-CFOs »schärfen« aktuell ihre Controllinginstrumente und schaffen sich für die Zukunft ein Methodenset, das hilft, Krisen eher zu erkennen, schneller zu reagieren und Maßnahmen nachhaltiger umzusetzen.

Insbesondere Standards in den Planungssystemen kombiniert mit der Möglichkeit, schnell verschiedene Szenarien zu simulieren und Ergebnislücken zu identifizieren, helfen dem Management von Konzernen, ihre Geschäftsmodelle zu plausibilisieren und dann an eine veränderte Realität anzupassen.

Literatur

Hoffmann, F. (Hrsg.) (1993), Konzernhandbuch, Wiesbaden 1993
Bühner, R. (1996), Gestaltung von Konzernzentralen, Wiesbaden 1996
Bühner, R. (2004), Betriebswirtschaftliche Organisationslehre, 10. Aufl., München 2004
Emmerich, V./Habersack, M. (2008), Aktien- und GmbH-Konzernrecht, 5. Aufl., München 2008
Gleich, R. (2001), Das System des Performance Measurement, München 2001
Horváth, P. (2009), Controlling, 11. Aufl., München 2009
Horváth & Partners CFO-Panel (2009), www.cfo-panel.de
Horváth & Partners Benchmarking-Studie Navigator (2009), www.horvath-partners.com
Macharzina, K. (2005), Unternehmensführung, Das internationale Managementwissen, 4. Aufl., 2005
Michel, U. (2006), Der Finanzbereich im Umbruch, in: Controlling 8/9 2006, S. 439–447
Picot, A./Dietl, H./Franck, E. (1999), Organisation, 2. Aufl., Stuttgart 1999

Informationsversorgung von Aufsichtsräten – Herausforderungen an das Controlling

Univ.-Prof. Dr. Thomas M. Fischer/Dr. Stefanie Beckmann*

1 Begriffsabgrenzungen – Aufsichtsrat, Controlling und Informationsversorgung

2 Anforderungen an die Gestaltung der Informationsversorgung
    2.1 Informationsbeschaffung des Aufsichtsrates
    2.2 Controller als Auskunftsperson des Aufsichtsrates

3 Stand der Informationsversorgung von Aufsichtsräten in deutschen börsennotierten Unternehmen
    3.1 Durchführung der Studie
    3.2 Nutzungsintensität der Informationselemente durch Aufsichtsratsmitglieder

4 Herausforderungen an die Informationsversorgung von Aufsichtsratsmitgliedern
    4.1 Einsatz von XBRL® in der Aufsichtsratsberichterstattung
    4.2 Effizienz-Analyse der Aufsichtsratstätigkeit
    4.3 Gestaltung der Vergütungssysteme für Aufsichtsratsmitglieder

Literatur

---

* Univ.-Prof. Dr. Thomas M. Fischer, Inhaber des Lehrstuhls für Rechnungswesen und Controlling, Friedrich-Alexander-Universität Erlangen-Nürnberg, Nürnberg; Dr. Stefanie Beckmann, Project Associate, Verlagsgruppe Handelsblatt GmbH, Düsseldorf.

1 Begriffsabgrenzungen – Aufsichtsrat, Controlling und Informationsversorgung

Der »Aufsichtsrat« bezeichnet nach deutschem Recht das Kollegialorgan einer Aktiengesellschaft sowie dessen Mitglieder. Hauptaufgaben des Aufsichtsrats sind die regelmäßige Überwachung und Beratung der Geschäftsführung (geregelt durch § 111 Abs. 1 AktG und Ziff. 5.1.1 DCGK) sowie die Festlegung zustimmungspflichtiger Geschäfte (§ 111 Abs. 4 Satz 2 AktG). Weitere wichtige Aufgaben sind die Bestellung und Abberufung von Mitgliedern der Geschäftsführung (§ 84 AktG), die Festlegung der Vergütungshöhe und -zusammensetzung für die Mitglieder der Geschäftsführung (§ 87 Abs. 1 AktG), der Erlass oder die Änderung der Geschäftsordnung des Vorstands (§ 77 Abs. 2 Satz 1) sowie die Erteilung des Prüfungsauftrages für den Jahres- und Konzernabschluss an den Abschlussprüfer (§ 111 Abs. 2 S. 3 AktG).

»Controlling« wird im Folgenden verstanden als Subsystem der Unternehmensführung, um strategische, operative und finanzwirtschaftliche Ergebnisziele zu erreichen (vgl. *Horváth* 2008, S. 92 und *Küpper* 2008, S. 28 ff.). Die durch das Controlling abzustimmenden Teilsysteme der Unternehmensführung sind (vgl. ähnlich *Horváth* 2008, S. 92 und *Küpper* 2008, S. 30) das Planungs- und Kontrollsystem, Personalführungssystem, Organisation sowie Informationsversorgungssystem.

Durch das Informationsversorgungssystem erhalten die internen und externen Stakeholder eines Unternehmens, d.h. auch die Mitglieder des Aufsichtsrates, die für sie relevanten Informationen aus den einzelnen Teilsystemen der Unternehmensführung.

Ausgehend vom o. g. gesetzlichen Auftrag zur Überwachung und Beratung ist die Informationsversorgung des Aufsichtsrats zu konkretisieren. »Der Aufsichtsrat hat (...) Anspruch auf volle Information über alle Angelegenheiten der Gesellschaft« (vgl. *Potthoff/Trescher* 2003, S. 170 (im Original z. T. fett gedruckt)). Gleichzeitig sind Informationen, die keine Relevanz in Bezug auf die Überwachung der Geschäftsführung haben, an die Aufsichtsratsmitglieder weder zu übermitteln noch von diesen zu verwenden (vgl. *Theisen* 2007, S. 5).

Vor allem im Zusammenhang mit Unternehmens- bzw. Marktkrisen und/oder Prüfungsskandalen wird oft angeführt, hierzu habe auch das »Versagen der Kontrolleure« beigetragen. Nicht nur in wirtschaftlichen Turbulenzen sind somit folgende Fragestellungen von hoher Brisanz und Relevanz:

- Welche Informationen sind für Aufsichtsräte relevant?
- Wie können Aufsichtsräte mit diesen Informationen versorgt werden?
- Welche Aufgaben kommen dabei dem Controller zu?
- Wie muss dementsprechend das Controllingsystem gestaltet sein?

»Informationsversorgung« wird allgemein definiert als ein arbeitsteiliger, kommunikativer Prozess zwischen einem (oder mehreren) Informationssender(n) und einem (oder mehreren) Informationsempfänger(n), wobei der/die Empfänger i.d.R. Nutzer der Informationen ist, d.h. durch den/die Sender mit relevanten Informationen versorgt wird (vgl. *Berthel* 1975, S. 67).

Die Informationsversorgung des Aufsichtsrates als Empfänger bzw. Nutzer von Informationen über das Mandatsunternehmen kann idealtypisch in zwei Phasen unterteilt werden (vgl. *Berthel* 1975, S. 57–76; *Pfohl* 2004, S. 317):

In der Phase der Informationsbeschaffung gibt der Sender die von ihm erstellten bzw. gesammelten und ggf. aufbereiteten Informationen an den Empfänger weiter. Alternativ hat der Empfänger die Möglichkeit, Informationen vom Sender anzufordern bzw. sich selbstständig Informationen anzueignen. Diese Phase lässt sich durch fünf Gestaltungsvariablen charakterisieren: 1) die Auskunftspersonen, 2) die Kommunikationsmedien sowie die 3) Informationsmenge, 4) -qualität und 5) -inhalte (vgl. *Shannon/ Weaver* 1976, S. 16).

Die Phase der Informationsnutzung, d. h. Verarbeitung und Speicherung der erhaltenen Informationen, stellt einen kognitiven Prozess des Informationsempfängers dar und folgt zeitlich auf die Phase der Informationsbeschaffung (vgl. *Kuß/Tomczak* 2000, S. 25–35; *Nieschlag/Dichtl/Hörschgen* 2002, S. 600–609). Für diese Phase sind zunächst die Arten der Informationsnutzung bedeutsam, d. h. bei Aufsichtsräten die Aneignung von Hintergrundwissen, die Überwachung, die Beratung und die Sitzungsvorbereitung (vgl. allgemein *Sandt* 2004, S. 156 f. und *Steiners* 2005, S. 35 f.). Ferner ist die Intensität der Informationsnutzung bei den einzelnen Aufsichtsratsmitgliedern zu analysieren (vgl. *Nieschlag/Dichtl/Hörschgen* 2002, S. 604 f.).

Entsprechend Abbildung 1 ist einerseits zu gewährleisten, dass die tatsächliche Informationsversorgung mit der gewünschten Informationsversorgung aus Sicht der

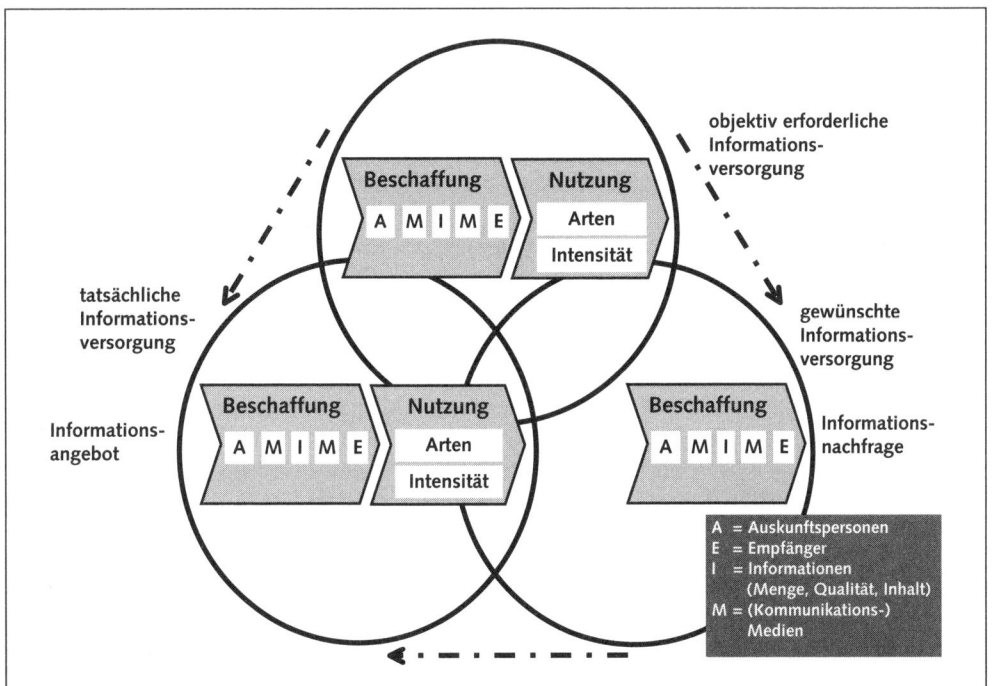

Abb. 1: Bezugsrahmen der Informationsversorgung von Aufsichtsräten

Aufsichtsratsmitglieder übereinstimmt. Andererseits muss sichergestellt sein, dass die tatsächliche und die gewünschte Informationsversorgung mit den Bestimmungen zur objektiv erforderlichen Informationsversorgung in Einklang stehen.

2 Anforderungen an die Gestaltung der Informationsversorgung

Im Folgenden werden die Informationsrechte und -pflichten des Aufsichtsrates dargestellt (Kap. 2.1). Ferner werden die Beiträge des Controllings bzw. von Controllern in diesem Zusammenhang erläutert (Kap. 2.2).

2.1 Informationsbeschaffung des Aufsichtsrates

Um die Willensbildung und deren Kontrolle im Unternehmen inhaltlich, zeitlich und methodisch aufeinander abzustimmen, sind die Mitglieder des Vorstands und des Aufsichtsrats auf eine inhaltlich einheitliche Leitmaxime zu verpflichten. In DCGK Ziff. 4.1.1. wird diesbezüglich explizit die Verpflichtung zur »Steigerung des nachhaltigen Unternehmenswertes« genannt. Aufgabe des Aufsichtsrats ist es dementsprechend, die Formulierung und Umsetzung der Unternehmensziele und -strategien durch den Vorstand dahingehend zu beraten und zu überwachen, dass hierdurch das Unternehmensinteresse erreicht wird. Dabei ist z. B. festzulegen, welche quantitativen Indikatoren die langfristige Unternehmenswertsteigerung abbilden.

Die Mitglieder des Vorstands haben gem. § 76 Abs. 1 AktG die Geschäftsführung zu verantworten. Hierzu zählt auch die Schaffung von Transparenz bei den Steuerungsinformationen, d. h. der Aufbau eines Controllingsystems zur koordinierenden Planung, Realisation und Kontrolle der Ergebnisziele.

Die Informationsversorgung des Aufsichtsrates zur Erfüllung der Überwachungs- und Beratungsaufgaben bezieht sich auf die regelmäßigen Berichtspflichten des Vorstands. Diese umfassen Aspekte des strategischen, operativen und finanzwirtschaftlichen Controllings, wie die Regelungen des § 90 Abs. 1 AktG erkennen lassen. Demnach hat der Vorstand an den Aufsichtsrat zu berichten über die
- beabsichtigte Geschäftspolitik, d. h. die Entwicklung der Unternehmensstrategie, sowie die Finanz-, Investitions- und Personalplanung,
- Rentabilität der Gesellschaft, insbesondere die Rentabilität des Eigenkapitals,
- Entwicklung der Geschäfte, insbesondere des Umsatzes, und der Lage der Gesellschaft,
- Geschäfte von erheblicher Bedeutung für die Rentabilität oder Liquidität der Gesellschaft.

Ferner sind vom Aufsichtsrat die Maßnahmen des Vorstands zur Einrichtung eines Überwachungssystems zu überprüfen, damit gem. § 91 Abs. 2 AktG »den Fortbestand der Gesellschaft gefährdende Entwicklungen früh erkannt werden.«

Dem Aufsichtsrat kommt bei allen wesentlichen zukunftsorientierten Weichenstellungen für das Unternehmen eine hervorgehobene Bedeutung zu. Falls ein Unternehmen z. B. das Erreichen von »Corporate Sustainability« in die strategischen Ziele integriert, so muss sich der Aufsichtsrat damit beschäftigen, unter anderem im Rahmen des Risikomanagements sowie bei der Prüfung der zugehörigen Angaben in der Lageberichterstattung. Der Überwachungsauftrag kann daher nur erfüllt werden, wenn das Know-how der Aufsichtsratsmitglieder kontinuierlich an die strategischen, operativen und finanzwirtschaftlichen Unternehmensziele angepasst wird.

Sog. zustimmungspflichtige Geschäfte, d. h. »bestimmte Arten von Geschäften«, dürfen gem. § 111 Abs. 4 Satz 2 AktG »nur mit der Zustimmung des Aufsichtsrates vorgenommen werden«. Hierzu gehören nach Ziff. 3.3 DCGK alle »Entscheidungen oder Maßnahmen, die die Vermögens-, Finanz- oder Ertragslage des Unternehmens grundlegend verändern«. Dies richtet sich auf Erfolgspotenziale, Erfolg und Liquidität als grundlegende Zielgrößen des Controllings (vgl. *Coenenberg/Fischer/Günther* 2007, S. 8 ff.), wie die folgenden Beispiele für zustimmungspflichtige Geschäfte verdeutlichen (vgl. z. B. *Lutter/Krieger* 2002, S. 43 f.; *Schönberger* 2006, S. 143–175):

- (Ein-/Mehr-)Jahres- und Investitionsplanung sowie deren Änderung/Überschreitung
- Aufnahme neuer Produkte und Dienstleistungen
- Festlegung und Änderung der Unternehmens- bzw. Konzernorganisation
- Gründung, Auflösung oder Veräußerung einer Gesellschaft oder Niederlassung
- Fusion, Übernahme oder Veräußerung von Unternehmensteilen (ab einer in Bezug auf das jeweilige Unternehmen wesentlichen Größenordnung)
- Erwerb, Veräußerung oder Belastung von Grundbesitz
- Rationalisierungsmaßnahmen, insbesondere Veränderungen der Belegschaft (ab einer in Bezug auf das jeweilige Unternehmen wesentlichen Größenordnung)
- Kreditaufnahmen und -gewährungen (ab einer in Bezug auf das jeweilige Unternehmen wesentlichen Größenordnung)
- Einführung und Änderung von Optionsplänen für Mitarbeiter
- Bestellung und Abberufung von Vorständen in Tochtergesellschaften

Der Aufsichtsrat hat die Pflicht, Führungsentscheidungen kritisch nachzuvollziehen und so Fehlentscheidungen des Managements und unternehmensinterne wie -externe Gefahren für das Unternehmen – so z. B. sich abzeichnende Entwicklungen im Wettbewerbsumfeld, an den Kapitalmärkten, an den Beschaffungsmärkten etc. – frühzeitig zu erkennen sowie deren Antizipation sicherzustellen. Der Aufsichtsrat nimmt somit gegenüber dem Vorstand die Rolle des Sparringspartners bzw. Coaches ein (vgl. *Bihr/Blättchen* 2007, S. 1285). Dies ist inhaltlich mit dem Verhältnis von Controller und Manager im Unternehmen vergleichbar.

2.2 Controller als Auskunftsperson des Aufsichtsrates

Die Informationsversorgung des Aufsichtsrates kann u. a. durch unternehmensexterne und -interne Auskunftspersonen erfolgen (vgl. im Folgenden *Theisen* 2007, S. 9 ff.). Zu den unternehmensexternen Auskunftspersonen des Aufsichtsrats gehören der

Abschlussprüfer und externe Sachverständige. Die unternehmensinternen Auskunftspersonen des Aufsichtsrats umfassen:
- Mitglieder des Vorstands
- Leiter bzw. Mitarbeiter des Controllings i. w. S., d. h. der Unternehmensplanung, des Finanz- und Rechnungswesens, des Risikomanagements und der Internen Revision
- weitere Unternehmensangehörige, insbesondere leitende Angestellte, Sparten-, Profitcenter- bzw. Divisionsleiter sowie Vorstand/Geschäftsführer von Tochter- und Enkelgesellschaften

Interne Auskunftspersonen sind für die Informationsbeschaffung der Aufsichtsratsmitglieder von besonderer Bedeutung: Aufgrund ihrer spezifischen Funktion im Unternehmen sind sie »aus erster Hand« z. B. über die Stärken, Schwachstellen und Risiken, die strategische Ausrichtung, die Unternehmensentwicklung und/oder den Stand der Strategieumsetzung eines speziellen Projekts informiert. Ebenso sind interne Auskunftspersonen zumeist an ein internes formelles und/oder informelles Informationssystem angeschlossen, das sie über ihre eigene Aufgabe hinaus mit Insider-Informationen und Interna versorgt. Die Information des Aufsichtsrats durch unternehmensinterne Auskunftspersonen ist damit von hoher Bedeutung für den Aufsichtsrat (vgl. *AKEIÜ* (Hrsg.) 2007, S. 179 und *Lutter/Krieger* 2002, S. 77).

Trotz der bestehenden Regelungen kann sich der Aufsichtsrat nicht darauf verlassen, dass er vom Vorstand umfassend informiert wird. Der Vorstand besitzt Anreize, Informationen gar nicht, verspätet oder unvollständig bzw. verfälscht weiterzugeben. Auch eine Übererfüllung der Informationswünsche kann einen mangelhaften Informationsstand des Aufsichtsrats bewirken. Deshalb wird empfohlen, vorstandsunabhängige Informationslieferanten, die sich durch eine distanziertere und weniger interessenbehaftete Sicht der Dinge auszeichnen, hinzuzuziehen (vgl. *Möllers* 1995, S. 1728 und *Theisen* 2007, S. 24 f.).

Im Folgenden werden die Vorschriften und Richtlinien speziell im Hinblick auf unternehmensinterne Auskunftspersonen aus dem Controlling erörtert. Grundsätzlich ist es dem Aufsichtsrat möglich, auf folgenden Wegen den formellen Informationsaustausch mit diesen Auskunftspersonen zu pflegen:
1. Berichterstattung außerhalb der Sitzungen
2. Berichterstattung während der Sitzungen des Gesamtgremiums oder von Ausschüssen

Ad 1: Berichterstattung außerhalb der Sitzungen
Zahlreiche Unternehmensangehörige können vom Vorstand prinzipiell zur Erstellung von Berichten für den Aufsichtsrat herangezogen werden. Die Übermittlung der erstellten Berichte an den Aufsichtsrat geschieht jedoch i. d. R. durch den Vorstand, differenziert in diesem Zusammenhang zwischen Informationsgebern, d. h. den Erstellern von Information, und Informationsmittlern (vgl. *Theisen* 2007, S. 9 f.). Dieser hat folglich die Möglichkeit, die durch die Fachabteilungen erstellten Informationen nach seinen Vorstellungen zu filtern, so dass der Aufsichtsrat eine Zuordnung der Berichte zu einer spezifischen Auskunftsperson nicht mehr vornehmen kann.

Ad 2: Berichterstattung während der Sitzungen des Gesamtgremiums oder von Ausschüssen
Voraussetzung für die Beauftragung eines oder mehrerer Sachverständiger ist, dass eine dem Aufsichtsrat übertragene Aufgabe von einem wesentlichen Teil des Aufsichtsratsgremiums aufgrund fehlender Fachkunde und/oder zeitlicher bzw. technischer Restriktionen nicht erfüllt und dies zugleich auch von den Mitgliedern des Vorstands nicht geleistet werden kann (vgl. *Potthoff/Trescher* 2003, S. 191 f.). Bei fehlender Sachkunde eines wesentlichen Teils des Gesamtgremiums besteht – trotz fehlender gesetzlicher Konkretisierung – sogar die Verpflichtung, eine Auskunftsperson zur Beratung des Aufsichtsrats hinzuzuziehen (vgl. *Kindl* 1993, S. 16 f., 20 f.). Die Inanspruchnahme eines Sachverständigen sollte § 111 Abs. 2 Satz 2 AktG zufolge i. d. R. im Rahmen einer Sitzung des Aufsichtsrats oder einer seiner Ausschüsse stattfinden. Dabei sind hinsichtlich der Einbindung von Unternehmensangehörigen, die hierarchisch unterhalb des Vorstands angesiedelt sind (z. B. die Leiter und Mitarbeiter des Controllings, der Internen Revision sowie des Risikomanagements) folgende zusätzliche Restriktionen zu beachten:

Eine umfassende, unbeschränkte und insbesondere direkte Befragung des genannten Personenkreises am Vorstand vorbei ist unzulässig (vgl. *Scheffler* 2003, S. 254 f.; *Merkt/Köhrle* 2004, S. 222; *Spindler/Stilz* (Hrsg.) 2007, S. 896). Dies stellt einen massiven Eingriff ins Tagesgeschäft des Unternehmens dar, was gegen das so genannte »Trennungsprinzip«, d. h. die strikt einzuhaltende Trennung von Leitung und Kontrolle, verstößt (vgl. *Roth* 2004, S. 2, 8 f.).

Allerdings hat der Aufsichtsrat die Möglichkeit, eine direkte Befragung von Unternehmensangehörigen auch ohne diesbezügliche Kenntnis des Vorstands durchzuführen, wenn der Vorstand seiner Berichtspflicht nicht nachkommt oder ein hinreichend konkreter Anfangsverdacht für das Fehlverhalten des Vorstands oder eines seiner Mitglieder besteht (vgl. *Schenck* 2002, S. 66). Die Angestellten sind dann in jedem Fall zur Auskunft an den Aufsichtsrat verpflichtet, d. h. das Delegationsrecht geht faktisch auf den Aufsichtsrat über.

Der Aufsichtsrat ist ferner berechtigt, Informationen von einem Mitarbeiter des zu überwachenden Unternehmens auf dessen Initiative hin entgegenzunehmen (vgl. *Gruson/Kubicek* 2003, S. 348 f.; *Roth* 2004, S. 8; *Hopt/Wiedemann* (Hrsg.) 2006, S. 1046 f.). Eine Mitarbeiterpflicht zur Meldung von gesetzeswidrigen Handlungen an den Aufsichtsrat besteht anders als gegenüber dem Vorstand jedoch grundsätzlich nicht (vgl. *Röhrbein* 2004, S. 270).

Ein Recht auf vorstandsunabhängige Beratung besteht ferner bei spezifischen Informationsbedarfen, die durch die Berichterstattung seitens des Vorstands oder der Mitglieder des Aufsichtsrats nicht erfüllt werden können (vgl. hierzu *Theisen* 2003, S. 271). Beispielhaft sei auf ein spezifisches Projekt verwiesen, zu dem die Projektverantwortlichen referieren sollen. Zusätzlich können Regelungen auch in einer sog. Informationsordnung fixiert werden, durch die eine verbindliche schriftliche oder mündliche Regel- und Sonderberichterstattung vorgesehen wird. Dabei wird insbesondere ein intensiverer Kommunikationsfluss zwischen Aufsichtsrat (oder den entsprechenden Ausschüssen) einerseits und Controlling, Interner Revision und Risikomanagement andererseits empfohlen (vgl. *Warncke* 2004, S. 176 f.; *Warncke* 2006, S. 6).

3 Stand der Informationsversorgung von Aufsichtsräten in deutschen börsennotierten Unternehmen

Zur Informationsversorgung der Aufsichtsräte in deutschen börsennotierten Unternehmen liegt eine aktuelle empirische Untersuchung vor (vgl. zu den Ergebnissen ausführlich *Beckmann* 2009). Nachfolgend werden der Aufbau der Studie (vgl. Kap. 3.1) und die Nutzungsintensität von Informationselementen aus der Berichterstattung an die Aufsichtsräte (vgl. Kap. 3.2) dargestellt.

3.1 Durchführung der Studie

Zur empirischen Untersuchung der Informationsversorgung von Aufsichtsräten in deutschen börsennotierten Unternehmen wurde eine schriftliche Befragung mit einem standardisierten Fragebogen durchgeführt. Dieser wurde an insgesamt 663 Aufsichtsratsmitglieder versandt. Berücksichtigt wurden alle börsennotierten Mandatsgesellschaften des DAX, MDAX, SDAX und TecDAX mit Sitz in Deutschland, die im Untersuchungszeitraum die Rechtsform der Aktiengesellschaft besaßen und durchgängig in einem einzigen Aktienindex notiert waren. Einbezogen wurden dabei sämtliche Vorsitzende und stellvertretende Vorsitzende sowie zusätzlich 482 ordentliche Aufsichtsratsmitglieder, die einem Aufsichtsrat als Anteilseigner- bzw. Arbeitnehmervertreter angehörten. Erhoben wurden die tatsächliche Informationsversorgung und die aus Sicht des jeweiligen Aufsichtsratsmitgliedes gewünschte Informationsversorgung. Der Rücklauf betrug insgesamt 124 auswertbare Fragebögen. Dies entspricht einer Rücklaufquote von 18,7 %.

3.2 Nutzungsintensität der Informationselemente durch Aufsichtsratsmitglieder

Im Rahmen der Studie wurden u. a. 33 Informationselemente hinsichtlich ihrer Nutzungsintensität durch die Mitglieder des Aufsichtsrats erhoben. Im Folgenden werden die zehn Informationselemente mit der höchsten und geringsten Nutzungsintensität vorgestellt und kritisch gewürdigt.

Bezüglich fast aller der in Abbildung 2 aufgeführten Informationselemente gaben die Mitglieder des Aufsichtsrats eine durchschnittlich sehr hohe Nutzung an. Die intensivste Nutzung wurde der (Konzern-)GuV, der (Konzern-)Bilanz, dem Umsatz und dem Ergebnis bescheinigt, während der Management Letter, für den durchschnittlich (nur) über eine eher intensive Nutzungsintensität berichtet wurde, den letzten Platz auf der Liste einnimmt. Auffällig ist dabei, dass überwiegend jährlich zu berichtende und gleichzeitig publizitätspflichtige Informationselemente genannt werden. Der Umsatz, das Ergebnis und die Auftragslage werden – überwiegend quartalsweise – an die Aufsichtsratsmitglieder übermittelt. Informationen zur Unternehmensstrategie und eine Segmentberichterstattung, die zu den typischen Controllinginformationen gehören, werden vom Aufsichtsrat weniger intensiv genutzt.

Informationsversorgung von Aufsichtsräten – Herausforderungen an das Controlling

Informationselement	n	s	x̃	Wert
(Konzern-)GuV	120	0,48	3	2,78
(Konzern-)Bilanz	120	0,58	3	2,69
Umsatz	119	0,58	3	2,68
Ergebnis	122	0,67	3	2,67
Prüfungsbericht	119	0,66	3	2,63
(Konzern-)Lagebericht	120	0,63	3	2,60
Auftragslage/Nachfrage	114	0,67	3	2,56
Unternehmensstrategie	121	0,65	3	2,55
Segmentberichterstattung	114	0,71	3	2,54
Management Letter	109	0,83	3	2,48

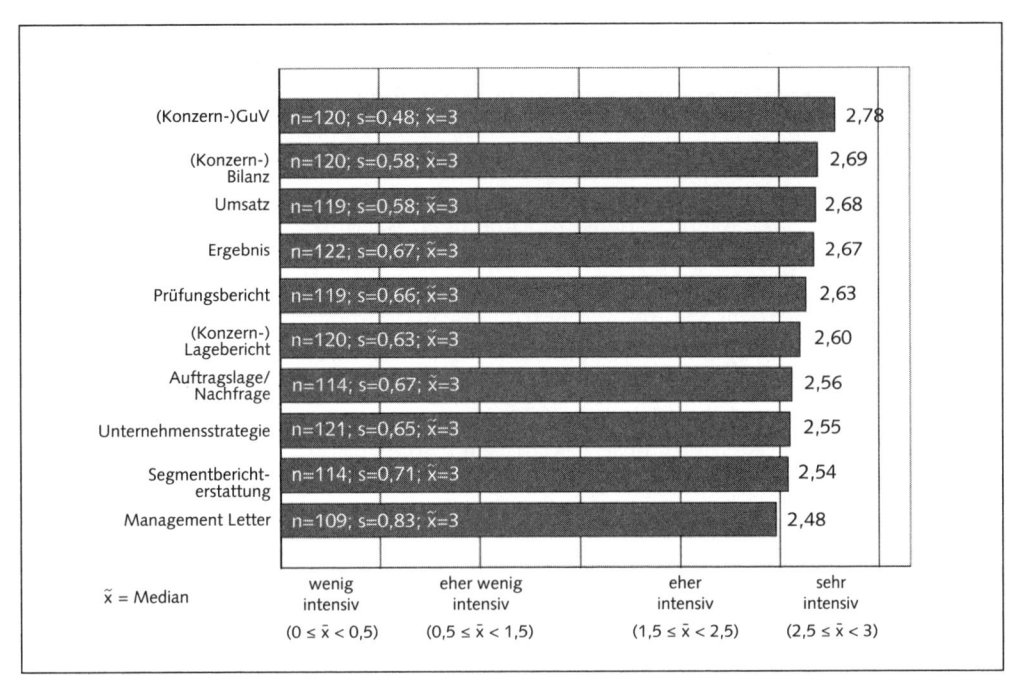

x̃ = Median

wenig intensiv (0 ≤ x̃ < 0,5) | eher wenig intensiv (0,5 ≤ x̃ < 1,5) | eher intensiv (1,5 ≤ x̃ < 2,5) | sehr intensiv (2,5 ≤ x̃ < 3)

Abb. 2: Die zehn Informationselemente mit der höchsten Nutzungsintensität

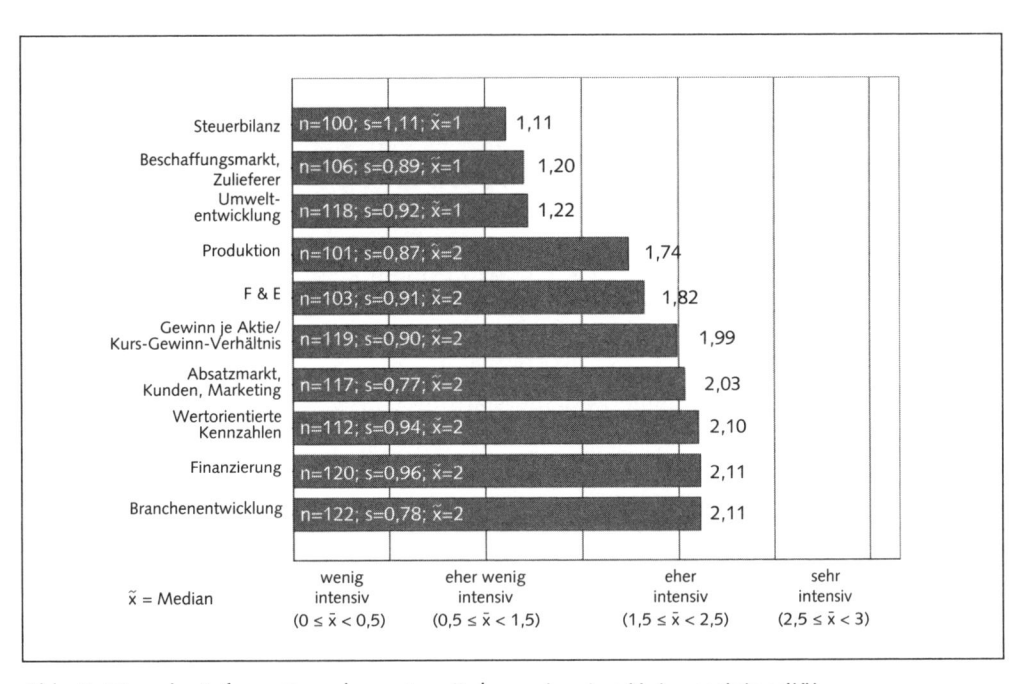

Informationselement	n	s	x̃	Wert
Steuerbilanz	100	1,11	1	1,11
Beschaffungsmarkt, Zulieferer	106	0,89	1	1,20
Umweltentwicklung	118	0,92	1	1,22
Produktion	101	0,87	2	1,74
F & E	103	0,91	2	1,82
Gewinn je Aktie/Kurs-Gewinn-Verhältnis	119	0,90	2	1,99
Absatzmarkt, Kunden, Marketing	117	0,77	2	2,03
Wertorientierte Kennzahlen	112	0,94	2	2,10
Finanzierung	120	0,96	2	2,11
Branchenentwicklung	122	0,78	2	2,11

x̃ = Median

wenig intensiv (0 ≤ x̃ < 0,5) | eher wenig intensiv (0,5 ≤ x̃ < 1,5) | eher intensiv (1,5 ≤ x̃ < 2,5) | sehr intensiv (2,5 ≤ x̃ < 3)

Abb. 3: Die zehn Informationselemente mit der geringsten Nutzungsintensität

Wie aus Abb. 3 hervorgeht, wurden die zehn Informationselemente mit der geringsten Nutzungsintensität teilweise noch recht aufmerksam von den Mitgliedern des Aufsichtsrats zur Kenntnis genommen, wobei die Spannbreite zwischen einer eher wenig intensiven (drei Informationselemente) und einer eher intensiven Nutzung (sieben Informationselemente) schwankte. Die mit deutlichem Abstand am wenigsten intensiv genutzten Informationselemente sind die Steuerbilanz, Informationen zum Beschaffungsmarkt und den Zulieferern sowie Informationen zur Umweltentwicklung. Ebenfalls keine allzu hohe Nutzungsintensität liegt bei Informationen zur Branchenentwicklung, zur Finanzierung sowie zu wertorientierten Kennzahlen vor, obwohl diese in der Regel zum Standard-Instrumentarium des Controllings zu zählen sind.

Handlungsbedarf bezüglich der Defizite der Informationsversorgung des Aufsichtsrats besteht vor allem in folgenden Bereichen (vgl. *Beckmann* 2009, S. 294 f.):

- Die tatsächliche Informationsbeschaffung ist zu einseitig auf den Vorstand als Informationslieferant fokussiert; diese Abhängigkeit sollte durch die Einbindung weiterer Auskunftspersonen (neben dem Abschlussprüfer) reduziert werden.
- Die tatsächliche und insbesondere die gewünschte Informationsbeschaffung lassen auf eine Überbewertung informeller Informationen schließen.
- Traditionelle Medien dominieren die Informationsbeschaffung, obwohl z. T. der Einsatz moderner Kommunikationsmedien wie Intranet-/Internet-Technologie vorteilhaft wäre.
- Eine rechtzeitige, d. h. frühzeitige Information ist in vielen Unternehmen noch nicht ausreichend etabliert. Den Aufsichtsratsmitgliedern sollten Regelberichte zumindest zwei Wochen vor den Sitzungen, Sonderberichte so früh wie möglich zur Verfügung gestellt werden.
- Viele Unternehmen versäumen, ihre Aufsichtsratsmitglieder regelmäßig mit relevanten Hintergrundinformationen, so z. B. zur Umwelt- und Branchenentwicklung, zu versorgen.
- In Bezug auf die Anforderungsberichterstattung verhalten sich viele Aufsichtsratsmitglieder zu passiv. Dies zeigt sich darin, dass diese die Informationsbeschaffung durch Eigeninitiative nicht zu verbessern versuchen.
- Die Aufsichtsratsmitglieder sollten die ihnen zur Verfügung gestellten Informationen vermehrt auch zur Beratung der Geschäftsführung nutzen.
- Die Gewichtung der Nutzungsintensitäten spiegelt z. T. keine hinreichende Fokussierung auf die Überwachungs- und Beratungspflichten wider: So beschäftigen sich viele Aufsichtsratsmitglieder z. B. intensiv mit den Regelberichten zum Geschäftsjahresende, während die laufende Berichterstattung von wertorientierten Kennzahlen weit weniger intensiv genutzt wird.

4 Herausforderungen an die Informationsversorgung von Aufsichtsratsmitgliedern

Vor dem Hintergrund der einzuhaltenden Normen und dem aktuellen Stand der Informationsversorgung von Aufsichtsräten werden nachfolgend drei wesentliche Herausforderungen diskutiert: der Einsatz von XBRL® (vgl. Kap. 4.1), die Effizienz-Analyse der Aufsichtsratstätigkeit (vgl. Kap. 4.2) und die Gestaltung der Vergütungssysteme für Aufsichtsratsmitglieder (vgl. Kap. 4.3).

4.1 Einsatz von XBRL® in der Aufsichtsratsberichterstattung

Die Vermeidung von Informationsüberflutung bei den Aufsichtsratsmitgliedern ist von hoher Bedeutung. Erforderlich sind deshalb Instrumente zur individuellen Selektion und einfachen Transferierbarkeit in spezifische lokale Informationssysteme beim Nutzer, d. h. bei den jeweiligen Aufsichtsratsmitgliedern, um eine effiziente Informationsnutzung zu ermöglichen.

Als Standard zum elektronischen Austausch von Unternehmensinformationen hat sich weltweit XBRL® (Extensible Business Reporting Language) etabliert. Unternehmen, die in US-GAAP berichten und deren Börsenwert größer ist als 5 Mrd. USD, müssen ihre Publizitätsinformationen für Berichtsperioden, die am oder nach dem 15.6.2009 enden, bei der SEC in XBRL® einreichen (vgl. *Küster* 2009, S. 1).

Die technische Basis von XBRL® ist die Sprache XML (Extensible Markup Language). Durch den Einsatz von XBRL® kann im Internet jede Informationseinheit mit einer sog. Taxonomie, d. h. einer präzisen Kontextbeschreibung (z. B. Bilanzposition, Geschäftsjahr) versehen werden. Diese Kennzeichnungen sind zum einen an den etablierten Rechnungslegungsnormen (z. B. HGB, IFRS, US-GAAP) ausgerichtet, können jedoch durch Taxonomie-Erweiterungen sowohl unternehmens- als auch branchen- oder länderspezifisch (z. B. für zusätzliche Angaben im Lagebericht eines deutschen IFRS-Bilanzierers) ergänzt werden. Neben den Taxonomien, die von der SEC und der IASC Foundation entwickelt wurden, hat z. B. die Deutsche Vereinigung für Finanzanalyse und Asset Management (DVFA) 2008 zentrale Leistungsindikatoren für ESG (Environmental, Social, Governance Criteria) veröffentlicht. Dies erleichtert eine standardisierte Nachhaltigkeitsberichterstattung und vor allem die Einbeziehung nicht-finanzieller Informationen in die Berichterstattung von Unternehmen.

Aus der Anwendung von XBRL® resultieren verschiedene Verbesserungen für die Informationsversorgung (vgl. allgemein *Di Piazza/Eccles* 2002, S. 27 ff.):

- höhere Qualität der Information (weniger Übertragungsfehler, genaue Quellenangaben)
- Schnelligkeit und Häufigkeit der Anwendbarkeit (z. B. bei Konsolidierungen)
- größere Nützlichkeit (spezifische Auswertbarkeit; selektierte Berichtsroutinen; standardisierte Aufbereitung)
- Vollständigkeit und Verfügbarkeit (einfacher Zugang; Verknüpfung von internen und externen Informationen)

Der Umfang der weiterzugebenden Daten kann durch die Unternehmen jeweils bestimmt werden. XBRL® legt keine neuen Berichtspflichten fest und nimmt keinen Einfluss auf Bilanzierungsstandards, die ein Unternehmen anwendet. Durch XBRL® wird es jedoch möglich, die zu erstellenden und weiterzugebenden Informationen sachgerecht und strukturiert darzustellen.

Für den Informationsempfänger liegen die Vorteile darin, dass er sich nur auf ein Format für alle ankommenden Daten einstellen muss. Er kann die Daten, da sie im logischen Aufbau stets identisch sind, effizient weiterverarbeiten, das heißt ohne aufwändige und fehleranfällige manuelle Aufbereitung in seine Datenbestände und Auswertungssysteme übernehmen. Für das Controlling als Ersteller von Informationen können durch XBRL® folgende Ziele erreicht werden (vgl. *Di Piazza/Eccles* 2002, S. 148 f.):
- Kostenreduktion für das Verteilen der Information
- Schnelligkeit der Verfügbarkeit bei verschiedenen Stakeholdergruppen
- Automatisation des Datentransfers zwischen den Rechnungslegungs- und Analysesystemen

4.2 Effizienz-Analyse der Aufsichtsratstätigkeit

Eine regelmäßige Effizienz-Analyse der Aufsichtsratstätigkeit ist gem. DCGK Ziff. 5.6 erforderlich: »Der Aufsichtsrat soll regelmäßig die Effizienz seiner Arbeit überprüfen.« Durch den DCGK wird eine kontinuierliche Evaluierung empfohlen in Bezug auf Effektivität (d. h. Zielerreichung durch die Maßnahmen der Überwachung und Beratung) und Effizienz (d. h. Wirtschaftlichkeit) der Tätigkeit von Aufsichtsräten:
- Sind Qualität, Zeitbedarf und Kosten der Informationsversorgung von Aufsichtsräten angemessen?
- Wo bestehen Ansatzpunkte für Verbesserungen bei der Ausführung der Aufsichtsratsaufgaben?

Ansatzpunkte für die praktische Umsetzung von Effizienzprüfungen der Aufsichtsratstätigkeit bestehen hinsichtlich folgender Aspekte (vgl. *Pfitzer/Oser/Orth* 2005, S. 199–203):
- Die Effizienzprüfung kann durch Selbstevaluation oder durch externe Dritte erfolgen.
- Die Effizienzprüfung kann sich auf einzelne Mitglieder, vorhandene Ausschüsse oder das Gesamtgremium des Aufsichtsrates beziehen.
- Inhalte der Effizienzprüfung sind zum einen die Compliance-Prüfung, d. h. Einhaltung bestehender gesetzlicher und sonstiger Regelungen, und darüber hinaus die Performance-Prüfung, d. h. der aus den Tätigkeiten resultierende Erfolg.

Im Einzelnen liefert die Effizienzprüfung eine Auswertung der Leistungsfähigkeit (Ist-Analyse) und Analyse der Defizite (Soll-Ist-Vergleich). Ferner werden Ansatzpunkte für Verbesserungen (Handlungsempfehlungen) und Umsetzung der erforderlichen Maßnahmen aufgezeigt. Die Effizienzprüfung sollte mindestens einmal jährlich erfolgen aufgrund der DCGK-Entsprechenserklärung gem. § 161 AktG.

Die Notwendigkeit einer Effizienz-Analyse für die vom Aufsichtsrat wahrgenommenen Tätigkeiten ergibt sich auch aus dem durch das BilMoG neu eingeführten § 289a HGB.

Kapitalmarktorientierte Aktiengesellschaften müssen in einem gesonderten Abschnitt des Lageberichts eine sog. »Erklärung zur Unternehmensführung« aufnehmen (§ 289a Abs. 1 HGB u. F.). Diese enthält gemäß § 289a Abs. 2 Nr. 3 »eine Beschreibung der Arbeitsweise von Vorstand und Aufsichtsrat sowie der Zusammensetzung und Arbeitsweise von deren Ausschüssen«.

4.3 Gestaltung der Vergütungssysteme für Aufsichtsratsmitglieder

In § 113 Abs. 1 AktG ist ausgeführt: »Den Aufsichtsratsmitgliedern kann für ihre Tätigkeit eine Vergütung gewährt werden. [...] Sie soll in einem angemessenen Verhältnis zu den Aufgaben der Aufsichtsratsmitglieder und zur Lage der Gesellschaft stehen.«

Zusätzlich bestimmt DCGK Ziff. 5.4.6: »Die Vergütung ... trägt der Verantwortung und dem Tätigkeitsumfang der Aufsichtsratsmitglieder sowie der wirtschaftlichen Lage und dem Erfolg des Unternehmens Rechnung. [...] Die Mitglieder ... sollen neben einer festen eine erfolgsorientierte Vergütung erhalten. Diese sollte auch auf den langfristigen Unternehmenserfolg bezogene Bestandteile enthalten.«

Als Leitmaxime wird in DCGK Ziff. 4.1.1. für den Aufsichtsrat (und den Vorstand) explizit die Verpflichtung zur »Steigerung des Unternehmenswertes« genannt (vgl. oben die Ausführungen in Kap. 2.1). Deshalb erscheint es geboten, die Höhe der Vergütung für die Aufsichtsratstätigkeit, zumindest der leistungsabhängigen Bestandteile, an die Entwicklung des Unternehmenswertes zu koppeln.

Hierfür ist zu gewährleisten, dass die Bemessungsgrundlagen für die erfolgsorientierte Vergütung der Aufsichtsratsmitglieder das Kriterium der Anreizverträglichkeit erfüllen. Dies erfordert a) Zielbezug, b) Entscheidungsbezug und c) Manipulationsresistenz (vgl. ausführlich *Coenenberg/Fischer/Günther* 2007, S. 796):
a) Die Bemessungsgrundlage hat einen Zielbezug aufzuweisen. Diese Anforderung ist als erfüllt anzusehen, sofern eine Steigerung (Reduzierung) der Belohnung eintritt, falls die Leitmaxime »Steigerung des Unternehmenswertes« erreicht (verfehlt) wird.
b) Zudem muss die Bemessungsgrundlage einen Bezug zu den Entscheidungen des Aufsichtsrates besitzen, d. h. von diesem beeinflusst werden können.
c) Schließlich sollte Manipulationsresistenz vorliegen, d. h. die Ausprägung der Bemessungsgrundlage bzw. ihrer Komponenten muss in intersubjektiv überprüfbarer Weise gemessen werden können.

Daneben gelten für die Bemessungsgrundlage auch die aus dem Kriterium der Kommunikationsfähigkeit resultierenden Anforderungen der Analysefähigkeit und Verständlichkeit. Letzteres ist im Besonderen für die Akzeptanz des Anreizsystems zur Bestimmung der erfolgsorientierten Vergütung für die Aufsichtsratsmitglieder bedeutsam.

Literatur

AKEIÜ (Hrsg.) (2007), Best Practice der Mitbestimmung im Aufsichtsrat der Aktiengesellschaft, in: DB, 60. Jg. 2007, Nr. 4, S. 177–180

Beckmann, S. (2009), Die Informationsversorgung der Mitglieder des Aufsichtsrats deutscher börsennotierter Aktiengesellschaften, Diss., Wiesbaden 2009

Berthel, J. (1975), Betriebliche Informationssysteme, Stuttgart 1975

Bihr, D./Blättchen, W. (2007), Aufsichtsräte in der Kritik: Ziele und Grenzen einer ordnungsgemäßen Aufsichtsratstätigkeit – Ein Plädoyer für den »Profi-Aufsichtsrat« in: BB, 62. Jg. 2007, Nr. 4, S. 1285–1291

Coenenberg, A. G./Fischer, T./Günther, T. (2007), Kostenrechnung und Kostenanalyse, 6. Aufl., Stuttgart 2007

Di Piazza, S. A./Eccles, R. G. (2002), Building Public Trust, New York 2002

Gruson, M./Kubicek, M. (2003), Der Sarbanes-Oxley Act, Corporate Governance und das deutsche Aktienrecht (Teil 1), in: AG, 48. Jg. 2003, Nr. 7, S. 337–352

Hopt, K./Wiedemann, H. (Hrsg.) (2006), Aktiengesetz §§ 95–117 (Bd. 4), 4. Aufl., Berlin 2006

Horváth, P. (2008), Controlling, 11. Aufl., München 2008

Kindl, J. (1993), Die Teilnahme an der Aufsichtsratssitzung, Diss., Köln et al. 1993

Küpper, H.-U. (2008), Controlling, 5. Aufl., Stuttgart 2008

Kuß, A./Tomczak, T. (2000), Käuferverhalten: Eine marketingorientierte Einführung, 2. Aufl., Stuttgart 2000

Küster, T. (2009), Wachsender Einfluss von XBRL auf Rechnungslegung und Berichterstattung, in: WPg 2 2009, Editorial, S. 1

Lutter, M./Krieger, G. (2002), Rechte und Pflichten des Aufsichtsrats, 4. Aufl., Köln 2002

Merkt, H./Köhrle, J. (2004), Zur vorstandsunabhängigen Information des Aufsichtsrats durch die Interne Revision, in: ZIR, 39. Jg. 2004, Nr. 5, S. 222–225

Möllers, T. M. J. (1995), Professionalisierung des Aufsichtsrates, in: ZIP, 16. Jg. 1995, Nr. 21, S. 1725–1735

Nieschlag, R./Dichtl, E./Hörschgen, H. (2002), Marketing, 19. Aufl., Berlin 2002

Pfitzer, N./Oser, P./Orth, C. (2005), Deutscher Corporate Governance Kodex, 2. Aufl., Stuttgart 2005

Pfohl, H. C. (2004), Informationsprozeß, in: Lück, W. (Hrsg.): Lexikon der Betriebswirtschaft, 6. Aufl., München/Wien 2004, Sp. 317

Potthoff, E./Trescher, K. (2003), Das Aufsichtsratsmitglied: Ein Handbuch für seine Aufgaben, Rechte und Pflichten, 6. Aufl., neu bearb. von Manuel R. Theisen, Stuttgart 2003

Röhrbein, S. (2004), Zur Diskussion »Redepflicht des Abschlussprüfers: Redepflicht auch für die Interne Revision?«, in: ZIR, 39. Jg. 2004, Nr. 6, S. 270–271

Roth, M. (2004), Möglichkeiten vorstandsunabhängiger Information des Aufsichtsrats, in: AG, 49. Jg. 2004, Nr. 1, S. 1–13

Sandt, J. (2004), Management mit Kennzahlen und Kennzahlensystemen: Bestandsaufnahme, Determinanten und Erfolgsauswirkungen, Diss., Wiesbaden 2004

Scheffler, E. (2003), Aufgaben und Zusammensetzung von Prüfungsausschüssen (Audit Committees), in: ZGr, 32. Jg. 2003, Nr. 2, S. 236–263

Schenck, K. v. (2002), Die laufende Information des Aufsichtsrats einer Aktiengesellschaft durch den Vorstand, in: NZG, 5. Jg. 2002, Nr. 2, S. 64–68

Schönberger, K. (2006), Der Zustimmungsvorbehalt des Aufsichtsrates bei Geschäftsführungsmaßnahmen des Vorstands (§ 111 Abs. 4 Satz 2–4 AktG), Diss., Gottmadingen 2006

Shannon, C. E./Weaver, W. (1976), Mathematische Grundlagen der Informationstheorie, übersetzte Fassung des engl. Originals von 1949, München/Wien 1976

Spindler, G./Stilz, E. (Hrsg.) (2007), Kommentar zum Aktiengesetz §§ 1–178 (Bd. 1), München 2007

Steiners, D. (2005), Lernen mit Controllinginformationen: Empirische Untersuchung in deutschen Industrieunternehmen, Diss., Wiesbaden 2005

Theisen, M. R. (2003), Controlling: Element eines Aufsichtsrats-Reporting, in: Achleitner, A.-K./ Bassen, A. (Hrsg.): Controlling von jungen Unternehmen, Stuttgart 2003, S. 261–279

Theisen, M. R. (2007), Information und Berichterstattung des Aufsichtsrats, 4. Aufl., Stuttgart 2007

Warncke, M. (2004), Zur Diskussion »Redepflicht des Abschlussprüfers: Redepflicht auch für die Interne Revision?«, in: ZIR, 39. Jg. 2004, Nr. 4, S. 176–177

Warncke, M. (2006), Prüfungsausschuss und Interne Revision, in: Der Aufsichtsrat, 3. Jg. 2006, Nr. 3, S. 5

Anforderungen an das Controlling aus Sicht der Holding

Dr. Arno Mahlert*

1 Controlling in verbundenen Unternehmen

2 Gesetzliche Anforderungen an die Controllingfunktion

3 Anforderungen an die Ausgestaltung der Controllingfunktion im Unternehmensverbund
   3.1 Grundsätzliches
   3.2 »Controlling kommt von Contre Rôle«
   3.3 Starkes Controlling geht einher mit gelebter Compliance
   3.4 Netzwerke wirken gegen Informationsfilter

4 Inhaltliche Anforderungen an das Controlling im Unternehmensverbund
   4.1 »Alles auf einer Seite«
   4.2 Keine Black Boxes
   4.3 Controlling als Lernverstärker
   4.4 Risikomanagement mit KPIs

5 Anforderungen an die Controller

Literatur

---

* Dr. Arno Mahlert, Vorsitzender des Vorstands, maxingvest ag, Hamburg (bis 15.05.09); Vorsitzender des Aufsichtsrats, GfK SE, Nürnberg; Vorsitzender des Aufsichtsrats, Springer Science and Business Media S.A., Luxemburg.

1 Controlling in verbundenen Unternehmen

Controlling als Kernfunktion der gesamthaften Unternehmenssteuerung und -überwachung stellt die Holding einer Gruppe von verbundenen Unternehmen vor besondere Herausforderungen.

Im Rahmen ihrer Leitungsaufgabe ist die Holding (mit-)verantwortlich, dass Controlling in allen Verbundunternehmen – mögen sie auf noch so unterschiedlichen Geschäftsfeldern tätig sein – jeweils sachgerecht und effizient funktioniert. Gleichzeitig muss gewährleistet sein, dass die Holding ihren Leitungsaufgaben in den Verbundunternehmen und ihrer Steuerungsaufgabe für das Ganze gerecht werden kann.

Verantwortlich für das Controlling im Verbundkonzern sind in oberster Instanz die Geschäftsführung/Vorstände der jeweiligen Unternehmen. Inwieweit sie dieser Aufgabe gerecht wird/werden, unterliegt der Überwachung durch ihre Aufsichtsräte, Beiräte oder Gesellschafterversammlungen, je nach den rechtlichen und satzungsmäßigen Gegebenheiten des Unternehmensverbundes. So ist die Einwirkungsmöglichkeit durch die übergeordnete Unternehmenseinheit unmittelbarer und mit mehr Freiheitsgraden ausgestattet, wenn das untergeordnete Unternehmen nicht am Kapitalmarkt präsent ist, vor allem wenn die Leitungsfunktion in Beherrschungsverträgen verankert ist.

Im entgegengesetzten Fall – und auf diesen konzentrieren sich unsere Ausführungen –, insbesondere bei Börsennotierung und minderheitlicher oder mehrheitlicher Beteiligung anderer Aktionäre, unterliegt die Überwachung den Vorschriften des Aktiengesetzes, und die Einwirkung kann nur indirekt über die gewählten Mandatsträger in den Aufsichtsratsgremien erfolgen.

Oberste Instanz für die Überwachung der Controllingfunktion im Verbundkonzern ist die Holding bzw. deren Aufsichtsrat. Im Folgenden soll dargestellt werden, welche Anforderungen aus der Sicht des Aufsichtsrats an das Controlling zu stellen sind und nach welchen Kriterien er die Effizienz und Güte der Controllingfunktion im Konzern beurteilen sollte.

2 Gesetzliche Anforderungen an die Controllingfunktion

Die gesetzlichen Regelungen zur Überwachung der Geschäftsführung durch den Aufsichtsrat sind besonders in den vergangenen zehn Jahren durch das Gesetz zur Kontrolle und Transparenz im Unternehmensbereich (KonTraG), das Transparenz- und Publizitätsgesetz (TransPuG) und den Deutschen Corporate Governance Kodex (DCGK) deutlich angewachsen. Auch wenn sich in diesen Bestimmungen keine Hinweise zur konkreten Ausgestaltung des Controllings finden, setzen sie doch den Rahmen, den das Controlling ausfüllen muss, wenn es den Aufsichtsrat bei der Überwachung der Geschäftsführung angemessen unterstützen soll. Hieraus ergeben sich im Wesentlichen die folgenden Anforderungen:

- § 90 AktG regelt die Berichte an den Aufsichtsrat inkl. der Unternehmensplanung sowie der Berichterstattung über die tatsächliche Entwicklung. Damit wird »die

Unternehmensplanung zur gemeinsamen Aufgabe von Vorstand und Aufsichtsrat« (vgl. *Lutter* 2009, S. 775), und die ausreichende Information ist sowohl Bring- als auch Holschuld. Die Überwachungsaufgabe umfasst auch Tochterunternehmen und Gemeinschaftsunternehmen, also die Leitung des gesamten Konzerns durch den Vorstand.

- §91 Abs. 2 AktG verpflichtet den Vorstand zur Einrichtung eines Überwachungssystems, »damit den Fortbestand der Gesellschaft gefährdende Entwicklungen früh erkannt werden«. Der Aufsichtsrat hat sich von der Eignung und Plausibilität des Risikomanagementsystems zu überzeugen. In Verbindung mit §90 AktG (s. o.) beschränkt sich diese Pflicht u. E. jedoch nicht auf die reine Systemüberwachung, sondern der Aufsichtsrat ist darüber hinaus gehalten, sich ein eigenes Urteil über die Risiken der Unternehmensplanung und der Planerfüllung im laufenden Jahr zu bilden.
- Durch §161 AktG wird der Aufsichtsrat mitverantwortlich für die Corporate Governance, eine Verpflichtung, die über die Überwachung der laufenden Performance hinausgeht und sich auch auf Strukturen und Verhaltensweisen bezieht, die eine angemessene Governance ermöglichen. Zwar richtet sich der Blick des Controllings üblicherweise nicht auf das Feld der Corporate Governance, doch besteht hier u. E. ein Nachholbedarf, wenn das Controlling sich als Hüter über die Wertentwicklung des Unternehmens versteht. Schließlich haben nicht zuletzt einige spektakuläre Fälle in jüngster Vergangenheit gezeigt, zu welchen gravierenden Wertminderungen mangelnde Compliance, d. h. Verstöße gegen die Corporate Governance, führen können.

Aus Erfahrungen der Praxis wird im Folgenden aufgezeigt, worauf aus der Sicht (des Aufsichtsrats) der Holding schwerpunktmäßig zu achten ist, wenn das Controlling im Konzern diesen Anforderungen gerecht werden soll.

3 Anforderungen an die Ausgestaltung der Controllingfunktion im Unternehmensverbund

3.1 Grundsätzliches

Ob das Controlling seiner zentralen Aufgabe bei der wertorientierten Unternehmenssteuerung gerecht wird, lässt sich nicht allein anhand der Vorlagen und Präsentationen beurteilen, die für die Unternehmensleitung und -überwachung erstellt werden. Entscheidend ist vielmehr der Blick auf die Rolle der Controllingfunktion in der Unternehmensorganisation, auf ihre Unabhängigkeit und Einbindung in die gesamthafte Steuerung.

3.2 »Controlling kommt von Contre Rôle«

Auch wenn der Controllingbereich üblicherweise nicht als eigenständiges Vorstandsressort auftritt, sondern an den Vorstandsvorsitzenden (CEO) oder Finanzvorstand (CFO) berichtet, kann er seine Steuerungsaufgabe nur ausfüllen, wenn Controlling in der Unternehmensorganisation durchgängig stark und unabhängig aufgestellt ist.

Diese Erwartungshaltung an das Controlling kommt treffend in der – wenn auch sehr freien – Übersetzung von Albrecht Deyhle zum Ausdruck: »Controlling kommt von Contre Rôle«. Vom Controlling muss erwartet werden, dass es die andere Rolle, die Gegenposition einnimmt, dass es Haltungen und Vorhaben hinterfragt oder in Zweifel zieht, damit sie bekräftigt oder geändert werden. »Controlling muss sich die Freiheit nehmen dürfen, auch gegen den Strich zu bürsten, muss als aktive Rolle im Gegensatz zur eher passiven Kontrolle gewollt sein und gefördert werden« (*Mahlert* 2009, S. 83). So wird Controlling zu einer Grundhaltung innerhalb der Unternehmenssteuerung, die weit über das Berichtswesen hinausreicht.

Notwendige Voraussetzung hierfür ist, dass die Controllingfunktion auf allen Ebenen des Konzerns unabhängig neben den Bereichen steht, so dass die Controller in den dezentralen Einheiten zumindest fachlich nicht den Geschäftsbereichsleitern unterstehen, sondern eine direkte starke Anbindung an den nächsthöheren Controller haben. Nur so können unterschiedliche Sichtweisen über Vorhaben oder Geschäftsverlauf, unterschiedliche Einschätzungen von Situationen oder schwache Signale für Fehlentwicklungen früh in die Beurteilungen und die Entscheidungsfindung auf den übergeordneten Ebenen einfließen.

3.3 Starkes Controlling geht einher mit gelebter Compliance

Versteht man Controlling umfassend als eine die Wertentwicklung des Unternehmens fördernde Grundhaltung, die auch in den Einstellungen und Verhaltensweisen ihren Ausdruck findet, so wird sich der Blick über die reine Berichterstattung und Steuerung hinaus auch auf die Compliance richten. Erfolgreiche Compliance betrifft nicht nur die Etablierung und Einhaltung formaler Strukturen, sondern richtet sich auch auf die innere Verfassung der Organisation und das Miteinander im Unternehmen. Gelebte Compliance wirkt wie ein eigenes Immunsystem des Unternehmens: »Der Organismus schützt sich selbst vor Fehlentwicklungen, mögliche Defekte werden im Keim erstickt. Eine solche Organisation reguliert sich selbst, so dass Verstöße bzw. kritische Feststellungen durch interne und externe Prüfer von vornherein weitestgehend vermieden werden« (*Mahlert* 2009, S. 82).

Auf folgende Voraussetzungen ist – neben der oben beschriebenen Verankerung der Controllingfunktion – zu achten, damit dieses Immunsystem entwickelt wird:
- Das bewährte Vier-Augen-Prinzip gehört zu den Selbstverständlichkeiten bis in die oberste Unternehmensspitze hinein, darf aber nicht nur in den Richtlinien stehen, sondern deren Einhaltung muss regelmäßig durch die Wirtschaftsprüfer kontrolliert werden. In kleinteiligen Organisationen sind für die zweite Unterschrift oft keine geeigneten Personen vor Ort präsent, hier kann z. B. zunächst eine fernmündliche

Abstimmung mit dem Vorgesetzten erfolgen, die zu dokumentieren ist, die Unterschrift ist später bei dessen Präsenz vor Ort einzuholen.
- Wachsamkeit der Mitarbeiter und ihr Mut, auf Auffälligkeiten, auf Verstöße gegen die Corporate Governance, auf Defekte aufmerksam zu machen, müssen gefördert werden. Dann werden solche Hinweisgeber erst im Ausnahmefall, nachdem sie sich an Vorgesetzte, den Betriebsrat oder die Personalabteilung gewandt haben, den Weg des Whistleblowing wählen. Entscheidend ist auch, wie die Organisation mit solchen Hinweisen umgeht (Responsiveness). Verzögert sie, baut nur Gegenargumente auf oder nimmt sie Warnungen auf die leichte Schulter, so dürfte das Immunsystem nicht stark genug ausgeprägt sein.
- Ein Code of Conduct, der nur auf dem Papier steht, reicht nicht aus, auch wenn seine Befolgung jedes Jahr wieder von den Mitarbeitern unterschrieben wird. Die interne Kommunikation muss sich laufend mit dem Code of Conduct beschäftigen, die Führungskräfte müssen ihn bei ihren Auftritten ansprechen, und er muss eingeübt werden, z. B. auf Schulungsveranstaltungen. Wer weiß schon, was im Einzelnen als Verstoß gegen Kartellgesetze anzusehen ist?
- Wichtige Hinweise auf die gelebte Compliance kann auch die Rolle der internen Revision liefern. Wie sehr sie als ein Kernstück des internen Kontrollsystems ernst genommen wird, zeigt sich vor allem daran, wie offen die Revisionsplanung ist auch für Vorschläge aus Teilbereichen der Unternehmung, die nicht dem zuständigen Vorstand unterstehen – z. B. aus dem Controlling bis hin zu Vorschlägen aus dem Prüfungsausschuss des Aufsichtsrats selbst.

Diese Aspekte gehen sicherlich über die üblichen Anforderungen an die Controllingabteilung hinaus, sie sind jedoch vom Aufsichtsrat mit einzubeziehen, wenn er die Controllingfunktion im weitesten Sinne als systemische Komponente der Unternehmenssteuerung beurteilen will. Ebenso sollten die Controller diese Aspekte bei ihren Empfehlungen an die Unternehmensleitung einbeziehen, sofern aus ihrer Sicht dazu Anlass besteht.

3.4 Netzwerke wirken gegen Informationsfilter

Um beurteilen zu können, inwieweit die oben dargestellten Anforderungen an das Controlling erfüllt werden, reichen die üblichen Berichte in der Regel nicht aus, zumal diese Informationen durch die Informationspyramide gefiltert sind. Soweit möglich und zulässig, sollte sich der Aufsichtsrat bzw. in seinem Auftrag der Prüfungsausschuss daher ein eigenständiges Bild machen. Hierzu sind mit Wissen des Vorstands gezielte Kontakte in das Unternehmen sowie eigene, d. h. nicht durch den Vorstand beauftragte Gutachten zu bestimmten Themen dienlich.

So sollte sich der Aufsichtsrat/Prüfungsausschuss nicht nur vom Vorstand vortragen lassen, sondern zusätzlich auch zu Einzelthemen von den Leitern der Steuer-, Rechts-, Finanzabteilung sowie der Revision, der Rechtsabteilung und des Controllings. Dies wirkt nicht nur fordernd und motivierend auf die Mitarbeiter, sondern bietet dem Aufsichtsrat auch ein Bild von den handelnden Personen auf der zweiten Ebene. Dieses

Netzwerk sollte sich darüber hinaus erstrecken auf Kontakte zu den Wirtschaftsprüfern, zum Compliance Officer, zum Ombudsmann und zu Beratern. Auch der gezielte Austausch mit den Arbeitnehmervertretern im Aufsichtsrat kann wichtige Eindrücke über die innere Verfassung des Unternehmens liefern.

4 Inhaltliche Anforderungen an das Controlling im Unternehmensverbund

4.1 »Alles auf einer Seite«

Diese sehr ernst, aber nicht ganz wörtlich zu nehmende These ist entscheidend für eine effiziente Aufsichtsratsarbeit und stellt in mehrfacher Hinsicht hohe Anforderungen an die Arbeit der Controller:
- Nicht nur weil die Aufnahmekapazität der Aufsichtsräte in quantitativer Hinsicht begrenzt ist, sondern auch weil die Herausarbeitung des roten Fadens ein Zeichen für klare Gedankenführung ist, sollten die Controllingberichte übersichtlich, stringent und gut formuliert sein (»Qualität« kommt von »sich quälen«). Auf »einer Seite« sollten die für den Aufsichtsrat in der jeweiligen Beurteilungs- und Entscheidungssituation vertrauten Informationen prägnant dargestellt sein, Verweise auf detaillierte Anlagen sind willkommen, um Hintergründe nachvollziehbar zu machen. Hier geht es um die Fähigkeit und den Fleiß, komplexe Zusammenhänge auf ihren Kern zu reduzieren. Komplexitätsreduktion lässt die »Key Issues« erkennen.
- Herausfordernd ist ebenso das Wörtchen »alles« in dieser These. Die Information an den Aufsichtsrat darf sich nicht auf die aus dem monetär orientierten Rechnungswesen ermittelten Eckdaten beschränken, »da auch quantitative, nicht-monetäre und qualitative Informationen der Gewinnung und Aufbereitung bedürfen und Entscheidungsrelevanz besitzen können« (*Günther* 2004, S. 39). So müssen auch die Werttreiber, Key Performance Indicators (KPIs, vgl. Abschnitt 4.4) sowie Wettbewerbs- und Marktinformationen mit den dazugehörigen Abweichungsanalysen von Ist zu Plan und Vorjahr Bestandteile des laufenden Berichtswesens an den Aufsichtsrat sein.

Die Gratwanderung zwischen Aggregation und möglichst realitätsgetreuem Einblick in die Unternehmensentwicklung muss maßgeschneidert für das jeweilige Unternehmen und die Entscheidungssituation (also im Zeitablauf durchaus variabel) gestaltet werden.

4.2 Keine Black Boxes

Black Boxes darf es für den Aufsichtsrat nicht geben. Das gilt nicht nur für vorwärtsgerichtete Entscheidungen, die er zu treffen hat, sondern auch für seine laufende Überwachungstätigkeit und insbesondere für die Prüfung des Jahresabschlusses. Er wäre überfordert, wenn er alle Einzelheiten selbst überprüfen würde, sich etwa vor

Ort versichern wollte, ob bei einem zu übernehmenden Unternehmen alle Immobilien richtig bewertet bzw. überhaupt vorhanden sind. Vielmehr wird er sich auf Gutachten und Plausibilitätsprüfungen konzentrieren, auf Verprobungen mit seinen sonstigen Informationen, z. B. aus dem laufenden Berichtswesen, und dort gezielt nachhaken, wo Dinge nicht plausibel erscheinen.

Damit er dieser Aufgabe gerecht werden kann, muss ihm das Controlling möglichst gezielte Vorlagen liefern, ggf. mit Hinweisen auf Risiken aus noch nicht vollständig ausgeleuchteten Feldern. Ohne solche Hinweise sollte das Controlling keine Geschäfte befürworten, die vom Unternehmen nicht gänzlich durchschaut bzw. beherrscht werden.

4.3 Controlling als Lernverstärker

»Wir lieben Flops« ist gewiss eine übertriebene Aussage, trotzdem aber mit einem wahren Kern behaftet, denn ohne Flops gibt es keine Innovation.

Flops sind auch eine Quelle des Lernens. Beim Scheitern eines Vorhabens dürfen nicht Sanktionen befürchtet werden, sofern sorgfältig gearbeitet wurde. Der Aufsichtsrat muss auf gute Vorbereitung achten und große Projekte laufend in ihrer Realisierung begleiten. Er muss sicherstellen, dass nur kalkulierbare Risiken eingegangen werden und dass – sofern möglich – ausgefeilte Testkonzepte vorliegen, die früh genug »Early-Warning«-Signale erkennen lassen. Solche Hinweise sind meist nicht aus Abweichungsanalysen des Umsatzes, Ergebnisses und Cashflows gegenüber Plan und Vorjahr abzuleiten. Wichtiger ist die Ermittlung der Erfolgskennziffern (KPIs, vgl. Abschnitt 4.4) und ihrer Ausprägungen, die zum Erreichen des Breakeven-Punktes bzw. des Reifezustandes erforderlich sind. Aus dem Vergleich mit dem bisher Erreichten lassen sich Erkenntnisse darüber gewinnen, ob und ggf. wie die Ziele überhaupt noch zu erreichen sind. Bei einem Buchclubstart in einem neuen Markt liefern beispielsweise die Anwerbekosten je Mitglied, der Pro-Kopf-Umsatz pro Quartal und die durchschnittliche Haltbarkeit unverzichtbare Erkenntnisse. Der Aufsichtsrat muss – wenn die Ziele unerreichbar scheinen – früh darauf hinwirken, dass das Projekt beendet wird. Dann beginnt das Lernen aus dem gescheiterten Projekt:
- Die Learnings müssen dokumentiert und für künftige Vorhaben beachtet werden. Möglicherweise sind bestehende Richtlinien anzupassen oder neue zu entwickeln. So wird aus der Kontrollfunktion des Aufsichtsrats mit Unterstützung des Controllings ein dynamischer Prozess. Wenn man beispielsweise feststellt, dass sich bewährte und erfolgreiche Geschäftskonzepte nicht ohne spezifische Anpassungen auf Hochinflationsländer übertragen lassen konnten, scheint es geboten, die gewonnenen Erkenntnisse in einer Richtlinie »Geschäftspolitik in Hochinflationsländern« festzuhalten, um sie bei späteren Vorhaben nutzen zu können.
- Ein unverzichtbares Instrument hierzu sind Investitionsnachrechnungen. Alle größeren Projekte sollten in festen Abständen, z. B. jährlich oder halbjährlich, auf ihren Fortschritt hin überprüft werden, so lange bis der Aufsichtsrat das erfolgreiche Projekt »in die Freiheit entlässt«.
- Lerneffekte gewinnt man nicht nur aus der Verfolgung solcher Projekte, sondern z. B. auch aus der genauen Analyse des Umgangs mit Whistleblowing-Situationen:

Müssen zusätzliche Regeln/Richtlinien erlassen werden? Sind die Organisation und/oder die Führung zu verbessern, damit sich Ähnliches nicht wiederholt?

Nicht nur die Beschreibung von Plan-Ist-Abweichungen, sondern vor allem die Ursachenanalyse und daraus abgeleitete Handlungsempfehlungen bzw. Lerninhalte sind wichtige Controlling-Produkte, die das Lernen im Unternehmen verstärken.

4.4 Risikomanagement mit KPIs

In der Praxis finden sich sehr unterschiedliche Formen von Risikomanagementsystemen. Häufig beschränken sie sich auf eine regelmäßige Bottom-up-Informationserhebung mit anschließender Gruppierung, Verdichtung, Beschreibung und Bewertung. Oft wird hierbei auch die Wahrscheinlichkeitsrechnung zu Hilfe genommen, indem die Einzelrisiken mit Eintrittswahrscheinlichkeiten multipliziert werden, um daraus den Erwartungswert des Gesamtrisikos abzuleiten.

Für die praktische Arbeit des Aufsichtsrats bei der Beurteilung und Handhabung dieser bottom up ermittelten Informationen reicht meist die Zusammenfassung der wichtigsten Risiken in einer Risikomatrix mit den Koordinaten »Eintrittswahrscheinlichkeit« und »Schadenshöhe« aus. Die Aggregation zum Erwartungswert des Gesamtrisikos bietet wenig relevante zusätzliche Informationen. Wichtiger ist die Erörterung der Maßnahmen und der damit verbundenen Kosten, die der Vorstand ggf. zur Begrenzung der einzelnen Risiken vorsieht.

Häufig reicht die Bottom-up-Erhebung der Risiken jedoch nicht aus, um den Risikogehalt der Unternehmensplanung zu beurteilen, häufig werden die später eintretenden Abweichungsursachen gar nicht ursprünglich als Risikofaktoren erkannt. Deshalb sollte die Bottom-up-Erhebung um eine analytische Herleitung der KPIs ergänzt werden, die den größten Einfluss auf die Zielerreichung haben können. Dies geschieht in folgenden Schritten:
1. Das Schema der Gewinn- und Verlustrechnung wird untergliedert in die einzelnen dahinter liegenden Kennziffern wie z. B. Absatzmenge, Rohmarge, Retourenquote etc., also in die DNA-Strukturen des Geschäfts.
2. Diese werden analysiert im Hinblick auf ihre Ergebnis-Sensitivität und Volatilität in zurückliegenden Perioden.
3. Als risikorelevante Indikatoren werden diejenigen KPIs identifiziert, die eine starke Ergebniswirkung haben und/oder hoch volatil sind (vgl. Abbildung 1).
4. Durch den Vergleich der Planwerte dieser KPIs mit den historischen Grenzwerten und den Werten des Vorjahres kann eine Einschätzung des Risikogehalts der Planung gewonnen werden (vgl. Abbildung 2).

Auf diese Weise lässt sich auch der Risikogehalt von Hochrechnungen im laufenden Jahr einschätzen, wenn man die Prognosewerte den historisch erzielten und den Planwerten gegenüberstellt.

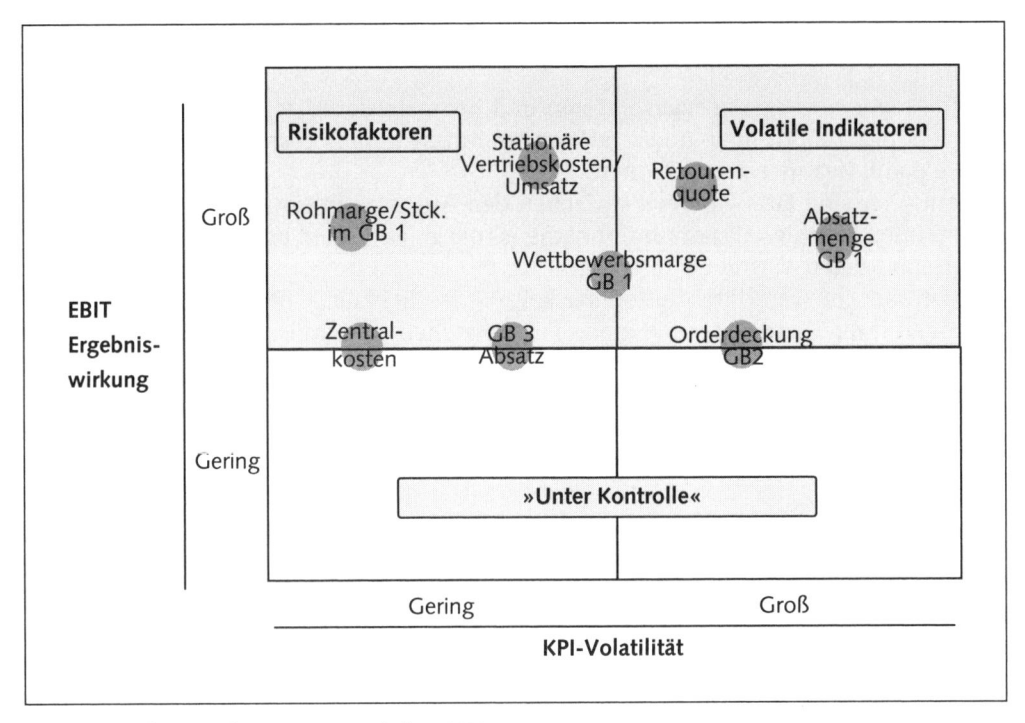

Abb. 1: Analyseergebnis zu wesentlichen KPIs

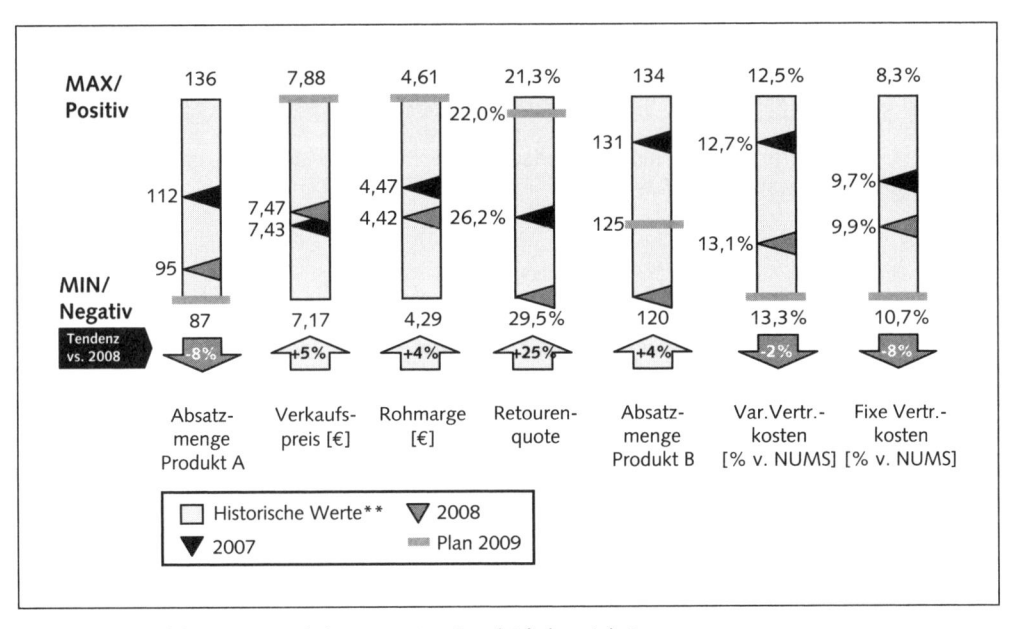

Abb. 2: Entwicklung wesentlicher KPIs im Geschäftsbereich 3

5 Anforderungen an die Controller

Controlling gehört zu den vielseitigsten und herausforderndsten Aufgaben im Unternehmen und stellt deshalb über alle Fachkenntnisse hinaus besondere Anforderungen an die damit beauftragten Personen:

- Controller sind Gratwanderer zwischen den Anliegen ihrer Geschäftsbereiche und den Interessen des Gesamtunternehmens und müssen von beiden Seiten geschätzt sein und deren Vertrauen gewinnen.
- Controller müssen durch Erkennbarkeit, Verlässlichkeit, Offenheit und Vorhersagbarkeit ihres Handelns »eine grade Furche ziehen«. Sie müssen im Spannungsfeld von finanzieller Solidität und Wachstumsstreben bereit sein, mit Beharrlichkeit und Stehvermögen auch unbequeme Rollen zu übernehmen.
- Controller müssen über den Tellerrand ihrer Zahlen und Instrumente hinausblicken und weiche Faktoren wie Werte, Verhaltensweisen und Warnsignale erkennen können.

Der Aufsichtsrat sollte sich im Rahmen von Präsentationen oder in Personalbeurteilungsgesprächen mit der zweiten Ebene ein Bild darüber machen, inwieweit die Controller diesen Anforderungen gerecht werden.

Literatur

Freidank, B. (Hrsg.) (2004), Corporate Governance und Controlling, Heidelberg 2004
Günther, T. (2004), Einbettung des Controlling in die Unternehmensüberwachung und -steuerung, in: Freidank, C. (Hrsg.), Corporate Governance und Controlling, Heidelberg 2004, S. 25–50
Lutter, M. (2009), Professionalisierung des Aufsichtsrats, in: Der Betrieb 15/2009 vom 10.04.2009, S. 775–779
Mahlert, A. (2009), Erfolgsfaktoren der Compliance aus Sicht des Aufsichtsrats, in: Der Aufsichtsrat 06/2009 vom 15.06.2009, S. 82–83

Von der AG zur Holding – Strukturelle Veränderungen im Mittelstand und deren Auswirkung auf das Controlling

Dr. Ralf v. Baer*

1 Einleitung

2 Struktur des Gesellschafters

3 Neustruktur PMO 2008

4 Auswirkung auf das Controlling
    4.1 Veränderungen des Markts und der Geschäftsaktivitäten
    4.2 Anforderungen aus PMO 2008
    4.3 Umsetzung

Literatur

---

* Dr. Ralf v. Baer, Vorsitzender der Geschäftsleitung, Putzmeister Holding GmbH, Aichtal.

1 Einleitung

Strukturelle Fragen beschäftigen Unternehmen insbesondere stark in Phasen großer Veränderung. So auch in dem im Folgenden geschilderten Praxisbeispiel des Unternehmens Putzmeister.

Putzmeister (PM) ist ein seit 1958 aus eigener Kraft gewachsener, weltweit aktiver, innovativer Spezial-Maschinenbauer mit der Kernaufgabe Rohrförderung besonders schwieriger Medien. Zentrum unserer Unternehmensgruppe, die inzwischen nahezu 4.000 Mitarbeiter weltweit beschäftigt, ist das Stammwerk in Aich – einem Teilort der Gemeinde Aichtal, rund 20 Kilometer südwestlich von Stuttgart. Außer in Deutschland hat die Gruppe weitere große Produktionsstandorte in den USA, in China, der Türkei, in Indien, Frankreich und Spanien, aus denen sowohl die regionalen Märkte als auch entsprechend dem Bedarf weitere Märkte beliefert werden. Daneben ist Putzmeister in vielen Ländern mit eigenen Vertriebs- und Service-Niederlassungen – so genannten Putzmeister Customer Centers (PCC) – vertreten.

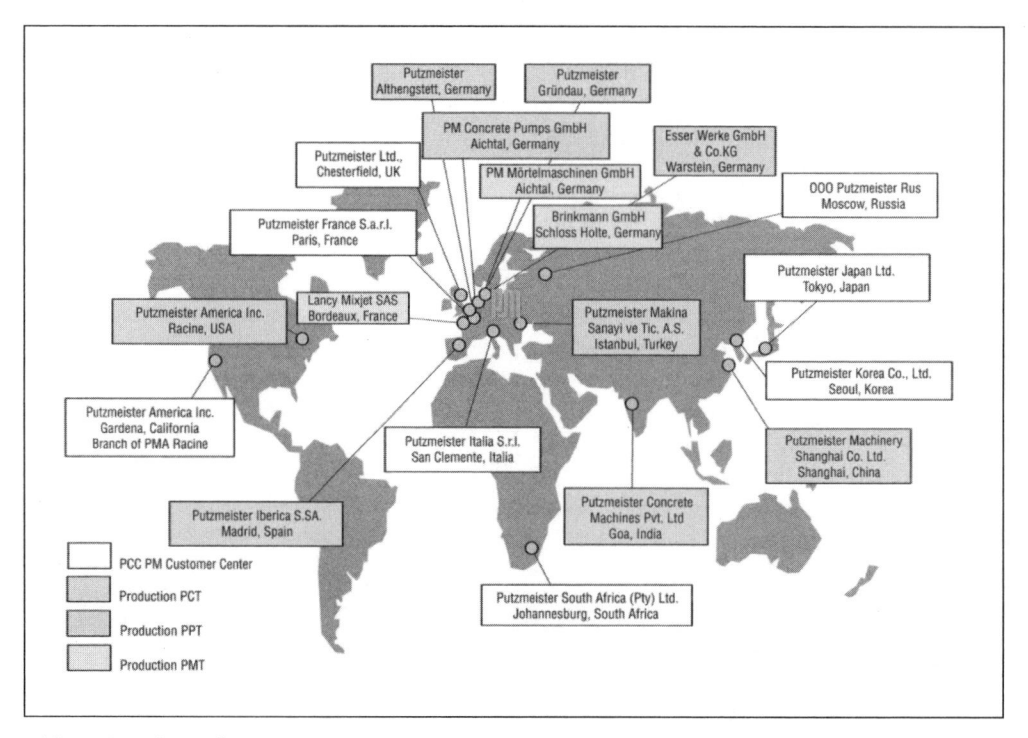

Abb. 1: Standorte der Putzmeister Gruppe

Unsere Hauptaktivitäten umfassen die Herstellung von Maschinen zur Förderung von Beton, Estrich und Mörtel sowie anderen schwierigen Medien. Daneben stellen wir Hochdruckreinigungssysteme und Rohrleitungssysteme für Betonförderung und Abraumförderung in Minen her.

Abb. 2: Produktportfolio Putzmeister

2 Struktur des Gesellschafters

Die Karl Schlecht Gemeinnützige Stiftung (KSG) hält 99 % der Anteile an der Putzmeister-Unternehmensfamilie. 1998 übertrug der Unternehmensgründer Karl Schlecht die Aktien auf die von ihm gegründete gemeinnützige Stiftung KSG, um das ihm zugefallene Lebensgeschenk in Fairness an die Gesellschaft weiterzugeben und den Fortbestand des Unternehmens dauerhaft zu sichern. Die KSG investiert in ausgewählte Projekte derzeit jährlich mehr als 750.000 Euro (Näheres auf http://www.karl-schlecht.de/stiftungen/ksg.html).

Das verbleibende 1 % der Unternehmensanteile hält die Karl Schlecht Familienstiftung (KSF). Sie übt jedoch mit diesem Anteil 90 % der Stimmrechte aus und hält über die Putzmeister Holding und den Aufsichtsrat die unternehmerisch orientierte Gesellschafterfunktion für die Putzmeister Gruppe. Dies geschieht derzeit noch durch die Person des Stifters und später durch einen vom KSF-Beirat gewählten Nachfolger. Organe der KSF sind der Vorstand und der Stiftungsbeirat. Im Stiftungsbeirat sind lebenserfahrene Persönlichkeiten, die in aktiver unternehmerischer Verantwortung stehen sollen (Näheres auf http://www.karl-schlecht.de/stiftungen/ksf.html).

3 Neustruktur PMO 2008

Die Putzmeister Gruppe verabschiedete im Frühjahr 2007 die neue Putzmeister Organisation 2008 (PMO 2008), die Schritt für Schritt umgesetzt wird. Die PM Gruppe erhält mit PMO 2008 eine noch effektivere Struktur, die es ermöglicht, die vorgegebenen Wachstumsziele leichter zu erreichen. PMO 2008 unterteilt – entsprechend der funktionalen Struktur – die Gruppe in zunächst drei Markt Technik Felder (MTF):

- PM Concrete Tech »PCT« (vertreten durch Putzmeister Concrete Pumps GmbH)
- PM Mortar Tech »PMT« (vertreten durch eine neu gegründete PMMT GmbH)
- PM Pipe Tech »PPT« (vertreten durch Esser Werke GmbH & Co. KG)

Zu späteren Zeitpunkten ist geplant, weitere bereits bestehende Abteilungen zu selbstständigen Markt Technik Feldern umzuwandeln. Die drei Markt Technik Felder sind legal und funktional unter dem Dach der Putzmeister Holding GmbH (PMH) angesiedelt. Die PMH übernimmt damit die Rolle einer Management-Holding, nachdem sie 1998 zunächst als legal notwendige Gesellschaft zwischen den KS-Stiftungen und der operativ tätigen Putzmeister AG gegründet wurde.

Als Konsequenz hieraus wurde das Mörtelmaschinengeschäft mit seinen drei Gesellschaften (PM Mörtelmaschinen, Lancy & Brinkmann) zum Jahresende 2007 aus der Putzmeister AG ausgegliedert. Die Putzmeister AG wurde zum 21. Februar 2008 zur Putzmeister Concrete Pumps GmbH umgewandelt, die sich in Zukunft ausschließlich auf ihr Kerngeschäft Betontechnik ausrichten wird, um darin höchste Produktivität zu erreichen und die vorhandenen Wachstumspotenziale optimal zu nutzen. Gemäß PMO 2008 entscheidet dabei jedes Markt Technik Feld eigenverantwortlich bei den Themen, die sein operatives Geschäft betreffen. Strategische Schlüsselfragen und die gesamte Gruppe betreffende Angelegenheiten werden dagegen gemeinsam mit der PMH entschieden. PMO 2008 zielt darauf ab, weitere operativ unabhängige MTFs innerhalb der Karl Schlecht Stiftungen (KSG und KSF) direkt der Putzmeister Holding anzugliedern. Die neuen MTFs werden sich sowohl durch die Absatzmärkte als auch durch differenzierte Produkte von den anderen MTFs unterscheiden. Als Konsequenz hieraus werden sie auch eine andere Technik-Kultur leben. Dieses Vorgehen ist im Putzmeister World Book (PWB) – dem Mission Statement der PM Gruppe – durch den Gründer Karl Schlecht festgelegt worden. Gemäß PWB sollen sich die neuen MTFs vorrangig aus bereits bestehenden Einheiten der PM Gruppe entwickeln (s. Abbildung 4).

Um den Prozess der Verselbstständigung zu fördern, haben wir den bereits bestehenden Geschäftseinheiten
- Putzmeister Underground Concreting (PUC) – als Teileinheit der PMIB (Spanien)
- Putzmeister Industrie Technik (PIT) – als Teileinheit der Putzmeister Concrete Pumps GmbH
- Putzmeister Belt Technik (PBT) – als Teileinheit der PMA (USA)
- Putzmeister Wasser Technik (PWT) – als Teileinheit der PMM

den Status von so genannten emerging Markt Technik Feldern (eMTF) gegeben. Innerhalb der nächsten zwei bis vier Jahre wird den eMTFs bei erfolgreichem Geschäftsverlauf in definierten Stufen zunehmende Unabhängigkeit von der Muttergesellschaft gewährt, bevor sie schließlich als separate legale Einheit direkt an die PMH ausgegliedert werden. Bei der Putzmeister Industrie Technik (PIT) erfolgt diese Ausgliederung bereits 2009.

MTF Market Technique Field	PCT Putzmeister Concrete Technology	PMT Putzmeister Mortar Technology	PPT Putzmeister Pipe Technology
Main company	Putzmeister Concrete Pumps GmbH	Putzmeister Mortar MachinesTech GmbH	Esser-Werke GmbH & Co.KG
Company headquarters	Aichtal, Germany	Aichtal, Germany	Warstein, Germany
Employees end of 2007*	3.434	308	124
Consol. sales 2007	€ 840 m	€ 147 m	€ 23 m
Brands	Putzmeister, TELEBELT, Allentown Putzmeister	Putzmeister LANCY MIXJET, BRINKMANN, Dynajet, STROBL	ESSER TWIN PIPES
Integrated emerging Market Technique Fields (eMTF)	PBT – Putzmeister Belt Technology PUC – Putzmeister Underground Concreting PIT – Putzmeister Industrial Technology	PWT – Putzmeister Water Technology	

*without PMH

Abb. 3: Markt Technik Felder – Stand 2008

4 Auswirkung auf das Controlling

4.1 Veränderungen des Markts und der Geschäftsaktivitäten

Bei Putzmeister dominierte in der Vergangenheit der Umsatz der Betonpumpen das Unternehmen. Eine Differenzierung der Ergebnisse anderer Aktivitäten erfolgte allenfalls grob überschlägig. Das Controlling betrachtete entsprechend nahezu ausschließlich die große Anzahl der legalen Einzelgesellschaften, deren Finanzzahlen zum Gruppenergebnis konsolidiert werden.

Die Auslandsgesellschaften waren wiederum bis Mitte 1990 überwiegend als Vertriebseinheiten für Betonpumpen tätig. Seitdem nahmen jedoch die Produktion (insb. in den USA, in China, Spanien und der Türkei) und der Vertrieb der anderen Produkte (insb. Mörtelmaschinen und Industriepumpen) einen deutlich höheren Anteil ein. So sind heute mehr als die Hälfte der Mitarbeiter im Ausland tätig und nur noch ca. 8 % des Umsatzes erfolgt in Deutschland. Parallel erfolgte eine marktgetriebene Steigerung des Umsatzes von 427 Mio. Euro im Jahr 2003 auf 1.010 Mio. Euro im Jahr 2007. Entsprechend komplexer gestaltet sich heute die Führung der Gruppe.

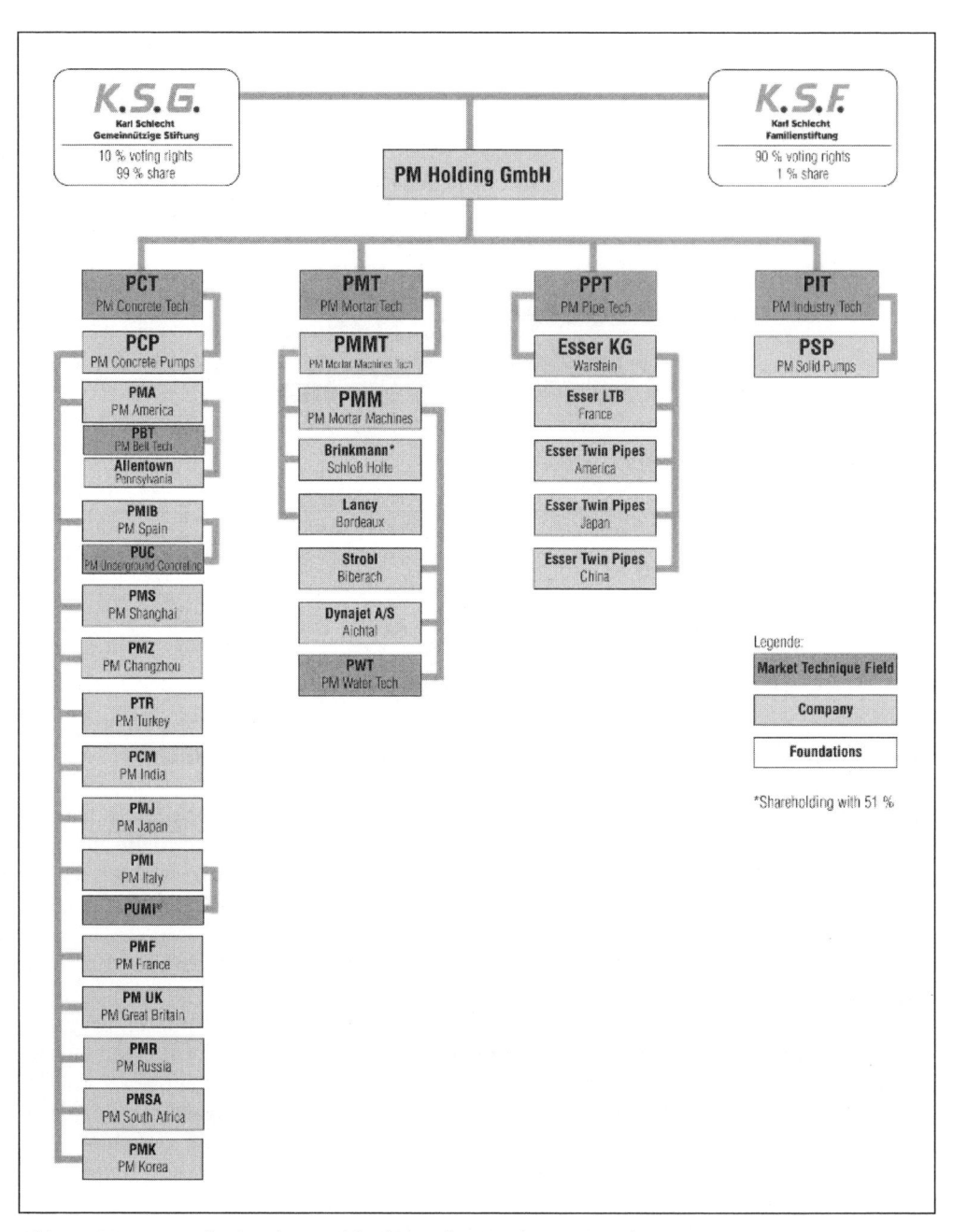

Abb. 4: Diagramm der legalen und funktionalen Struktur – Stand 2008

4.2 Anforderungen aus PMO 2008

Einer der Hauptgründe für die Umwandlung der Putzmeister AG ist die Herstellung einer klar definierten Verantwortung für die Geschäftseinheiten. In der AG lag die Verantwortung ausschließlich bei den legalen Gesellschaften, die mehr oder weniger wussten bzw. vermuteten, welcher Ihrer Geschäftsbereiche über- bzw. unterdurchschnittlich zum Ergebnis beiträgt.

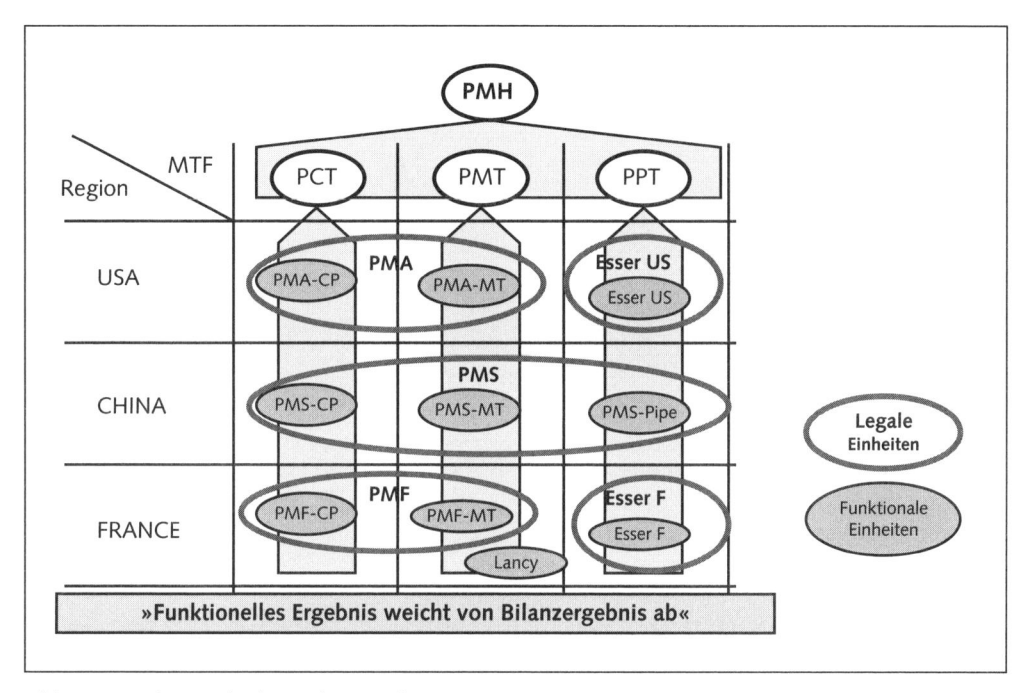

Abb. 5: Legales vs. funktionales Ergebnis

Die Transparenz hierüber war jedoch in den zentralen Führungen der Geschäftsbereiche nur eingeschränkt vorhanden. Entsprechend kam es zu Differenzen in Bezug auf strategische Entscheidungen (Ausbau der Personalressourcen, Investitionen, ...), insbesondere zwischen den Einheiten.

Mit PMO 2008 liegt die Ergebnisverantwortung nicht mehr bei der legalen Einheit, sondern beim Leiter der funktionalen Einheit und dessen funktional vorgesetztem Leiter des MTFs. Die legale Einheit erbringt die lokale Dienstleistung und koordiniert zwischen den MTFs. Der Leiter der legalen Einheit bleibt oberster Repräsentant des Unternehmens im Land und verantwortlich für eine der Geschäftseinheiten. Er berichtet jedoch wie in Abbildung 6 dargestellt analog zu den Leitern der anderen Geschäftseinheiten jeweils direkt ans Headquarter. Informativ erhält der Leiter der legalen Einheit selbstverständlich auch weiterhin die Information der anderen Geschäftseinheiten, um sowohl zu koordinieren als auch seiner legalen Verantwortung gerecht zu werden.

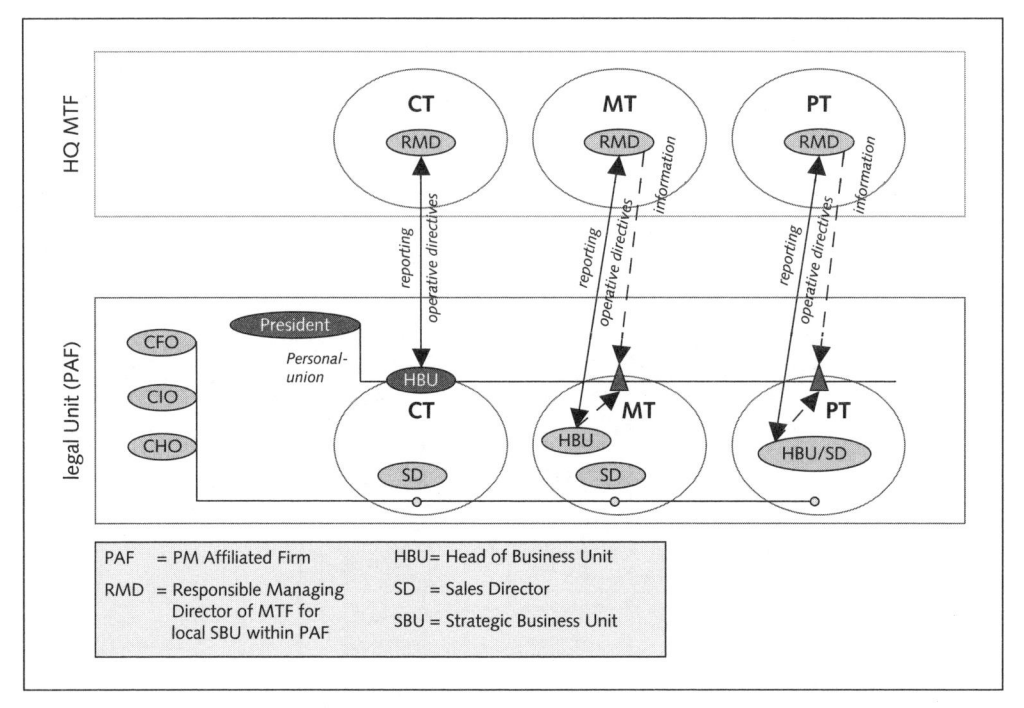

Abb. 6: Rolle des Leiters (President) in PMO 2008

4.3 Umsetzung

Die Umsetzung der oben ausgeführten Struktur und der dazu gehörenden Datenstruktur gestaltet sich wie erwartet schwierig. Wie bei allen Change-Prozessen ist die Bereitschaft, sich einer neuen Verantwortung zu stellen, teilweise gering oder führt in Einzelfällen zur Ablehnung. Insbesondere die Leiter der legalen Einheiten verlieren in der neuen Struktur einigen Einfluss, was jedoch durch kontinuierliche Vorgaben und Rückfragen bei Abweichungen inzwischen weitestgehend akzeptiert wird.

Auf Seiten des Controllings verlangsamte sich die Einführung jedoch zunächst durch den Aufbau einer schmalen Finanzabteilung bei der PMH unter Beibehaltung des Konzerncontrollings bei der PM AG bzw. deren Nachfolgerin, der PCP GmbH. Seit Anfang 2009 wurde das Konzerncontrolling ebenfalls in die PMH überführt, um die Dopplung von Prozessen zu verhindern und eine formal größere Neutralität zu erzielen.

Das Konzerncontrolling arbeitet bislang ausschließlich mit einem Finanztool, das standardisierte Excel-Files zusammenfasst und konsolidiert. Die großen produzierenden Gesellschaften haben dagegen SAP eingeführt. Eine Anpassung der Systeme, um die funktionale Abbildung zu erzielen, ist gestartet, erweist sich jedoch als kosten- und zeitaufwändig.

Vor dem Hintergrund der aktuellen Finanzkrise, die Putzmeister wie alle global tätigen Baumaschinenhersteller besonders hart getroffen hat, zeigt sich jetzt besonders stark die Notwendigkeit, Transparenz in den Ergebnissen der einzelnen Geschäftseinheiten zu erzielen, um die erforderlichen Kostenanpassungen fundiert durchführen zu können. Inzwischen erfolgt mit externer Unterstützung die Restrukturierung von Putzmeister zur Anpassung an einen voraussichtlich mehrjährig deutlich reduzierten Umsatz. Im Rahmen dieses Prozesses wird nun auch erstmalig die Planung für 2010 gemäß den funktionalen Einheiten erfolgen. Ab Anfang 2010 wird das gesamte Berichtswesen auf ein funktionelles Reporting umgestellt.

Literatur

Kutschker, M./Schmid, S. (2005), Internationales Management, 4. Aufl., München 2005
Macharzina, K./Wolf, J. (2005), Unternehmensführung, Das internationale Managementwissen, Konzepte – Methoden – Praxis, 4. Aufl., Wiesbaden 2005
Putzmeister (2008), Jahresbericht 2007, www.putzmeister.de
Putzmeister (2007), Putzmeister Post 74, Sonderausgabe 50 Jahre Putzmeister, www.putzmeister.de
Satzung der Karl Schlecht Familienstiftung, www.karl-schlecht.de/stiftungen/ksf/ksf-satzung.html

Controlling zur Steuerung im Spannungsfeld zwischen Börsennotierung und mittelständischen Konzernstrukturen

Martin Schomaker[*]

1 Einleitung

2 Die Restrukturierung

3 Verkauf des Unternehmensbereiches Fördertechnik

4 Nachhaltige Unternehmensführung versus Shareholder Value

5 Komplexe Wachstumsstrategien und Controlling

6 Transparenz, Anforderungen der Börsennotierung

7 Aktuelle Entwicklung

---

[*] Martin Schomaker, Vorstandsvorsitzender, R. STAHL AG, Waldenburg.

1 Einleitung

Eine besondere Herausforderung für mittelständische Unternehmen ist die Börsennotierung, insbesondere wenn die Gesellschaft international organisiert ist und eine Vielzahl meist kleiner Vertriebsgesellschaften konsolidieren muss. Der Anspruch der Börse auf kontinuierlichen Erfolg führt zu erheblichem Leistungsdruck, der die langfristige Nachhaltigkeit unternehmerischer Tätigkeit durch kurzfristige Quartalsberichterstattungen in Frage stellt und mit dem Ziel »Shareholder Value« Fehlentwicklungen in der Unternehmenssteuerung auslöst. Die erheblichen Transparenzanforderungen führen gerade in mittelständischen Unternehmen zu der Notwendigkeit eines ausgefeilten und dennoch sehr schlanken internationalen Konzernberichtssystems, gleichzeitig aber auch zur regelmäßigen Kommunikation der Strategie und damit zur unerwünschten Information der Wettbewerber. Darüber hinaus ist die komplexe Gesetzeslage für mittelständische Unternehmen kaum noch zu überschauen.

Die Börsenwelt ist Free-Float-orientiert. Nähert sich der Hauptaktionär Familie der 30 %-Schwelle, ergeben sich erhebliche Probleme aus der Gesetzeslage. Besteht die Familie aus einer größeren Anzahl von Mitgliedern, ergibt sich zudem das Problem, dass durch Insiderregelungen nicht mehr ausreichend über strategische Entwicklungen des Unternehmens in der Planungsphase berichtet und diskutiert werden kann.

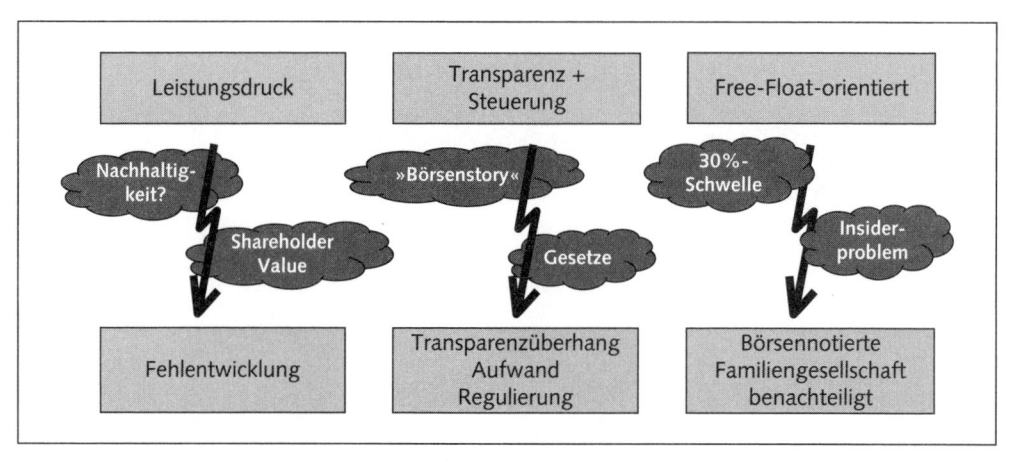

Abb. 1: Kapitalmarkt – Einfluss auf Unternehmensführung

Das Controlling ist in diesem Spannungsfeld in besonderem Maße gefordert. Dies soll im vorliegenden Beitrag am Beispiel der Entwicklungsschritte der R. STAHL AG herausgearbeitet werden.

Das Beispielunternehmen ist ein baden-württembergisches Technologieunternehmen mit 47 % Free Float nach dem Börsengang im Jahr 1997.

R. STAHL ging 2002/2003 durch eine intensive Restrukturierung. Im Rahmen der Konzentration auf den Unternehmensbereich Explosionsschutz wurde der nahezu gleich große Unternehmensbereich Fördertechnik verkauft. Die Unternehmensleitung entwickelte als Alternative zum Shareholder-Value-Konzept ein Stakeholder-Konzept als Vision zur Führung. Aufbauend auf der Kultur des technologiegetriebenen Unternehmens wurde der Aufbau des Systemgeschäfts als Wachstumsstrategie definiert, erarbeitet und erfolgreich umgesetzt. Dadurch wuchs die Komplexität im Unternehmen erheblich und stellte völlig neue Anforderungen an das Controlling und Führungssystem der Gesellschaft.

2   Die Restrukturierung

Das Unternehmen wies bereits vor Beginn der Anlagenbaukrise in den Jahren 2002 und 2003 keine Ertragskraft mehr auf. Es war deshalb bereits mit einem Umsatzrückgang von 5–8 % in die roten Zahlen gefallen. Nach dem leider erforderlichen Personalabbau zu dieser Zeit wurde der Schwerpunkt der Restrukturierung auf die Verbesserung der Unternehmensprozesse gerichtet. Die Mitarbeiter in der Fertigung und im Angestelltenbereich wurden von internen und externen Moderatoren geführt und mit der Aufgabe betraut, die Unternehmensprozesse selbst zu analysieren, Soll-Konzepte zu erarbeiten und einen Umsetzungsplan aufzustellen. Nach jeder Prozessanalyse wurde eine Management-Präsentation durchgeführt, aus der die Teams mit allen notwendigen Entscheidungen herauskamen. In der Fertigung wurde sofort mit der physischen Umsetzung begonnen. In den Angestelltenbereichen wurde die Umsetzung unter Beachtung der anzupassenden EDV-Systeme vorangetrieben.

Parallel dazu wurde mit der Stärkung der Entwicklung begonnen. Das Unternehmen hatte zu dieser Zeit 28 % des Umsatzes mit Produkten erwirtschaftet, die jünger als fünf Jahre waren. Heute liegt diese Quote bei über 40 %.

Die Herausforderung für das Controlling bestand darin, dass dieser Prozess nicht über normale Kennzahlensysteme und Ergebnisziele zu führen war – zumal Kennzahlensysteme für Prozessveränderungen im Unternehmen so nicht verfügbar waren und auch nicht in kurzer Zeit erstellt werden konnten. Die Lösung bestand darin, alle wesentlichen Projekte im Unternehmen zu erfassen, ihren Einfluss auf Gewinn, Kapitaleinsatz, Wachstum, Mitarbeiter, Kunde und Qualität zu schätzen und in einer Projektliste zusammenzuführen. Die Wirkung der Projekte wurde als Basis für den Planungsprozess herangezogen. Zusätzlich wurde jedes Projekt mit einer Ampelschaltung verfolgt. Der Gedanke war: Die Projekte führen in die richtige Richtung. Wenn ein konsequentes Projektcontrolling stattfindet, sollte sich das Unternehmen in der Summe positiv entwickeln. Wenn Projekte ausfallen oder sich verzögern, kann die Auswirkung auf den Unternehmenserfolg dennoch abgeschätzt werden.

Wichtig war, dass jedes Projekt und jeder Prozess eine klare Zielsetzung und einen Milestone-Plan erhielt, anhand derer diese Kontrolle erfolgen konnte.

In derselben Weise, nur stark vergröbert, wurde auch Richtung Börse kommuniziert. Die Ausgangsbasis war unerfreulich. Entsprechend der Gepflogenheit der neunziger Jahre am Kapitalmarkt war vorher optimistisch und zuversichtlich kommuniziert worden. Es wurden mittelfristige Planungen an den Kapitalmarkt gegeben, die durch die Anlagenbaukrise und die Entwicklung im eigenen Haus nicht mehr erreichbar waren.

Damit war ein hoher Vertrauensverlust an der Börse eingetreten. Es war eine sehr offene Kommunikation erforderlich, um dieses Vertrauen zurückzugewinnen. Die wesentlichen Projekte und Arbeitsschritte wurden erläutert und dann auch der Fortschritt kommuniziert. Damit konnte das Controllingsystem als Basis für das Kommunikationssystem Richtung Börse verwendet werden. Das Vertrauen kehrte zurück und mit dem Erreichen des Breakeven stieg der Kurs um nahezu 100 %.

3 Verkauf des Unternehmensbereiches Fördertechnik

Die Unternehmensgruppe bestand aus den etwa gleich großen Unternehmensbereichen Explosionsschutz und Fördertechnik. Beide Bereiche verdienten entwickelt zu werden. Allerdings war dem mittelständischen Unternehmen die Kapitalkraft zur Entwicklung beider Unternehmensbereiche nicht gegeben. Der Unternehmensbereich Explosionsschutz ist im Weltmarkt als Nummer zwei positioniert und Technologieführer in Europa. Der Bereich Fördertechnik sah sich mit drei deutlich größeren Wettbewerbern konfrontiert und leistete auch einen deutlich geringeren Anteil am Konzernergebnis. Deshalb wurde entschieden, den Unternehmensbereich Fördertechnik abzugeben.

Der Verkaufsprozess im Einzelnen soll hier nicht erläutert werden. Wesentlich für Controlling und Rechnungslegung war die IFRS-Darstellung des Verkaufes.

Der Konzern war als Holding-Struktur aufgebaut. In der Holding waren alle kaufmännischen Aufgabenstellungen zusammengeführt. Fördertechnik und Explosionsschutz waren als Tochtergesellschaften der Holding organisiert. Daraus ergab sich bei der Veräußerung eine besondere Schwierigkeit in der IFRS-Darstellung. Der Discontinued-Bereich Fördertechnik wurde um alle Strukturen entlastet, die nicht verkauft wurden. Das führte dazu, dass die Holding rückwirkend nahezu vollständig dem Unternehmensbereich Explosionsschutz belastet wurde. Hierbei wurde nicht berücksichtigt, wie sich die Holding in der Folgezeit weiterentwickeln sollte. Dadurch entstand der Eindruck, dass der nun mit deutlich mehr Kosten belastete Unternehmensbereich Explosionsschutz eigentlich der ertragsschwache Bereich war und der von der gesamten Holding-Belastung befreite Unternehmensbereich Fördertechnik die Perle des Unternehmens gewesen sei, die nun verkauft würde. Trotz intensiver Diskussion mit den Wirtschaftsprüfern war eine andere Darstellung nicht möglich. Mit Veröffentlichung des Geschäftsberichts ging daraufhin der Börsenkurs um 30 % nach unten, da dem Kapitalmarkt nicht ausreichend vermittelbar war, was hier tatsächlich geschehen war.

Mit dem Verkauf der Fördertechnik wurde für Unternehmen und Familiengesellschafterstruktur eine weitere wichtige Problemstellung deutlich. Nach dem Wertpapierhandelsgesetz ist von der Unternehmensleitung sicherzustellen, dass nicht zu viele Personen insiderrelevante Tatbestände erfahren. Damit soll sichergestellt werden, dass die Information nicht für unerlaubte Börsengeschäfte genutzt wird. Bei mehr als 40 Familienaktionären wurde deutlich, dass die Sorgfaltspflicht des Vorstands es nicht zulässt, dass die Familie, die immerhin 53 % des Unternehmens im Eigentum hatte, im Vorfeld der Verkaufsverhandlungen über diese informiert wurde. Dies führte dazu, dass nach Unterzeichnung des Letter of Intent mit der potenziellen Käuferin eine Ad-hoc-Meldung über den Vorgang abgesetzt wurde, die gleichzeitig auch an die Familie ging. Mit dieser Vorgehensweise war sichergestellt, dass der Gesetzesvorgabe entsprochen wurde. Allerdings entsprach dies ganz und gar nicht der Erwartungshaltung der Familie über Einbindung in wesentliche strategische Überlegungen. An diesem Beispiel wurde dann sehr intensiv über die weitere Kommunikationsstrategie diskutiert und deutlich gemacht, dass die Familie nicht mehr Informationen erhalten kann als der übrige Kapitalmarkt.

Vermutlich ist dies auch der Grund dafür, dass der GEX, der Index für börsennotierte Familiengesellschaften, nach zehn Jahren Börsennotierung eine Familiengesellschaft mit der Begründung aus dem Index nimmt, dass sich der Familieneffekt verliert. Dies ist nachvollziehbar, denn oft haben Familiengesellschaftsmitglieder große Teile Ihres Vermögens im Unternehmen gebunden, werden aber gleichzeitig in der Informationspolitik nicht anders behandelt als Kleinaktionäre, Fonds und Analysten. Daraus kann der Wunsch entstehen, das Vermögen zu diversifizieren und mittelfristig Anteile zu verkaufen. Es ist die Aufgabe des Managements gegenzusteuern und über zulässige Informationen eine ausreichend gute Identifikation der Familie mit dem Unternehmen und den Mitarbeitern zu erreichen.

4 Nachhaltige Unternehmensführung versus Shareholder Value

Der Kapitalmarkt ist in seinen Anforderungen an die Berichterstattung, die Handelbarkeit von Wertpapieren, also die Liquidität, und mit seinen Reaktionen auf Kurzfristigkeit ausgelegt. Langfristige Investitionen in Strukturen, Vertrieb und Entwicklung, die unter Umständen über eine längere Zeit das Ergebnis bzw. den Cashflow belasten, führen zu Bewertungsabschlägen. Investitionen in Gebäude und Wertschöpfung erhöhen den CAPEX und reduzieren den Free Cashflow und damit die Bewertung. Schwankungen in der quartalsweisen Ergebnisentwicklung lassen die Analysten nervös werden. Durch Kauf und Verkauf reagieren viele Anleger sehr schnell auf derartige Informationen bzw. Unsicherheiten in der langfristigen Wirkung von Maßnahmen. Schwierig ist hierbei für das Controlling, die Informationen zur Entscheidung der Sachverhalte auch gleich so aufzubereiten, dass damit auch die notwendige Information des Kapitalmarktes erfolgen kann. Damit soll vermieden werden, dass sinnvolle unternehmerische Maßnahmen zu Bewertungsabschlägen führen.

Eine wesentliche Fehlentwicklung am Kapitalmarkt sehen wir im Shareholder-Value-Ansatz. Gerade in mittelständischen Unternehmen ist der Unternehmenserfolg davon abhängig, dass die Mitarbeiter motiviert und engagiert Technik, Märkte und Unternehmen vorantreiben. Viel Wissen ist bei den Mitarbeitern angesiedelt und nicht in IT-Systemen oder entsprechenden Dokumentationen abgelegt. Die Ausrichtung am Shareholder-Value-Prinzip steht dazu im Grundkonflikt, da hier der Mitarbeiter als Mittel zum Zweck definiert wird. Es geht sogar soweit, dass kurzfristige Bekanntgabe von Personalabbau selbst renditestarker Unternehmen zu einer Erhöhung der Kursziele

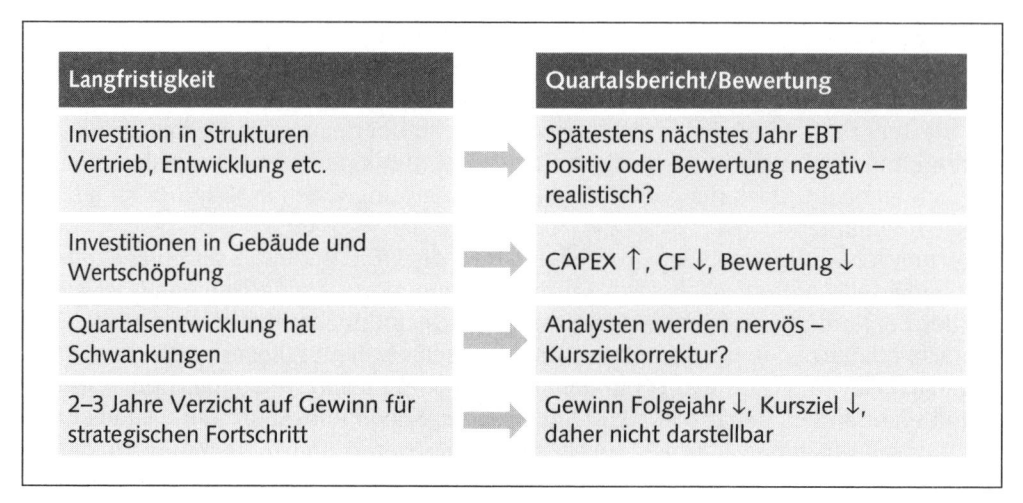

Langfristigkeit	Quartalsbericht/Bewertung
Investition in Strukturen Vertrieb, Entwicklung etc.	Spätestens nächstes Jahr EBT positiv oder Bewertung negativ – realistisch?
Investitionen in Gebäude und Wertschöpfung	CAPEX ↑, CF ↓, Bewertung ↓
Quartalsentwicklung hat Schwankungen	Analysten werden nervös – Kurszielkorrektur?
2–3 Jahre Verzicht auf Gewinn für strategischen Fortschritt	Gewinn Folgejahr ↓, Kursziel ↓, daher nicht darstellbar

Abb. 2: Nachhaltigkeit?

führt. Diese mitarbeiterverachtende Führungsphilosophie ist im Mittelstand nur schwer darstellbar und nicht wünschenswert. Wir haben uns deshalb nach der Restrukturierung eine eigene Vision von Führung erarbeitet. Die Kunden zufrieden zu stellen ist das oberste und wichtigste Ziel für ein Unternehmen und sein Managementteam. Denn nur dann wird man langfristig sinnvoll wirtschaften können. Die zweite Zielgruppe sind die Mitarbeiter. Diese tragen die Leistung im Unternehmen, wobei hier Zufriedenheit im Sinne von Fordern und Fördern zu verstehen ist. Die dritte Zielgruppe ist der Aktionär, der das Kapital zum Wirtschaften bereitstellt. Nachhaltig erfolgreich wirtschaftende Unternehmen steigern ihren Wert und sind in der Lage, eine angemessene Dividende auszuschütten. Also ist Shareholder Value das Resultat normalen Wirtschaftens und dient der Sicherung der langfristigen Unternehmensexistenz. Aber es sollte nicht das oberste Ziel zugunsten kurzfristiger Spekulation an der Börse sein.

Mit dieser Philosophie sind wir in den vergangenen Jahren sehr gut vorangekommen und haben auch eine ordentliche Aktienwertsteigerung im Nachlauf zur positiven Unternehmensentwicklung erreichen können.

Im Controlling hat diese Vision von Führung unmittelbare Auswirkungen, da die Balanced-Scorecard-Systeme, auf die wir später noch zu sprechen kommen, alle drei Stakeholder berücksichtigen, um eine ausgewogene Führungsorientierung zu geben.

5 Komplexe Wachstumsstrategien und Controlling

R. STAHL bedient mit explosionsgeschützter Elektrotechnik Kunden im Bereich der Öl- und Gasindustrie, der Chemieindustrie und der Pharmazieindustrie. Die Produkte werden in den Anlagen zur Produktion von chemischen oder pharmazeutischen

Produkten oder zur Gewinnung, Verarbeitung und dem Transport von Öl- und Gasprodukten eingesetzt. Die Technologie ist komplex. Es gibt in den verschiedenen Regionen der Erde unterschiedliche technische Regeln und Zulassungsprozesse, um diese Produkte, die für Sicherheit von Mensch und Anlage wesentlich sind, zum Einsatz bringen zu können.

In diesem Umfeld hat R. STAHL entschieden, das Geschäft mit Systemlösungen zu forcieren und als zweites Standbein neben dem Geschäft mit Standardprodukten aufzubauen. Damit wurde zusätzliche Komplexität in das Unternehmen gebracht, die im Controlling zu bewältigen ist. Ein Führungssystem, das in der Zusammenarbeit mit dem Arbeitskreis für werteorientierte Führung im Mittelstand der Schmalenbach-Gesellschaft ausgereift wurde, soll helfen, diese Komplexität zu bewältigen. Außerdem sollte unsere projektorientierte Herangehensweise an Veränderungsprozesse, die sich für uns bewährt hat, in diesem System ihren Raum finden. Ausgehend von der Konzeption des Geschäftsmodells, der Strategie und den Zielsetzungen, umfasst das Planungs- und Steuerungssystem das Wertetreiber-Management, die Projektsteuerung, ein ausgefeiltes Risikomanagementsystem, die monetäre Erfolgsmessung und ein Rating-Kennzahlensystem. Letzteres ist bei STAHL noch nicht voll entwickelt, da wir über einen Nettoliquiditätsüberschuss verfügen, d. h. die Liquidität übersteigt die Bankkredite. Wichtig ist eine Zielekarte, die für die verschiedenen Managementbereiche definiert wird und auf die einzelnen Abteilungen heruntergebrochen werden muss. Diese Zielekarte soll nicht nur die Ziele bündeln und strukturiert und vergleichbar über das gesamte Unternehmen darstellen, sondern sich auch in einem entsprechenden Anteil auf das Gehalt auswirken.

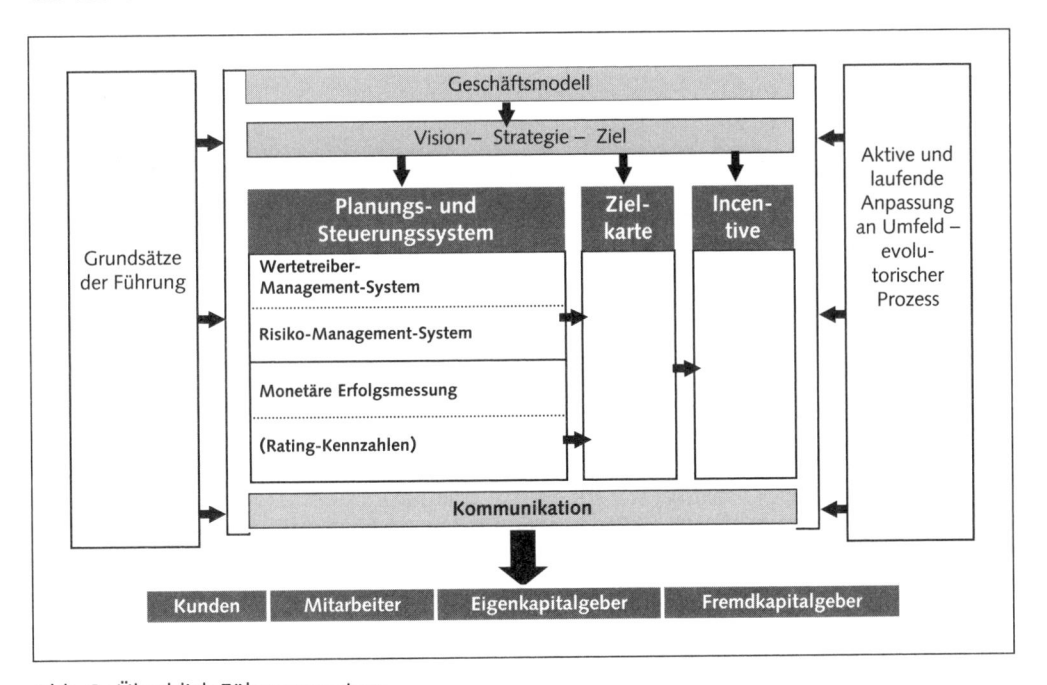

Abb. 3: Überblick Führungssystem

Eine wesentliche Grundsatzentscheidung war, die Beeinflussung der Wertetreiber über Messgrößen je Prozess oder über Projekte nicht unmittelbar mit der monetären Erfolgsmessung verknüpfen zu wollen. Dadurch konnte die bisherige Verfahrensweise, strategische Projekte zu entwickeln, weitergeführt werden. Es ist davon auszugehen, dass sich bei erfolgreicher Umsetzung der Projekte und Kennzahlen auch die Umsatzrendite und die Kapitalrendite positiv entwickeln.

Die Wertetreiber und Kennzahlen leiten sich entsprechend beigefügter Übersicht aus dem Stakeholder-Konzept, den Unternehmensprozessen und der Strategie ab. Dies ist unternehmensindividuell zu erarbeiten. Schließlich fließt die Gesamtbetrachtung in eine Balanced Scorecard, in der Kundensicht, Mitarbeitersicht, Finanzsicht und die Prozesssicht gemeinsam abgebildet werden. Hieraus entsteht die Zielekarte für die einzelnen Bereiche, die mit Wertetreiber, Messgröße, klaren Zielwerten und einer Zielerreichung operiert.

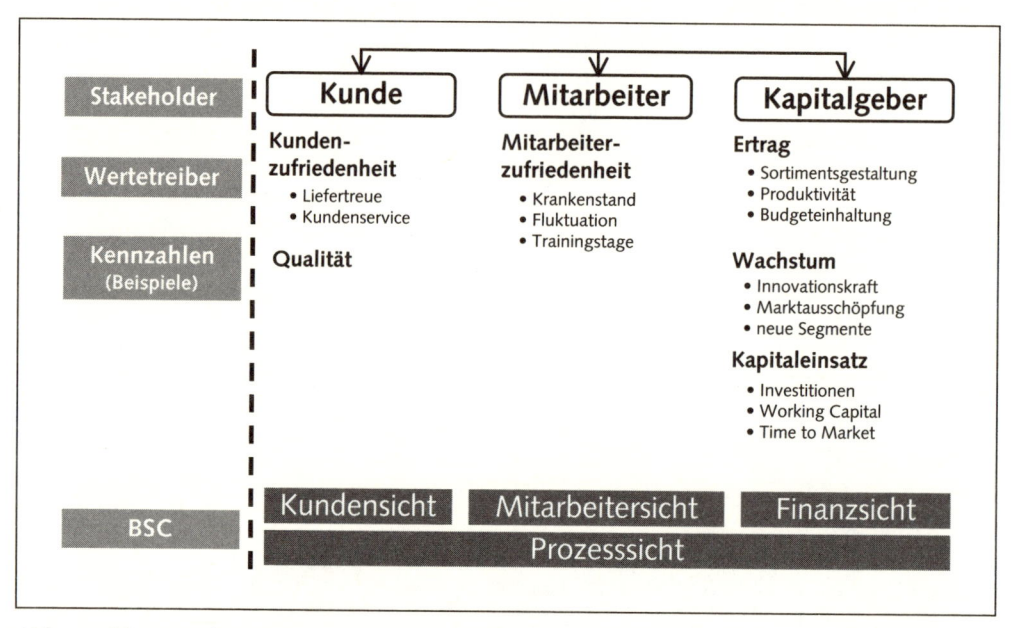

Abb. 4: Ableitung der Wertetreiber und Kennzahlen

Wichtig für ein börsennotiertes Unternehmen ist ein ausgereiftes Risikomanagementsystem. Wir erfassen alle Risiken weltweit über eine zentrale Datenbank, die regelmäßig mit einem umfangreichen Fragebogen von allen Führungskräften abzuarbeiten ist und außerdem Ad-hoc-Meldungen für wichtige Risiken und Chancen zulässt. Diese werden regelmäßig zusammengeführt, aggregiert und im Vorstand besprochen. Daraus leiten sich Projekte ab, die in das normale Projektmanagement und -controlling einfließen können. Damit schließt sich ein Regelkreis. Ausgehend von der Strategie werden Messgrößen und Projekte definiert. Die monetäre Erfolgsmessung zeigt auf, ob das Unternehmen sich erwartungsgemäß in die angestrebte Richtung bewegt. Treten Fehler im System auf, werden diese früh über nicht realisierte Projektterminpläne oder über Risikomeldungen erkannt. Es kann gegengesteuert werden, oft bevor sich der negative Effekt in der monetären Erfolgsmessung des Standardrechnungslegungs- und Controllingsystems niedergeschlagen hat.

Dieses System hat sich aus unserer Sicht gerade für das mittelständische Konzernunternehmen als positiv dargestellt, da bei den relativ kleinen Einheiten oftmals strategische Projekte Ergebniseinflüsse ausweisen, die der einzelne Abteilungsleiter oder Geschäftsführer einer Tochtergesellschaft nur teilweise beeinflussen kann. Deshalb ist die reine Führung über Resultate einzelner Verantwortungseinheiten schwierig und wird unterstützt durch die strategiegetriebene Projektarbeit und deren Controlling.

6 Transparenz, Anforderungen der Börsennotierung

Der Transparenzdruck, der von der Börse auf ein mittelständisches Unternehmen aufgebaut wird, hat Vor- und Nachteile.

Als Unternehmen ist man gehalten, seine wesentlichen strategischen Ziele und Projekte zu kommunizieren, da der Mitteleinsatz oder die Ergebnisauswirkung sonst nicht entsprechend interpretiert werden können. Die Kommunikation wird von Fondsmanagern und Analysten regelmäßig auf Konsistenz und Kontinuität geprüft. Dies ist oft ein hilfreicher Prozess für Führungskräfte. Auf der anderen Seite gibt man dem Wettbewerber aber auch erhebliche Informationsvorteile, vor allem wenn dieser nicht börsennotiert ist und keine Kommunikation in dieser Form durchführt.

Die Kunst ist, auf der einen Seite wahrheitsgemäß der Börse über die Projekte und Investitionen des Unternehmens zu berichten, da sonst der Kapitalmarkt das Unternehmen nicht angemessen beurteilen kann, und auf der anderen Seite nicht so viele Details bekannt zu geben, dass der Wettbewerber daraus unmittelbare Vorteile ziehen kann. Dennoch mussten wir erkennen, dass unsere Wettbewerber erfolgreiche Strategien nachvollzogen haben.

Ein Vorteil des hohen Transparenzdrucks ist die Professionalität, die das Berichtswesen, also die monetäre Erfolgsmessung, zwangsläufig erreichen muss, da dies auch für die Unternehmensführung von großem Vorteil ist. Der Anspruch an das Controlling ist allerdings erheblich, da monatlich alle Gesellschaften weltweit pünktlich konsolidiert werden müssen. Eine Vollkonsolidierung nur zum Quartalsbericht ist bei dem heutigen Anspruch an Zuverlässigkeit und Richtigkeit nicht vertretbar.

Die Mitarbeiter haben durch die Kommunikation am Kapitalmarkt mehr Informationen über ihr eigenes Unternehmen als in nicht notierten Gesellschaften. Dies gibt ein Gefühl der Sicherheit. Eine entsprechende Aufbereitung der veröffentlichten Zahlen für Betriebsversammlungen gibt die Möglichkeit, die Mitarbeiter stärker an der Unternehmensentwicklung teilhaben zu lassen und damit für Entwicklungen und Veränderungen zu sensibilisieren. Andererseits muss darauf geachtet werden, dass keine Insiderinformationen in internen Veranstaltungen bekannt gemacht werden. Somit ist das Controlling, das die Informationen zur Verfügung stellt, immer auch in der Abwägung, ob eine Information, die nach innen zwar sinnvoll wäre, aufgrund der Börsennotierung nicht (oder nicht sofort) bekannt gegeben werden kann.

7 Aktuelle Entwicklung

Gerade in der jetzigen Situation einer internationalen Finanz- und Wirtschaftskrise kommen dem Controlling, der Rechnungslegung und der Börsennotierung eine noch höhere Bedeutung zu. Unser Ziel ist, die Stammbelegschaft zu erhalten, um unserer Führungsphilosophie gerecht zu werden und das Unternehmen nach der Krise noch erfolgreicher weiterentwickeln zu können. Der Gewinn muss Investitionen und eine angemessene Dividende sichern. Wir wollen Marktanteile gewinnen, die Zeit des Umsatzrückganges nutzen und unsere Prozesse optimieren. Dabei kommt dem Controlling nun die wichtige Bedeutung zu, rechtzeitig die Informationen bereitzustellen, wann welche Kostenmaßnahmen zu ergreifen sind, um auch im Umsatzabschwung das Unternehmen gemäß diesen Zielen führen zu können. Schwierig stellt sich für uns in dieser Situation IFRS dar. Reserven in guten Zeiten zu bilden, wie dies mit HGB möglich und nach kaufmännischer Vorsicht auch gewünscht war, ist nach IFRS nicht vorgesehen. Das Unternehmen soll immer genau die Ergebnislage zeigen, die es zurzeit auch hat, d. h. wenn die Ergebnissituation schwierig wird, sind auch keine Reserven zur Auflösung verfügbar, die es ermöglichen, einen Ergebnisrückgang teilweise auszugleichen. Hinzu kommt, dass gerade in schwierigen Zeiten Impairmenttests auf die Bewertung von aktivierten Tochtergesellschaften oder Goodwills noch Verschärfungen der Ergebnissituation bringen werden, da naturgemäß in schwierigen Zeiten der Impairmenttest deutlich größere Ergebniswirkungen zeigt. Das Resümee ist: IFRS verschärft den Abschwung.

Genauso wie die Gesetzgebung zur Börsennotierung ist auch die Rechnungslegung nach IFRS nicht auf Nachhaltigkeit und Langfristigkeit der Unternehmensentwicklung angelegt, sondern auf kurzfristigen Erfolgsausweis und volle Darstellung aller Schwankungen. Hier ist das Controlling in besonderem Maße gefordert, dennoch Möglichkeiten zu finden, Kostenschwankungen abzufedern, frühzeitig Informationen bereitzustellen und rechtzeitig über Sensitivitätsanalysen Risiken aus Impairmenttests aufzuzeigen, um gegebenenfalls frühzeitig gegensteuern zu können.

Die finanzielle Steuerung eines mittelständischen Konzerns – Anforderungen an das Controlling

Dr. Peter Zattler*

1 Giesecke & Devrient als mittelständischer Konzern

2 Unternehmenssteuerung bei Giesecke & Devrient

3 Die wachsende Bedeutung der finanziellen Steuerung

4 Die Steuerung der Innenfinanzierung – Working-Capital-Programm als Kernelement

5 Die Steuerung der Fremdfinanzierung

6 Anforderungen an das Controlling

---

* Dr. Peter Zattler, Mitglied der Geschäftsführung und CFO, Giesecke & Devrient GmbH, München.

1 Giesecke & Devrient als mittelständischer Konzern

Giesecke & Devrient ist ein mittelständischer Konzern in Familienbesitz. Das Unternehmen erzielte 2008 rund 1,7 Milliarden Euro Umsatz mit fast 10.000 Mitarbeitern. Giesecke & Devrient ist typisch für viele große mittelständische Unternehmen in Deutschland. Es operiert sehr erfolgreich in den internationalen Märkten mit starkem Wachstum. Neben der hohen Präsenz im deutschen Markt intensivierte das Unternehmen die Geschäftsbeziehungen in den vergangenen Jahren insbesondere im Ausland. Die Internationalität erfordert deshalb eine moderne Konzernstruktur zur Führung der verschiedenen Geschäfte in über 50 Tochtergesellschaften. Allerdings schränkt die private Eigentümerschaft den Zugang zum Kapitalmarkt für Finanzierungszwecke ein und erfordert deshalb ein besonderes Augenmerk auf die Finanzierungsstrategie.

2 Unternehmenssteuerung bei Giesecke & Devrient

Das Unternehmen wird über drei Geschäftsbereiche geführt, die weltweit für Umsatz und Ergebnis verantwortlich sind. Die Zentrale in Deutschland ist für die strategische, finanzielle und betriebswirtschaftliche Steuerung zuständig. Während die betriebswirtschaftliche Steuerung über Controllingabteilungen in den Geschäftsbereichen auch dezentral aufgestellt ist, ist die finanzielle Steuerung über einen zentralen Finanzbereich einschließlich der klassischen Treasury-Funktion stark zentralisiert.

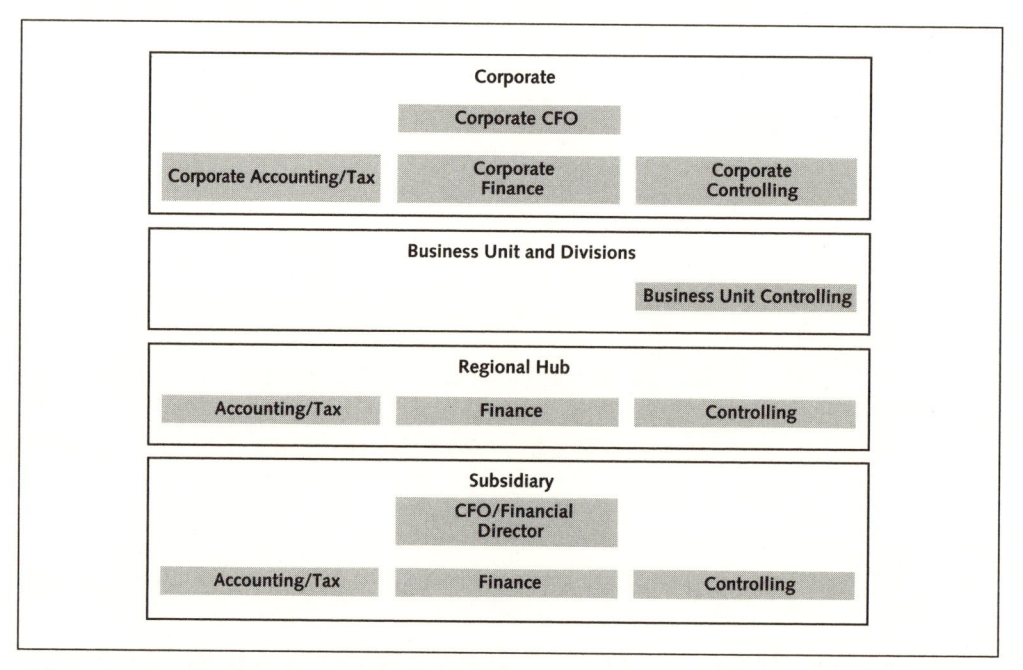

Abb. 1: Organisationsstruktur des Finanzbereichs

Methodisch erfolgt die Unternehmenssteuerung auf Basis des EVA™-Konzeptes. Der Economic Value Added (EVA™) ist die zentrale Steuerungsgröße im Konzern. Ein wichtiger Bestandteil des EVA™ ist die Größe »Return on Capital Employed« (ROCE). Die Rendite des betriebsnotwendigen Kapitals errechnet sich aus dem Verhältnis von Ebit zu Capital Employed.

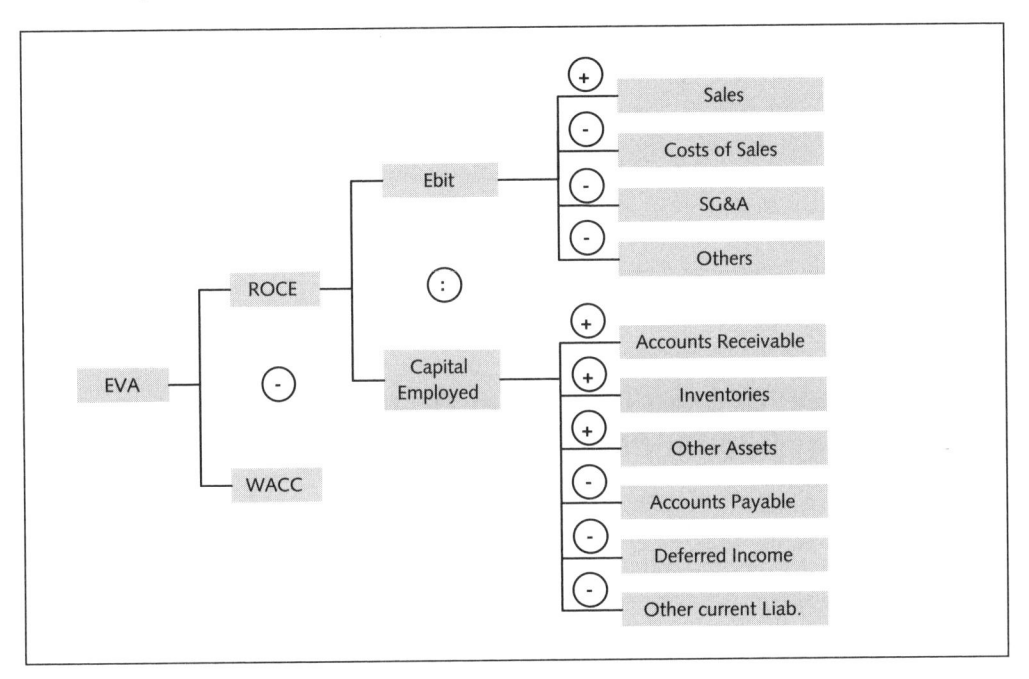

Abb. 2: EVA™ Werttreiberbaum

- Aus dem Ast »Ebit« werden unterschiedliche operative Ergebnisgrößen zur betriebswirtschaftlichen Steuerung abgeleitet. Mit der Kennzahl Ebit steuert Giesecke & Devrient operativ den Konzern und die Geschäftsbereiche. Unterhalb der Geschäftsbereiche werden die Produktgruppen mit dem Deckungsbeitrag gesteuert.
- Aus dem zweiten Ast »Capital Employed« können für die finanzielle Steuerung wichtige Größen abgeleitet werden, insbesondere die für das im Unternehmen gebundene Kapital wichtige Größe Working Capital.

3 Die wachsende Bedeutung der finanziellen Steuerung

Giesecke & Devrient hat schon immer einen starken Schwerpunkt auf die finanzielle Führung des Unternehmens gelegt. Als Konzern in Privatbesitz ist die strategische Zielsetzung, das hohe internationale Wachstum möglichst aus eigener Kraft, d. h. aus dem eigenen Cashflow, zu finanzieren. Nur für einzelne größere Projekte werden Fremdfinanzierungen in Form von klassischen Bankdarlehen oder Leasingfinanzierungen ergänzt. Dabei gilt immer das Ziel, die finanzielle Unabhängigkeit des Unternehmens zu gewährleisten und den Einfluss von Banken auf ein Minimum zu reduzieren. Liquiditätssicherung ist oberstes Gebot der Unternehmensführung.

Durch den Ausbruch der Finanzkrise im Jahr 2008 und den damit einhergehenden Turbulenzen an den Finanzmärkten sind diese Grundziele der finanziellen Steuerung wieder bei allen Unternehmen in den Vordergrund gerückt. Natürlich sind Produkte mit positiven Deckungsbeiträgen und Geschäftsbereiche mit positiven Ergebnissen Grundvoraussetzungen auch für die erfolgreiche finanzielle Führung eines Unternehmens. Aber letztlich stellt sich insbesondere vor dem Hintergrund nur mehr eingeschränkt funktionierender Finanzmärkte und sehr schwerer Finanzierungsmöglichkeiten die Frage der Liquiditätssicherung. Hierfür ist insbesondere in einem mittelständischen Konzern die Innenfinanzierung der wesentliche Stützpfeiler.

4 Die Steuerung der Innenfinanzierung – Working-Capital-Programm als Kernelement

Innenfinanzierung bedeutet die Finanzierung aus dem eigenen Cashflow. Dabei ist neben einem möglichst guten Ergebnis als Eingangsgröße ein professionelles, zielgerichtetes Management des Working Capital das Kernelement.

Giesecke & Devrient hat bereits 2007, also noch vor Eintreten der Finanzkrise, ein spezielles Working-Capital-Projekt aufgesetzt. In Zusammenarbeit mit einer externen Beratungsfirma wurden knapp 100 Maßnahmen mit dem Ziel definiert, die Komponenten, aus denen sich das Working Capital zusammensetzt, zu optimieren. Letztlich wird eine Reduzierung des Working Capital durch eine Optimierung des Verhältnisses zwischen kurzfristigen Positionen auf der Aktivseite und der Passivseite erreicht.

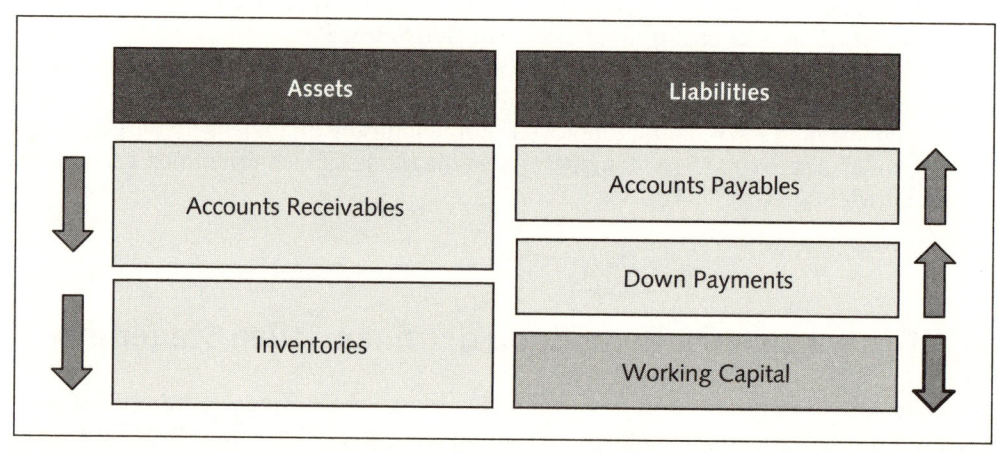

Abb. 3: Hebel des Working Capital

Um die Wirksamkeit der analysierten Maßnahmen messen und nachhalten zu können, wurde ein konzernweites Zielsystem implementiert. Das Zielsystem ist auf der finanziellen Zielkennzahl Working-Capital-Intensität aufgebaut:

$$\text{Working-Capital-Intensität} = \frac{\text{Working Capital}}{\text{Umsatz}}$$

Der Vorteil einer relativen Kennzahl liegt darin, dass die Erreichung des Ziels sowohl über eine Reduzierung des Working Capital als auch über erhöhte Umsätze gesteuert werden kann. Die Methodik sieht vor, dass interne Beziehungen zwischen den Tochtergesellschaften ausgeblendet werden, so dass nur das externe Working Capital sowie der externe Umsatz gemessen werden. Zudem wird die Kennzahl als rollierende Kennzahl verstanden. Demnach wird monatlich ein Durchschnitt des Working Capital der vergangenen zwölf Monate gebildet. Der Wert wird schließlich zum Umsatz der vorigen zwölf Monate ins Verhältnis gesetzt. Dadurch wird eine Stabilität der Zielkennzahl gewährleistet.

Das Working-Capital-Zielsystem vollzieht sich auf drei Ebenen und ist als Top-down-Ansatz konzipiert. Die Zielvorgabe erfolgt zentral auf oberster Ebene (Konzern) und wird über die mittlere Ebene (Divisionen bzw. Geschäftsbereiche) direkt auf die unterste Ebene (Tochtergesellschaften) heruntergebrochen.

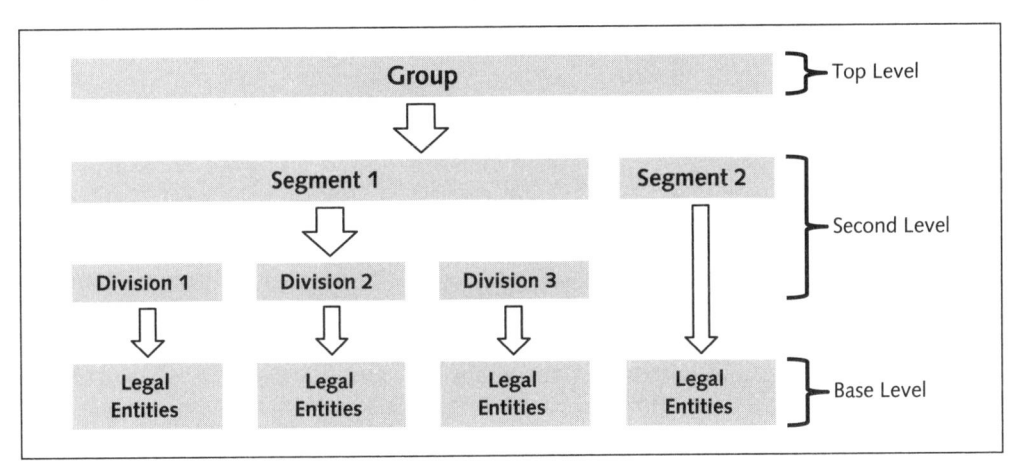

Abb. 4: Ebenen des Working-Capital-Zielsystems

Um einen Zielwert festlegen zu können, wurde zunächst eine externe sowie eine interne Analyse zum Working Capital im Unternehmen durchgeführt. Die externe Analyse erfolgte aufgrund eines Benchmarkvergleichs mit relevanten Wettbewerbern. Dadurch konnte die eigene Position zum Wettbewerb ermittelt werden. Im Rahmen der internen Analyse, die in Zusammenarbeit mit einer externen Beratungsfirma durchgeführt wurde, konnten Verbesserungspotenziale identifiziert und daraus abgeleitete Steuerungsmaßnahmen definiert werden.

Als Ergebnis der externen und internen Analyse wurde festgelegt, das konzernweite Working Capital bis zum Ende des Jahres 2009 um 20 % zu reduzieren.

Die Reduzierung der relevanten Größen setzt die Bestimmung eines Aufsatzpunktes voraus, um einen Ist-Status im Unternehmen abzubilden. Hierbei wurde ein gewichteter Durchschnitt aus Working Capital und Umsatz über die drei Zeiträume Ist 2006, Ist 2007 und Forecast 2008 gebildet. Dies ermöglichte den Rückgriff auf einen stabilen Basiswert, der nicht durch einzelne Ausreißerperioden verzerrt ist.

Der Aufsatzpunkt bildete die Basis, auf Divisions- bzw. Geschäftsbereichsebene individuelle Kriterien zur Working-Capital-Reduzierung festzulegen. Diese wurden im zweiten Quartal des Jahres 2008 an sämtliche Tochtergesellschaften weitergegeben. Das konzernweite Zielsystem bei Giesecke & Devrient beinhaltet somit eine umfassende Zielfestlegung auf allen Ebenen und fordert einen konzernweiten Beitrag zur Erreichung des Konzernziels.

Die konkrete operative Umsetzung der einzelnen Ziele und Maßnahmen erfolgt dezentral, d.h. auf Ebene der jeweiligen Tochtergesellschaft. Jede Gesellschaft im Unternehmen muss daher in einem Zeitraum von 1,5 Jahren das auferlegte Ziel eigenverantwortlich managen.

Die aktuelle Entwicklung der Zielkennzahl wird in einem monatlichen Berichtswesen analysiert und dokumentiert. Dadurch kann die Wirksamkeit der Maßnahmen geprüft und Veränderungen können zeitnah umgesetzt werden.

Das von Giesecke & Devrient aufgesetzte Working-Capital-Programm ist als fortlaufendes Projekt konzipiert. Damit wird ein Beitrag zur Nachhaltigkeit der aufgesetzten Maßnahmen sowie zur Erhöhung und Sicherung der Liquidität im Unternehmen geleistet.

5 Die Steuerung der Fremdfinanzierung

Die Steuerung der Fremdfinanzierung ist stark von der Art des gewählten Finanzierungsinstruments abhängig. Giesecke & Devrient hat als zentrales Mittel zur Fremdfinanzierung ein Konsortialdarlehen eingesetzt. Das Darlehen wurde als so genannter »Club Deal« aufgesetzt. Das bedeutet in diesem Fall, dass die Darlehenskonstruktion in Zusammenarbeit mit vier Hausbanken erfolgte. Es gab deshalb keine offene Syndizierung. Im Sinne der Kontrollierbarkeit der Fremdfinanzierung wurde vertraglich vereinbart, dass die Darlehen von den Banken nicht weiterverkauft werden dürfen.

Mit den Banken wurden keine Sicherheiten, sondern nur so genannte Covenants vereinbart. Diese Kenngrößen sind für die Steuerung der Fremdfinanzierung entscheidend. Typisch ist, dass die Banken hier weniger auf die Bilanzstruktur in engerem Sinne abzielen. Damit spielt zum Beispiel die klassische Größe Eigenkapitalquote keine Rolle. Stattdessen stehen am Cashflow orientierte Kenngrößen im Vordergrund. Es wurden zwei Covenants vereinbart:

1. $\text{Verschuldungsgrad} = \dfrac{\text{Nettofinanzvermögen}}{\text{Ebitda}}$

2. $\text{Zinsdeckung} = \dfrac{\text{Ebitda}}{\text{Nettozinsaufwand}}$

Es ist Aufgabe des Finanzmanagements, dass diese Covenants ständig beobachtet werden, um frühzeitig eine Gefährdung zu erkennen.

6 Anforderungen an das Controlling

Giesecke & Devrient versteht unter Controlling nicht nur die beschriebene betriebswirtschaftliche Steuerung des Unternehmens über Kenngrößen wie Umsatz, Ebit oder Deckungsbeiträge. Zusätzlich gehört hierzu auch das so genannte Finanzcontrolling. Es beinhaltet die Beobachtung, Analyse und das Reporting der wichtigsten Kennziffern für die finanzielle Steuerung des Unternehmens. Im Sinne des hier beschriebenen Konzepts sind dies insbesondere die Kenngrößen Working Capital sowie die Zielgrößen für die Covenants. Diese Kennziffern sind wesentlicher Bestandteil des monatlichen Reportings für das Management des Konzerns.

Um die besondere Bedeutung des Working-Capital-Programms im Rahmen der Innenfinanzierung hervorzuheben und zu verstärken, geht das Working Capital auch in die Incentive-Systeme der oberen Führungskräfte des Konzerns ein. Auch die Festsetzung, Beobachtung und Analyse der Zielerreichung erfolgt durch das Controlling.

II. Internationales Controlling – Blickpunkt Russland

Zukunftsfähige Controllingstrukturen in der internationalen Dienstleistungsbranche

Dr. h.c. Klaus Schmidt*

1 Einleitung

2 DEKRA – Ein international ausgerichteter Dienstleistungskonzern

3 Der internationale Markt für Sicherheits- und Qualitätsdienstleistungen
    3.1 Hohe Wachstumschancen in einem dynamischen Markt
    3.2 Globalisierung treibt Wachstum voran
    3.3 Technologischer Fortschritt schafft Komplexität
    3.4 Internationale Wachstumsmärkte fragen Umwelt- und Gesundheitsschutzdienstleistungen nach
    3.5 »Commoditization« erfordert neutrale Auszeichnungen
    3.6 Outsourcing schafft Marktpotenzial für Spezialisten und Experten
    3.7 »Global Player« oder »Nischenanbieter«
    3.8 Zwischenfazit

4 Wertorientierung als Voraussetzung für nachhaltigen Unternehmenserfolg
    4.1 Dezentrale Strukturen schaffen Nähe zum Kunden
    4.2 Das Konzerncontrolling als »Sparringspartner« der operativen Einheiten
    4.3 Mitarbeiter als Multiplikatoren der Unternehmensstrategie
    4.4 Implementierung eines integrativen konzernübergreifenden Wertesystems

---

* Dr. h.c. Klaus Schmidt, Vorsitzender der Vorstände von DEKRA e.V. und DEKRA AG, Stuttgart.

1 Einleitung

Der internationale Markt für Sicherheits- und Qualitätsdienstleistungen wächst dynamisch. Wachstumstreiber sind das gestiegene Sicherheits- und Qualitätsbedürfnis der Konsumenten, die zunehmende staatliche Regulierung und länderübergreifende Harmonisierung der Sicherheits-, Gesundheits- und Umweltschutzstandards sowie die wachsende Einsicht produzierender Unternehmen, kapitalintensive Dienstleistungen besser im Rahmen eines definierten Outsourcing-Prozesses an spezialisierte Experten abzugeben. Diese Faktoren werden der Branche auch in absehbarer Zukunft deutliche Wachstumsraten bescheren.

Aufgrund der besonderen Spezifität von Dienstleistungen müssen in dieser Branche tätige Unternehmen oftmals einen deutlich anderen Management-Stil anwenden als Unternehmen der »klassischen« produzierenden Industrie. Wertorientierte Unternehmensführung spielt in dieser Branche daher eine noch wichtigere Rolle als in anderen Bereichen der Wirtschaft.

Als eines der führenden Unternehmen des internationalen Markts für Sicherheits- und Qualitätsdienstleistungen und damit als ein typischer Vertreter der Dienstleistungsbranche sichert DEKRA sein Wachstum in diesem dynamischen Markt durch eine klare strategische Ausrichtung und die Konzentration auf vier wesentliche interne Erfolgsfaktoren:
- eine dezentrale Organisationsstruktur mit klaren internen Prozessen und Verantwortlichkeiten
- ein Konzerncontrolling mit erweiterten, klar definierten Aufgaben
- ein umfassendes, strategisch abgestimmtes Kommunikationskonzept
- eine wachstumsfördernde, wertorientierte Unternehmenskultur

2 DEKRA – ein international ausgerichteter Dienstleistungskonzern

DEKRA wurde 1925 in Berlin unter dem Namen »Deutscher Kraftfahrzeug-Überwachungsverein e. V.« gegründet. Ziel des gemeinnützigen Vereins war die technische Überwachung von Kraftfahrzeugen sowie die Beratung seiner Mitglieder, die sich zum größten Teil aus gewerblichen Fuhrparks und Speditionen zusammensetzten.

Heute ist DEKRA ein global tätiger Dienstleistungskonzern. Mit seiner Präsenz in 29 Ländern Europas sowie darüber hinaus in den USA, Nord- und Südafrika, Brasilien und China ist DEKRA heute der führende europäische Anbieter für Sicherheits- und Qualitätsdienstleistungen. Weltweit befindet sich DEKRA auf Position drei.

Unter dem Dach des DEKRA e. V. vollzieht die DEKRA AG die strategische Führung der über 160 Tochter- und Beteiligungsgesellschaften des Unternehmens im In- und Ausland. Sie verantwortet das operative Geschäft in vier Bereichen (Business Units): DEKRA Automotive und DEKRA Automotive International beinhalten die automotiven Dienstleistungen innerhalb sowie außerhalb Deutschlands. In der Business Unit DEKRA

Industrial ist das Industrieprüfgeschäft zusammengefasst. Die Business Unit DEKRA Personnel schließlich bietet ein umfassendes Spektrum an Personaldienstleistungen an, die von der Aus- und Weiterbildung über innovative Out- und Newplacement-Lösungen bis hin zur Zeitarbeit und Personalberatung reichen.

2008 erzielten die rund 20.000 Mitarbeiter des Unternehmens einen Gesamtumsatz von 1,6 Mrd. Euro. Innerhalb der vergangenen vier Jahre konnte DEKRA seinen Umsatz um mehr als 60 % steigern.

3 Der internationale Markt für Sicherheits- und Qualitätsdienstleistungen

3.1 Hohe Wachstumschancen in einem dynamischen Markt

Der Markt, in dem DEKRA seit einigen Jahren derart dynamische Wachstumsraten realisiert, wird als »Testing, Inspection and Certification (TIC) Market« bezeichnet. Dieser internationale Markt für Sicherheits- und Qualitätsdienstleistungen umfasst ein breites Spektrum von Prüf- und Überwachungsleistungen und reicht von Begutachtungen über Auditierungs- und Zertifizierungsleistungen bis hin zu Beratungs- und Qualifizierungsmaßnahmen.

Mit jährlichen Wachstumsraten von fünf bis acht Prozent und einem Gesamtvolumen von – je nach Definition – 30 bis 50 Milliarden Euro weltweit stellt der TIC-Markt ein sehr attraktives Segment der Dienstleistungsbranche mit stabilen Wachstumsraten dar.

Nach derzeitigen Einschätzungen wird das Marktwachstum auch in Zukunft nicht abreißen, sondern sich im Gegenteil eher noch verstärken. Diese optimistischen Wachstumsprognosen leiten sich aus mehreren grundsätzlichen Entwicklungstrends ab.

3.2 Globalisierung treibt Wachstum voran

Globale Märkte verlangen globale, länderübergreifende Qualitätsstandards. Diese internationalen Standards müssen von spezialisierten Unternehmen überprüft und gewährleistet werden. Die zunehmende Harmonisierung internationaler Qualitätsstandards ermöglicht global tätigen Unternehmen mit entsprechenden Netzwerken daher langfristige Wachstumschancen. Produzierende Unternehmen, die Fertigungsstätten zur Reduzierung von Lohn- und Produktionskosten oder zur Erschließung neuer Märkte etwa in osteuropäischen oder asiatischen Regionen errichten, haben einen hohen Bedarf an standardisierten Prüfmethoden, die ihren Endkunden ein gleichbleibendes Niveau an Sicherheit und Qualität bieten, gleichgültig an welchem Standort das Produkt hergestellt wurde.

3.3 Technologischer Fortschritt schafft Komplexität

Ein weiterer Wachstumstreiber für die Branche ist die steigende »Technologisierung« der Gesellschaft – also der zunehmende Einzug technisch hoch komplexer Systeme und Produkte in den Alltag jedes Einzelnen. Neutrale Sicherheits- und Qualitätsstandards sorgen hier für Transparenz, erhöhen das Vertrauen der Individuen in neue Technologien und Systeme und wirken Unsicherheit entgegen. Gerade in diesem Bereich stellen Schulungsmaßnahmen einen immer größeren Wachstumsmarkt dar.

3.4 Internationale Wachstumsmärkte fragen Umwelt- und Gesundheitsschutzdienstleistungen nach

Darüber hinaus treten Aspekte wie Umwelt- und Gesundheitsschutz immer stärker in das öffentliche Bewusstsein. Der Staat versucht, diesem Phänomen mit einer verstärkten Regulierung sowie der zunehmenden Einführung von Sicherheitsstandards zu begegnen, gerade in den so genannten »Emerging Markets«. Seit Jahren ist weltweit dieser Trend zu wachsender Regulierung und strengerer Überprüfung von Sicherheitsstandards zu beobachten. Staatliche Institutionen sind bereit, bestehende Normen weiter zu verschärfen, um den wachsenden Risiken adäquat zu begegnen, vor allem bezogen auf den Umwelt- und Gesundheitsschutz.

3.5 »Commoditization« erfordert neutrale Auszeichnungen

Mit dem Trend zur Verschärfung von Normen geht ein wachsendes Bedürfnis der Endverbraucher nach Sicherheits- und Qualitätsdienstleistungen einher. Sowohl neue Erkenntnisse als auch eine intensivere Aufklärung der Bevölkerung in den Bereichen Klimaveränderung, Umwelt- oder Gesundheitsschutz steigern die Nachfrage nach Güte- und Qualitätssiegeln, die Sicherheit und Unbedenklichkeit eines Produkts zuverlässig bescheinigen. Dies gilt auch hinsichtlich der steigenden Vergleich- und damit Austauschbarkeit von Gebrauchsgütern (»Commoditization«). Ein solches Siegel oder Zertifikat ist heute oftmals das einzig verbleibende Differenzierungsmerkmal und dient damit als Verkaufsargument gegenüber dem Endkunden.

3.6 Outsourcing schafft Marktpotenzial für Spezialisten und Experten

Abschließend ergibt sich schließlich aus der Tendenz vieler Produzenten, die Sicherheits- und Qualitätsdienstleistungen wegen steigender Komplexität auszulagern und an Unternehmen zu vergeben, die sich auf dieses Thema spezialisiert haben, ein weiterer wichtiger Wachstumstreiber. Im Kostenvergleich können »Inhouse« durchgeführte Sicherheitsdienstleistungen heute mit den hocheffizienten Strukturen und Prozessen der Spezialisten oftmals nicht mehr konkurrieren. Hinzu kommt, dass das positive

Prüfungsurteil durch eine neutrale Instanz (»Third-Party-Prinzip«) ein nicht zu unterschätzender Wettbewerbsvorteil sein kann.

3.7 »Global Player« oder »Nischenanbieter«

Der extrem hohe Fragmentierungsgrad der Branche, in der tendenziell wenige, international tätige große Player vom Wachstum des Marktes profitieren, sorgt dafür, dass der internationale Markt für Sicherheits- und Qualitätsdienstleistungen von einem starken Konsolidierungsdruck geprägt ist. Das gilt insbesondere für die kleineren Unternehmen, die nicht die kritische Masse aufweisen, um mittelfristig selbst zu einem der »Global Players« der Branche heranzuwachsen. Ihnen bleiben grundsätzlich zwei Möglichkeiten, strategisch darauf zu reagieren. Entweder sie spezialisieren sich auf eine Nische in ihrem – oftmals rein nationalen – Markt oder ihr Wachstum stagniert mittelfristig und sie versuchen, sich an eines der globalen Netzwerke der international tätigen Unternehmen anzuschließen und so Teil eines »Global Players« zu werden. In diesem Prozess weiten folglich große Unternehmen ihre Netzwerke sukzessiv aus und akquirieren zu diesem Zweck kleinere, rein lokal tätige Unternehmen.

3.8 Zwischenfazit

Als drittgrößter Anbieter für Sicherheits- und Qualitätsdienstleistungen weltweit und führendes Unternehmen der Branche in Europa ist DEKRA eines der Unternehmen, die den Konsolidierungsprozess der Branche aktiv mitgestalten und nachhaltig beeinflussen. Um sein klares strategisches Ziel, langfristig weiter zu der Gruppe der Marktführer zu gehören, verfolgen zu können, richtet das DEKRA-Management das Unternehmen sehr stark nach wertorientierten Prinzipien aus.

4 Wertorientierung als Voraussetzung für nachhaltigen Unternehmenserfolg

Wie alle Dienstleistungsmärkte stellt auch der TIC-Markt besondere Anforderungen an die in ihm tätigen Unternehmen. Aufgrund des generell immateriellen Charakters von Dienstleistungen spielt das Vertrauen des Kunden in die erbrachten Leistungen eine wichtige Rolle. Eine starke Markenpersönlichkeit ist daher einer der wesentlichen Erfolgsfaktoren. Hinzu kommt, dass der wichtigste »Produktionsfaktor« jedes Dienstleistungsunternehmens der Mensch mit seinen Fähigkeiten und Kenntnissen ist.

Gerade im TIC-Markt basiert der Erfolg der Unternehmen auf einer ausgesprochen hohen, meist technischen Qualifikation und Ausbildung ihrer Mitarbeiter. Daher bedürfen Unternehmen der Dienstleistungsbranche – im Gegensatz zur »klassischen« produzierenden Industrie – oftmals eines stark veränderten Management-Stils.

Eine wertorientierte Unternehmensführung für Dienstleistungsunternehmen sollte daher auf vier internen Säulen basieren:
- eine dezentrale Organisationsstruktur mit klaren internen Prozessen und Verantwortlichkeiten
- ein Konzerncontrolling mit erweiterten, klar definierten Aufgaben
- ein umfassendes, strategisch abgestimmtes Kommunikationskonzept
- eine wachstumsfördernde, wertorientierte Unternehmenskultur

4.1 Dezentrale Strukturen schaffen Nähe zum Kunden

Dienstleistungsunternehmen erbringen ihre Leistungen für den Kunden typischerweise am Ort ihrer Nutzung. Auch DEKRA ist daher auf eine dezentrale Organisationsstruktur angewiesen, um schnell und flächendeckend beim Kunden präsent zu sein. Allein in Deutschland verfügt DEKRA heute über mehr als 500 eigene Lokationen, in Frankreich beispielsweise sind es rund 1.300. Hinzu kommen die zahllosen Kontakte unserer Mitarbeiter beim Kunden vor Ort. DEKRA-Mitarbeiter sind täglich in etwa 40.000 Werkstätten und Kfz-Betrieben in Deutschland präsent.

International ist das länderübergreifende Netzwerk der 160 Gesellschaften des DEKRA-Konzerns über Competence Center miteinander verbunden. Diese Competence Center sind thematisch gegliedert, ihr Teilnehmerkreis sowie die Rechte und Pflichten der Teilnehmer klar definiert. In den regelmäßig stattfindenden Meetings dieser Competence Center treffen sich die jeweiligen Verantwortlichen der Bereiche. Je nach aktuellen Themenstellungen werden zu den Sitzungen dieser Competence Center jedoch auch Verantwortliche aus anderen Bereichen eingeladen.

Dieser strukturierte Informationsaustausch stellt sicher, dass nicht nur die Erschließung neuer Geschäftsfelder angeregt wird, sondern diese Expansion auch entsprechend koordiniert erfolgt. Im Feld gewonnene Erkenntnisse gelangen schnell zu den verantwortlichen Entscheidungsträgern, Kompetenzen und Know-how werden konzernweit an einer Stelle gebündelt. Diese länder- und bereichsübergreifende Competence-Center-Struktur ist die Voraussetzung für eine effektive und effiziente Koordination des Gesamtunternehmens sowie für die Vermeidung von Redundanzen.

4.2 Das Konzerncontrolling als »Sparringspartner« der operativen Einheiten

Wie in der »klassischen« Industrie muss auch bei Dienstleistungsunternehmen die Verantwortung des Controllings eindeutig festgelegt werden. In der Regel reicht diese von der Methodik über Systeme, Prozesse und Projekte sowie die Verantwortung von Investitionen bis hin zum Vorstandsreporting und zur Konzerngesamtplanung. Der Controllingbereich fungiert gleichzeitig als betriebswirtschaftliche Beratungsinstanz für alle Geschäftseinheiten und berät in dieser Funktion auch bei der Planung.

Bei DEKRA haben sich die Aufgaben des Controllings im Laufe der Zeit deutlich gewandelt – vom reinen Finanzcontrolling hin zum umfassenden strategischen Prozesscontrolling. In Konsequenz obliegt diesem Bereich auch die Verantwortung für die durchgängige Gestaltung der Geschäftsprozesse. In regelmäßigen unternehmensinternen Restrukturierungs- und Analyseprojekten sollten diese Prozesse einer kontinuierlichen Optimierung unterzogen werden.

Aufgrund der stark ausgeprägten Dezentralität muss das Controlling erfolgreicher Dienstleistungsunternehmen allerdings über diese »klassischen« Aufgaben hinaus weitere Verantwortung übernehmen.

Gerade in langfristig erfolgreichen Dienstleistungsunternehmen versteht sich das Controlling daher weniger als kontrollierende und führende Instanz, sondern vielmehr als »Sparringspartner« der Mitarbeiter im Feld, welche oftmals über eine hohe Autonomie und Selbstverantwortung bei der Gestaltung ihrer Geschäftsprozesse verfügen.

Es ist daher unabdingbar, dass das Controlling frühzeitige Kenntnis der Marktentwicklung, also umfassende Informationen über die Geschäftsentwicklungen in den einzelnen Marktsegmenten, erhält. Aus diesem Grund werden frühzeitig modernste Analyse- und Reportingtools eingesetzt, die die Daten je nach Anforderung der Zielperson verdichten, so dass jeder Adressat schnell und unkompliziert einen Überblick über die für ihn relevanten Entscheidungsgrößen erhält. Ziel ist es, die Entscheidungsträger des Unternehmens umfassend und so zeitnah wie möglich mit den für sie erforderlichen Informationen zu versorgen.

Selbstverständlich unterstützt das Controlling die operativen Einheiten darüber hinaus bei der Erschließung neuer Produkt- und Marktsegmente durch Analysen (Portfolio, Zeitreihen, Kreuztabellen, ABC etc.), Szenariotechnik und Simulationen in Verbindung mit Chancen-Risiken-Betrachtungen.

4.3 Mitarbeiter als Multiplikatoren der Unternehmensstrategie

Bei der Führung von Dienstleistungsunternehmen spielt die Berücksichtigung von »Soft Facts«, also die Einbindung der Mitarbeiter auf allen Ebenen, eine besondere Rolle. Humankapital, und damit die Mitarbeiter, ist bekanntlich das größte Kapital eines Dienstleisters. Neben der Effizienz und Funktionsfähigkeit der internen Prozesse und Systeme muss daher stets gewährleistet sein, dass die strategischen Ziele des Unternehmens von allen Ebenen des Konzerns akzeptiert, getragen und konsequent verfolgt werden. Dazu ist es von elementarer Wichtigkeit, dass alle Führungsebenen des Konzerns in die Erarbeitung der Unternehmensstrategie einbezogen werden.

Zu diesem Zweck haben viele Dienstleistungsunternehmen umfassende Kommunikationssysteme und -strukturen etabliert. Das DEKRA-Management beispielsweise hat zu diesem Zweck ein mehrstufiges Kommunikationskonzept unter Einbindung aller Führungsebenen des Konzerns ins Leben gerufen. So trifft sich der erweiterte Vorstand der DEKRA AG mindestens einmal jährlich mit allen Hierarchieebenen der DEKRA-Führungskräfte, um über die aktuelle Entwicklung des Konzerns sowie zukünftige Herausforderungen und daraus eventuell resultierende Anpassungen der strategischen Ausrichtung des Unternehmens zu diskutieren.

4.4 Implementierung eines integrativen konzernübergreifenden Wertesystems

Ein weiterer wesentlicher Schritt der wertorientierten Führung von Dienstleistungsunternehmen ist die Etablierung eines allgemein gültigen Wertesystems. Unternehmen der Dienstleistungsbranche legen daher oftmals besonders hohen Wert auf die Formulierung eines umfassenden Wertesystems, mit dem sich alle Mitarbeiter des Unternehmens identifizieren können.

Das DEKRA-Leitbild beinhaltet die Orientierungspunkte zur Erreichung des übergeordneten Ziels, die Unternehmensexpansion weiter voranzutreiben und den Unternehmenswert nachhaltig zu steigern. Es wurde unter Mitwirkung der DEKRA-Mitarbeiter entwickelt – entstand also aus dem Unternehmen heraus – und zeigt den verbindlichen Handlungsrahmen für die Umsetzung der Unternehmensstrategie auf. Es ist allen Mitarbeitern bekannt und fest im Tagesgeschäft aller Geschäftseinheiten verankert. Wesentliche Elemente der DEKRA-Unternehmensstrategie wie Wachstum, wirtschaftlicher Erfolg, Innovation, Kunden- und Mitarbeiterorientierung, Internationalisierung sowie Integration sind als Leitsätze im Leitbild festgehalten.

Darüber hinaus fördert DEKRA mit dem Konzept des »Unternehmertums im Unternehmen« sowie erfolgsorientierten Vergütungssystemen auf fast allen Ebenen des Konzerns die Eigenverantwortung seiner Mitarbeiter.

Das Modell »Unternehmertum im Unternehmen« basiert auf einer hohen Eigeninitiative der Mitarbeiter und ermöglicht es dem Mitarbeiter innerhalb eines von DEKRA vorgegebenen Rahmens – u. a. der Zuweisung eines Prüfgebietes –, relativ eigenständig seinen Tagesablauf wie ein quasi selbstständiger Unternehmer zu gestalten. Auf der anderen Seite bietet DEKRA die Sicherheiten eines Arbeitgebers – vor allem hinsichtlich der sozialen Absicherung der Mitarbeiter. Dadurch fördert DEKRA nicht nur die Flexibilität des Mitarbeiters und damit letztlich die Kundenzufriedenheit, sondern auch nachweisbar Verantwortung, Kreativität und Identifikation der Mitarbeiter mit dem Unternehmen und seiner Strategie.

Durch das erfolgsorientierte Vergütungsmodell besteht für Mitarbeiter ein positiver Anreiz, die in den Zielvereinbarungen gesetzten Unternehmensziele anzunehmen und im Rahmen ihres Verantwortungsbereiches zu verfolgen. Messgrößen sind das Ergebnis sowie Markt- bzw. Umsatz- und Qualitätsgrößen. Des Weiteren können alle DEKRA-Mitarbeiter durch die Zeichnung von Genussscheinen am Unternehmenserfolg partizipieren, ein weiterer Schritt zur Identifikation der Mitarbeiter mit ihrem Unternehmen.

Das Bosch Management Reporting System
Besondere Aspekte der Unternehmenssteuerung in Russland

Boris Gleißner/Ellen Hohenfeld*

1 Struktur der Bosch-Gruppe

2 Controllingorganisation und Management Reporting
   2.1 Controllingorganisation
   2.2 Wertorientierte Unternehmenssteuerung
   2.3 Management Reporting

3 Aufbau einer Produktionsgesellschaft in Russland und deren Integration in das Berichtswesen am Beispiel des Geschäftsbereichs Power Tools
   3.1 Der Geschäftsbereich Power Tools
   3.2 Aufbau einer Produktionsgesellschaft in Russland

4 Rahmenbedingungen und kulturell bedingte Besonderheiten für den Aufbau eines Controllings in Russland
   4.1 Rechtliche Besonderheiten
   4.2 Kulturelle Aspekte für die Funktionen Buchhaltung und Controlling
   4.3 Aufbau des Controllings in der russischen Gesellschaft

5 Zusammenfassung und Ausblick

Literatur

---

* Boris Gleißner, Mitglied des Bereichsvorstands des Geschäftsbereichs Power Tools, Robert Bosch GmbH, Leinfelden-Echterdingen; Ellen Hohenfeld, Leitung Controlling and Finance Excellence des Geschäftsbereichs Power Tools, Robert Bosch GmbH, Leinfelden-Echterdingen.

1 Struktur der Bosch-Gruppe

Die *Bosch*-Gruppe ist ein weltweit führendes Technologie- und Dienstleistungsunternehmen mit rund 282.000 Mitarbeitern. Im Jahr 2008 wurde ein Umsatz von rund 45 Mrd. Euro erzielt, davon rund 75 % im Ausland. Insgesamt wurden 383 Gesellschaften voll und 82 anteilsmäßig konsolidiert.

Die *Bosch*-Gruppe gliedert sich in drei Unternehmensbereiche, wobei der Unternehmensbereich Kraftfahrzeugtechnik mit einem Umsatzanteil von rund 59 % weiterhin die zentrale Position unter den Gesamtaktivitäten einnimmt (vgl. Abbildung 1). Die Unternehmensbereiche Industrietechnik sowie Gebrauchsgüter- und Gebäudetechnik tragen inzwischen mit 15 % bzw. 26 % zum *Bosch*-Gruppenumsatz bei. Es ist das Ziel, diese Anteile weiter zu erhöhen.

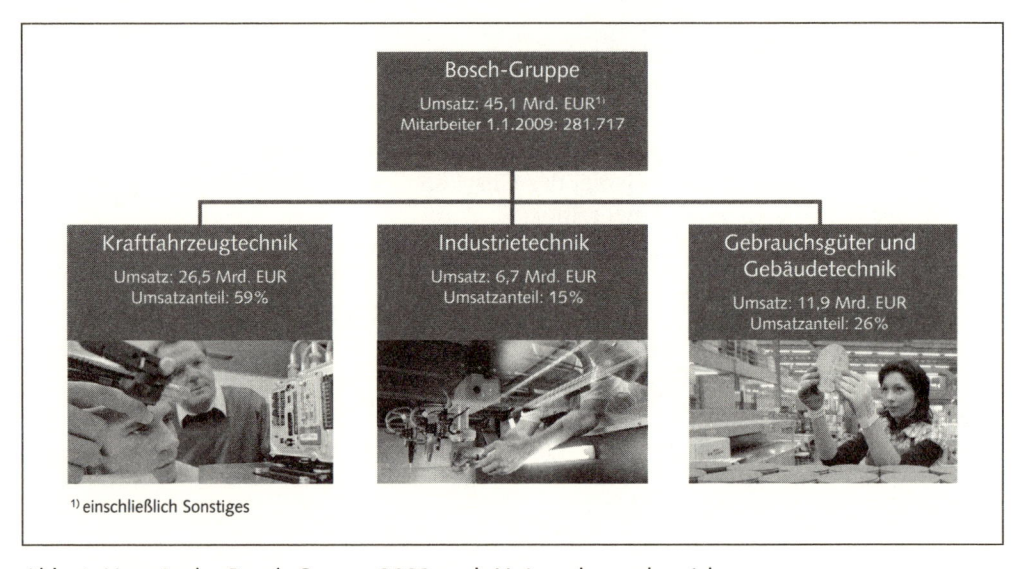

Abb. 1: Umsatz der *Bosch*-Gruppe 2008 nach Unternehmensbereichen

Die drei Unternehmensbereiche untergliedern sich in Geschäftsbereiche (vgl. Abbildung 2). Diese organisatorischen Einheiten haben Ergebnis-, Erzeugnis- und Regionalverantwortung und sind für ihr Erzeugnisgebiet weltweit gesamtunternehmerisch mit den Funktionen Entwicklung, Fertigung, Verkauf und kaufmännische Aufgaben im Rahmen der von der *Bosch*-Geschäftsführung aufgestellten strategischen Grundsätze und Ziele verantwortlich.

Die Geschäftsbereiche untergliedern sich weiter in Produktbereiche. Diese organisatorischen Einheiten tragen für mindestens zwei der Funktionen Entwicklung, Fertigung und Verkauf unmittelbare Verantwortung. Die Geschäfts- und Produktbereiche stellen Steuerungseinheiten dar, die sich in der Regel über Teile der *Robert Bosch GmbH* und weltweit über Gesellschaften oder auch Teile von Gesellschaften erstrecken, da in einer Rechtseinheit häufig die Vertriebs-, Fertigungs- und Entwicklungsaktivitäten mehrerer Produkt- und Geschäftsbereiche zusammengefasst werden. Die Steuerung erfolgt somit geschäftsfeldorientiert und rechtseinheitenübergreifend. Standorte, die mehrere Geschäftsbereiche umfassen, berichten die entsprechenden »Scheiben« an jeden vertretenen Geschäftsbereich.

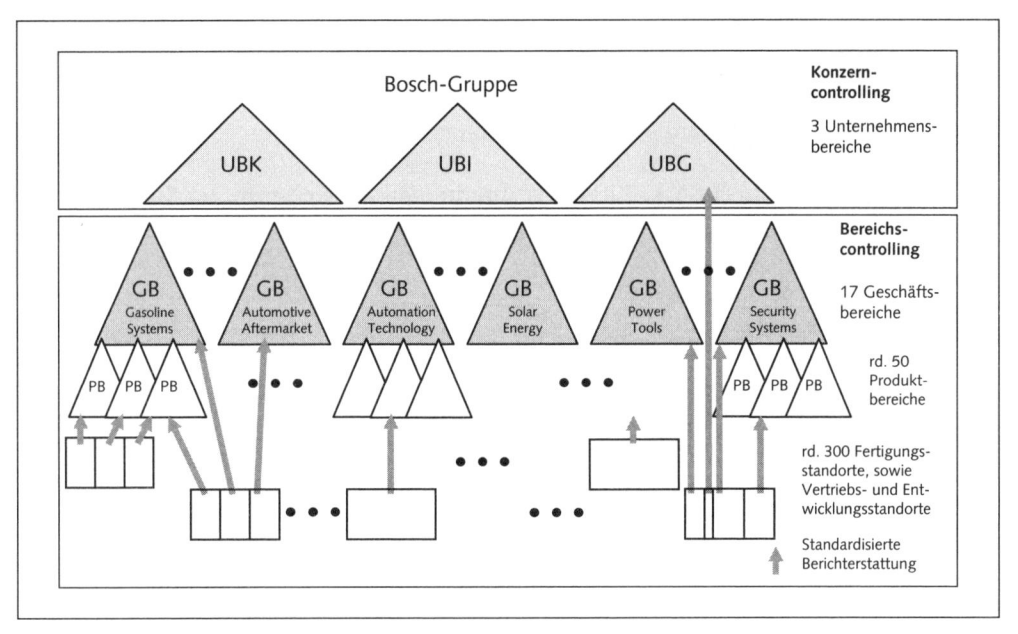

Abb. 2: Struktur der *Bosch*-Gruppe in der Management-Sicht (*Kümmel/Watterott* 2008, S. 249)

2 Controllingorganisation und Management Reporting

Die Controllerorganisation in Konzernen wird vom jeweiligen zentralen oder dezentralen Führungskonzept geprägt und richtet sich nach der Management-Organisation (vgl. *Weber et al.* 2001, S. 8). Da bei *Bosch* die Management-Organisation nach Geschäfts- und Produktbereichen ausgerichtet ist, ist dementsprechend auch das Management Reporting strukturiert. Weiterhin folgt die Controllingorganisation der *Bosch*-Gruppe dem Grundsatz, das Controlling soweit wie möglich am Ort des Geschehens durchzuführen. Sie ist daher weitgehend dezentralisiert.

2.1 Controllingorganisation

Das zentrale Controlling auf Ebene des Konzerns ist im Wesentlichen verantwortlich für
- das operative und strategische Controlling der *Bosch*-Gruppe und unterstützt die *Bosch*-Geschäftsführung, indem die Geschäftseinheiten beraten und kritisch begleitet werden.

- die Erstellung der Wirtschafts- und der Langfristplanung sowie der monatlichen Berichterstattung für die Geschäftsführung. Hierfür werden die Daten der Geschäftsbereiche und der Zentrale konsolidiert. Nicht konsolidierte (kleinere) Gesellschaften werden separat mit geringerem Berichtsumfang und -zyklus berichtet.
- die Erarbeitung der Controllingmethoden und -richtlinien und die Definition und Umsetzung standardisierter Lösungen in IT-Systemen.

Das Bereichscontrolling ist mehrstufig dezentral auf den Ebenen der Geschäftsbereiche, Produktbereiche und Fertigungsstandorte organisiert:
- Auf der Ebene der Geschäfts- bzw. Produktbereiche unterstützt das Controlling in erster Linie die Bereichsvorstände bzw. Produktbereichsleiter in der Steuerung des weltweiten Geschäfts. Zu den vielfältigen Aufgaben gehören hierbei insbesondere:
  - die Konsolidierung aller jeweils zum Geschäftsbereich bzw. Produktbereich gehörenden Organisationseinheiten
  - die strategische Geschäftsfeldplanung, die Investitionssteuerung und die Steuerung des Geschäfts- bzw. Produktbereichs über strategische und operative Zielgrößen
  - die Organisation der Wirtschaftsplanung und der monatlichen Berichterstattung
  - die Rolle des Multiplikators von *Bosch*-Methoden und Prozessen sowie der Festlegung von Geschäfts- bzw. Produktbereichsstandards
- Die Steuerung der Fertigungsstandorte wird durch das Controlling vor Ort unterstützt. Zur *Bosch*-Gruppe gehören weltweit mehr als 300 Fertigungsstandorte, an denen überwiegend in Großserienfertigung technisch anspruchsvolle Produkte hergestellt werden. Hier sind beispielsweise Produktions- und Bestandscontrolling sowie die Kostenplanung und -kontrolle und die Kalkulation als wichtige ergebnisorientierte Controllingaufgaben angesiedelt.

Neben der dargestellten Struktur zur direkten ergebnisorientierten Steuerung erfolgen die üblichen inhaltlichen Spezialisierungen im Controlling, die sich beispielsweise auf Finanzen, Vertrieb, Einkauf, Logistik, Produktion, Forschung und Entwicklung sowie Investitionen beziehen (vgl. *Weber* 2008, S. 17). Die Spezialisierungen sind im Wesentlichen in den Geschäftsbereichen und den nachgeordneten Einheiten (Produktbereiche, Vertriebs-, Fertigungs- und Entwicklungsstandorte) organisiert.

2.2 Wertorientierte Unternehmenssteuerung

Die Steuerung der *Bosch*-Gruppe erfolgt wertorientiert auf der Basis des Cash-Value-Added-(CVA)-Konzepts mit dem Wertbeitrag als zentraler Steuerungskennzahl. Dieses Konzept wurde bei der Einführung 2000/2001 ausgewählt, da insbesondere die integrierte, durchgängige wertorientierte Steuerung von Einzelgeschäften im Vordergrund stand (vgl. *Hoffmann/Kirchhoff* 2001, S. 112).

Eine durchgängige wertorientierte Steuerung bedingt, dass die wertorientierten Kennzahlen mit operativen Instrumenten generiert werden können. Deshalb werden die kalkulatorischen Elemente des CVA-Konzepts, die Kapitalkosten und die ökonomischen Abschreibungen bis in die Kostenstellen gebucht. Durch die Weiterverrechnung in der

Kosten- und Leistungsrechnung wird es möglich, den Wertbeitrag unmittelbar in der Ergebnisrechnung zu ermitteln. Eine Nebenrechnung ist somit nicht erforderlich (vgl. *Watterott* 2006, S. 139 ff.).

Der Wertbeitrag wird jedoch erst ab dem Produktbereich ermittelt, da erst ab dieser Organisationseinheit eine Geschäftstätigkeit mit allen Funktionen zusammengefasst wird bzw. Ressourcen ohne willkürliche Allokationen zuordenbar sind.

Die interne Ergebnisrechnung beinhaltet außerdem mehrstufige Deckungsbeitragsrechnungen, so dass Ergebnisse für unterschiedliche Ebenen, etwa Geschäftsbereich, Produktbereich, Erzeugnisklasse, Marke, Region oder Vertriebsweg differenziert dargestellt werden können. Die Deckungsbeiträge der verschiedenen Stufen werden dabei »wertorientiert« ermittelt, da sie bereits Kapitalkosten und ökonomische Abschreibungen enthalten (vgl. Abbildung 3).

		Nettogesamtumsatz	
	−	Planherstellkosten	variabel, fix
	=	**Deckungsbeitrag über Plankosten (DB1)**	
Wertorientierte Steuerungskennzahlen	−	Plangemeinkosten Vertrieb	variabel, fix
		Entwicklung	variabel, fix
		Verwaltung	variabel, fix
	=	**Deckungsbeitrag über gesamte Plankosten (DB4)**	
	+/−	Kostenabweichungen Planherstellkosten	variabel, fix
		Plangemeinkosten	variabel, fix
	+/−	Übrige betriebliche Aufwendungen und Erträge	
	=	**Deckungsbeitrag über Gesamtkosten (DB5)**	
	−	Steuern auf bereinigtes Ergebnis vor Steuern	
	=	**Wertbeitrag (WB)**	
Überleitung zum externen EvS	+	Steuern auf bereinigtes Ergebnis vor Steuern	
	+/−	Abgrenzung ökonomische zu bilanzielle Abschreibungen	
	+/−	Abgrenzung Kapitalkosten	
	+/−	Finanzergebnis und Sonstiges	
	+/−	Außerordentliches Ergebnis	
	=	**Ergebnis vor Steuern (EvS)**	

Abb. 3: Steuerungskennzahlen in der internen Ergebnisrechnung

Die Inhalte des internen Ergebnisrechnungsschemas bilden den Kern des Management Reportings und sind weltweit von allen konsolidierten Einheiten in der Geschäfts- bzw. Produktbereichsstruktur zu berichten. Damit die Kennzahlen zu richtigen Steuerungsimpulsen führen ist es erforderlich, dass alle Umsätze, Kosten und übrigen betrieblichen Aufwendungen und Erträge von den Bereichen vollständig und korrekt entsprechend den definierten Kategorien berichtet werden. Dafür ist neben detaillierten, systemunabhängigen Definitionen die standardisierte Umsetzung in den ERP-Systemen sowie im Management Reporting erforderlich.

2.3 Management Reporting

Die für die Unternehmenssteuerung erforderliche Information des Managements aller hierarchischen Ebenen mit finanziellen Kennzahlen wird durch das Management Reporting sichergestellt (vgl. Abbildung 4). Unter Management Reporting wird dabei nicht nur die Informationsübermittlung, sondern auch die Informationserzeugung verstanden (vgl. *Göpfert* 2002, S. 145 f.).

Die wichtigste Datenbasis für das Management Reporting sind die operativen Systeme zur Abbildung der Geschäftsprozesse (ERP-Systeme), die Informationen beispielsweise über Umsätze, Lager- und Auftragsbestände oder Kosten mit Ist- und Plan-Werten enthalten. Aus ihnen lassen sich beispielsweise die Inhalte des internen Ergebnisrechnungsschemas mit den wesentlichen Kennzahlen zur Steuerung der *Bosch*-Gruppe und ihrer Teileinheiten gewinnen.

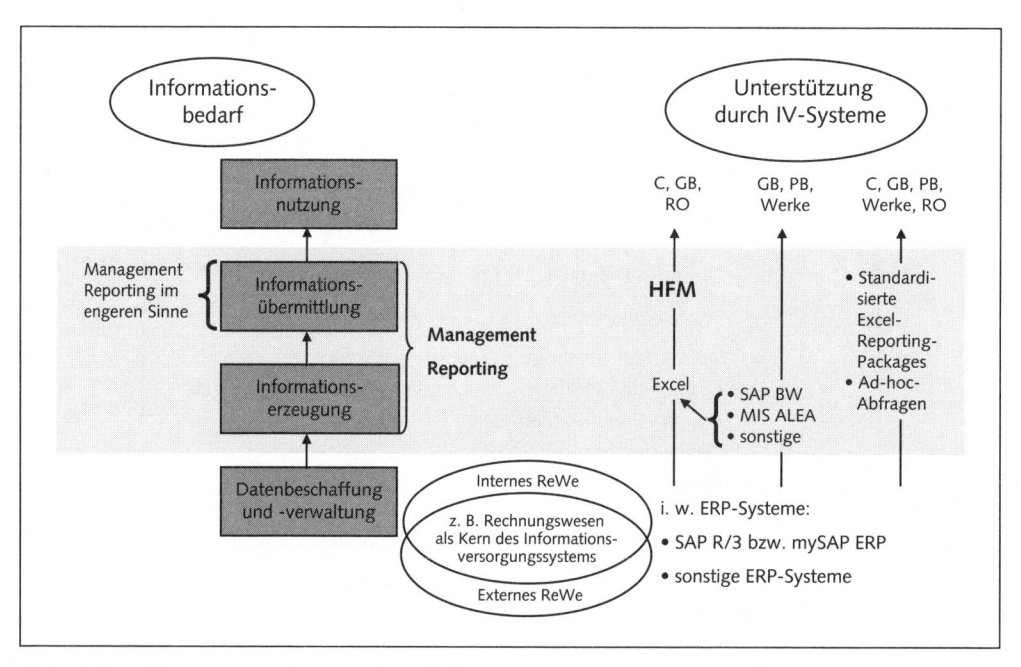

Abb. 4: Das Management Reporting und dessen IT-Unterstützung im Informationsversorgungsprozess

Der Informationsumfang bzw. Detaillierungsgrad des Management Reportings ist abhängig vom adressierten Nutzer. Daher erfolgt die Informationsübermittlung in unterschiedlichen Systemen. Für das zentrale Management Reporting erfolgt sie weltweit standardisiert im *Hyperion Financial Management* (*HFM*). Das System erfüllt die Konsolidierungsanforderungen internationaler Konzerne und enthält beispielsweise Funktionen wie die mehrstufige Konsolidierung, die Darstellung alternativer Organisationsstrukturen, die Eliminierung innerbetrieblicher Leistungen oder die automatische Währungsumrechnung.

Landesgesellschaften, die mehrere Geschäfts- und Produktbereiche umfassen, berichten für jeden Produkt- oder Geschäftsbereich. Die Berichte werden im *HFM* stufenweise für jeden Produkt- und Geschäftsbereich sowie zu den Unternehmensbereichen und letztlich zur *Bosch*-Gruppe Welt konsolidiert.

Der monatliche Geschäftsbericht für die Geschäftsführung beinhaltet neben den Kennzahlen aus der internen Ergebnisrechnung (Umsatz, Deckungsbeiträge, Wertbeitrag, EvS, Kostenstrukturen) weitere finanzielle Größen wie Investitionsbasis, Kapitalrendite, Forderungen, Vorräte und Investitionen, aber auch nicht finanzielle Kennzahlen wie Personalkapazitäten.

Zur Informationsübermittlung werden die Daten von allen berichtenden Einheiten der *Bosch*-Gruppe via Intranet an den zentralen *HFM*-Server übertragen und dort in einer Datenbank gespeichert. Alle Auswertungen und die Erstellung von konsolidierten Berichten erfolgen durch die beteiligten Bereiche (beispielsweise Zentrale, Geschäftsbereiche, Produktbereiche, Regionen) auf Basis des zentralen Datenbestands (vgl. Abbildung 5). Die Anwendungen sind so angelegt, dass dezentrale Bereiche für ihre Controllingbedürfnisse auch Informationen im System abbilden können, die nur auf Ebene Geschäfts- oder Produktbereich oder Region von Interesse sind und nicht für die Berichterstattung an die Zentrale benötigt werden.

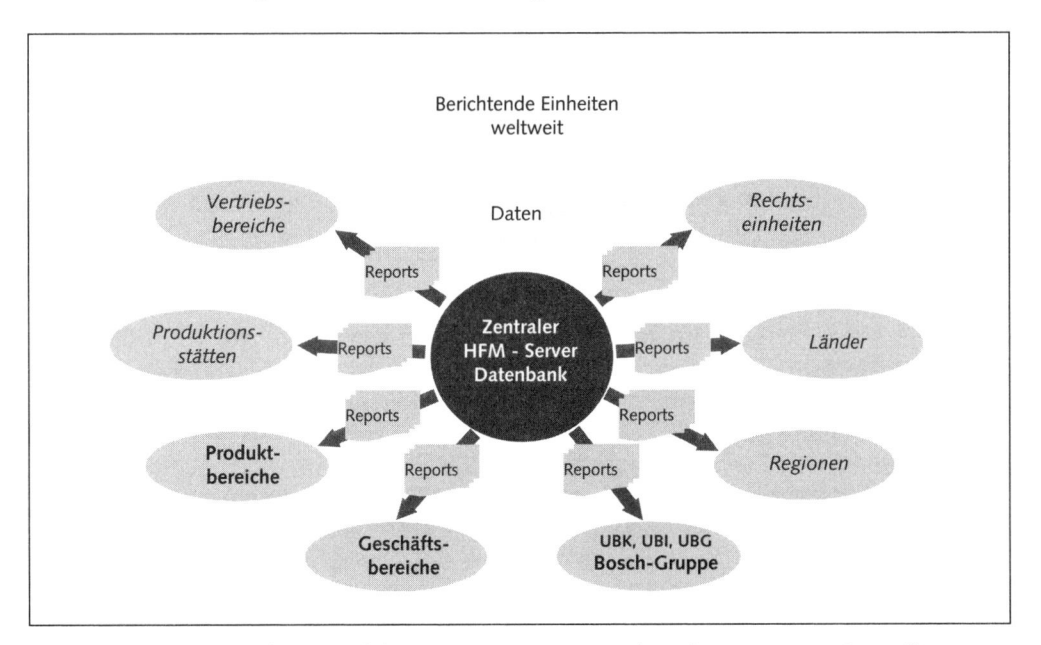

Abb. 5: HFM als zentrales Konsolidierungs-, Reporting- und Analysesystem im Controlling

Die Architektur des Systems umfasst drei Schichten: Datenhaltung (mittels einer zentralen relationalen Datenbank), Datenverarbeitung (durch mehrere Applikationsserver) und Datendarstellung (lokal durch Webbrowser). Diese webbasierte zentrale Datenbanklösung für das Management Reporting ermöglicht dem Konzern- und Bereichscontrolling eine konsistente und zeitnahe Informationsverfügbarkeit. Die Datensicherung und der Datenschutz (insbesondere Berechtigungskonzepte) können darüber hinaus zentral und effizient realisiert werden.

Neben den vorgestellten, in der *Bosch*-Gruppe standardisierten Systemen zur Unterstützung der Aufgaben des Controllings sind in den dezentralen Bereichen neben dem üblichen *MS-Excel* weitere Systeme, beispielsweise zum komfortablen Download, Bearbeiten und Upload von Daten aus *SAP R/3*, Data Warehouse Systeme (z. B. *SAP BW*) oder spezielle Planungssysteme im Einsatz. Damit wird den unterschiedlichen Anforderungen der Bereiche flexibel Rechnung getragen.

3 Aufbau einer Produktionsgesellschaft in Russland und deren Integration in das Berichtswesen am Beispiel des Geschäftsbereichs Power Tools

3.1 Der Geschäftsbereich Power Tools

Der Geschäftsbereich *Power Tools* im Unternehmensbereich Gebrauchsgüter und Gebäudetechnik erreichte 2008 einen Umsatz von 3,1 Mrd. Euro und beschäftigt rund 18.000 Mitarbeiter weltweit. Rund 90 % der Umsätze werden außerhalb Deutschlands erzielt.

Power Tools ist unter anderem in den Märkten für Elektrowerkzeuge und Zubehör, Garten und Messtechnik vertreten und vertreibt seine Produkte unter den Marken *Bosch* (professionelle »blaue« Elektrowerkzeuge und »grüne« Heimwerkergeräte), Skil, Dremel, sia Abrasives, Freud, CST Berger und vielen mehr. Zur Zielgruppe gehören Handwerker, Heimwerker, Haushalte mit eigenem Garten und teilweise industrielle Anwender. Vertriebskanäle sind insbesondere der Metallwaren-Fachhandel und Baumärkte sowie in einigen Bereichen industrielle Kunden.

Größter Umsatzträger sind handgehaltene Elektrowerkzeuge mit rund 60 % des Umsatzes. Hier ist *Bosch Power Tools* Weltmarktführer. Die gute Marktposition wurde in den vergangenen Jahren insbesondere durch effizientes Marketing und hohe Innovationskraft weiter ausgebaut. So entfallen rund 35 % der Umsätze des Geschäftsbereichs auf Produkte, die erst in den vergangenen zwei Jahren in den Markt eingeführt wurden.

Zur Steuerung des weltweiten Geschäfts ist der Geschäftsbereich in regionale Produktbereiche (rBUs) gegliedert. Diese ergeben sich zumeist aus einer Kombination von Marke und Region (vgl. Abbildung 6). So ist beispielsweise der regionale Produktbereich *Bosch* Blau Europa (BEU) für professionelle »blaue« Elektrowerkzeuge in Europa verantwortlich. Diese Organisation ermöglicht einen konsequenten Fokus sowohl auf die Marke als auch auf die regional unterschiedlichen Märkte.

Das Management der regionalen Produktbereiche ist verantwortlich für die Steuerung der ihm zugeordneten operativen Einheiten und die Erreichung von Ergebnis- und weiteren Zielen. Es berichtet direkt an den Bereichsvorstand von *Power Tools*. Alle wesentlichen Funktionen wie Marketing, Entwicklung, Logistik und Fertigung einschließlich der Produktionsstandorte, aber auch Controlling, werden mit Ausnahme des Verkaufs durch die regionalen Produktbereiche wahrgenommen. Der Verkauf ist regional, aber produktbereichsübergreifend organisiert und bündelt die Interessen der regionalen Produktbereiche mit dem Ziel der einheitlichen Kommunikation zum Kunden (»one face to the customer«).

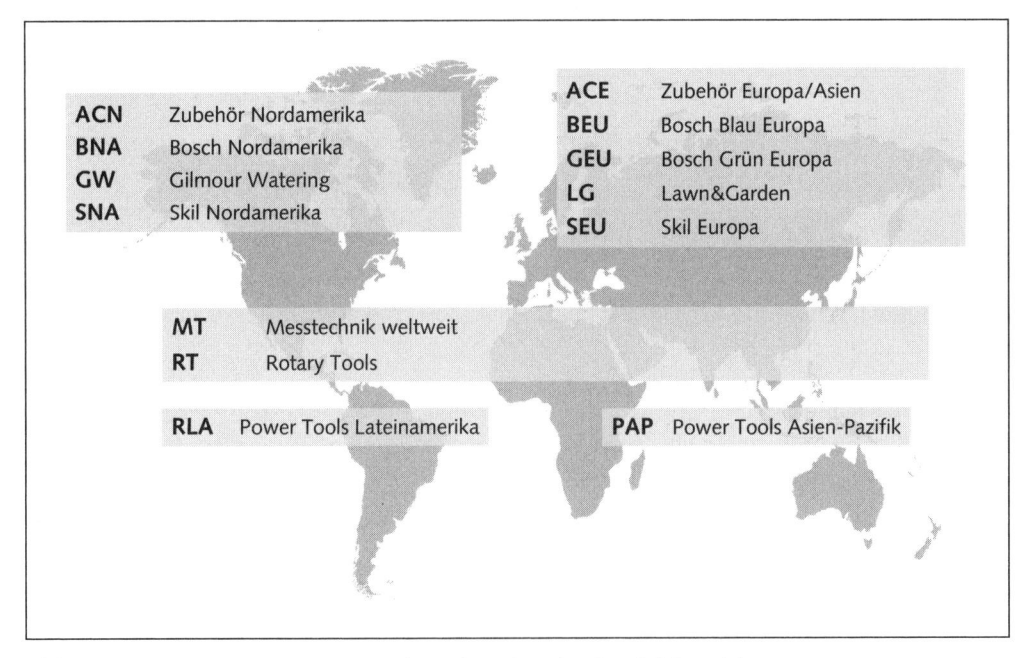

ACN	Zubehör Nordamerika		**ACE**	Zubehör Europa/Asien
BNA	Bosch Nordamerika		**BEU**	Bosch Blau Europa
GW	Gilmour Watering		**GEU**	Bosch Grün Europa
SNA	Skil Nordamerika		**LG**	Lawn & Garden
			SEU	Skil Europa

MT	Messtechnik weltweit
RT	Rotary Tools

RLA	Power Tools Lateinamerika		**PAP**	Power Tools Asien-Pazifik

Abb. 6: Organisation von *Power Tools* nach regionalen Produktbereichen

Der Informationsbedarf zur Steuerung der Einheiten wird von Geschäftsbereichs-, Produktbereichs- und Werkscontrolling gedeckt. Die unterschiedlichen Informationsbedürfnisse der verschiedenen Empfängergruppen, etwa das Management des Geschäftsbereichs, der regionalen Produktbereiche oder Rechtseinheiten, werden durch Anwendung verschiedener IT-Lösungen abgedeckt (vgl. Abbildung 7).

Für die Berichterstattung der regionalen Produktbereiche und der Werke wurden jeweils »Key Performance Indicators« (KPIs) definiert, die jeweils auf einer DIN-A4-Seite abgebildet werden. Neben finanziellen Größen wie Umsatz, Deckungsbeiträgen und Ergebnisgrößen werden Kennzahlen zur Lieferzuverlässigkeit und Qualität sowie zu Ressourcen, etwa Vorräten und Forderungen, verfolgt. Berichtet werden Daten zum abgelaufenen Monat, dem kumulierten Jahresteil sowie aktuelle Gesamtjahresprognosen jeweils im Verhältnis zu Plan und Vorjahr. In monatlichen »Business Review Meetings«

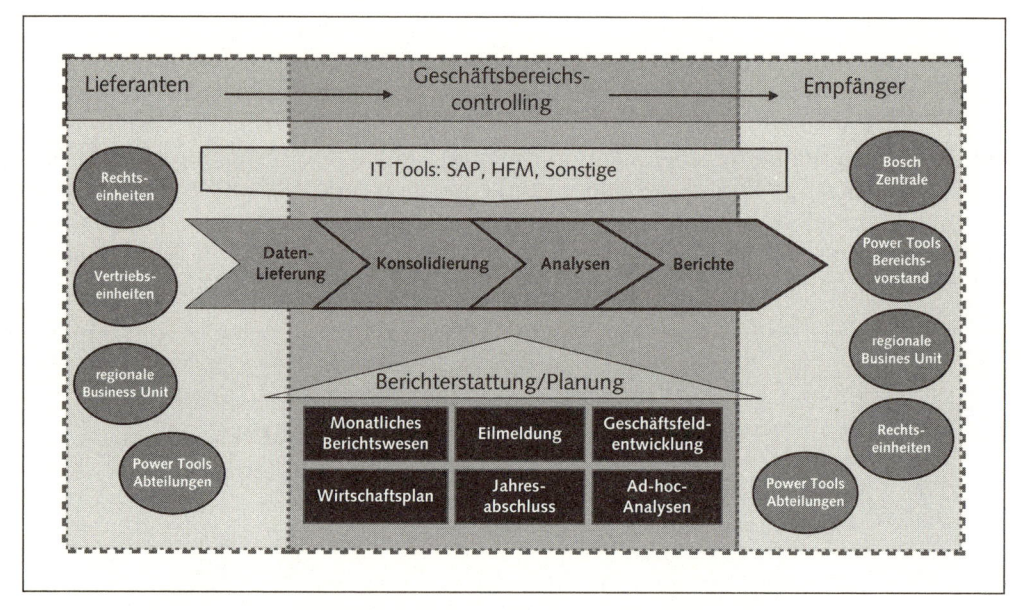

Abb. 7: Informationsversorgungsprozess im Geschäftsbereich *Power Tools*

wird der Geschäftsverlauf anhand der KPIs zwischen Geschäftsbereichsleitung und Produktbereichsleitung bzw. zwischen Produktbereichsleitung und Werksleitung analysiert und Konsequenzen werden abgeleitet. Die Vorbereitung erfolgt durch das Controlling der jeweiligen Einheit.

3.2 Aufbau einer Produktionsgesellschaft in Russland

Für den Geschäftsbereich *Power Tools* und insbesondere seinen regionalen Produktbereich *Bosch* Blau Europa ist Russland ein großer, interessanter Wachstumsmarkt. Dies war einer der Gründe, weshalb die Entscheidung über den Aufbau eines neuen Werks für professionelle Werkzeuge in Osteuropa zu Gunsten von Russland fiel. Aufgrund günstiger Faktorkosten, qualitativer Hochschulausbildung und eines vor Ort bereits existierenden Werks eines anderen Geschäftsbereichs fiel die Wahl innerhalb Russlands auf die Stadt Engels an der Wolga, rund 850 Kilometer südöstlich von Moskau.

Die Zielsetzungen für den Aufbau des Fertigungsstandortes in Russland waren:
- Weitere Erschließung des russischen Marktes
- Aufbau eines Niedrigkostenstandortes für professionelle Elektrowerkzeuge zur Fertigung von Erzeugnissen im unteren Preissegment
- Kurze logistische Wege in die Absatzmärkte in Ost- und Westeuropa
- Der primäre Fokus liegt auf der Beschaffung vor Ort. Aufgrund geringer lokaler Verfügbarkeit qualitativ hochwertiger Teile im Fremdbezug hat die Gesellschaft einen hohen Eigenfertigungsanteil

- Aufbau einer eigenen lokalen Entwicklung
- Schnelle Integration der neuen Gesellschaft in die *Bosch*-Gruppe durch Implementierung von *Bosch*-Standardprozessen und Know-how-Aufbau bei den lokalen Mitarbeitern

Mitte 2006 wurde zur Umsetzung der Ziele eine Projektgruppe gegründet. Die Gründung des Unternehmens OOO »*Bosch* Power Tools« erfolgte im April 2007 in der Rechtsform einer GmbH. Zu Beginn wurden die Führungspositionen mit Expatriates besetzt, um einen schnellen Aufbau nach *Bosch*-Standards zu ermöglichen. Bereits drei Monate nach Gründung des Unternehmens konnte die erste Bohrmaschine produziert werden.

Von Beginn an war neben dem Aufbau der Fertigungslinien und der Implementierung von *Bosch*-Standardprozessen die sorgfältige Mitarbeiterauswahl und -ausbildung ein wichtiger Schwerpunkt. Als IT-System wurde zunächst *1C*, eine in Russland sehr weit verbreitete Standardsoftware für Buchhaltung und Logistik, eingeführt. Die Einführung von *SAP R/3* erfolgte Anfang 2009 nach einer entsprechenden Vorlaufzeit und Schulung der Mitarbeiter.

4 Rahmenbedingungen und kulturell bedingte Besonderheiten für den Aufbau eines Controllings in Russland

4.1 Rechtliche Besonderheiten

Die derzeitigen rechtlichen Rahmenbedingungen in Russland führen zu administrativen Zusatzaufgaben, die in westlichen Ländern weitgehend unbekannt sind. Vom Charakter her unterliegen diesen Aufgaben einem starken Kontrollgedanken. Im Folgenden werden die wesentlichen Aspekte aufgeführt.

Steuern und Buchhaltung
Das existierende Steuerrecht ist in Russland noch recht jung. Im Jahr 1999 trat der erste Teil, 2001 der zweite Teil des Steuerkodexes in Kraft. Im ersten Teil werden allgemeine Prinzipien und Grundregeln beschrieben sowie die föderalen, regionalen und örtlichen Steuern abschließend aufgezählt. Im entscheidenden zweiten Teil sind die einzelnen Steuern beschrieben (vgl. *Denz/Eckstein/Schmieder* 2005, S. 147). Erweitert wird dies durch die aktuelle Rechtssprechung. Nach wie vor weist das russische Steuerrecht große Unterschiede zu westlich geprägten Steuergesetzgebungen auf. So ist die steuerliche Absetzbarkeit von Aufwendungen stark reglementiert, was sich unter anderem durch sehr niedrige Pauschalen, beispielsweise für medizinische Versorgung von Mitarbeitern, Tagessätze für Reisen innerhalb Russlands sowie eine ausgeprägte Dokumentationsverpflichtung für jegliche Art der Aufwendungen zeigt. So gibt es eine Fülle von auszufüllenden Formblättern. Für Aufwendungen, insbesondere Dienstleistungen, sind die wirtschaftliche Erforderlichkeit, die Absicht der Gewinnerzielung sowie die tatsächlich angefallene Leistungserbringung nachzuweisen. Die Folge ist, dass sich

die Buchhaltung sehr stark auf die Einhaltung der Steuergesetzgebung konzentriert, was durch den hohen Dokumentationsaufwand sehr viel aufwändiger ist als in einem westlichen Unternehmen.

Dem Hauptbuchhalter bzw. dem administrativen Leiter unterliegt in einem russischen Unternehmen die besondere Herausforderung sicherzustellen, dass die Geschäfte im Rahmen der (oft schwer verständlichen) Steuergesetze erfolgen, ohne dass dabei die Geschäftstätigkeit des Unternehmens behindert wird oder erhebliche Zusatzkosten entstehen (vgl. *Ravioli* 2007, S. 47). So können Verstöße gegen Steuergesetze schnell erhebliche Strafzahlungen oder gar Haftstrafen für Hauptbuchhalter oder Generaldirektoren zur Folge haben.

Weitere Besonderheiten russischer Buchhaltung:

Quartalsweise ist ein Abschluss der Steuerbehörde abzugeben, ebenso wie die Berechnung der Vorsteuer und der Mehrwertsteuer. Auf Basis der Quartalsabschlüsse wird die im Voraus zu zahlende Gewinnsteuer festgelegt, die mit der tatsächlich zu zahlenden Steuer auf Basis des Ergebnisses am Jahresende verrechnet wird. Die Vorsteuer für Importe ist sofort bei der Verzollung zu entrichten. Entsteht ein Vorsteuerüberhang, so findet erst einmal eine umfangreiche steuerliche Prüfung der eingereichten Dokumente statt, bevor eine Rückerstattung oft Monate später erfolgt. Teilweise erfolgt die Rückerstattung auch erst nach Einreichung einer Klage vor Gericht. Für Exporte fällt zwar keine Mehrwertsteuer an, allerdings muss dieser Sachverhalt mit den entsprechenden Nachweisen dokumentiert werden, damit die Steuer nicht nachträglich vom Finanzamt eingefordert wird.

Local-GAAP-Anforderungen

Die Struktur von Bilanz und GuV sowie der Kontenplan sind für das Local GAAP gesetzlich vorgegeben. Diese Vorgaben weichen von dem standardisierten *Bosch*-Konzernkontenplan sowie den Anforderungen gemäß IFRS (Konzernrechnungslegung) ab, die auch die Basis für das interne Management Reporting sind.

Gemäß russischer Gesetzgebung sind Selbstkosten zu kalkulieren, die in die GuV als Herstellkosten des Umsatzes eingehen. Diese werden für die externe Rechnungslegung nach Local GAAP gefordert, sind allerdings für das interne Rechnungswesen nicht verwendbar, da sie von den bei *Bosch* vorgegeben Kalkulationsstandards abweichen. In der Bestandsbewertung bestehen ebenfalls Unterschiede zu IFRS, weshalb es für ein voll konsolidiertes Unternehmen erforderlich ist, beide externen Rechnungslegungsvorschriften sowie interne Anforderungen parallel abzubilden.

Die in Verträgen mit nicht russischen Gesellschaften festgelegten Zahlungs- und Lieferbedingungen (insbesondere der Zeitpunkt des Eigentumsübergangs) erfordern umso mehr vorausschauende Sorgfalt, wenn Fremdwährungen vorgesehen sind. Die Wechselkurse, die abhängig vom jeweiligen Zeitpunkt (zum Beispiel Zeitpunkt einer Anzahlung, des Eigentumsübergangs, des Wareneingangs oder der Bezahlung) Unterschiede aufweisen können, sind teilweise mit ihren Unterschieden in der Buchhaltung zu erfassen bzw. teilweise unterschiedlich in Steuerbilanz sowie Bilanz nach Local GAAP zu behandeln.

Devisenrecht und Bankensystem
Als Devisengeschäft gilt der Zahlungsverkehr mit einer nicht russischen Gesellschaft unabhängig von der Währung. Zum 01. Juli 2006 sind die Beschränkungen bei der Ein- und Ausfuhr von Kapital weitgehend aufgehoben worden. Die umfangreichen Melde- und Dokumentationspflichten blieben jedoch bestehen. Bei jeder Transaktion mit einer nicht russischen Gesellschaft, die einen bestimmten Betrag überschreitet, muss ein Dokument, der Handelspass, erstellt werden. Als Anlage werden der zu Grunde liegende Vertrag sowie die entsprechende Rechnung benötigt.

In Russland nehmen die Hausbanken die Funktion der Währungskontrolle wahr. Darauf zu achten ist, dass die Dokumente vollständig und fristgerecht eingereicht werden, um Strafzahlungen zu vermeiden. Insbesondere ist auch bei der Gestaltung der Verträge zu beachten, dass Lieferfristen, Gültigkeitstermine und Zahlungsfristen so definiert werden, dass zum Zeitpunkt der Zahlung diese Vertragsbestandteile immer noch gültig sind und auch Übereinstimmung zu anderen Dokumenten wie der Rechnung herrscht. Nur wenn diese Bedingungen erfüllt sind, können die Zahlungen durch die Banken tatsächlich abgewickelt werden. So ist zum Beispiel beim Import nachzuweisen, dass die Waren auf dem Gebiet der russischen Föderation eingetroffen sind. Dies ist mit akzeptablem Arbeitsaufwand nach Vorhandensein der Zolldeklaration der Fall, weshalb Waren erst nach Freigabe aus dem Zoll bezahlt werden.

Eine weitere Besonderheit gilt für den Bargeldbestand in einem russischen Unternehmen, der besonderen Restriktionen unterliegt: Die Hausbank überwacht die gesetzlich vorgegebenen Kassenlimits, die häufig sehr gering sind.

4.2 Kulturelle Aspekte für die Funktionen Buchhaltung und Controlling

In Russland sind Buchhalter mit englischen oder anderen Sprachkenntnissen außerhalb der beiden großen Städte Moskau und St. Petersburg eher selten vertreten. Dies erschwert die Besetzung von Stellen in der Buchhaltung. Neben Fremdsprachenkenntnissen ist es außerdem sehr wichtig, dass die Mitarbeiter in der Buchhaltung neben der Erfüllung der gesetzlichen Anforderungen mit ihrem starken Kontrollcharakter auch die westliche Unternehmersicht verstehen und unterstützen.

Das Berufsbild Controlling ist noch sehr jung. In der Historie hat Controlling bei den früheren Staatsbetrieben keine besondere Rolle gespielt. Daher war es für *Bosch Power Tools* erforderlich, die Mitarbeiter entsprechend auszubilden. Schwerpunkte lagen auf der *Bosch*-Unternehmensphilosophie und dem Controlling, mit Themen wie wertorientierte Steuerung oder Kalkulation.

4.3 Aufbau des Controllings in der russischen Gesellschaft

Der Geschäftsbereich *Power Tools* ist in dem Unternehmen zunächst mit dem in Russland sehr weit verbreiteten System *1C* zur Abwicklung von Buchhaltung und Logistik gestartet. Dies hat den Einstieg für die russischen Mitarbeiter erleichtert, da Kenntnisse dieses Systems bereits vorhanden waren und dadurch die Konzentration auf den Aufbau des Unternehmens ermöglicht wurde.

Da das russische Buchhaltungssystem die *Bosch*-Controllinganforderungen nicht in ausreichendem Maße unterstützt, wurde zunächst ein Basis-Controlling unter Nutzung von *MS-Excel* aufgebaut. So erfolgten beispielsweise die Kalkulation oder die Kostenstellenberichte in *MS-Excel*. Die russische Software unterstützte nicht den Ansatz von kalkulatorischen Kosten oder die periodische Abgrenzung von Kosten im Jahresverlauf.

Aufgrund der noch verhältnismäßig geringen Umsätze des Unternehmens konnte bislang auf die Vollkonsolidierung in der *Bosch*-Gruppe verzichtet werden. Dies ist hilfreich, da somit der Aufwand für die Erstellung eines IFRS-Abschlusses und die vollständige Einbindung in das Management Reporting, das auf dem internen Rechnungswesen basiert, entfallen kann.

Durch fehlende Systemunterstützung war der volle Umfang der standardisierten *Power Tools* KPIs-Berichterstattung anfangs nicht möglich, allerdings sind für einen neuen Standort auch nicht alle KPIs von Beginn an relevant. Aus diesem Grund wurde für die ersten Jahre die Berichterstattung um Key Success Indicators (KSIs) ergänzt. Diese berücksichtigen die insbesondere für den Aufbau des Standortes relevanten Einflussfaktoren, etwa die Verfolgung von Zollkosten, Zollrückerstattung oder die Lokalisierung von Einkaufsteilen (s. Abbildung 8).

Parallel zur Berichterstattung der KSIs an den verantwortlichen regionalen Produktbereich war für die nicht konsolidierte Beteiligungsgesellschaft eine quartalsweise

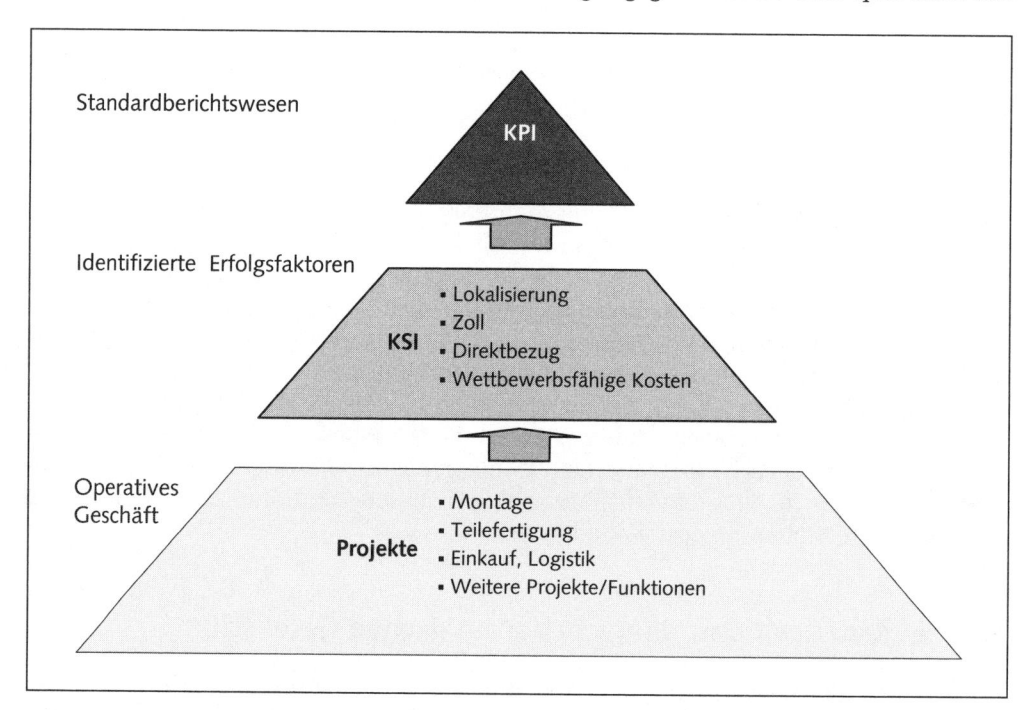

Abb. 8: Konzept der Berichterstattung von »Key Success Indicators« (KSIs) bei OOO »*Bosch Power Tools*«

reduzierte Berichterstattung zu erbringen. Diese enthielt Kenngrößen wie Umsatz, Ergebnis, Investitionen sowie Mitarbeiterzahlen.

In der ersten Jahreshälfte 2009 wurde *SAP R/3* an dem russischen *Power Tools*-Standort eingeführt. *SAP R/3* unterstützt die russische Rechnungslegung, die Rechnungslegung nach IFRS sowie das interne Rechnungswesen. In diesem Rahmen wurde auch der standardisierte *Bosch*-Kontenplan eingeführt. Hilfreich für die Einführung von *SAP R/3* war die Unterstützung des vor Ort bereits vorhandenen *Bosch*-Standortes. Dieser hatte soeben erst *SAP R/3* eingeführt. Somit konnte sowohl von den dort bereits in *SAP R/3* umgesetzten russlandspezifischen Anforderungen als auch von dem bestehenden Know-how profitiert werden. Es war gelungen, die Funktion des Projektleiters aus dem Vorgänger-Projekt heraus zu besetzen sowie die Erfahrung der Mitarbeiter in Workshops und Ähnlichem zu nutzen.

Hiermit ist nun die Basis für die vollständige Integration und Konsolidierung der Gesellschaft ins externe und interne *Bosch*-Berichtswesen geschaffen.

5 Zusammenfassung und Ausblick

Steuer, Buchhaltung und Devisenkontrolle sind in Russland Themen, die einen hohen administrativen Aufwand erfordern. Es ist empfehlenswert, sich bereits rechtzeitig vor Unternehmensgründung bzw. den ersten Lieferungen mit den russischen Besonderheiten auseinanderzusetzen und besondere Sorgfalt auf die Stellenbesetzung des Hauptbuchhalters zu legen.

Erfolgsfaktoren für den schnellen Aufbau des Unternehmens in Russland waren eine klare Projektorganisation sowie eine ausreichende Präsenz von Expatriates. Dies war insbesondere für die Implementierung von Standardprozessen unabdingbar. Des Weiteren konnte von dem bereits vorhandenen *Bosch*-Standort profitiert werden, in dem das lokale Know-how in den Funktionen Personalwesen, juristische Beratung, Arbeits- und Umweltschutz u. a. genutzt und als Dienstleistung bezogen werden konnte. Auch für den Aufbau von Controlling, Finanzen und Buchhaltung und die Einführung des *SAP R/3* war die Unterstützung durch die vorhandene Gesellschaft hilfreich.

Von Vorteil war die aufgrund geringer Größe noch nicht erforderliche volle Konsolidierung innerhalb der *Bosch*-Gruppe, um Zusatzaufwand für den externen Abschluss sowie die standardisierte interne Berichterstattung zu vermeiden. Damit konnte sich das Team vor Ort auf den operativen und strukturellen Aufbau konzentrieren.

Während des *SAP*-Einführungsprojektes hat ein umfangreicher Wissenstransfer vom Projektteam in die Organisation hinein stattgefunden. Die Einführung der Standardsoftware *SAP R/3* mit seinem integrativen Aspekt und seiner internationalen Ausrichtung (IFRS, *Bosch*-interne Berichterstattung) hat zu einem breiteren Verständnis der Zusammenhänge beigetragen.

Die Einführung von Standardprozessen, *SAP R/3* sowie die kontinuierliche Ausbildung der Mitarbeiter schaffen die Basis für eine vollständige Integration und Konsolidierung der Gesellschaft in die *Bosch*-Gruppe und auch die Basis für zukünftiges Wachstum und Wirtschaftlichkeit des Unternehmens.

Literatur

Denz, W./Eckstein, K./Schmieder, F. (2005), Business in Russland, 2. Aufl., Bern/Stuttgart/Wien 2005

Göpfert, I. (2002), Berichtswesen, in: Küpper, H.-U./Wagenhofer, A. (Hrsg.), Handwörterbuch Unternehmensrechnung und Controlling, 4. Aufl., Stuttgart 2002, S. 143–156

Hoffjan, A./Weber, J. (2007), Internationales Controlling, Steuerung von Auslandsgesellschaften, Advanced Controlling, Band 57, Weinheim 2007

Hoffman, D./Kirchhoff, M. (2001), Wertorientierte Steuerung eines Automobilzulieferers, in: Horváth, P. (Hrsg.), Strategien erfolgreich umsetzen, Stuttgart 2001, S. 107–127

Kümmel, G./Watterott, R. (2008), Konzerncontrolling am Beispiel Bosch – Globalisierung erfordert Standardisierung, in: Controlling, 20. Jg., Heft 4/5, 2008, S. 247–257

Ravioli, S. (2007), Firmenpraxis in Russland, Norderstedt 2007

Watterott, R. (2006), Auswirkungen von IFRS auf die Unternehmenssteuerung bei Bosch, in: Franz, K.-P./Winkler, C. (Hrsg.), Unternehmenssteuerung und IFRS – Grundlagen und Praxisbeispiele, München 2006, S. 133–165

Weber, J./Hunold, C./Prenzler, C./Thust, S. (2001), Controllerorganisation in deutschen Unternehmen, Advanced Controlling, Band 18, Vallendar 2001

Weber, J. (2008), Aktuelle Controllingpraxis in Deutschland, Advanced Controlling, Band 59, Weinheim 2008

Das Planungs- und Kontrollsystem im Volkswagen Konzern

Herausforderungen bei der Integration der Gesellschaften in Russland

Lothar Sander/Jan Vycital*

1   Einführung

2   Die Planungs- und Kontrollrechnung
    2.1   Planungsziele
    2.2   Planungsablauf
    2.3   Kontrollrechnung und Berichtswesen

3   Herausforderungen bei der Integration der Gesellschaften in Russland
    3.1   Historie der Volkswagen Gesellschaften
    3.2   Herausforderungen

Literatur

---

* Lothar Sander, Vorstand Controlling und Rechnungswesen der Marke VW PKW, Volkswagen AG, Wolfsburg; Jan Vycital, Finanzdirektor, OOO Volkswagen Group RUS – NSC Moskau, Moskau.

1 Einführung

Ein Unternehmen zu führen bedeutet, Entscheidungen unter Unsicherheit und mit unvollständigen Informationen zu fällen und durchzusetzen. Will man sich dabei nicht nur auf intuitive Willensbildung verlassen, sind in einem reflexiven Informationsverarbeitungsprozess die mit der Entscheidung zusammenhängenden Zwecke, Mittel und Konsequenzen zu ergründen und rational gegeneinander abzuwägen. Dieser Prozess der systematischen Entscheidungsvorbereitung und -fällung ist die Planung. Mit der Planung wird konkret definiert, was und womit dies erreicht werden soll. Ausgehend von Zielen (Zwecken) werden Maßnahmen (Mittel) zur Zielerreichung festgelegt und es wird eine zeitliche und personale Zuordnung (Termine und Träger der Planerfüllung) getroffen. Hierdurch werden die anschließenden Ausführungshandlungen bestimmt. Durch Unternehmensplanung wird die systematische Zukunftsgestaltung des Unternehmens angestrebt. Ihre Hauptzwecke sind die Zielorientierung der vielfältigen unternehmensbezogenen Handlungen, deren Koordination und Integration, die Handhabung von Risiken (erkennen und reduzieren), die Erhöhung der Handlungsflexibilität und die Reduktion der Komplexität. Generell dient sie der Sicherstellung von Effektivität und Effizienz des gesamten Unternehmensgeschehens (vgl. *Hahn/Hungenberg* 2001, S. 47; *Rühli* 1989, Sp. 566 ff.; *Wild* 1982, S. 15 ff.).

Die notwendige Koordinationsfunktion der Planung wird durch ein konzernübergreifendes Planungs- und Kontrollsystem sichergestellt. Das Planungs- und Kontrollsystem des Volkswagen Konzerns wurde erstmalig systematisch Anfang der 1970er Jahre durch *Thomée/Höhn* beschrieben und konzeptionell durch *Hahn* geprägt (vgl. *Thomeé/Höhn* 1974, S. 639 ff. und *Hahn/Hungenberg* 2001). Unter einem Planungs- und Kontrollsystem – verkürzt auch nur als Planungssystem bezeichnet – kann eine zielgerichtete Gesamtheit von Planungs- und Kontrollprozessen verstanden werden, zwischen denen sachlich und zeitlich spezifizierbare Beziehungen bestehen (vgl. hierzu ausführlich *Hahn/Hungenberg* 2001, S. 77 ff.). Output dieser Planungs- und Kontrollprozesse sind qualitative und quantitative Planungs- und Kontrollinformationen, die ihren Niederschlag im Planungs- und Berichtssystem des Unternehmens finden.

Der Prozess der Planung wird durch das Controlling initiiert, begleitet und geführt. Das Controlling veranlasst die Erstellung der Teilpläne und koordiniert und bewertet diese. Im Rahmen der Durchführung und Koordination der Gesamtplanung werden die Planungsprämissen, der Planungsablauf mit Definition der Zuständigkeiten, die Zeit- und Ablaufplanung sowie die Koordination der erforderlichen Abstimmungs- und Entscheidungstermine festgelegt. Aus den Ergebniszielen des Konzerns werden die Ergebnisziele für die Marken – und innerhalb dieser für die Funktionsbereiche – abgeleitet und vorgegeben. Dafür ist die Abstimmung und Koordination der Teilplanungen erforderlich. Es wird geprüft, ob den einzelnen Teilplänen einheitliche Prämissen zu Grunde gelegt wurden und ob diese zueinander kompatibel sind. Abschließend werden die Teilpläne zur finanziellen Gesamtplanung zusammengestellt und dem Vorstand und Aufsichtsrat zur Verabschiedung präsentiert. Zuständig für die Maßnahmenplanungen im Rahmen der Teilplanungen sind die Führungskräfte in den Funktionsbereichen. Die Zielvorgaben sind das Ergebnis der Willensbildung der Unternehmensleitung. Das Controlling fungiert innerhalb des Planungsprozesses als führungsunterstützende Koordinationsstelle.

2 Die Planungs- und Kontrollrechnung

2.1 Planungsziele

Im Rahmen der Konzernstrategie sind die wichtigsten Ziele und Strategien des Volkswagen Konzerns festgelegt. Kardinale finanzielle Steuerungsgröße von Volkswagen ist dabei die Erreichung einer auf Weltniveau wettbewerbsfähigen Kapitalrendite. Diese Ziele sind für jede Marke des Konzerns niedergelegt. Für den Zeitraum einer Planungsrunde werden hieraus durch das Konzerncontrolling Zielsetzungen für jede Marke in den einzelnen Planjahren abgeleitet. Hierbei werden auch die bisherige Ist-Entwicklung, die gesamtwirtschaftlichen Prämissen sowie das Produktprogramm der jeweiligen Marke angemessen berücksichtigt.

2.2 Planungsablauf

Jede Marke bricht in der Folge die Zielsetzungen des Konzerns in Markenziele herunter. Im Falle der Marke Volkswagen Pkw werden dabei Key-Performance-Indikatoren (KPI) zur Simulation von Zielerreichungsszenarien angewendet. Diese erlauben mit hinreichender Genauigkeit die Übersetzung des Markenziels in geschäftsbereichs- und gesellschaftsspezifische Teilziele.

Der Planungsprozess des Volkswagen Konzerns ist durch die vier Phasen Planungsanstoß, Zielvereinbarung, Planerarbeitung sowie die Bewertung und Verabschiedung der Pläne gekennzeichnet (vgl. Abbildung 1).

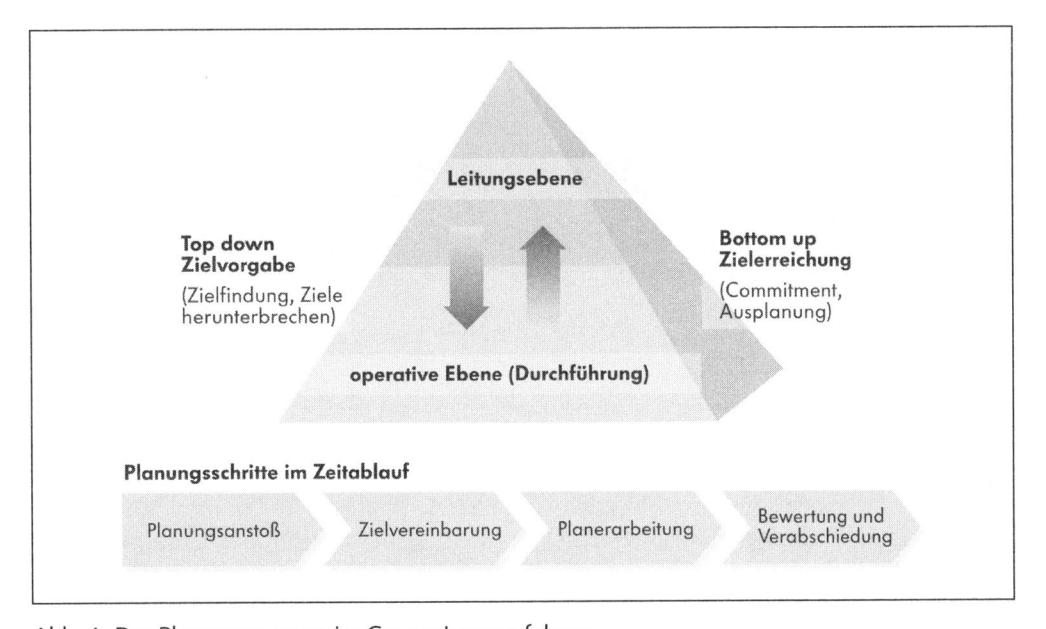

Abb. 1: Der Planungsprozess im Gegenstromverfahren

Auf der Leitungsebene werden die Ziele ausgearbeitet und top down auf die operative Ebene heruntergebrochen. Über so genannte Commitments verpflichten sich die einzelnen operativen Bereiche bottom up zu einer bestimmten Zielerreichung. Die Commitments erfolgen dabei über Key-Performance-Indikatoren, die addierbar sind. Durch die Summierung der Commitments ist eine Abschätzung des Ergebnisses möglich. In der Regel erreichen die ersten Commitments in der Summe noch nicht die vom Konzern festgelegten Ziele. Es sind daher erneut Top-down-Zielvorgaben aufzustellen, aus denen wiederum entsprechende Commitments resultieren. Diese Planungsschleifen setzen sich so lange fort, bis die vorgegebenen Ziele erreicht werden.

Besondere Bedeutung kommt im Planungsprozess dabei der Abstimmung zwischen der Konzernebene und der Ebene der Marken und Regionen zu. Die Konzernleitung legt top down die Ziele fest und bestimmt die Planungsprämissen. Die einzelnen Marken und Regionen prüfen die Machbarkeit der vorgegebenen Ziele, verpflichten sich über die Commitments zur Erreichung der Ziele und führen die Planung durch (vgl. Abbildung 2). Der detaillierte Ablauf der Planung im Volkswagen Konzern soll im Folgenden näher betrachtet werden.

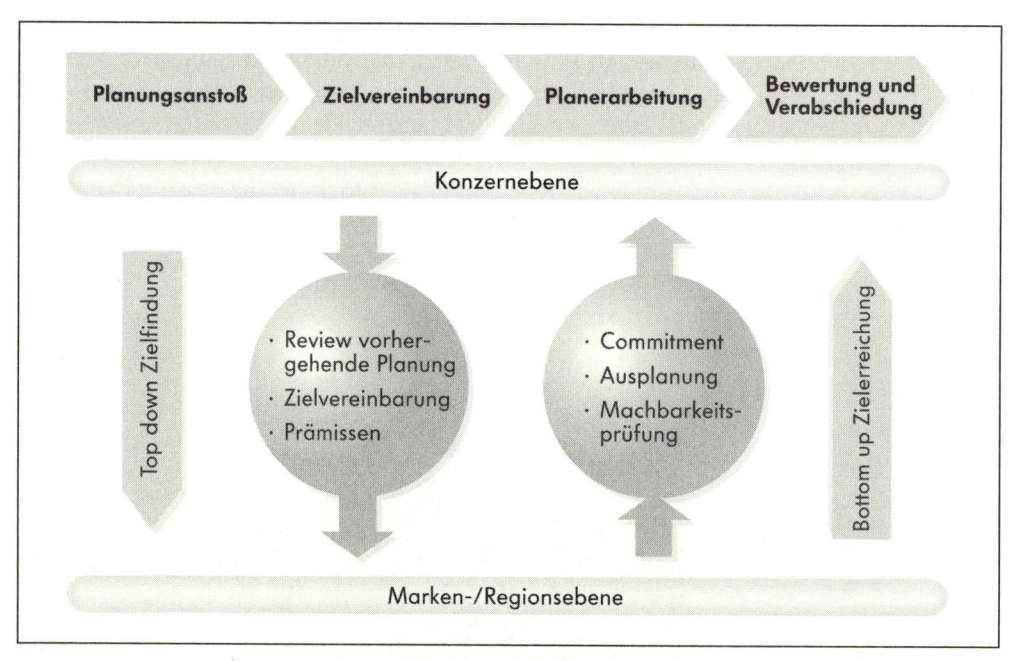

Abb. 2: Abstimmung der Planung zwischen Konzernebene und der Ebene der Marken/Regionen

Die allen Planungskomplexen inhaltlich vorgelagerte strategische Planung umfasst allgemein die Bestimmung der grundsätzlichen Richtung der zukünftigen Unternehmensentwicklung und dient der Absicherung des langfristigen Unternehmenserfolgs. Den Kern der strategischen Planung bilden die langfristige Produktprogrammplanung eines Unternehmens sowie die damit zusammenhängende Absatz-, Personal-, Kapazitäts- und

Investitionsplanung. Dieser Planungskomplex findet zum einen als periodisch durchzuführende rollierende Planung statt, in der regelmäßig das langfristige Produkt- und Investitionsprogramm aktualisiert wird. Zum anderen können die Pläne auch aperiodisch im Zusammenhang mit der Planung strategischer Einzelprojekte (zum Beispiel bei Beteiligungserwerb oder -veräußerung oder der Planung eines neuen Werks) aktualisiert werden. Im Automobil-Kerngeschäft des Volkswagen Konzerns konzentriert sich dieser Teil der Planung auf die Auswahl und Durchplanung der langfristig herzustellenden Produkte, sprich Fahrzeugmodellreihen, und das Produktprogramm als Ganzes inklusive einer langfristigen Absatzplanung für die verschiedenen regionalen Absatzmärkte. Diese Planungen finden ihren Niederschlag im so genannten Produktprogrammplan und im Langfristigen Absatzplan (LAP). Die hierfür erforderlichen Ressourcen werden im Rahmen des Werkbelegungsplans und der Personalplanung bestimmt. Auf Basis dieser Teilpläne werden die entsprechenden Investitionen geplant.

Die *strategische Produktplanung* mit der zugehörigen Investitionsplanung wird dann um spezifische funktionsbereichsbezogene Strategien ergänzt. So sind zum Beispiel Forschungs- und Entwicklungsstrategien mit sachlichen Schwerpunktlegungen festzulegen, Beschaffungsstrategien sowie Produktionsstrategien mit Aussagen zu Produktionstechnologien, Produktionstiefe und Standorten zu fixieren, Vermarktungsstrategien mit Aussagen zum Marketing-, Mix- und Vertriebssystem zu formulieren sowie Personalstrategien und Finanzierungsstrategien abzustimmen.

Im Weiteren ist die strategische Planung Ansatzpunkt für den Planungskomplex der so genannten *Mittelfristplanung*. Sie wird für einen Zeitraum von fünf Jahren aufgestellt und bildet den Kern der operativen Planung des Volkswagen Konzerns. Mit ihr werden die Voraussetzungen zur Realisierung der strategischen Vorhaben hinsichtlich der formulierten generellen Konzernziele in technischer und wirtschaftlicher (insbesondere ergebnis- und liquiditätsmäßiger) Weise formuliert und abgesichert sowie alle Unternehmensbereiche bezüglich der relevanten strategischen Handlungsfelder Funktionen/Prozesse, Produkte und Märkte koordiniert. Die Mittelfristplanung zeichnet sich gegenüber der vorgelagerten strategischen Planung durch einen höheren Formalisierungsgrad im Sinne klar definierter Planungsinhalte und standardisierter Planungsformate, einen höheren Detaillierungsgrad sowie einen höheren Anspruch an Präzision und Bestimmtheit der Planungsergebnisse aus.

Träger der Mittelfristplanung sind grundsätzlich die Fachbereiche in den dezentralen Unternehmenseinheiten in Abstimmung mit zentralen Konzernstellen und unter Koordination durch das Konzerncontrolling.

Einmal jährlich wird im Konzern eine Mittelfristplanung erstellt. Sie wird als Planungsrunde (mit laufender Nummerierung) bezeichnet. Je nach Fristigkeit für die Gestaltung der Unternehmenszukunft werden dabei die einzelnen Planungsinhalte bestimmt:

- Das Produktprogramm als die strategische, langfristige Determinante der Unternehmenspolitik wird für einen Zeitraum von zehn Jahren festgelegt.
- Investitionen als Vorleistung für die zukünftigen Produkt- und Handlungsalternativen werden über einen Fünf-Jahres-Zeitraum finanziell ausgeplant.
- Die finanzielle Planung (Gewinn- und Verlustrechnung, Finanz- und Bilanzplanung, Rentabilität und Liquidität) wird durchgängig über einen Fünf-Jahres-Zeitraum abgebildet.

Aus der Fünf-Jahres-Planung wird das erste Jahr verbindlich als Budget über einzelne Monate detailliert und bis auf die operative Kostenstellenebene ausgeplant (vgl. Abbildung 3).

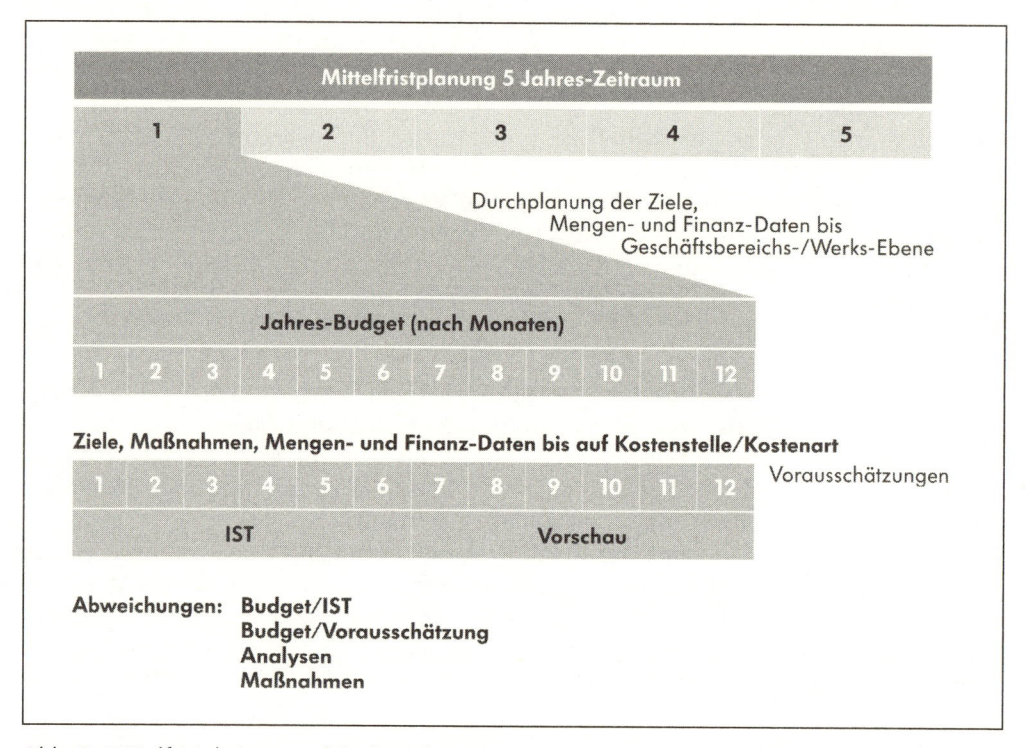

Abb. 3: Mittelfristplanung und Budgetplanung

Das *Budget* wird innerjährlich monatlich auf den Grad seiner Zielerreichung geprüft. Dabei sind Soll-Ist-Vergleiche, Abweichungsanalysen und bei Erfordernis Maßnahmenpläne zur Sicherstellung der budgetierten Zielsetzungen unabdingbare Instrumente des Controllings. Für das laufende Geschäftsjahr werden monatlich, vielfach quartalsmäßig revolvierend Detailplanungen für die jeweils kommenden drei Monate und eine Vorausschätzung für das Gesamtjahr durchgeführt (vgl. Abbildung 4).

Die Anpassung der laufenden Operationen steht also im Mittelpunkt der Planungen. Gleichzeitig wird die aktuelle Vorausschätzung somit zum möglichen ständigen Korrektiv der folgenden Mittelfrist- und Budgetplanungen.

Der funktionale Ablauf beruht auf einer logischen Abfolge aufeinander folgender Teilpläne. Diese Teilpläne sind aufeinander abzustimmen, zu bewerten und in einem finanziellen Gesamtplan zusammenzufügen.

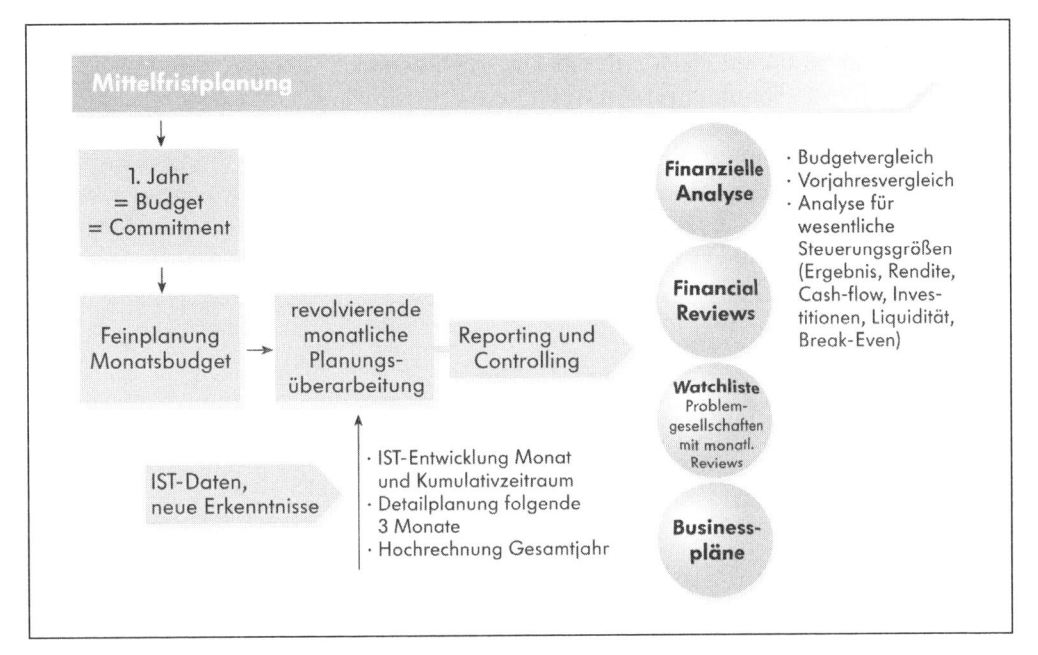

Abb. 4: Mittelfristplanung, Budget und Reporting

2.3 Kontrollrechnung und Berichtswesen

In den vorangegangenen Ausführungen wurde aufgezeigt, dass die Aufgabe der Planungsrechnung unter anderem darin besteht, adäquate Zielvorgaben zu ermitteln, um das Unternehmen im Sinne des wertorientierten Konzepts erfolgreich zu steuern. Aufgabe der Kontrollrechnung ist es, die Erreichung der in der Planungsrechnung ermittelten Zielvorgaben zu überprüfen. Die Kontrollrechnung soll dabei frühzeitig Störgrößen aufdecken, die eine Zielerreichung gefährden. Somit können rechtzeitig Gegensteuerungsmaßnahmen eingeleitet werden, um die negativen Auswirkungen dieser Störgrößen auf die Zielerreichung zu verringern oder zu vermeiden. Es wird deutlich, dass eine Planungsrechnung ohne entsprechende Kontrollrechnung weitgehend zwecklos und eine Kontrolle ohne Planung unmöglich ist (vgl. *Ossadnik* 2003, S. 147).

Die Kontrollrechnung hat die Aufgabe, durch Gegenüberstellung der Plan- und der Ist-Werte den Bedarf an Korrekturmaßnahmen rechtzeitig zu erkennen. Um gezielte Steuerungsmaßnahmen ergreifen zu können, ist es erforderlich, die Ursachen der Abweichung zu kennen. Dies geschieht im Rahmen einer Abweichungsanalyse.

Basis der Kontrollrechnung ist das Berichtswesen, das die zur zieladäquaten Steuerung erforderlichen Informationen bereitstellt. In der betriebswirtschaftlichen Literatur existieren weiter und enger gefasste Abgrenzungsmöglichkeiten des Begriffes »Berichtswesen«. Das Berichtswesen im weiteren Sinne umfasst dabei das gesamte Informationswesen des Unternehmens (vgl. *Blohm* 1982, S. 866). Unter Berichtswesen im engeren Sinne wird dagegen lediglich die Ermittlung und Weiterleitung führungsrelevanter Informationen innerhalb des Unternehmens zur Unterstützung der ergebniszielorientierten Planung und Kontrolle verstanden (vgl. *Horváth* 2008, S. 540). Die Struktur des Berichtssystems muss der Struktur des Planungs- und Kontrollsystems entsprechen, da der Informationsfluss in Form der Berichte diesen Prozess begleitet. Das Berichtssystem stellt somit »eine Dimension des Planungs- und Kontrollsystems« (*Horváth* 2008, S. 542) dar. Die Struktur des Berichtssystems wird durch die Organisationsstruktur des jeweiligen Unternehmens bestimmt (vgl. Abbildung 5).

Konzern

Konzernbereich Automobile

Teilkonzerne/Marken

Einzelgesellschaften
(Produktionsgesellschaften, Vertriebsgesellschaften)

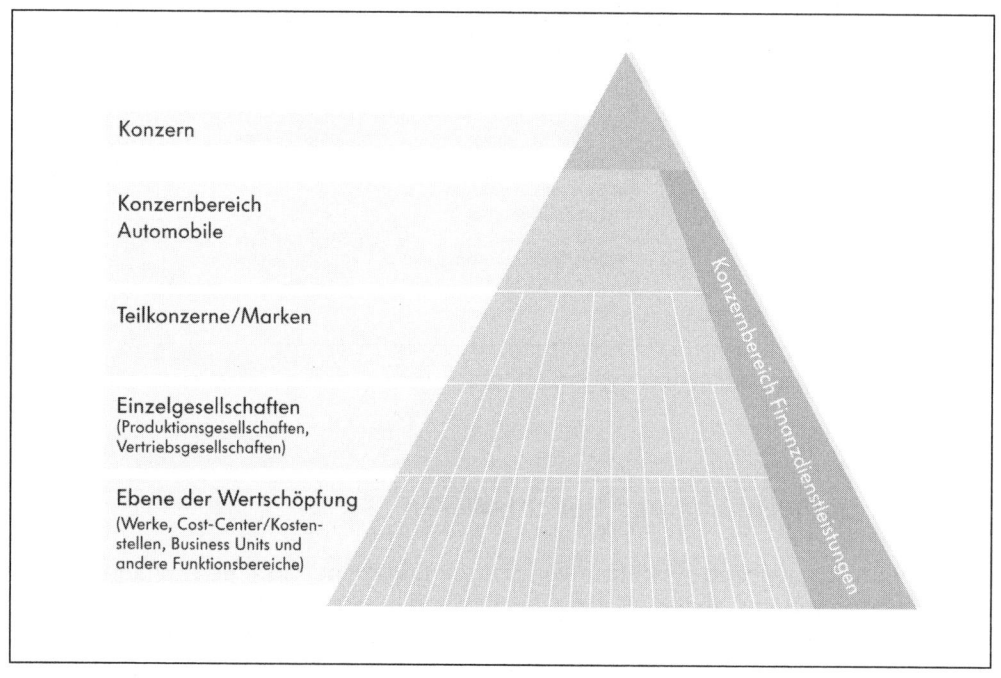

Ebene der Wertschöpfung
(Werke, Cost-Center/Kostenstellen, Business Units und andere Funktionsbereiche)

Konzernbereich Finanzdienstleistungen

Abb. 5: Berichtspyramide des Volkswagen Konzerns

Im Volkswagen Konzern folgt das Berichtswesen einer konsequent nach den Anforderungen der Berichtsempfänger aufgebauten Berichtspyramide. Die Berichtspyramide wird durch entsprechende Erläuterungen, Kontrollrechnungen und Analysen so den jeweiligen Empfängern dargelegt, dass diese ihren Aufgaben in angemessener Form nachkommen können. An der Spitze der Berichtspyramide steht als oberstes Kontrollgremium des Konzerns der Aufsichtsrat. Ihm folgen der Konzernvorstand, die Vorstände der einzelnen Marken und darunter das jeweilige betriebliche Management.

Ein auf diesen Ebenen durchgängig eingesetztes Steuerungsinstrumentarium sind die Key-Performance-Indikatoren (KPI; vgl. auch Kapitel 2.2). Die entsprechende Berichterstattung erfolgt anhand standardisierter KPI-Berichte, in denen die wesentlichen Erfolgsfaktoren verdichtet aufgeführt sind und die jeweilige Zielerreichung über ein Ampelschema dargestellt wird (vgl. Abbildung 8).

Während die KPI-Berichterstattung in langjährig gewachsenen Unternehmensbereichen weitgehend automatisiert über standardisierte Prozesse und Systeme erfolgt, ergeben sich gerade in jüngeren Unternehmensbereichen besondere Herausforderungen bei der Berichterstattung. Eine dieser jüngeren Gesellschaften ist die Gesellschaft »OOO Volkswagen Group RUS«, auf die im folgenden Kapitel näher eingegangen wird.

3 Herausforderungen bei der Integration der Gesellschaften in Russland

3.1 Historie der Volkswagen Gesellschaften

Der Volkswagen Konzern ist mit der Vertriebsfunktion seit 1994 in Moskau präsent und ergänzte die zunächst eingeschränkte Marktpräsenz kontinuierlich. Diese Markterschließung mündete in der Gründung der Vertriebsgesellschaft »OOO Volkswagen Group RUS« im Jahr 2003 (vgl. Abbildung 6).

Vertrieb:

1994	1998	1999	2003
• Volkswagen- und Škoda-Repräsentanz in Moskau	• VW Group Office: - Service - Marketing - Händler Support - Homologation • Gründung Gesellschaft für Teile-Logistik • Audi-Repräsentanz	• Start operative Teile-Logistik • Integration Service (VW Group Avtomobili)	• Gründung Vertriebsgesellschaft (VW Group Rus)

Produktion:

2001	2005	2006	2007
• Verhandlung Produktionsvorhaben mit russischer Föderation	• Zusage der Unterstützung seitens Regierung	• Gründung der Produktionsgesellschaft (VW Rus)	• Montagebeginn (SKD) VW und Škoda Pkw in Kaluga

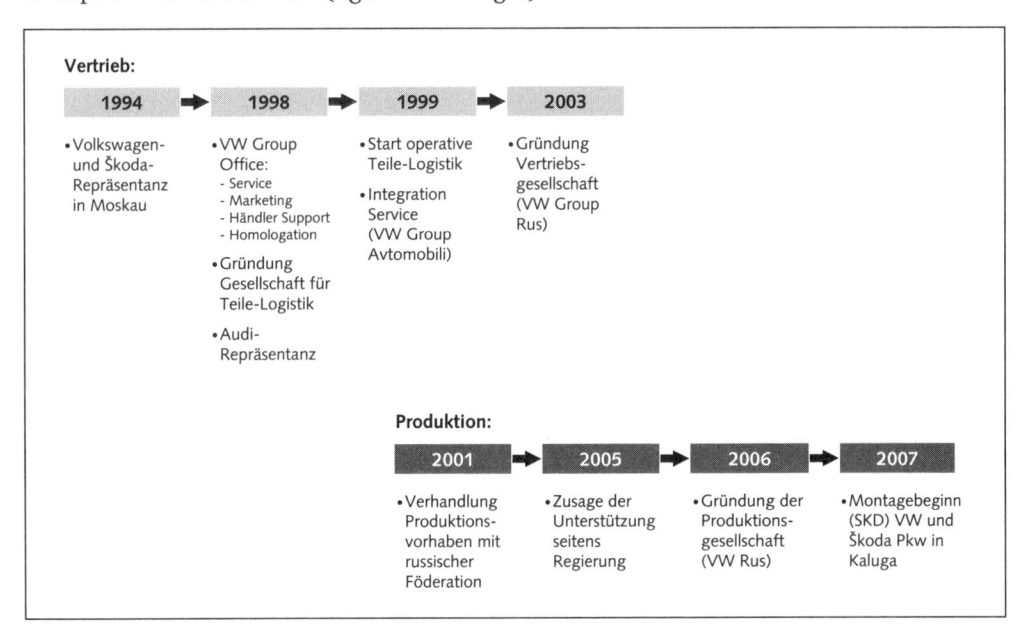

Abb. 6: Meilensteine der Volkswagen Vertriebs- und Produktionsgesellschaft in Russland

Auf der Produktionsseite begannen die vorbereitenden Verhandlungen zur Gesellschaftsgründung im Jahr 2001 und führten im Jahr 2006 zur Gründung der Produktionsgesellschaft »OOO Volkswagen RUS« mit Sitz in Kaluga. Seit Ende 2007 werden im dort entstandenen Produktionswerk Fahrzeuge montiert. Ab 2010 wird hier insbesondere eine speziell auf die Bedürfnisse des russischen Markts zugeschnittene Version des Polo gefertigt.

Mit der Zielsetzung, Synergien zwischen den beiden Gesellschaften zu realisieren, ist die Gesellschaft »OOO Volkswagen Group RUS« im Jahr 2009 aus einer Integration der Produktionsgesellschaft »OOO Volkswagen RUS« in die Vertriebsgesellschaft »OOO Volkswagen Group RUS« hervorgegangen. Nach der Verschmelzung verbleibt die Vertriebsfunktion in der Metropole Moskau, während der Hauptsitz der Gesellschaft am Produktionsstandort in Kaluga angesiedelt ist.

3.2 Herausforderungen

Sowohl die Produktions- als auch die Vertriebsgesellschaft verfügten vor der Verschmelzung über die für ihr Geschäft notwendigen Organisationsstrukturen, Prozesse und Mitarbeiter, wodurch jede Gesellschaft für sich handlungsfähig war. Um diese Handlungsfähigkeit weiterhin sicherzustellen und zukünftig die angestrebten Synergien zu realisieren, wurden drei Phasen der Verschmelzung definiert (vgl. Abbildung 7).

1. Phase Zusammenführung	2. Phase Standardisierung	3. Phase Optimierung

Abb. 7: Verschmelzungsprozess in drei Phasen

In der ersten Phase *Zusammenführung* wurde das Ziel der juristischen Verschmelzung verfolgt. Unter Beteiligung von Mitarbeitern aus allen Schlüsselbereichen beider Gesellschaften (Recht, Controlling, Rechnungswesen, Personalwesen, Logistik etc.) wurden insgesamt dreizehn Verschmelzungsthemen definiert. Folgende Themen sollen exemplarisch die Herausforderungen verdeutlichen:
- Das russische Antimonopol-Amt musste dem Zusammenschluss beider Gesellschaften seine Zustimmung erteilen und die Standorte neu registrieren.
- Nach russischer Gesetzgebung können Geschäftspartner ihre Forderungen bei einer derartigen Verschmelzung gegenüber den alten Gesellschaften sofort geltend machen. In diesem Rahmen wurden bestehende Vertragskonditionen durch die Geschäftspartner häufig hinterfragt, wodurch eine enge Abstimmung mit den Geschäftspartnern erforderlich war, um das operative Geschäft fortführen zu können.
- Die Arbeitsplätze sind nach russischer Gesetzgebung bei einer derartigen Umstrukturierung beizubehalten. Vor diesem Hintergrund sind die Mitarbeiter zunächst über die Umstrukturierung zu informieren und es sind neue Arbeitsverträge mit den Mitarbeitern zu schließen.

Zusätzlich zu diesen exemplarischen Herausforderungen stellte die Wirtschaftskrise, die sich während der Verschmelzung im zweiten Halbjahr 2008 auf den russischen Markt niederschlug, hohe Anforderungen an das Management. Parallel zur juristischen Verschmelzung war das operative Geschäft sicherzustellen.

Das Planungs- und Kontrollsystem im Volkswagen Konzern 111

Key-Performance-Indikatoren

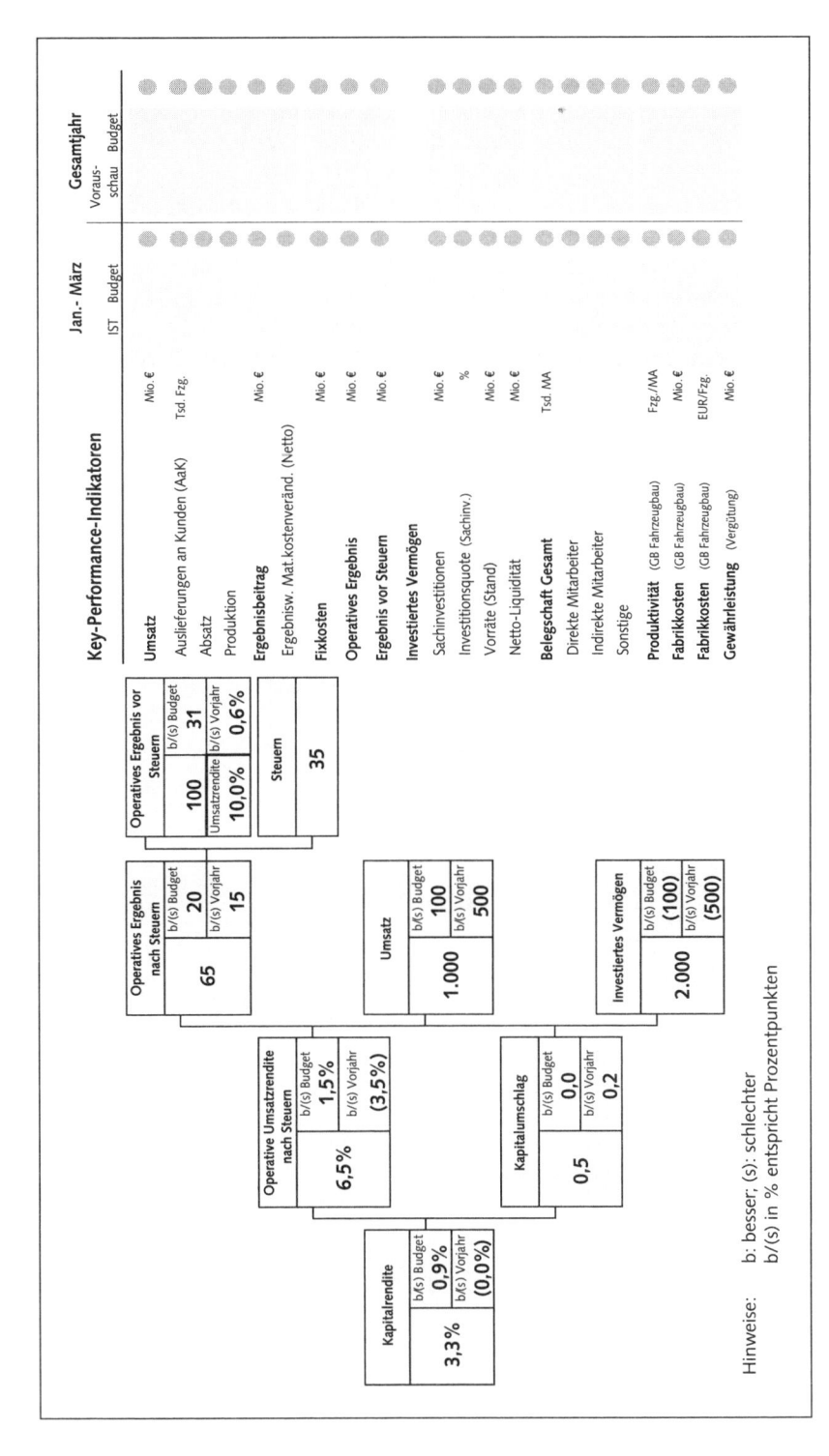

		Jan.- März		Gesamtjahr	
		IST	Budget	Voraus-schau	Budget
Umsatz	Mio. €	●●●●●●●●	●●●●●●●●	●●●●●●●●	●●●●●●●●
Auslieferungen an Kunden (AaK)	Tsd. Fzg.				
Absatz					
Produktion					
Ergebnisbeitrag	Mio. €				
Ergebnisw. Mat.kostenveränd. (Netto)					
Fixkosten	Mio. €				
Operatives Ergebnis	Mio. €				
Ergebnis vor Steuern	Mio. €				
Investiertes Vermögen					
Sachinvestitionen	Mio. €				
Investitionsquote (Sachinv.)	%				
Vorräte (Stand)	Mio. €				
Netto-Liquidität	Mio. €				
Belegschaft Gesamt	Tsd. MA				
Direkte Mitarbeiter					
Indirekte Mitarbeiter					
Sonstige					
Produktivität (GB Fahrzeugbau)	Fzg./MA				
Fabrikkosten (GB Fahrzeugbau)	Mio. €				
Fabrikkosten (GB Fahrzeugbau)	EUR/Fzg.				
Gewährleistung (Vergütung)	Mio. €				

Operatives Ergebnis vor Steuern: 100 | b/(s) Budget: 31 | Umsatzrendite: 10,0% | b/(s) Vorjahr: 0,6%
Steuern: 35

Operatives Ergebnis nach Steuern: 65 | b/(s) Budget: 20 | b/(s) Vorjahr: 15

Umsatz: 1.000 | b/(s) Budget: 100 | b/(s) Vorjahr: 500

Investiertes Vermögen: 2.000 | b/(s) Budget: (100) | b/(s) Vorjahr: (500)

Operative Umsatzrendite nach Steuern: 6,5% | b/(s) Budget: 1,5% | b/(s) Vorjahr: (3,5%)

Kapitalumschlag: 0,5 | b/(s) Budget: 0,0 | b/(s) Vorjahr: 0,2

Kapitalrendite: 3,3% | b/(s) Budget: 0,9% | b/(s) Vorjahr: (0,0%)

Hinweise: b: besser; (s): schlechter
b/(s) in % entspricht Prozentpunkten

Abb. 8: Key-Performance-Indikatoren (KPI) – fiktive Werte

Die zweite Phase *Standardisierung* zielte darauf ab, die Organisationen und Prozesse der Gesellschaften – unter Berücksichtigung der Standards im Volkswagen Konzern – schrittweise zusammenzuführen. Als besondere Herausforderung dieses Post-Merger-Integration-Prozesses erwies sich hierbei der Aufbau der KPI-Berichtsstruktur (vgl. Abbildung 8).

Da die finanzielle Steuerung weiterhin getrennt nach dem Produktions- und Vertriebsbereich erfolgt, sind KPI-Berichte u. a. auf Gesamtgesellschaftsebene, aber auch auf der Ebene der Divisionen Produktion und Vertrieb zu erstellen. Dabei besteht die große Herausforderung im Aufbau eines automatisierten Reportingtools auf Basis SAP FI-CO, das sämtliche Aggregationsebenen bedienen kann.

Im Rahmen der noch ausstehenden dritten Phase *Optimierung* werden die Organisationen im Sinne der kontinuierlichen Verbesserung fortlaufend auf den Prüfstand gestellt. Im Fokus stehen dabei die Optimierung der Geschäftsprozesse sowie die Realisierung der Synergien zwischen den Gesellschaften mit der Zielsetzung, die Kosten zu reduzieren und Prozesse zur verbessern, z. B. über gemeinsame Einkaufsaktivitäten.

Als Fazit bleibt festzuhalten, dass es sich bei einer derartigen Verschmelzung um einen komplizierten Prozess mit anspruchsvollen Managementherausforderungen handelt. Die damit verbundenen Anstrengungen lohnen sich, wenn am Ende eine effektive Organisation steht, die die Vertriebs- und Produktionsaktivitäten verbindet. Diese bietet durch effiziente Abläufe die Möglichkeit, innerhalb der Organisation schnell und effizient auf Kundenwünsche zu reagieren und dadurch die Wettbewerbsposition der »OOO Volkswagen Group RUS« zu stärken.

Literatur

Blohm, H. (1982), Berichtswesen, betriebliches, in: Management-Enzyklopädie, Band 1, 2. Aufl., München 1982, S. 866–876

Hahn, D./Hungenberg, H. (2001), PuK: Planung und Kontrolle, Planungs- und Kontrollsysteme, Planungs- und Kontrollrechnung – Wertorientierte Controllingkonzepte, 6. Aufl., Wiesbaden 2001

Horváth, P. (2008), Controlling, 11. Aufl., München 2008

Ossadnik, W. (2003), Controlling, 3. Aufl., München/Wien 2003

Rühli, E. (1989), Funktion der Planung, in: Szyperski, N. (Hrsg.), Handwörterbuch der Planung, Stuttgart 1989, Sp. 566–578

Thomeé, F./Höhn, S. (1974), Integrierte Planungsrechnung im Planungssystem der Volkswagenwerk AG, Wolfsburg, in: Hahn, D. (Hrsg.), Planungs- und Kontrollrechnung – PuK, Wiesbaden 1974

Wild, J. (1982), Grundlagen der Unternehmungsplanung, 4. Aufl., Opladen 1982

III. Steuerungsstrukturen und -werkzeuge

Controller in der Krise –
Aktuelle Benchmarks aus dem CFO-Panel

Jana Heimel/Dr. Uwe Michel/Holger Schmidt*

1 Einleitung

2 Mitarbeiterkapazitäten und Arbeitsbelastung im Controlling

3 Planung in turbulenten Zeiten
   3.1   Herausforderungen und Schwächen in der Planung
   3.2   Aktuelle Maßnahmen im Planungsprozess

4 Reporting als Krisen-Navigationsinstrument
   4.1   Herausforderungen und Schwächen im Reporting
   4.2   Aktuelle Maßnahmen im Reporting

5 Fazit

Literatur

---

* Jana Heimel, Consultant, Horváth & Partner GmbH, Stuttgart; Dr. Uwe Michel, Senior Partner, Leiter Competence Center Controlling und Finanzen, Horváth & Partner GmbH, Stuttgart; Holger Schmidt, Senior Project Manager, Horváth & Partner GmbH, Berlin.

1 Einleitung

Die momentane wirtschaftliche Situation vieler Unternehmen ist angespannt. Aufträge werden storniert, Umsätze brechen ein, Kapazitäten sind nicht ausgelastet, Zahlungsziele werden nicht eingehalten und Zahlungsausfälle nehmen zu. Die aktuelle Entwicklung stellt mit ihren Turbulenzen neue Herausforderungen an die Unternehmen, auf die sie entsprechend reagieren müssen.

Das Controlling als »ökonomisches Gewissen« eines Unternehmens spielt dabei eine wesentliche Rolle. Eine wichtige Aufgabe der Controller ist die Navigation des Unternehmens, d. h. das Schaffen von Ergebnis- und Finanztransparenz, verbunden mit betriebswirtschaftlicher Beratung aller Entscheidungsträger (vgl. *International Group of Controlling* 2005, S. VII).

Welche Anforderungen das Controlling zurzeit erfüllen muss und welche Veränderungen sich für den Controllingbereich selbst ergeben, soll der folgende Beitrag zeigen.

Aussagen und Darstellungen stützen sich auf das *Horváth & Partners CFO-Panel* und auf die *Horváth & Partners Ad-hoc-Studie* »Die Rolle des Finanzbereichs in turbulenten Zeiten«, die unter den Mitgliedern des *CFO-Panels* durchgeführt wurde. An der Umfrage beteiligten sich 75 leitende Verantwortliche aus dem Finanzbereich großer und mittlerer Unternehmen in Deutschland.

Das *Horváth & Partners CFO-Panel* ist ein Netzwerk von Führungskräften und Experten in den Bereichen Controlling, Accounting und Finance, das sich mit Best-Practice-Ansätzen und Benchmarks zur Organisation, Ressourcenausstattung, Prozessen, Systemen sowie Effektivität und Effizienz im Finanzbereich beschäftigt. In regelmäßigen *CFO-Panel*-Treffen werden aktuelle Trends und Entwicklungen im Finanzbereich diskutiert. Die Datenbank umfasst Daten aus mehr als 200 Unternehmen.

Das Controlling wird maßgeblich durch seine Mitarbeiter geprägt. Daher soll in einem ersten Schritt aufgezeigt werden, welchen Einfluss die aktuelle wirtschaftliche Situation auf die Controllingmitarbeiter hat. Im zweiten Schritt werden die Prozesse »Planung« und »Reporting« als zwei besonders bedeutende Themenfelder des Controllings vor dem Hintergrund der wirtschaftlich schwierigen Situation näher beleuchtet.

2 Mitarbeiterkapazitäten und Arbeitsbelastung im Controlling

Eine im *CFO-Panel* durchgeführte Längsschnittanalyse der Mitarbeiterkapazitäten im Controlling über die vergangenen fünf Jahre zeigt, dass diese seit geraumer Zeit in den Unternehmen ähnlich groß sind. Im Durchschnitt werden etwa zehn Controller pro 1.000 Mitarbeiter eines Unternehmens beschäftigt (vgl. *Michel/Esser* 2006, S. 2).

Wie wirkt sich nun die aktuelle Situation auf die Anzahl der Mitarbeiter im Controlling aus?

Die große Mehrheit der Unternehmen gibt in der *Ad-hoc-Studie* an, dass die Mitarbeiterkapazitäten im Controlling 2009 und 2010 nicht reduziert wurden bzw. werden. Eine Aufstockung ist in diesem Zeitraum allerdings auch nicht geplant (vgl. Abbildung 1).

Wirkt sich die momentane Marktsituation auf die Mitarbeiterkapazitäten im Controlling aus?

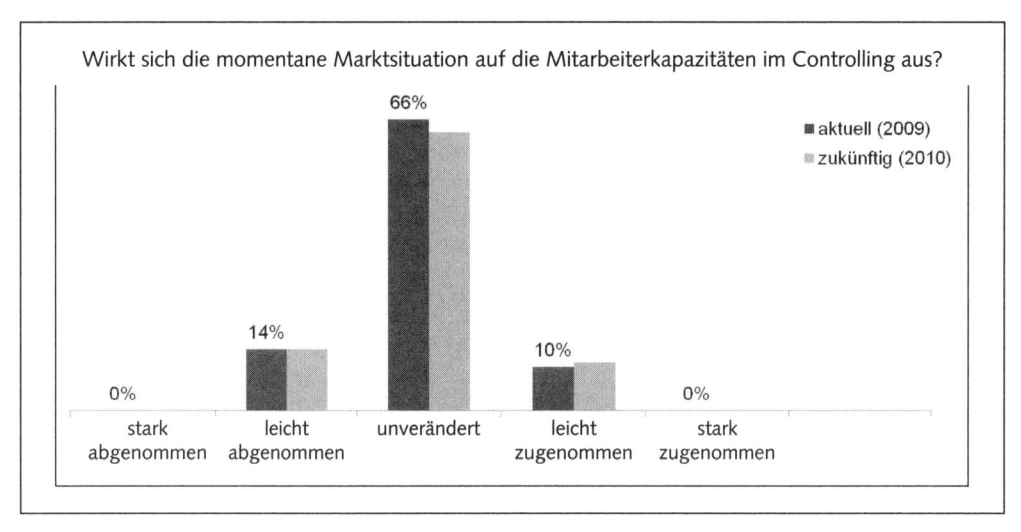

- stark abgenommen: 0%
- leicht abgenommen: 14%
- unverändert: 66%
- leicht zugenommen: 10%
- stark zugenommen: 0%

(aktuell (2009) / zukünftig (2010))

Abb. 1: Aktuelle und erwartete Mitarbeiterkapazität im Controlling (Quelle: *Horváth & Partners CFO-Panel Ad-hoc-Studie* 2009)

D. h. im Gegensatz zu Mitarbeitern in anderen Unternehmensbereichen wie etwa in der Produktion, denen tendenziell Kurzarbeit oder im schlimmsten Fall die Kündigung drohen, brauchen sich Controller offenbar mittelfristig wenig um ihren Job zu sorgen.

Denn bekanntlich implizieren schlechte Zeiten für das Unternehmen gute Zeiten – im Sinne von viel Arbeit – für das Controlling. Das bestätigt auch die *Ad-hoc-Studie* von *Horváth & Partners*. Knapp drei Viertel der befragten Unternehmen gibt an, dass die Arbeitsbelastung im Controlling zugenommen hat und sich auch im nächsten Jahr auf diesem Niveau einpendeln wird (vgl. Abbildung 2).

Ein entscheidender Grund für das Halten der Mitarbeiterkapazität im Controlling scheint also die aktuell gestiegene Arbeitsbelastung zu sein. Ein weiterer Grund liegt möglicherweise auch in der Gefahr, qualifiziertes Personal und vor allem Know-how im Controlling zu verlieren und dieses dann in besseren Zeiten wieder teuer »einkaufen« zu müssen. Denn qualifizierte Controller sind gemäß der Ergebnisse aus dem *CFO-Panel* nur schwer zu finden. Deutlich mehr als die Hälfte (60 %) der *CFO-Panel*-Unternehmen beklagen, dass eingehende Bewerberprofile für Stellenausschreibungen im Controlling nicht den gesuchten Anforderungen entsprechen.

Die Ergebnisse der Ad-hoc-Umfrage von *Horváth & Partners* bestätigen, was viele Experten bereits vermutet haben: Das Controlling ist gerade in Krisenzeiten gefragt. Dies zeigt sich in einer gleichbleibenden Mitarbeiterausstattung und der gestiegenen Arbeitsbelastung.

Woher kommt nun die gestiegene Arbeitsbelastung, d. h. welche Controllingleistungen werden verstärkt nachgefragt? Abbildung 3 zeigt, dass alle Controllingthemen intensiver wahrgenommen werden und sich dies auch 2010 voraussichtlich nicht entscheidend ändern wird. Planung und Reporting treten aus dem gesamten Aufgabenspektrum besonders hervor. An diesen beiden Themen wird bei mehr als der Hälfte der Teilnehmer

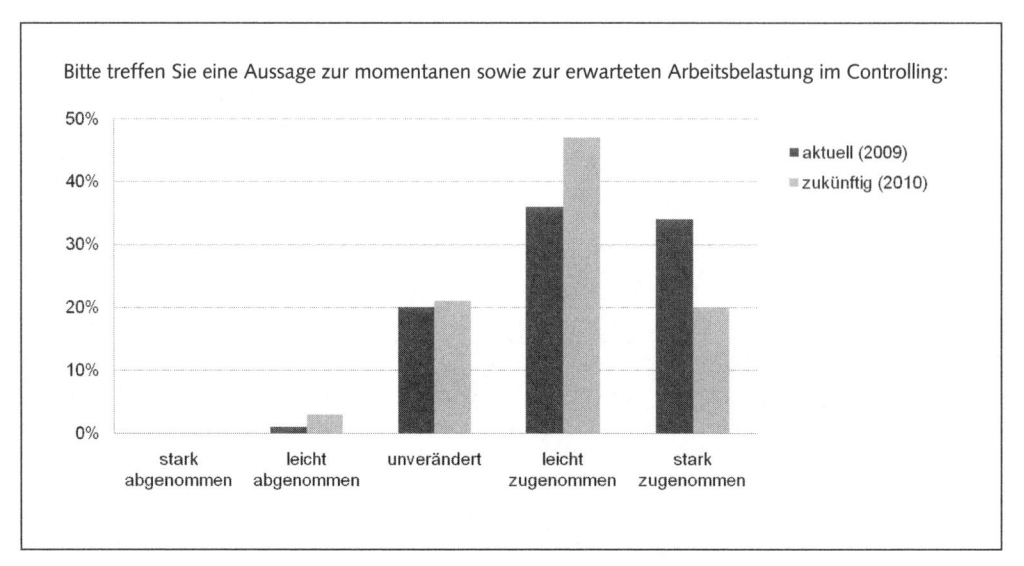

Abb. 2: Aktuelle und erwartete Auslastung im Controlling (Quelle: *Horváth & Partners CFO-Panel Ad-hoc-Studie* 2009)

der *Ad-hoc-Studie* intensiver als sonst gearbeitet. Dies ist im Hinblick auf die Arbeitsbelastung insbesondere deshalb von Bedeutung, weil Planung und Reporting bereits in »normalen Zeiten« ca. 40 % der Controllingkapazitäten binden.

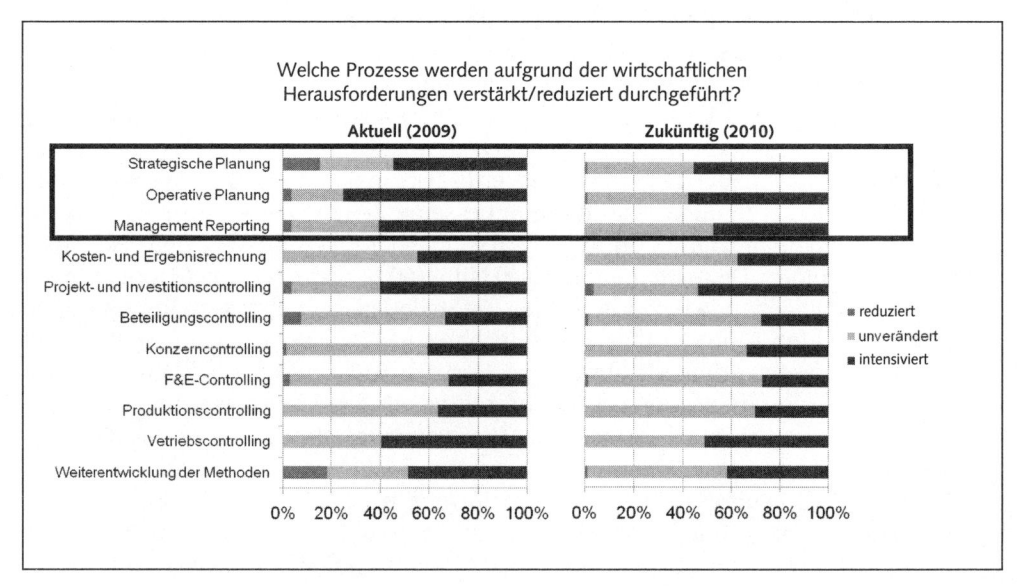

Abb. 3: Veränderte Intensität der Durchführung von Controllingprozessen in der aktuellen Krisensituation (Quelle: *Horváth & Partners CFO-Panel Ad-hoc-Studie* 2009)

Es stellt sich nun die Frage, was konkret Gegenstand der intensiveren Bearbeitung ist und ob das Controlling im Rahmen der gestiegenen Arbeitsbelastung auch die Anforderungen an seine Leistungen erfüllt. Das soll für die Prozesse Planung und Reporting im Folgenden näher beleuchtet werden.

3 Planung in turbulenten Zeiten

Ein wichtiges Steuerungsinstrument für Unternehmen – sowohl in wirtschaftlich guten als auch schlechten Zeiten – ist die Planung. Sie soll einerseits ambitionierte und zugleich realistische Ziele stecken, um vorhandene Potenziale voll auszuschöpfen, andererseits aber auch Risiken frühzeitig erkennen und das Unternehmen vor diesen bewahren. Eine gute Planung ist daher das »A und O« sowohl für die kurz- als auch langfristige Steuerung und damit für die Existenz des Unternehmens (vgl. *Horváth* 2008, S. 141 ff.).

Gerade in turbulenten Zeiten mit wirtschaftlichen Einbrüchen und unsicherer Zukunft muss die Planung diese Anforderungen erfüllen. Dafür ist Flexibilität notwendig, um schnell geänderte Prämissen und Umweltbedingungen abbilden und kurzfristige krisenbedingte Entscheidungen unterstützen zu können, am besten noch mit verschiedenen Szenarien. Gleichzeitig sollte sich der Blick bereits jetzt auf die Zeit nach der Krise richten, um gut gewappnet in den nächsten Aufschwung ziehen zu können.

3.1 Herausforderungen und Schwächen in der Planung

Benchmarks aus dem *CFO-Panel* zeigen, dass bei einem Großteil der Unternehmen die zuvor genannten Punkte nur teilweise erfüllt werden. Wesentliche Schwächen in der Planung betreffen:
- Planungsdauer
- Detaillierungsgrad
- Zukunftsorientierung
- Integration der operativen und strategischen Planung

Gemäß den Ergebnissen aus dem *CFO-Panel* erstreckt sich die Planung über einen Zeitraum von durchschnittlich vier Monaten (vgl. Abbildung 4). In Anbetracht sich schnell verändernder Umfeldbedingungen ist ein derart langer Planungsprozess nicht gerade förderlich, da die Pläne zum Zeitpunkt ihres Inkrafttretens bereits Makulatur sind. So berichten eine Reihe von Unternehmen des *CFO-Panels*, dass die ursprünglichen Pläne für das Geschäftsjahr 2009 bereits im Herbst 2008 verworfen wurden. Neue Planungen für 2009 waren zum Jahreswechsel 2008/2009 bereits nicht mehr relevant. Deswegen wurden von den Unternehmen teilweise zu Beginn des Jahres 2009 sehr einfache und robuste Pläne schnell erarbeitet, die nun in kurzen Abständen einem Review und bedarfsweise einer Anpassung unterzogen werden. Die Planungsdauer wird unter anderem durch das zu Grunde liegende Planungsverfahren bestimmt. Das Gros der Unternehmen plant mit Hilfe des Gegenstromverfahrens und etwa ein Drittel gemäß des Bottom-up-Prinzips. Besteht bei diesen Verfahren einerseits ein hoher Konsens unter den Beteiligten über die Planungsergebnisse, erfordern sie andererseits mehr Abstimmungsaufwand und infolgedessen mehr Zeit. Durch eine reine Top-down-Planung kann die Planungsdauer verkürzt werden (vgl. *Benkendorff* 2008).

Ein weiterer Faktor, der sich unweigerlich auf den ersten Punkt »Geschwindigkeit« auswirkt, ist der Detaillierungsgrad von Plänen. In vielen Unternehmen beinhalten die Pläne Hunderte von Planungspositionen, hinter denen sich im Sinne der »Materialität« zum großen Teil nur kleine Beträge verbergen. Auch in der Planung sollte das 80-20-Prinzip angewandt werden, damit der Nutzen der Planerstellung den Aufwand überwiegt. Allerdings bestätigen Zahlen aus dem *CFO-Panel* und Controller selbst, dass der Detaillierungsgrad der Pläne oftmals zu Lasten der Planungsdauer geht.

Ein zu langer Planungsprozess einhergehend mit zu detaillierten Plänen macht die Planung selbst in vielen Unternehmen »träge«. Dabei ist eine schnelle und einfache, ergo flexible Planung gerade in der jetzigen Zeit gefragt. Mit einer flexiblen Planung kann gerade in turbulenten Zeiten auch die Flexibilität des Unternehmens erhöht werden.

Diese mangelnde Flexibilität zeigt sich auch in den bei den meisten Unternehmen an das Geschäftsjahresende gekoppelten Forecasts. Fehlende Prognosen über das Geschäftsjahr hinaus führen zu Informations- und Bewusstseinsmangel für wirtschaftliche Entwicklungen und Risiken und machen das Unternehmen für diesen Zeitraum »unbeweglich«. Rollierende Forecasts, die über das Geschäftsjahresende hinaus blicken, können frühzeitig über unvorhergesehene Veränderungen informieren und so das Unternehmen vor Überraschungen warnen (vgl. *Leyk* 2006, S. 117 f.).

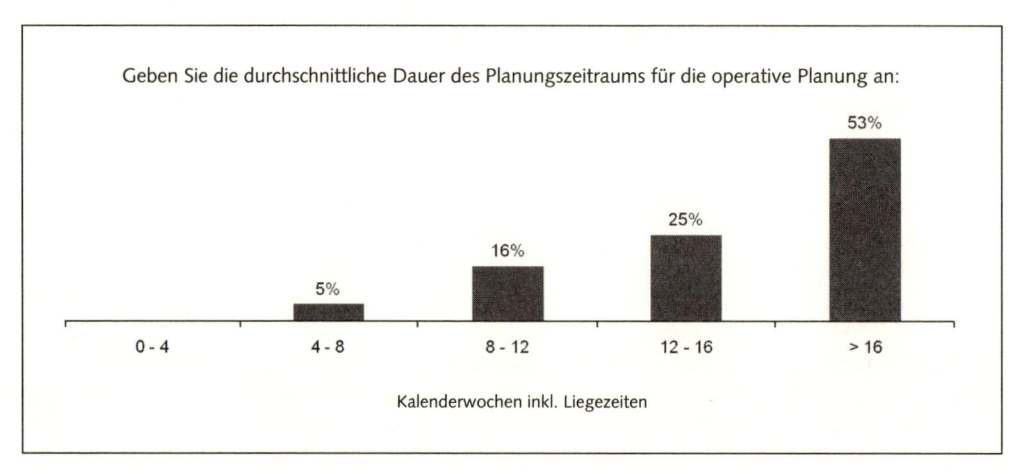

Abb. 4: Planungsdauer (Quelle: *Horváth & Partners CFO-Panel* 2008)

Ein weiteres Manko in der Planung, das nicht zuletzt auch Unternehmen in ihrer Flexibilität einschränkt, liegt darin, dass Pläne oftmals ausschließlich auf Daten aus der Vergangenheit basieren, ohne zukünftig zu erwartende (externe Markt-)Werte einzubeziehen. Doch erst durch den Einbezug von Zukunftsinformationen können Unternehmen mögliche Extremereignisse, die es in allen Marktphasen gibt, und unterschiedliche Zukunftsszenarien darstellen und sich durch alternative Planansätze darauf vorbereiten (vgl. *Leyk* 2006, S. 124).

Die wohl größte Schwierigkeit bereitet den Unternehmen die Verknüpfung der strategischen mit der operativen Planung. Es gilt dabei, immer in zwei Richtungen zu denken: von der Strategie zur operativen Umsetzung und umgekehrt (vgl. *Kopp/Leyk* 2006, S. 13). Wie Ergebnisse des *CFO-Panels* zeigen, verlaufen strategische Managementprozesse oft im Sande. Zwar besteht größtenteils Einigkeit, dass die strategische Planung ein jährlich stattfindender Prozess ist, aber mehr als zwei Drittel geben zu, dass die Ziele für das folgende Jahr nicht konsequent – zum Beispiel mittels einer Balanced Scorecard oder eines Maßnahmencontrollings – verfolgt werden. Nicht einmal jedes fünfte Unternehmen ist mit der Verfolgung des Fortschritts seiner Strategierealisierung anhand von Messgrößen (vollständig) zufrieden. So ist nicht auszuschließen, dass Anzeichen der Krise in manchen Unternehmen durchaus auf dem strategischen Radar waren, dann aber keinen Eingang in die operative Planung gefunden haben.

Die für strategisches Lernen unabdingbare Verknüpfung der operativen Umsetzung mit der Strategie kommt ebenfalls in vielen Fällen zu kurz. Nahezu alle Unternehmen des *CFO-Panels* messen dem Feedback aus der operativen Unternehmenssteuerung in die Langfristperspektive eine hohe Bedeutung zu, aber bei der Hälfte der Unternehmen existiert dieser Feedback-Prozess nicht. Dabei gilt es nicht nur aus Fehlern für die Zukunft zu lernen, sondern das Management rechtzeitig über Abweichungen und Prämissenänderungen zu informieren, damit dieses entsprechende Maßnahmen einleiten bzw. die strategische Planung anpassen kann. Außerdem kann gerade durch so gravierende Einbrüche, wie sie die Unternehmen zurzeit erfahren, die Art und Weise der Planung grundsätzlich in Frage gestellt werden. Signifikante Veränderungen des Planungsprozesses oder Innovationen bei den Planungsinstrumenten könnten initiiert werden.

Das »Double Loop Learning« (vgl. *Kaplan/Norton* 2001, S. 243 f.) ist gerade in so intensiven Krisenphasen besonders wichtig.

Die aktuellen Schwachstellen der Planung spiegeln sich auch ein Stück weit im nicht rechtzeitigen Erkennen der aktuellen Lage wider. Bei einer Befragung im Rahmen des *CFO-Panels* im Jahr 2009 ergab sich das in Abbildung 5 dargestellte Ergebnis.

Damit wird sehr deutlich, dass die Planung der am Anfang des Kapitels genannten Aufgabe »Existenzsicherung des Unternehmens« nur unzureichend nachgekommen ist. Dass die Unternehmen bestrebt sind, den genannten Schwächen in der Planung aktuell zu begegnen, zeigen die im nächsten Abschnitt dargestellten Ergebnisse der *Ad-hoc-Studie* von *Horváth & Partners*.

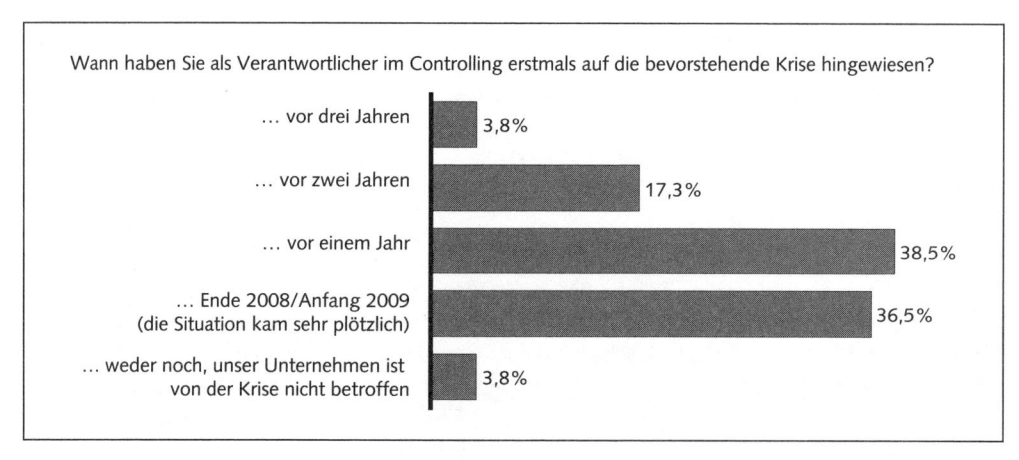

Wann haben Sie als Verantwortlicher im Controlling erstmals auf die bevorstehende Krise hingewiesen?

- ... vor drei Jahren: 3,8%
- ... vor zwei Jahren: 17,3%
- ... vor einem Jahr: 38,5%
- ... Ende 2008/Anfang 2009 (die Situation kam sehr plötzlich): 36,5%
- ... weder noch, unser Unternehmen ist von der Krise nicht betroffen: 3,8%

Abb. 5: Prognose der Krise aus Sicht des Controllings (Quelle: *Horváth & Partners CFO-Panel* 2009)

3.2 Aktuelle Maßnahmen im Planungsprozess

Würden die Unternehmen diesen Prozess besser beherrschen, sollte es ihnen möglich sein, Krisensituationen besser zu umschiffen. Es ist daher nicht auszuschließen, dass bei vielen der in eine wirtschaftliche Schieflage geratenen Unternehmen die oben skizzierten Schwachstellen in der Planung einen Teil zu ihrer verschlechterten Situation beigetragen haben. Nicht umsonst gestalten viele Unternehmen gemäß den Ergebnissen der *Ad-hoc-Studie* ihre Planung nun anders. Diese Unternehmen haben offensichtlich erkannt, dass die Planung den Anforderungen eines turbulenten Umfeldes genügen muss. Daher nehmen sie insbesondere Änderungen am Inhalt von Planung und Forecast als auch an der Forecast-Frequenz vor (vgl. Abbildung 6).

Auf die Frage, wie Änderungen in der Gestaltung der Planung konkret aussehen, kristallisieren sich folgende Schwerpunkte heraus:

- Liquidität und Kosten werden detaillierter betrachtet.
- Unternehmen sind bemüht, realistischer zu planen und Pläne »robuster« zu machen.
- Der verstärkte Einsatz von Simulationsrechnungen – in denen u. a. Marktprognosen stärker berücksichtigt werden – ist ein Thema.
- Weiterhin werden nun öfters verschiedene Szenarien geplant, um unterschiedliche Zustände der Zukunft zu durchdenken und mit entsprechenden Maßnahmen und Eventualplänen unterlegen zu können.
- Der Vereinfachung und Verschlankung von Planungsinhalten im Sinne von Verzicht auf unwesentliche Details zu Gunsten von mehr krisenrelevanten Informationen wird verstärkt nachgegangen, um flexibler auf (plötzliche) Veränderungen reagieren zu können.
- Bei Forecasts wird der Detaillierungsgrad erweitert, insbesondere bezüglich Liquidität und Kosten. Aber auch Personalzahlen, Investitionen und Umsatzzahlen werden stärker betrachtet.

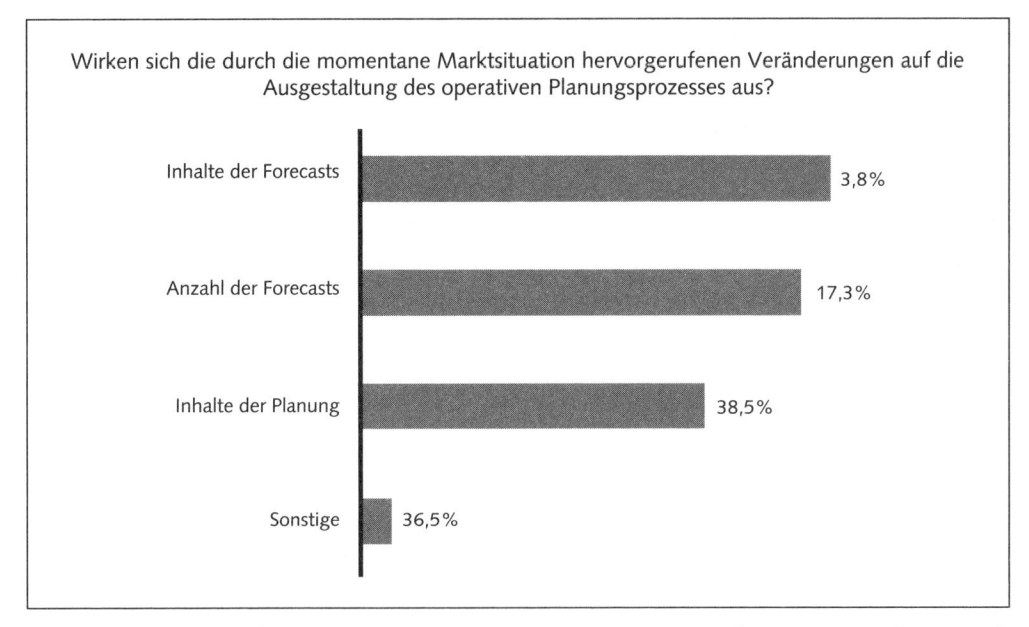

Wirken sich die durch die momentane Marktsituation hervorgerufenen Veränderungen auf die Ausgestaltung des operativen Planungsprozesses aus?

- Inhalte der Forecasts: 3,8 %
- Anzahl der Forecasts: 17,3 %
- Inhalte der Planung: 38,5 %
- Sonstige: 36,5 %

Abb. 6: Einfluss der Wirtschaftskrise auf die Gestaltung von Planung und Forecasts (Quelle: *Horváth & Partners CFO-Panel Ad-hoc-Studie* 2009)

- Weiterhin wird die Anzahl der Forecasts erhöht, vielfach werden Forecasts nun auch ad hoc durchgeführt.

Eine signifikante Verkürzung der Planungsdauer selbst sowie eine Veränderung des Forecasts in Richtung rollierender Forecast sind jedoch nicht zu beobachten. Die Ergebnisse zeigen, dass Unternehmen bestrebt sind, die Planung – insbesondere hinsichtlich der Häufigkeit von Forecasts und Zukunftsorientierung – anzupassen. Um jedoch die in Abschnitt 3.1 aufgezeigten Schwachstellen zu beseitigen, sind weitere Anstrengungen notwendig.

4 Reporting als Krisen-Navigationsinstrument

Die Funktion des Reportings, entscheidungsrelevante Informationen zur Steuerung des Unternehmens zu liefern und Auslöser für Entscheidungen und Maßnahmen zu sein, macht es zu einem zentralen Instrument des Controllings. Um diesem (Steuerungs-) Zweck gerecht zu werden, muss das Reporting Informationen aufbereiten und diese entsprechend den Anforderungen der Entscheidungsträger bereitstellen (vgl. *Horváth* 2008, S. 17ff.).

Welche konkreten Anforderungen das für das interne Berichtswesen bedeutet und wie die Unternehmen diese versuchen zu befriedigen, soll im Folgenden – ebenso basierend auf den im Rahmen des *CFO-Panels* erhobenen Daten – gezeigt werden.

4.1 Herausforderungen und Schwächen im Reporting

Dass sich das Berichtswesen immer mehr vom reinen Zahlen- und Informationslieferanten zu einem wichtigen Instrumentarium für die Steuerung der Performance entwickelt, ist schon seit langem kein Geheimnis und das zeigen auch die Ergebnisse aus dem *CFO-Panel*. So geben nahezu alle befragten Unternehmen aus unterschiedlichen Branchen übereinstimmend an, dass das Berichtswesen einerseits Informationen für die Entscheidungsfindung liefert und andererseits konkrete Handlungsfelder adressiert. Allerdings sind die bloße Feststellung von Fakten durch das Reporting einerseits und daraus resultierende Maßnahmen zur Gegensteuerung andererseits zwei unterschiedliche Dinge. Auf die in Reports dokumentierten Abweichungen wird in vielen Unternehmen nur mangelhaft reagiert. Was jedoch ist der Mehrwert, wenn wichtige steuerungsrelevante Informationen diagnostiziert, aber keine entsprechenden Handlungen initiiert werden? In nicht einmal jedem zweiten der befragten Unternehmen werden erforderliche Gegenmaßnahmen geschweige denn Wirkungsanalysen in die Wege geleitet. Dabei erfordern es gerade wirtschaftlich turbulente Zeiten, auf Abweichungen schnell zu reagieren, um die Verfolgung strategischer und operativer Ziele konsequent sicherzustellen.

Warum aber bleibt in vielen Unternehmen das Reporting auf halbem Wege stehen? Die Betrachtung der Verteilung von Ressourcen innerhalb des Reportingprozesses liefert einen möglichen Hinweis: Abbildung 7 zeigt, dass vergleichsweise mehr Aufwand für die Basistätigkeiten im Berichtsprozess als für die wirklich steuernden Aktivitäten investiert wird. Allein die Berichtserstellung nimmt mit knapp 40 % den größten Ressourcenblock in Anspruch, weitere 25 % fließen in Plausibilisierung und Abweichungsanalyse. Für die wichtigen Prozessschritte Berichtskommentierung, Berichtsgespräche, Unterstützung bei der Entscheidungsfindung und dem Einleiten von Maßnahmen bleibt im Vergleich dazu wenig Zeit.

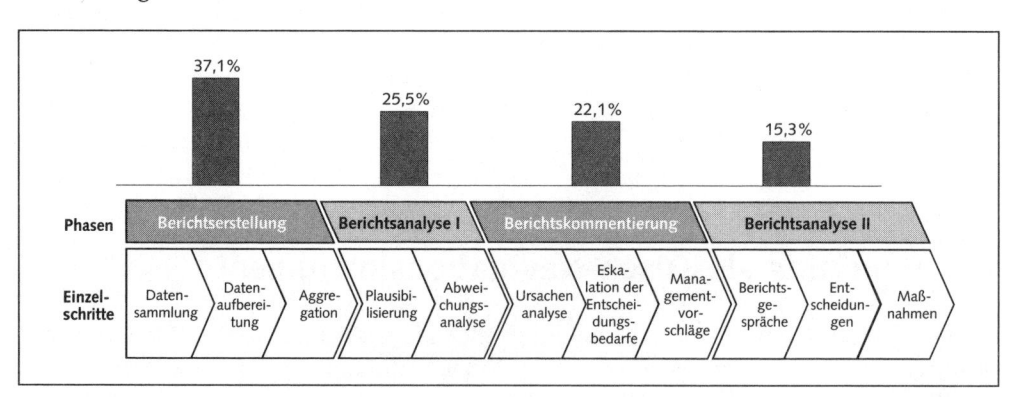

Abb. 7: Verteilung der Ressourcen auf Teilprozesse im Reporting (Quelle: *Horváth & Partners CFO-Panel* 2008)

Dass das Reporting seiner Steuerungsfunktion in vielen Fällen nur unzureichend gerecht wird, spiegelt sich laut *CFO-Panel* auch in der Unzufriedenheit des Managements mit den Berichten wider. Zwar besteht mehrheitlich Zufriedenheit mit dem Berichtswesen hinsichtlich Übersichtlichkeit und Verständlichkeit, aber in vielen Fällen geht ein zu hoher Detaillierungsgrad eindeutig zu Lasten der Berichtsqualität. Sogar Controller selbst beklagen mangelnde inhaltliche Fokussierung und Effektivität der Berichte: Feedback-Schleifen sowie die Unterstützung des Managements bei der Eskalation von Entscheidungsbedarfen kommen zu kurz. Auch die Qualität des Kommentarteils lässt oftmals zu wünschen übrig.

Ähnlich wie in der Planung enthalten bei etwa 40 % der Unternehmen die Berichte keine zukunftsorientierten Informationen und Frühindikatoren. Ebenso ist es um die Abbildung nicht finanzieller Kennzahlen bestellt. Dabei handelt es sich um zwei essenzielle Faktoren, die für die Sicherstellung der nachhaltigen Performance des Unternehmens unabdingbar sind. Denn nur wenn Berichte genaue – im Sinne von möglichst realitätsgetreu – und über die Finanzperspektive hinausreichende Informationen mit ausreichendem Blick in die Zukunft wiedergeben, kann eine ganzheitliche Grundlage für die Entscheidungsfähigkeit des Managements sichergestellt werden (vgl. *Horváth* 2008, S. 26 ff.).

Kritischster Erfolgsfaktor des Reportings ist die Geschwindigkeit der Bereitstellung managementtauglicher Informationen (vgl. *Horváth* 2008, S. 36 ff.). Eine hohe Aktualität von Berichten, speziell Monatsberichten, ist entscheidend für ihre Akzeptanz und Nutzung durch die empfangenden Entscheidungsträger. Je langsamer sie aktuell benötigte Informationen erhalten, desto eher neigen sie zum Aufbau paralleler, informeller und individueller Kommunikations- und Informationswege. Gerade im Rahmen komplexer wirtschaftlicher Umweltbedingungen benötigt das Management für Steuerungszwecke aktuelle Plan- und Ist-Informationen sowie Prognosen (vgl. *Horváth* 2008, S. 22). Gerade in solchen Zeiten müssen Managementinformationen schnell verfügbar gemacht werden, damit erforderliche Maßnahmen, die der derzeitigen Konjunkturlage entgegenwirken, rechtzeitig eingeleitet werden können. Von entsprechend großer Bedeutung ist die Bereitstellung aktueller und flexibler *Ad-hoc-Reports*. Gemäß den Ergebnissen aus dem *CFO-Panel* zeigt sich allerdings, dass Unternehmen dreimal so viel Zeit für die Ausarbeitung von Standardberichten wie für *Ad-hoc-Reports* aufbringen. Gerade einmal etwa jedes zehnte der befragten Unternehmen investiert mehr Zeit für das *Ad-hoc-Reporting*. Nach eigenen Angaben mangelt es den Controllern hierfür einfach an Zeit.

Im Folgenden wird basierend auf den Ergebnissen der *Ad-hoc-Studie* dargestellt, wie Unternehmen in der derzeitigen Krisensituation ihr Berichtswesen gestalten.

4.2 Aktuelle Maßnahmen im Reporting

Abbildung 3 war entnehmbar, dass gut 55 % der befragten Unternehmen zurzeit dem Reporting eine erhöhte Aufmerksamkeit widmen. Ca. 40 % geben an, inhaltliche Änderungen an den Berichten vor dem Hintergrund der aktuellen Krise vorgenommen zu haben (vgl. Abbildung 8).

Folgende Maßnahmen werden im Reporting in der aktuellen Krisensituation ergriffen:
- Grundsätzlich werden mehr liquiditätsorientierte Informationen bereitgestellt.
- Zudem wird in Berichtsanalysen sowie -kommentierungen bis hin zum Maßnahmencontrolling mehr Zeit investiert.
- In vielen Unternehmen werden zudem verstärkt Sonderberichte generiert, die zusätzlich zu den Standardberichten vom Management angefragt werden.

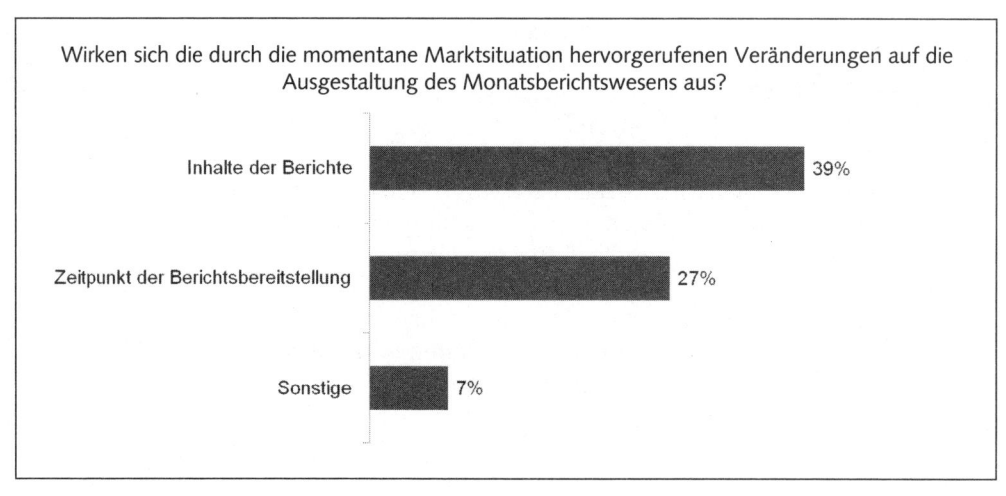

Abb. 8: Einfluss der Wirtschaftskrise auf die Gestaltung und Bereitstellung von Berichten (Quelle: *Horváth & Partners CFO-Panel Ad-hoc-Studie* 2009)

- Diejenigen, die an der Berichtszeit gearbeitet haben, lassen sich in zwei Gruppen einteilen. Der größere Teil der Betroffenen stellt Berichte früher zur Verfügung. Frühere Abgabetermine sind in diesen Fällen noch stärker an Teammeetings des Top-Managements orientiert. Die zweite Gruppe, vornehmlich der produzierenden Industrie angehörig, wiederum gibt an, dass Reports teilweise längere »Durchlaufzeiten« haben und damit auch erst später zur Verfügung stehen.

Die Ergebnisse zeigen, dass das Controlling zurzeit daran arbeitet, das Reporting stärker auf die krisenbedingten Bedürfnisse des Managements auszurichten. Insbesondere werden die Berichtsinhalte und die Qualität der Kommentierung angepasst. Weiterhin werden verstärkt Maßnahmenvorschläge unterbreitet. Parallel dazu werden die Berichte früher zur Verfügung gestellt und das Ad-hoc-Berichtswesen ausgeweitet.

Damit werden wichtige Schritt in Richtung Verbesserung des Reportings unternommen, denn dieses gibt Handlungsempfehlungen, die einerseits den Berichtsersteller zum wichtigen Diskussionspartner des Managements machen und andererseits einen echten Mehrwert für das Unternehmen generieren können (vgl. *Horváth* 2008, S. 21 f.).

Es stellt sich die Frage, ob frühzeitige Hinweise auf mögliche Negativereignisse oder Krisen, z.B. durch ein entsprechendes Reporting, auch wirklich die erhofften Entscheidungen und Konsequenzen nach sich ziehen. Die Ergebnisse der Befragung im Rahmen des *CFO-Panels* zeigen eher das Gegenteil: Selbst wenn Controller frühzeitig vor der Krise gewarnt hätten, hätte das nach deren Einschätzung relativ wenig bewirkt. Der Großteil meint, dass entsprechende Gegenmaßnahmen früher nicht durchsetzbar gewesen oder aber frühzeitigere Warnungen von der Geschäftsführung bzw. dem Vorstand nicht ernst genommen worden wären (vgl. Abbildung 9). An dieser Stelle stoßen wir offenbar an verhaltensorientierte Aspekte des Controllings. Die Informationen des Reportings landen unter Umständen nicht immer bei einem rational denkenden und handelnden »Homo oeconomicus«. Das Bewerten, Entscheiden und Handeln von Managern wird möglicherweise auch von Faktoren beeinflusst, die durch das Reporting noch nicht berücksichtigt werden.

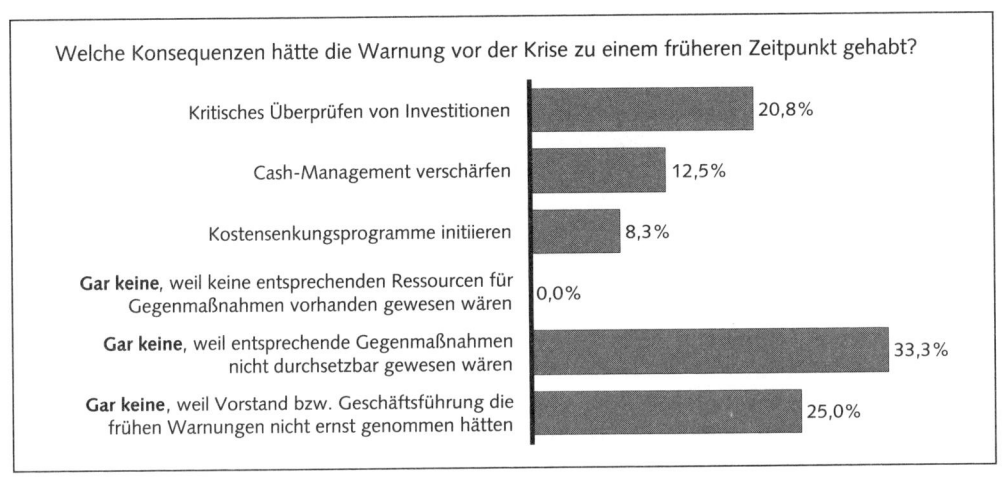

Welche Konsequenzen hätte die Warnung vor der Krise zu einem früheren Zeitpunkt gehabt?

- Kritisches Überprüfen von Investitionen: 20,8 %
- Cash-Management verschärfen: 12,5 %
- Kostensenkungsprogramme initiieren: 8,3 %
- Gar keine, weil keine entsprechenden Ressourcen für Gegenmaßnahmen vorhanden gewesen wären: 0,0 %
- Gar keine, weil entsprechende Gegenmaßnahmen nicht durchsetzbar gewesen wären: 33,3 %
- Gar keine, weil Vorstand bzw. Geschäftsführung die frühen Warnungen nicht ernst genommen hätten: 25,0 %

Abb. 9: Konsequenzen aus früherer Erkenntnis der Krise (Quelle: TED-Umfrage, 12. *CFO-Panel*-Treffen)

5 Fazit

Es wurde gezeigt, welchen Herausforderungen das Controlling in der aktuellen Krisensituation gegenübersteht. Entsprechend den Ergebnissen der *Ad-hoc-Studie* »Der Finanzbereich in turbulenten Zeiten« kommt nahezu allen Bereichen des Controllings eine intensivierte Betrachtung zu. Die Themenfelder Planung und Reporting erfahren die stärksten Veränderungen. Interessanterweise handelt es sich bei den initiierten Maßnahmen um Gestaltungsänderungen, die gemäß langjährigen *CFO-Panel*-Benchmarks bereits seit geraumer Zeit hätten eingeleitet werden sollen. Augenscheinlich fallen dem Controllerbereich seit längerem bekannte Schwächen jetzt buchstäblich auf die Füße. Erst die Krisenzeit zwingt die Unternehmen zum Umdenken und fordert das Controlling heraus, den Schwächen zu begegnen, indem jahrelang bekannte und erforderliche Gestaltungsänderungen angestoßen werden.

Literatur

Benkendorff, W.-G. (2008), Planungssysteme wirksam anpassen, in: Scorecard, das Themenmagazin für Führungskräfte, Dezember 2008, S. 16–17

Brenner, M./Leyk, J. (2006), Rollierender Forecast und rollierende Planung, in: Horváth & Partners (Hrsg.), Beyond Budgeting umsetzen, Erfolgreich planen mit Advanced Budgeting, Stuttgart 2006, S. 101–121

Horváth & Partners CFO-Panel Ad-hoc-Studie (2009), Die Rolle des Finanzbereichs in turbulenten Zeiten, Online-Umfrage Mai 2009

Horváth & Partners CFO-Panel (2008), www.horvath-partners.com. Das CFO-Panel ist ein Netzwerk von Führungskräften des Finance-Bereichs. In einer auf Basis eines einheitlichen Prozessmodells und standardisierten Fragebogens durchgeführten jährlichen Benchmarkerhebung bei den derzeit über 200 Mitgliedsunternehmen findet eine Aktualisierung der Benchmark-Datenbank zu allen Prozessen des Finance-Bereichs statt.

Horváth, P. (2008), Grundlagen des Management Reportings, in: Gleich, R./Horváth, P./Michel, U. (Hrsg.), Management Reporting, München 2008, S. 15–42

Horváth, P. (2008), Controlling, 11. Aufl., München 2008

International Group of Controlling (Hrsg.) (2005), Controller-Wörterbuch, 3. Aufl., Stuttgart 2005

Kaplan, R. S./Norton, D. P. (2001), Die strategiefokussierte Organisation, Führen mit der Balanced Scorecard, Stuttgart 2001; aus dem Amerikanischen von Horváth, P.

Kopp, J./Leyk, J. (2006), Effizient und effektiv planen und budgetieren, in: Horváth & Partners (Hrsg.), Beyond Budgeting umsetzen, Erfolgreich planen mit Advanced Budgeting, Stuttgart 2006, S. 2–3

Leyk, J. (2006), Rollierender Forecast, Aufwand senken und Ziele erreichen, in: Controlling-Berater, Heft 1, 2006, S. 111–124

Michel, U./Esser, J (2006), Wohin entwickelt sich der Finanzvorstand?, in: Frankfurter Allgemeine Zeitung vom 27.02.2006

Verbesserung von strategischer Planung, Budgetierung und Reporting mit Hilfe von Strategy Map und Balanced Scorecard

Thomas Spitzenpfeil*

1 Einleitung

2 Fehlender Strategiebezug von Planung und Reporting – nichts Ungewöhnliches

3 Strategische Planung, Budget und Reporting in der Zumtobel Gruppe

4 Überwindung der Organisations- und Prozessprobleme
    4.1 Strategy Map und Balanced Scorecard
    4.2 Integrierter Planungsablauf
    4.3 Prozessverkürzung
    4.4 Überwindung des Kohärenzproblems
    4.5 Kommunikation zur Überwindung fehlender Kenntnis der Strategie
    4.6 Neugestaltung des Reportings

5 Exkurs und Resümee: Strategy Map, BSC und Budgetierung in Zeiten der Finanzkrise

Literatur

---

* Thomas Spitzenpfeil, Finanzvorstand, Zumtobel AG, Dornbirn, Österreich.

1 Einleitung

In der Praxis gehen die Begriffe Unternehmensziele und Strategie teilweise fließend ineinander über. Auch der Begriff Planung kann durchaus schillernd sein und umfasst je nach unternehmerischem Kontext die strategische Planung, die Mittelfristplanung oder das Budget. Ebenso ist Reporting kein klar umrissener Begriff. Seine Bedeutung reicht von einer monatlichen Bilanz und GuV bis hin zu einem umfassenden Performance-Reporting.

Die vage Begrifflichkeit wird in der Praxis nicht selten von einem Führungsprozess begleitet, der vom Idealbild deutlich abweicht. Abbildung 1 stellt einen idealisierten Prozess der Wirklichkeit gegenüber. Zudem soll nachfolgend knapp ein Überblick über die wesentlichen Begriffe und deren Zusammenhänge gegeben werden.

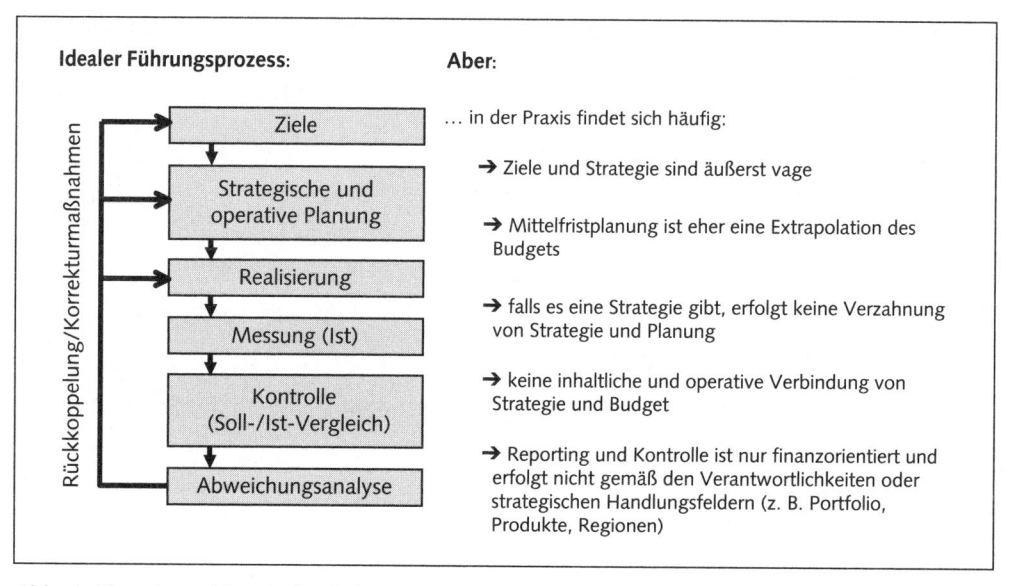

Abb. 1: Theorie und Praxis des Führungsprozesses

Unternehmensziele sind Maßstäbe, an denen unternehmerisches Handeln gemessen wird. Sie sind damit die Basis zur Bewertung und Unterscheidungen von unternehmerischen Aktionen. Diese Ziele können sehr unterschiedlicher Natur sein. Die Ziele spiegeln die Einstellungen und Erwartungen unterschiedlicher Entscheidungsträger im oder im Umfeld des Unternehmen wider. Sie sind auch immer ein Reflex der real gegebenen Machtverhältnisse im Unternehmen. Es lassen sich dabei in Anlehnung an den Stakeholder-Ansatz drei Zielkategorien definieren (vgl. Tabelle 1).

Für die Zwecke einer schlüssigen Unternehmenssteuerung sollten die Ziele des Unternehmens nicht implizit und vage, sondern klar formuliert sein und regelmäßig überprüft werden. Klarheit in den Zielen erfordert z. B. eine entsprechende Diskussion und Beschlussfassung in Vorstand/Geschäftsführung und Aufsichtsrat. Das Ergebnis

Ökonomische Ziele (Eigenkapitalgeber)	Soziale Ziele (Arbeitnehmer)	Ökologische Ziele (Öffentlichkeit)

• lfd. Gewinnmax.
• Shareholder Value
• Rentabilität
• Unternehmens-
  - sicherung
  - wachstum
	• gerechte Entlohnung
	• gute Arbeitsbedingungen
	• betr. Sozialleistungen
	• Arbeitsplatzsicherheit
	• Mitbestimmung
		• Ressourcenschonung
		• Begrenzung von Schadstoffemission
		• Abfallvermeidung
		• Abfallrecycling

Tab. 1: Verschiedene Zielkategorien

sollte ein Satz von Zielen sein, der die Interessen der Kapitalgeber, Arbeitnehmer, des Managements und ggf. weiterer Stakeholder in geeigneter Weise reflektiert. Der Lohn der Klarheit sind raschere Entscheidungsprozesse, z. B. bei der Verabschiedung von Planung/Budget, Investitionen, Akquisitionen, Restrukturierungen etc., da oftmals implizit geführte Zielkonflikte bereits vorab explizit geführt und damit quasi »vor die Klammer gezogen« wurden.

Aufbauend auf den Unternehmenszielen sollte eine Strategie, ausgedrückt in der strategischen Planung, sowie eine operativ konkretisierte Planung erarbeitet werden. Dabei beschreibt die Strategie die grundsätzlichen Aktivitäten zur Erreichung der Ziele. Strategische Planung ist also ein immer wieder zu leistender dynamischer Prozess mit i. d. R. längerfristigem Horizont, der einen grundsätzlichen Handlungsrahmen absteckt. Kennzeichen sind, dass die strategische Planung

- auf die Umweltsituationen und -entwicklungen bezogen ist,
- auf Chancen und Risiken und auf externe Veränderungen reagiert bzw. versucht, diese aktiv im eigenen Sinne zu beeinflussen,
- konkurrenzbezogen ist und damit das Handlungsprogramm in Relation zum Wettbewerb beschreibt, z. B. in Form von Imitation, Kooperation, Dominanz oder Abgrenzung,
- abhängt von den Ressourcen des Unternehmens, dessen Stärken und Schwächen in ihrer relativen Position zur Konkurrenz,
- das ganze Unternehmen bzw. Unternehmensbereiche betrifft und nicht nur einzelne Funktionsbereiche,
- in Folge eine hohe Bedeutung für die Vermögens- und Ertragslage eines Unternehmens sowie die Ressourcenbindung mit sich bringt und letztlich
- für eine erfolgreiche Umsetzung die regelmäßige (meist jährliche) Formulierung von Maßnahmenplänen für alle betroffenen Funktionsbereiche, also eine operative Planung, erfordert.

Die operative Planung übersetzt die strategische Planung in funktionsbezogene jährliche ggf. mehrjährige Aktions- und Finanzpläne, konkret in Form der Absatz-/Umsatzplanung, Personalplanung, Produktions- und Beschaffungsplanung, Investitions- und Finanzierungsplanung sowie der F&E-Planung. Dabei wird oftmals im weiteren Sinne für den rechnerischen Teil der Planung (Planungsrechnung) der Begriff Budget genutzt. In einem engeren Sinne beschreibt das Budget den Prozess der jährlichen Planung des wertmäßigen Erfolgs.

Hiermit liegt nun ein sehr konkreter Rahmen für die operative Umsetzung vor. Richtig gemacht schafft ein schlüssiges System aus Zielen, Strategie und operativer Planung verbunden mit effektivem Chancen- und Risikomanagementprozess die Voraussetzung für koordiniertes und motiviertes Handeln, aber auch für eine mehrdimensionale Kontrolle des Unternehmenserfolgs und der Umsetzung geplanter Aktivitäten. Typischerweise ist die Voraussetzung einer wirksamen Kontrolle ein angemessenes Reporting, das man im weiten Sinne als die regelmäßige Berichterstattung über unternehmensrelevante Sachverhalte definieren kann. Im engeren Sinne beschränkt es sich auf die monatliche Finanzberichterstattung in Form von Bilanz, GuV und Cashflow sowie einiger finanzieller Eckdaten. Wesentliches Kennzeichen ist dabei, dass Reporting fast immer vergangenheitsorientiert ist und i. d. R. im Vergleich zum Budget und Vorjahr erfolgt.

Der Soll-/Ist-Vergleich ist schließlich für die Steuerung unverzichtbar. Je nach Ausmaß und Ursache von Abweichungen muss sich aus den Ergebnissen des Soll-/Ist-Vergleichs eine Anpassung der Art der Umsetzung, der gewählten Aktivitäten, der Planung bis hin zur Änderung der Strategie ergeben.

Dieser Regelkreis ist prinzipiell sehr vertraut. Die Praxis sieht aber anders aus. Hier finden sich häufig nur ungenaue Ziel- und Strategieformulierungen, fehlende Verbindung von Strategie und operativer Planung, Mittelfristplanungen in Form einer Extrapolation des Budgets sowie ein sehr starker Fokus allein auf die regelmäßige Finanzberichterstattung (vgl. Abbildung 1).

2 Fehlender Strategiebezug von Planung und Reporting – nichts Ungewöhnliches

Eine vom Österreichischen Controller Institut 2008 durchgeführte Benchmarkstudie (vgl. *Niedermayer-Kruse/Waniczek* 2008) zu Controllingprozessen bei 118 Unternehmen verdeutlicht die beschriebene Situation:

Nur 53 % der befragten Unternehmen erstellen einen strategischen Plan, aber 75 % einen Mittelfristplan. 73 % der Unternehmen erstellen die Mittelfristplanung zusammen oder aufbauend auf dem Budget. Nur 52 % haben eine Maßnahmenplanung und nur 31 % planen nichtmonetäre Kennzahlen. Ähnlich spärlich ausgeprägt ist das zugehörige Maßnahmenreporting. Die Budgetierung wird zudem als zu lange dauernd und im Vergleich zum Nutzen als zu ressourcenintensiv gesehen. Die starke Finanzorientierung der Budgetierung und die fehlende Verbindung zur Strategie führen auch im Reporting zu einer einseitigen und retrospektiven Ausrichtung. Die Überwachung und Analyse von Steuergrößen des Erfolgs (z. B. Qualitätskennzahlen, Entwicklungsgeschwindigkeit o. Ä.) sowie von Maßnahmen erfolgt i. d. R. eher nachrangig. Eine Aufbereitung finanzieller und sonstiger Kennzahlen gemäß den strategischen Schwerpunkten erscheint nicht ausgeprägt.

Die in der Literatur und in Zeitschriften (vgl. die umfangreiche Literatur zu Beyond Budgeting und Better Budgeting, z. B. *Hope/Fraser* 2003 oder *Weber/Linder* 2003, S. 21 ff.) oft geäußerte mangelnde Verzahnung von strategischer Planung, Budgetierung und Reporting ist ein offenbar altbekanntes Phänomen (vgl. auch *Shank* 1970, S. 109 ff.), das in dieser Studie erneut belegt wird. Interessant ist dabei der Kontrast von Anspruch und Wirklichkeit, zeigt doch die »Finanzstudie 2008« von *Bearing Point*, dass zukünftig »die Unterstützung und die nachhaltige Verfolgung der Unternehmensstrategie (…) weitaus mehr im Fokus« des CFO-Bereichs und damit des Controllings stehen müssen (*Bearing Point* 2008, S. 13).

Nun ist die Forderung nach einer mit der Strategie verbundenen beschleunigten Planung und Budgetierung sowie einem entsprechend relevanten Berichtswesen leicht aufgestellt, aber wie erfüllt man diese? Am Beispiel der Zumtobel Gruppe soll dies näher betrachtet werden.

3 Strategische Planung, Budget und Reporting in der Zumtobel Gruppe

Die Zumtobel Gruppe mit Konzernsitz in Dornbirn, Vorarlberg (Österreich), ist einer der wenigen Global Player der Lichtindustrie. Die Unternehmensgruppe, die aus der 1950 gegründeten »Elektrogeräte und Kunstharzpresswerk W. Zumtobel KG« hervorging, bietet heute ein vollständiges Angebot an professionellen ganzheitlichen Lichtlösungen, Leuchten, Lichtmanagement und Lichtkomponenten für Anwendungen im Innen- und Außenbereich. Die Gruppe ist europäischer Marktführer im Bereich professioneller Beleuchtung und hält eine weltweit führende Position für Betriebsgeräte und Lichtsteuerung. Die Gruppe hat Produktionsstätten in Europa, Asien, Nordamerika und Australien sowie Vertriebsgesellschaften und -partner in über 70 Ländern.

Mit dem Gang an die Wiener Börse machte die Zumtobel AG im Jahr 2006 einen der wichtigsten Schritte in der erfolgreichen Unternehmensgeschichte. Durch den Börsengang wurde die finanzielle Basis für die Zukunft gelegt. Die Familie Zumtobel ist weiterhin der größte Einzelaktionär des Unternehmens.

Die Prozesse, Fähigkeiten und Instrumente im Bereich Strategie, Planung und Reporting sind in der Zumtobel Gruppe (wie vermutlich in den meisten Unternehmen) teils mehr, teils etwas weniger ausgereift, die Verzahnung im Sinne des o. g. Regelkreises hat auch hier Verbesserungspotenzial. Selbstverständlich ist, dass die Zumtobel Gruppe über ein umfangreiches und zeitnahes Finanzreporting nach IFRS verfügt. Alle Finanzreports werden gegenüber Budget und Vorjahr erstellt und kommentiert. Der Budgetprozess dauerte in der Vergangenheit netto 15 Wochen und umfasste auch die Mittelfristplanung (Budget + drei Jahre). Die strategische Planung war ein separater Prozess, der in den Monaten Juni bis Oktober relativ »Powerpoint«-lastig und disjunkt zum Budgetprozess verlief. Die Inkonsistenz von strategischer Planung, Budget und Mittelfristplanung war so prozessimmanent. Die von *Gaiser/Greiner* (2003, S. 288) dargestellten Kritikpunkte an der »klassischen« operativen Planung und Budgetierung

- ... dauert zu lange! Die Budgets werden von der Wirklichkeit immer wieder überholt;
- ... bindet zu viele Ressourcen;
- ... ist entkoppelt von der Unternehmensstrategie

waren auch für die Zumtobel Gruppe typisch und führten mehr und mehr zu Unzufriedenheit. Einige Symptome waren Beschwerden über die Ineffizienz und Dauer des Planungsprozesses, iterative Diskussionen über die Notwendigkeit und/oder Zielrichtung bestimmter Maßnahmen aufgrund nicht explizit geklärter und vereinbarter strategischer Ziele, einseitig auf Finanzen konzentrierte Performance Reviews bis hin zu einer in einigen Fällen mangelnden Übereinstimmung von operativem Handeln mit dem strategisch Gewollten.

Die bei *Wanizcek* (2008, S. 30) dargestellten Gründe für fehlende und scheiternde Strategieumsetzung konnten ansatzweise auch in der Zumtobel Gruppe festgestellt werden.

Gründe für das Scheitern bei der Strategieumsetzung

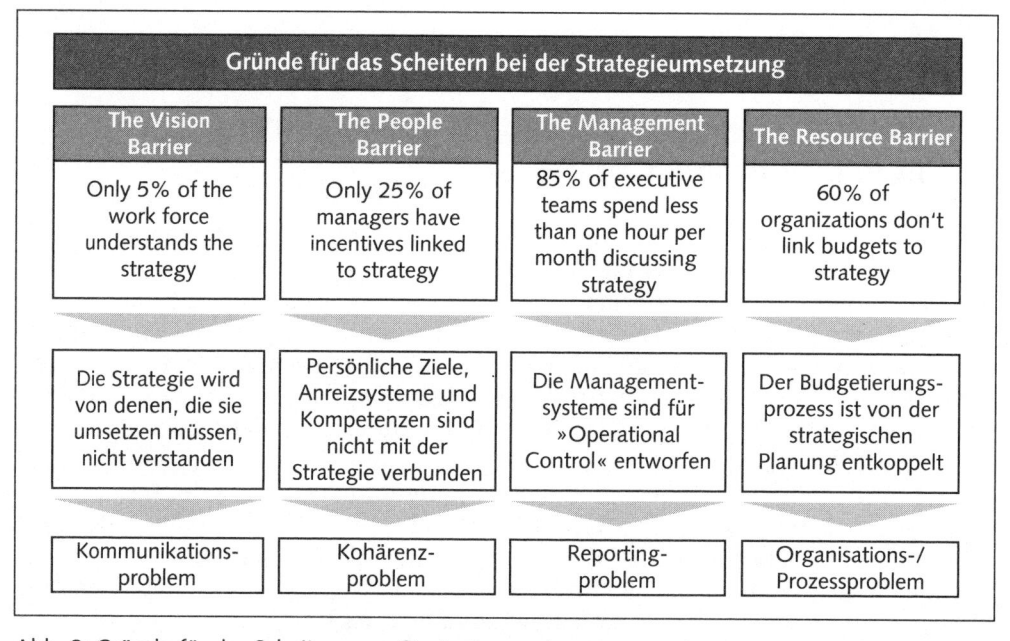

The Vision Barrier	The People Barrier	The Management Barrier	The Resource Barrier
Only 5% of the work force understands the strategy	Only 25% of managers have incentives linked to strategy	85% of executive teams spend less than one hour per month discussing strategy	60% of organizations don't link budgets to strategy
Die Strategie wird von denen, die sie umsetzen müssen, nicht verstanden	Persönliche Ziele, Anreizsysteme und Kompetenzen sind nicht mit der Strategie verbunden	Die Managementsysteme sind für »Operational Control« entworfen	Der Budgetierungsprozess ist von der strategischen Planung entkoppelt
Kommunikationsproblem	Kohärenzproblem	Reportingproblem	Organisations-/Prozessproblem

Abb. 2: Gründe für das Scheitern von Strategieumsetzung

Als Ursachen der Symptome konnten vier Problemfelder ausgemacht und so systematisch reduziert werden:
- Organisations- und Prozessprobleme im Bereich von strategischer und operativer Planung verbunden mit unzureichenden Methoden, diese zu verbinden
- Kohärenzprobleme in Form fehlender Verbindung der individuellen Ziele mit den strategischen Zielen
- Kommunikationsprobleme, die dazu führen, dass das strategisch Gewollte in der Organisation nicht durchgängig verstanden wird
- Reportingprobleme in Form von zu finanzlastigen Berichten

4 Überwindung der Organisations- und Prozessprobleme

Zumtobel hat die Organisations- und Prozessschwächen im Bereich des Planungsprozesses genauer betrachtet und für drei wesentliche Handlungsfelder Lösungen definiert:

Handlungsfeld	Methodische Lösung
fehlende Klarheit in der Zielformulierung	Strategy Map und Balanced Scorecard
fehlende Verzahnung von strategischer und operativer Planung	integrierter Planungsablauf
zu langer Budgetprozess	Prozessverkürzung

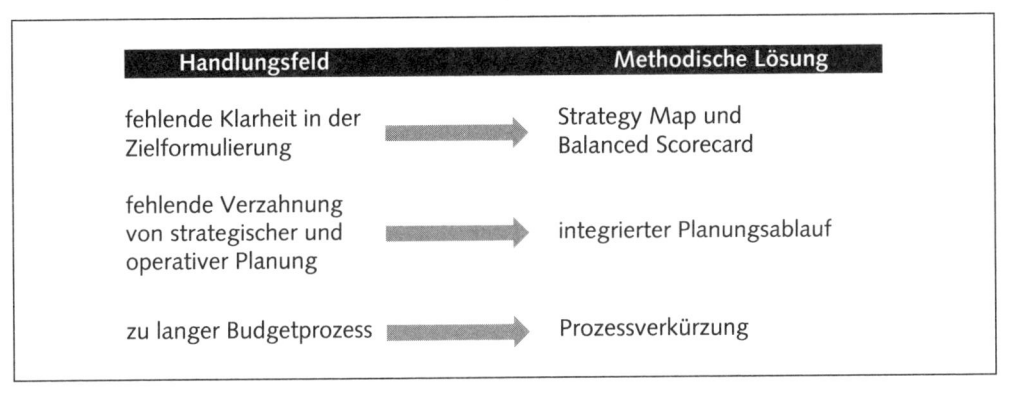

Abb. 3: Bei der Zumtobel Group identifizierte Handlungsfelder zur Lösung planungsprozessbezogener Probleme

4.1 Strategy Map und Balanced Scorecard

Mit dem Instrumentarium von Strategy Map und Balanced Scorecard (BSC) steht eine vielfach erprobte Management-Methode zur Verfügung, die es erlaubt, Strategie und strategische Ziele in kompakter Form diszipliniert zu beschreiben. Dazu werden strategische Ziele unterschiedlichen Perspektiven (Potenzial, Prozess, Kunde/Markt und Finanzen) zugeordnet, was eine ausgewogene Sichtweise auf die unterschiedlichen Ziele erlaubt. In der Strategy Map werden zudem die wesentlichen Wirkzusammenhänge zwischen den Zielen visualisiert. Indem schließlich Zielen auch finanzielle und nicht finanzielle Messgrößen und Aktivitäten zugeordnet werden, wird eine konkrete Auseinandersetzung mit Strategie bewirkt und letztlich die Basis gelegt, strategische und operative Planung zu verbinden.

Zumtobel hat seine strategischen Ziele und Überlegungen im Rahmen von insgesamt 13 Workshops, die auf unterschiedlichen Stufen des Konzerns (Konzern, Divisionen, Business Units) stattfanden, in sechs Strategy Maps (1 x Konzern, 3 x Divisions, 2 x regionale Business Units) zusammengefasst (vgl. Abbildung 4). Die wohl eindrucksvollste Erfahrung im Prozess der Erarbeitung der Strategy Maps lag im methodischen Zwang, die Strategie auf einer einzigen Seite je Organisationseinheit zu konkretisieren. Dies führte zu sehr intensiver Diskussion über Ziele, Prioritäten, Zielkonflikte und Ressourcen. Anders als in umfangreichen »zig-seitigen« Powerpoint-Präsentationen ist es jedoch auf einer Seite nicht möglich, weniger relevante Themen oder strategischen Dissens und Zielkonflikte zu verbergen. (Die Strategiedokumentation ist gleichwohl nicht auf eine Seite beschränkt. Es werden zur Konkretisierung der in den Strategy Maps abgebildeten Ziele ergänzenden Unterlagen beigefügt.) Der Zwang festlegen zu müssen, was es auf die Strategy Map schafft und was nicht, sowie der damit verbundene Priorisierungsprozess hilft, den Blick auf das Wesentliche zu schärfen und führt zu einer Abstimmung unterschiedlicher Führungsebenen. Die von den Management-Teams erarbeiteten Strategy Maps bilden schließlich auch die Basis für eine strukturierte und fokussierte Strategiediskussion im Aufsichtsrat, der satzungsgemäß die Strategie zu genehmigen hat.

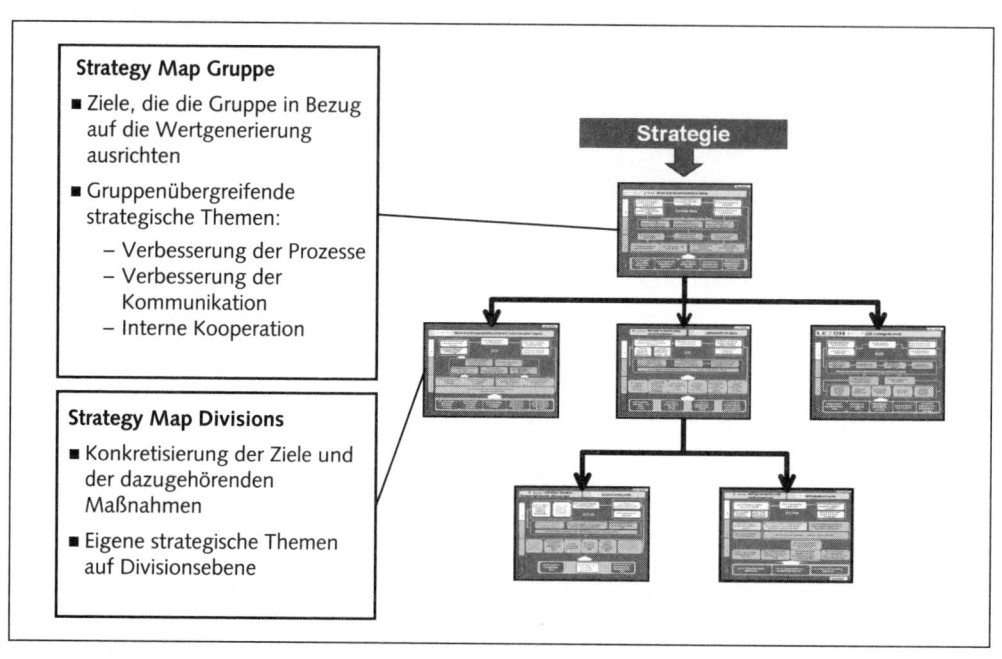

Strategy Map Gruppe
- Ziele, die die Gruppe in Bezug auf die Wertgenerierung ausrichten
- Gruppenübergreifende strategische Themen:
  - Verbesserung der Prozesse
  - Verbesserung der Kommunikation
  - Interne Kooperation

Strategy Map Divisions
- Konkretisierung der Ziele und der dazugehörenden Maßnahmen
- Eigene strategische Themen auf Divisionsebene

Abb. 4: Die Strategie der Zumtobel Gruppe abgebildet in sechs der Konzernstruktur folgenden Strategy Maps

4.2 Integrierter Planungsablauf

Vor Umsetzung des BSC-/Strategy-Map-Projektes waren in der Zumtobel Gruppe strategische Planung und Budgetierung zwei weitgehend getrennte Prozesse. Sie wurden und werden immer noch (heute jedoch deutlich besser abgestimmt) von unterschiedlichen Abteilungen (Konzernentwicklung bzw. Konzerncontrolling) vorangetrieben. Die hier für Zumtobel beschriebene organisatorische Situation scheint keineswegs selten und wurde bereits bei *Shank* (1970, S. 109 ff.) beschrieben. Die strategische Planung fand in der Zeit von Juni bis September statt, der Budgetprozess startete Ende Oktober und dauerte bis Mitte April. Es ist zu beachten, dass das Geschäftsjahr der Zumtobel Gruppe von Mai bis April läuft.

Mit der Einführung von BSC und Strategy Map wurden beide Prozesse integriert. Der integrierte Planungsprozess beginnt nun im Oktober mit der strategischen Planung in Form einer Überprüfung und Überarbeitung der Strategy Map und der dazugehörigen wesentlichen Maßnahmen und Key Performance Indicators (KPIs). Damit einher geht die Top-down-Ermittlung einer Vierjahresplanung durch das Divisions- und Konzerncontrolling, die die Strategie im typischen Format von Bilanz und GuV darstellt. Eine Bottom-up-Involvierung aller Einheiten des Konzerns unterbleibt. Die in der Aufsichtsratssitzung im Januar verabschiedete Strategy Map und Vierjahresplanung stellt das Top-down-Target für die Budgetierung des Folgejahres dar. Dieses wird in eine Bottom-up-Planung aller Konzern-Einheiten übersetzt. Der Budgetprozess endet Ende März. Das Budget wird in der Aufsichtsratssitzung im April verabschiedet. Durch die enge Verzahnung von strategischer Planung und Budget wird sichergestellt, dass wesentliche strategische Vorgaben in die Budgets einfließen, die wesentlichen KPIs auch bottom up geplant und mit Maßnahmen hinterlegt werden. Hierdurch wird die Voraussetzung geschaffen, dass monatliche und quartärliche Performance Reviews über reine Finanzdaten hinausgehen und damit auch strategisch relevante Themen und operative Erfolgstreiber konsistent überwacht werden können.

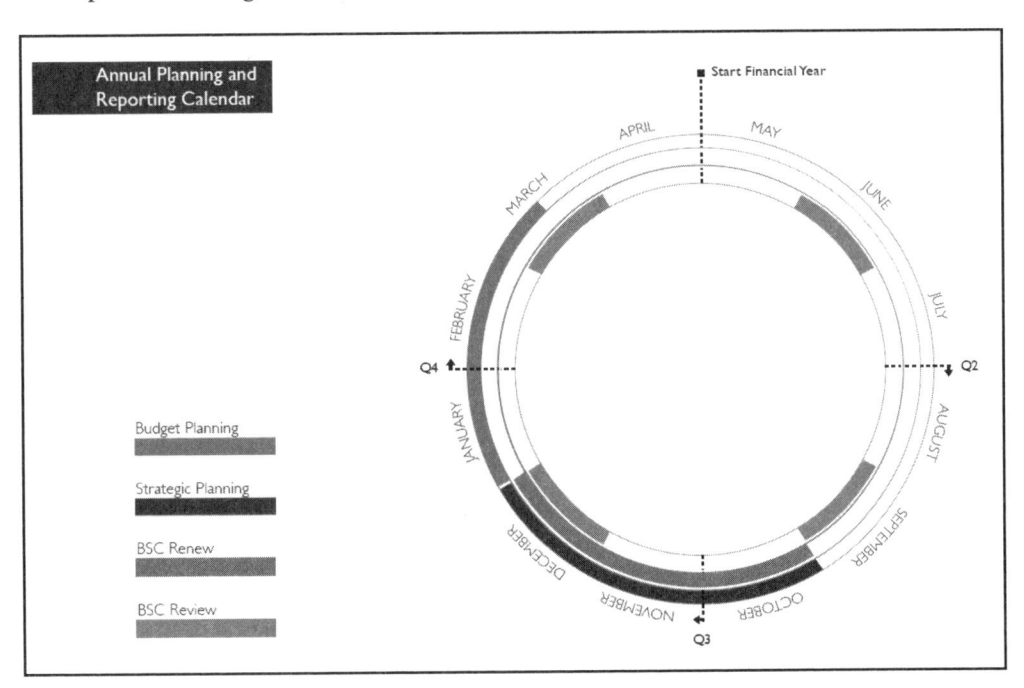

Abb. 5: Integration von strategischer Planung, Budget und Reviews im Jahresverlauf

4.3 Prozessverkürzung

Wie oben dargestellt ist es gelungen, den Budgetprozess um über 33 % von mehr als 15 Wochen auf unter 10 Wochen Netto-Durchlaufzeit zu verkürzen. Damit ist der Budgetprozess bei Zumtobel für österreichische Unternehmen nicht übermäßig lang. *Urbanek* (vgl. 2008) zeigt, dass rd. 32 % der befragten Unternehmen vier bis fünf Monate für

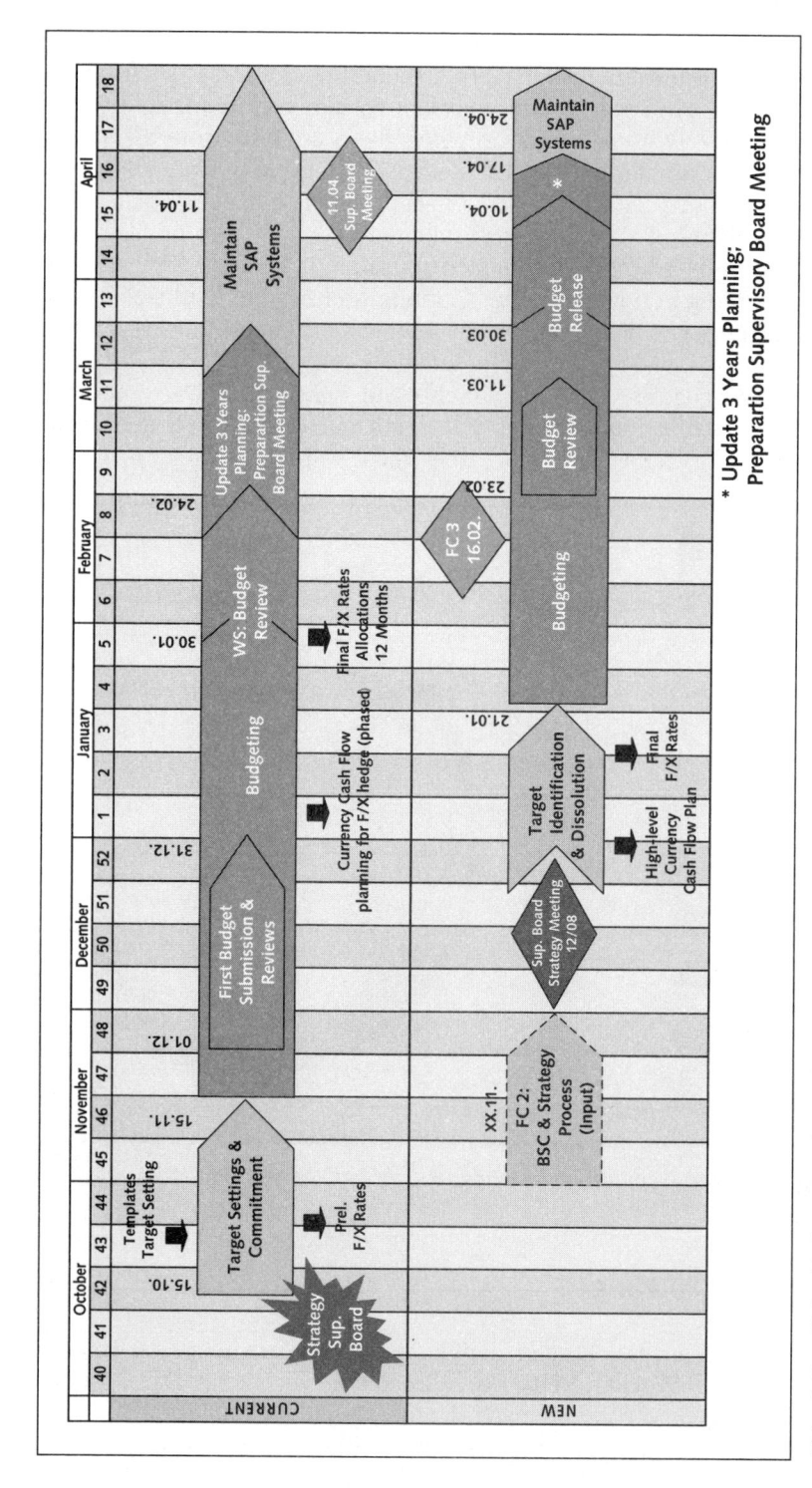

Abb. 6: Deutliche Verkürzung der Budgetierung durch Verzahnung mit der strategischen Planung

die Budgetaufstellung benötigen. Auf Basis einer Prozessanalyse und -optimierung wurde der Planungsprozess von Doppelarbeiten und Schleifen befreit, wodurch nicht nur Zeit für andere Tätigkeiten freigeräumt, sondern auch die Voraussetzung für eine höhere Aktualität des Budgets geschaffen wird. Ein wesentlicher Schlüssel liegt darin, dass durch die Verzahnung mit der strategischen Planung der Top-down-Target-Setting-Prozess integriert und abgestimmt erfolgt. Des Weiteren wurde das Budget vereinfacht und an vielen Stellen auf mehrfache Abstimmrunden verzichtet. Im Kern wurden damit drei typische Aspekte des »Advanced Budgeting« (vgl. *Gleich/Kopp/Leyk* 2003, S. 320)

- Integration von strategischer Planung und Budgetierung,
- Zielfokussierung und
- Komplexitätsreduzierung

in die Unternehmenspraxis übersetzt.

Abbildung 6 zeigt den verkürzten Ablauf im Vergleich zum bislang praktizierten Vorgehen.

4.4 Überwindung des Kohärenzproblems

Die beste Strategie nützt nichts, wenn sie nicht in die Ziele der Führungskräfte eines Unternehmens eingeht. So scheitern viele Strategien daran, dass die Ziele und zielkongruente Aktivitäten sich nicht in den Zielvereinbarungen des Managements wiederfinden. Mit einer kaskadierend aufgebauten Balanced Scorecard und den dort verankerten KPIs lässt sich dieses Problem lösen. Im Rahmen der Ausarbeitung der Konzern-BSC und daraus abgeleiteten Division-BSCs werden entlang der typischen vier Perspektiven (Potenziale, Prozesse, Kunden, Finanzen) Kennzahlen und Aktivitäten vereinbart. Für die Kennzahlen werden im Rahmen des Budgetprozesses Zielwerte festgelegt, womit man auch eine methodische Basis für die bonusrelevanten Zielvereinbarungen mit den Führungskräften erhält.

In der Zumtobel-Gruppe kann dabei auf ein seit Jahren etabliertes System (Leadership Incentive Program; LIP) aufgebaut werden. In dieses Konzept ist die Idee der BSC einfach integrierbar. Methodisch werden die finanziellen Ziele einer Führungsebene mit der darüber liegenden verbunden und bei den individuellen Zielen strategierelevante KPIs und Maßnahmen gewählt. So hat beispielsweise die Divisionsleitung sowohl Konzern- als auch Divisionsziele. Die individuellen Ziele der Divisionsführungskräfte sind aus den BSC-Perspektiven der jeweiligen Division abgeleitet. Es wird darauf geachtet, dass maximal drei KPIs/Aktivitäten in die individuellen Ziele eingehen. Als Grundsatz gilt dabei, dass diese Ziele von der Führungskraft tatsächlich (mit-)beeinflusst werden können. Die Ziele können quantitativer und qualitativer Natur sein, müssen aber nachvollziehbar sein. Quantitative Ziele müssen dabei keineswegs finanzielle Ziele sein, sie können im Gegenteil ganz bewusst aus den drei übrigen BSC-Perspektiven gewählt werden.

4.5 Kommunikation zur Überwindung fehlender Kenntnis der Strategie

Auch wenn Strategie-Unterlagen und Budgets noch so detailliert ausgearbeitet und dokumentiert sind, so ist dennoch festzustellen, dass die strategische Ausrichtung des Unternehmens und die finanziellen Ziele eines Unternehmens für tiefere Hierarchieebenen weitgehend unverstanden bleiben. Das liegt zum einen daran, dass zu wenig Zeit auf eine durchgehende Kommunikation verwendet wird und zum anderen daran, dass die Strategie zu komplex und nicht nachvollziehbar aufbereitet ist. Letzteres erfordert eine solide und kompakt formulierte Strategie, die in eindeutigen und priorisierten Strategy Maps zusammengefasst ist. Mit Hilfe einer breit angelegten Kommunikation ist es möglich, die Strategy Map schrittweise den Mitarbeitern zu erläutern, den Bezug der Strategy Map zum beruflichen Alltag herzustellen und diese so im Unternehmen zu verankern. Wenn es gelingt die strategischen Ziele in das Bewusstsein der Mitarbeiter zu bringen, wird damit auch ein Rahmen für die Entscheidungsfindung im Tagesgeschäft gesetzt. Priorisierung wird erleichtert und letztlich auch Beschleunigung erreicht. Abbildung 7 stellt die Zusammenhänge dar.

Ausgerichtete Strategien und Geschäftsmodelle
Solide, kompakte und mit starkem Commitment ausgerichtete Strategien und Geschäftsmodelle der Gruppe und der Divisionen

Eindeutige, priorisierte strategische Stoßrichtungen
Strategy Maps und eindeutig priorisierte strategische Stoßrichtungen, die von den Geschäftsbereichsleitern entwickelt, in der Organisation verankert und implementiert wurden (Auswirkungen auf EBIT und die KPIs sind eindeutig definiert)

Mobilisierung der Mitarbeiter
Durch eine professionelle Kommunikation kann die Mobilisierung der Mitarbeiter erreicht und Veränderung/Verbesserung auf allen Ebenen initiiert, erklärt und akzeptiert werden

Priorisierung hilft im täglichen Geschäft
Kommunikation von konkreten und klaren strategischen Zielen und Messgrößen, die allen Mitarbeitern bei der Priorisierung des täglichen Geschäfts helfen (dadurch klares Management und Beschleunigung)

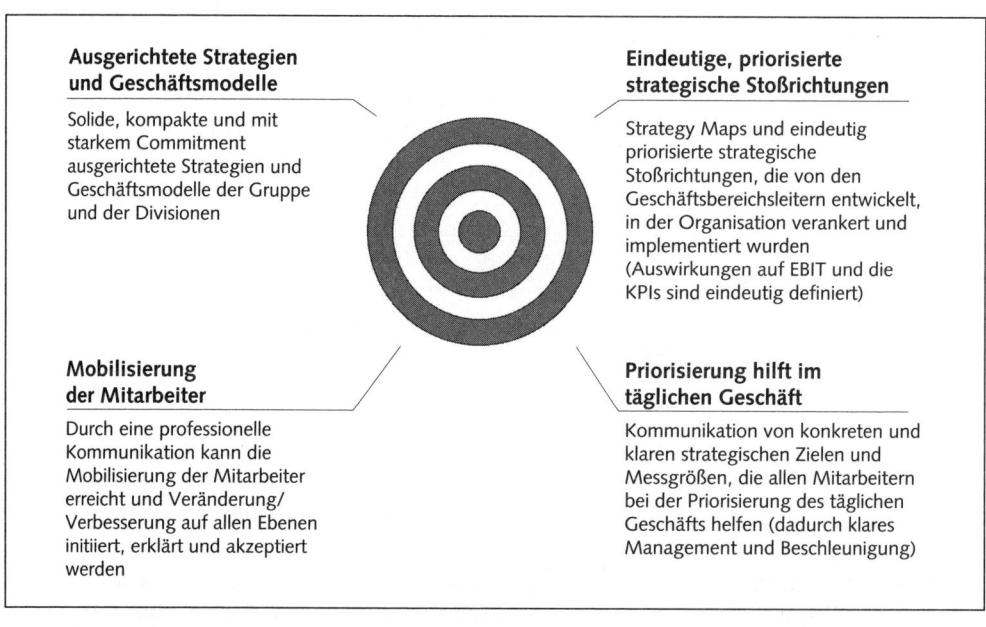

Abb. 7: Prägnante Strategieformulierung erleichtert die Kommunikation und führt zu verbesserter Strategieumsetzung

In der Zumtobel Gruppe wurde die Kommunikation der Strategie zunächst in einem Pilotprojekt der Zumtobel Components Division in der Breite durchgeführt. In mehreren kaskadierend aufgebauten Workshops wurde, beginnend mit dem Divisionsmanagement bis hin zur »Werker-Ebene«, die Strategie des Konzerns, die daraus abgeleitete Divisionsstrategie und deren Umsetzung in den Werken und Abteilungen erläutert. So wurde jedem Mitarbeiter die Chance gegeben, sich aktiv mit den strategischen Zielen auseinanderzusetzen. Die Resonanz aus der Organisation war überaus positiv.

Darüber hinaus wurden die Strategy Maps von Konzern und Divisionen allen Führungskräften in Form eines Tischaufstellers zur Verfügung gestellt sowie großformatig an zentraler Stelle ausgehängt. Für alle Mitarbeiter sind die aktuellen Strategy Maps im Intranet jederzeit verfügbar.

Ein auffälliger und erfreulicher Effekt der breiteren Kommunikation von Strategie ist, dass in unterschiedlichen Entscheidungssituationen und bei Aufbereitung von z. B. Investitionsanträgen auch auf Aspekte der Strategy Map Bezug genommen wird. Dies zeigt, dass man sich auf unterschiedlichen Ebenen um eine Einordnung des Handelns und bei Beschlussvorlagen verstärkt um strategiekonformes Vorgehen bemüht.

4.6 Neugestaltung des Reportings

Das klassische Reporting hat meist einen Fokus auf Finanzdaten, die typischerweise nach Organisationsebenen (z. B. Konzern, Division, Vertriebsgesellschaft, Werk o. Ä.) gestaffelt sind und i. d. R. Ist-Daten den Budget- und Vorjahreswerten gegenüberstellen. Ergänzt werden diese in ihrem Aufbau meist starren Berichte teilweise um finanzielle Kennzahlen. Man erreicht hier einen hohen Detaillierungsgrad im Bereich Finanzen sowie – begrenzt auf den Umsatz – auch auf den Markt. Der Blick auf andere Dimensionen des Unternehmens und des Unternehmensumfelds wird – wenn überhaupt – in qualitativen Kommentaren abgedeckt.

Strategiekonformes Reporting sollte aber anders aussehen: Es sollte alle Dimensionen der Strategy Map abdecken und verdichtete Informationen zu den strategischen Handlungsfeldern des Unternehmens bieten. Diese Grundüberlegung ist in Abbildung 8 verdeutlicht und zeigt, dass strategiekonformes Reporting den einseitig auf Finanzen fokussierten Tiefgang durch breitere Information zu allen Dimensionen der Strategy Map ersetzt.

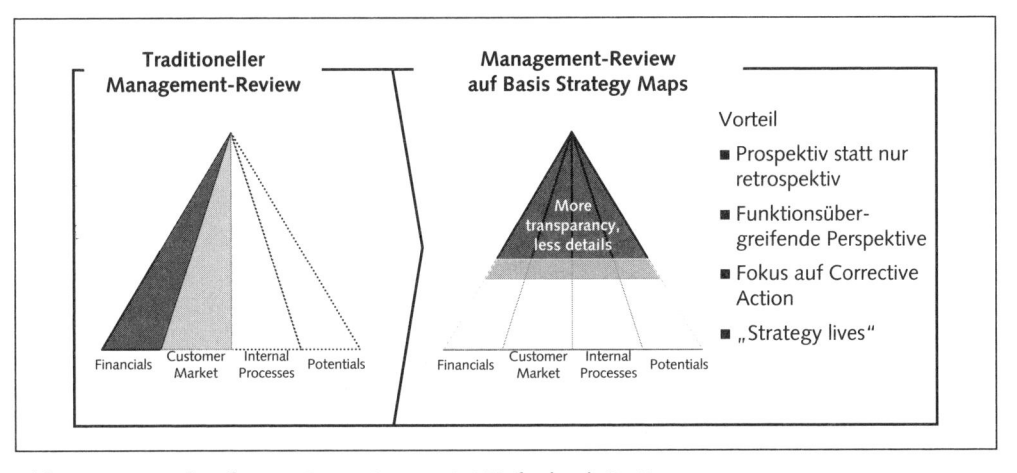

Abb. 8: Strategiekonformes Reporting ersetzt Tiefe durch Breite

Diesen Überlegungen folgend hat das Konzerncontrolling der Zumtobel Gruppe die bestehenden Finanzberichte überarbeitet. Es wurde ein Finanzbericht mit wesentlichen Kennzahlen nach den in der Strategy Map erkannten strategischen Feldern (siehe Abbildung 9) eingeführt. Darüber hinaus werden monatlich im so genannten »Performance Report« wesentliche KPIs der BSC berichtet.

Europäisches Kerngeschäft ohne CEE	LED-Business
CEE/Emerging Markets	Portfolio Randbereiche

Abb. 9: Schnitt des Zumtobel Finanz-Reportings nach den in der Strategy Map definierten strategischen Bereichen

5 Exkurs und Resümee: Strategy Map, BSC und Budgetierung in Zeiten der Finanzkrise

Die oben dargestellten Maßnahmen und resultierenden Veränderungen hat Zumtobel Anfang 2008 mithilfe von Horvath & Partners begonnen. Methodisch sind Fortschritte erzielt und Prozesse verbessert worden, wenngleich noch einiges zu tun bleibt und einige der o. g. Themen bislang nur in Grundzügen realisiert sind. Darüber hinaus muss sich nun das Konzept von Strategy Map, BSC sowie die damit verbundene Budgetierung im Umfeld der Finanz- und Wirtschaftskrise bewähren. Bemerkenswert sind dabei heute folgende und (vermutlich) vorläufige Erkenntnisse:

Es besteht im Management großes Einvernehmen, dass die Strategy Map auch in der Rezession Bestand hat. Die finanziellen KPIs, die bislang sehr stark auf Gesamtrendite (ROCE = Return on Capital Employed), Wachstum und EBIT-Marge ausgerichtet waren, wurden im rezessivem Umfeld durch Free Cashflow, Kostenanpassung und Marktanteil ersetzt. Dadurch stehen einige der Felder auf der Strategy Map unter Finanzierungs- und Geschwindigkeitsvorbehalt. D. h. es besteht zwar unverändert der Wille, die vereinbarten strategischen Ziele zu erreichen und umzusetzen, allerdings ist die operative Umsetzung den veränderten Randbedingungen anzupassen, wo erforderlich muss »entschleunigt« und müssen Aktivitäten – nicht zuletzt unter Liquiditätsaspekten – repriorisiert werden. Da aber die Strategy Map unverändert gültig ist, können die strategischen Konsequenzen von aus den Umständen getriebenen operativen Entscheidungen eingeordnet und kalibriert werden.

Für den Prozess der »Top-down-bottom-up«-Budgetierung hat die in ihrer Abwärtsdynamik beispiellose Wirtschaftskrise allerdings erhebliche Auswirkungen. Der von uns eingeführte Budgetprozess sollte deutlich kürzer und damit zeitnaher sein. Allerdings beruht auch ein kurzer Budgetprozess auf Top-down-Prämissen und Zielvorgaben, die ex ante fixiert werden. Da die weltweiten Märkte derzeit aber praktisch unprognostizierbar sind, war bereits im Laufe des Budgetprozesses klar, dass das Budget – trotz einer Durchlaufzeit von nun weniger als zwei Monaten – methodisch zwar korrekt aufgesetzt ist, jedoch wesentliche Resultate des Budgets von der Wirklichkeit schon wieder überholt wurden. Aus diesem Grunde wird das Budget durch eine »Top-down«-Szenario-Planung flankiert. Das Budget dient dabei als Referenzpunkt, zusätzliche Aktivitäten zur »Abfederung« weiter gehender negativer Markeffekte wurden definiert und ermöglichen eine angemessene Reaktion auf das Marktumfeld. Auch hier kann die Strategy Map Orientierung geben: Sie hilft die zusätzlichen Aktivitäten bezüglich der Strategiekonformität zu überprüfen. Doch ob die Szenarien alle Eventualitäten abdecken und definierte Maßnahmen ausreichen, bleibt ungewiss. Größter Schwachpunkt der Szenarioplanung (siehe auch *Karkowski/Pfisterer* 2009, S. 12) ist, dass Rückkopplungen von Szenarien zueinander kaum darstellbar sind und umfassende Kenntnisse über komplexe, das Unternehmen beeinflussende Zusammenhänge fehlen. Und so muss letztlich dann doch geprüft werden, ob je nach Fortschritt der Krise strategische Ziele und Strategy Map überhaupt noch realisierbar sind.

Schließlich ist auch zu fragen, ob es Effekte auf das Reporting gibt. Wir können derzeit feststellen, dass die definierten operativen KPIs unverändert gültig und damit berichtswürdig sind, allerdings rücken – wie oben dargestellt – weitere finanzielle KPIs wie Cashflow, Kostenreduzierung etc. noch stärker in den Fokus.

Zusammenfassend bleibt festzustellen, dass die Strategy Map und viele in der BSC definierte Aktivitäten und KPIs sich bislang als »rezessionsfest« erwiesen haben. Der traditionelle, wenn auch beschleunigte, Budgetprozess ist jedoch den Herausforderungen der Wirtschaftskrise nicht gewachsen und muss durch Instrumente der Szenarioplanung ergänzt werden. Die verabschiedete Strategy Map dient zur Beurteilung von festgelegten Maßnahmen. Allerdings ist uns bewusst, dass, bei Anhalten des negativen Umfelds und gemäß dem in Abbildung 1 gezeigten Führungsprozess, auch eine Anpassung der Ziele und Strategien als Teil des regelmäßigen Strategy Reviews notwendig werden kann. Das methodische Rüstzeug und die erforderlichen Prozesse sind dafür vorhanden.

Literatur

Bearing Point (2008), Finanzstudie 2008 – Organisation des CFO-Bereichs, Chancen und Trends, Frankfurt/M. 2008
Charan, R./Colvin, G. (1999), Why CEOs fail, in: Fortune 139. Jg. (1999), Heft 12, S. 30–37
Hope, J./Fraser, R. (2003), Beyond Budgeting: How Managers Can Break Free fom the Annual Performance Trap, Boston 2003
Gaiser, B./Greiner, O. (2003), Strategische Planung mit Hilfe der Balanced Scorecard, in: Horváth, P./Gleich, R. (Hrsg.), Neugestaltung der Unternehmensplanung (2003), S. 269–295
Gleich, R./Kopp, J./Leyk, J. (2003), Advanced Budgeting, better and beyond, in: Horváth, P./Gleich, R. (Hrsg.): Neugestaltung der Unternehmensplanung (2003), S. 315–330
Horváth, P./Gleich, R. (Hrsg.) (2003), Neugestaltung der Unternehmensplanung, Stuttgart 2003
Kiechel, W. (1984), Sniping at Strategic Planning, in: Planning Review, 12. Jg. (1984), Heft 5, S. 8–11
Kaplan, R. S./Norton, D. P. (1997), Balanced Scorecard, Stuttgart 1997
Karkowski, B./Pfisterer, S. (2009), Planen ohne Plan, in: Finance 3/2009 S. 8–12

Niedermayer-Kruse, R./Waniczek, M. (2008), Controlling Kernprozesse auf dem Prüfstand, Wien 2008

Shank, J. K. (1970), Linkage Between Planning and Budgeting Systems, in: Aquilar/Howell/Vancil (Hrsg.), Formal Planning Systems (1970) – A Collection of Research Reports, Boston 1970, S. 109–122

Urbanek, G. (2008), Budgetierung – relevant für die operative Unternehmenssteuerung?, in: RWZ 11/2008 S. 338–344

Waniczek, M. (2008), Unternehmensplanung neu, Wien 2008

Weber, J./Linder, S. (2003), Budgeting, Better Budgeting oder Beyond Budgeting?, Vallendar 2003

Wiendahl, H-K. (2008), Betriebsorganisation für Ingenieure, 6. Aufl., München, Wien 2008

Verrechnungspreise bei TRUMPF unter betriebswirtschaftlichen und steuerlichen Gesichtspunkten

Katrin Hummel/Dr. Catharina Kriegbaum-Kling/Stefan Schuhmann[*]

1 Die TRUMPF Gruppe

2 Ziele und Einflussfaktoren der Verrechnungspreisgestaltung
    2.1 Ziele der Verrechnungspreisgestaltung
    2.2 Steuerrechtliche Regelungen
    2.3 Funktions- und Risikoverteilung
    2.4 Strategie und Performance Measurement

3 Methoden der Verrechnungspreisgestaltung
    3.1 Grundprinzip der Abwicklung
    3.2 Wiederverkaufspreismethode im Vertriebsbereich
    3.3 Kostenaufschlagsmethode im Produktionsbereich
    3.4 Fertigungslizenzen im Entwicklungsbereich

4 Fazit

Literatur

---

[*] Katrin Hummel, Project Controller, Alstom Hydro Schweiz AG, Birr; Dr. Catharina Kriegbaum-Kling, Leiterin Controlling und Finanzen, TRUMPF Werkzeugmaschinen GmbH + Co. KG, Ditzingen; Stefan Schuhmann, Leiter Zentralbereich Steuern, TRUMPF GmbH + Co. KG, Ditzingen.

1 Die TRUMPF Gruppe

Mit 2,1 Mrd. Euro Umsatz im Geschäftsjahr 2007/2008 und knapp 8.000 Beschäftigten zählt die TRUMPF Gruppe zu den größten und weltweit führenden Unternehmen in der Fertigungs- und Medizintechnik. Die TRUMPF Gruppe besteht aus fünf Geschäftsfeldern, die zu drei Geschäftsbereichen organisatorisch zusammengefasst sind. Im Geschäftsfeld Werkzeugmaschinen bietet die TRUMPF Gruppe Maschinen, Automatisierungseinrichtungen, Software und Dienstleistungen für das Stanzen, Biegen, Laserschneiden und Laserschweißen. Elektrowerkzeuge werden z. B. im Baugewerbe, in der Klimatechnik sowie beim Trennen und Fügen von Blech eingesetzt. TRUMPF ist Weltmarktführer für industrielle Lasertechnik zum Schneiden, Schweißen, Markieren und zur Oberflächenbearbeitung. Im Geschäftsfeld Elektronik werden Hoch- und Mittelfrequenzgeneratoren für die Induktionserwärmung sowie für die Plasma- und Laseranregung hergestellt. Außerdem bietet TRUMPF in der Medizintechnik Produkte für die Ausstattung von Operationssälen und Intensivstationen sowie für die Kliniklogistik an.

Über 15 Fertigungsstandorte weltweit bilden den TRUMPF-Produktionsverbund, der durch innerbetrieblichen Leistungsaustausch gekennzeichnet ist. Die Komplexität dieses internationalen Produktionsverbunds sowie die Verschärfung der steuerrechtlichen Regelungen zur Verrechnungspreisgestaltung erfordern eine weltweit gültige Verrechnungspreisgestaltung, welche betriebswirtschaftlichen Kriterien standhält und nicht durch andere Anreize beeinflusst ist. Grundlage ist eine gruppenweit gültige Verrechnungspreisrichtlinie, welche die Bildung von Verrechnungspreisen zwischen den TRUMPF-Gesellschaften regelt.

Neben den Zielen und Einflussfaktoren sind insbesondere die eingesetzten Methoden der Verrechnungspreisgestaltung bei der TRUMPF Gruppe Gegenstand dieses Beitrags.

2 Ziele und Einflussfaktoren der Verrechnungspreisgestaltung

2.1 Ziele der Verrechnungspreisgestaltung

Grundsätzlich können betriebswirtschaftliche und steuerliche Ziele der Verrechnungspreisgestaltung unterschieden werden, wobei zwischen beiden Zielen erhebliche Interdependenzen bestehen. Während betriebswirtschaftliche Ziele vorwiegend unternehmensintern ausgerichtet sind, sind bei den steuerlichen Zielen die Interessen Unternehmensexterner tangiert. Der Fokus der Verrechnungspreisgestaltung bei der TRUMPF Gruppe liegt auf der Schaffung eines betriebswirtschaftlichen Steuerungsinstruments, welches sämtlichen steuerlich relevanten Regelungen genügt. Zu den relevanten betriebswirtschaftlichen Zielen zählen die Vergleichbarkeit der Ergebnisse, die Gewährleistung multilateraler Anwendbarkeit und die Stärkung der Ergebnisverantwortung. Die steuerlichen Ziele sind im Wesentlichen auf die Erfüllung der steuerlichen Angemessenheit fokussiert, wohingegen die Steueroptimierung mittels entsprechender

Verrechnungspreisgestaltung untergeordnete Bedeutung hat. Die steuerlichen Ziele können weiter differenziert werden in die Vermeidung von Inkonsistenzen mit Verrechnungspreisvorschriften, die Vermeidung von Mehrergebnissen und Mehrsteuern, die Vermeidung von Doppelbesteuerung und die Reduzierung der Unsicherheit bezüglich der weltweiten Steuerbelastung. Des Weiteren werden verbindliche Grundsätze für die Festsetzung der Verrechnungspreise, eine Vereinheitlichung gleicher Sachverhalte sowie eine Reduzierung der administrativen Belastung angestrebt.

2.2 Steuerrechtliche Regelungen

Grundlegender Maßstab für die steuerliche Angemessenheitsprüfung von Verrechnungspreisen für konzerninterne Transaktionen bildet national und international der Fremdvergleichsgrundsatz. Dieser ist in Artikel 9 der OECD Model Tax Convention folgendermaßen festgelegt: »(...) conditions are made or imposed between the two enterprises in their commercial or financial relations which differ from those which would be made between independent enterprises, then any profits which would, but for those conditions, have accrued to one of the enterprises, but, by reason of those conditions, have not so accrued, may be included in the profits of that enterprise and taxed accordingly.«

Im deutschen Recht ist der Fremdvergleichsgrundsatz in dem als Verwaltungsgrundsätze bezeichneten Erlass des Bundesministeriums der Finanzen vom 23.02.1983 sowie im Außensteuergesetz geregelt. Sofern bei der Festlegung der Verrechnungspreise der Fremdvergleichsgrundsatz nicht eingehalten wird, kann die Finanzverwaltung auf Grundlage von Einkünftekorrekturvorschriften eine Berichtigung der Einkünfte vornehmen. Zudem besteht gemäß § 90 Abs. 3 Abgabenordnung eine Dokumentationspflicht »bei Sachverhalten, die Vorgänge mit Auslandsbezug betreffen«, welche durch die am 13.11.2003 vom Bundesministerium der Finanzen erlassene Gewinnabgrenzungsaufzeichnungsverordnung konkretisiert wird. Darüber hinaus hat die deutsche Finanzverwaltung in einer Verwaltungsanweisung vom 12.04.2005 – Verwaltungsgrundsätze-Verfahren – detaillierte Leitlinien für die Anwendung und Umsetzung der neuen Gesetzestexte erarbeitet, welche Ausführungen zu den Ermittlungsgrundsätzen der Finanzbehörden im Rahmen einer steuerlichen Betriebsprüfung, den Mitwirkungspflichten des Steuerpflichtigen und den Rechtsfolgen bei Verstößen beinhaltet. Diese steuerlichen Regelungen unterstreichen die hohe Bedeutung der steuerlichen Compliance sowie die Notwendigkeit zur Dokumentation der Verrechnungspreisgestaltung.

2.3 Funktions- und Risikoverteilung

Die Funktions- und Risikoverteilung stellt bei TRUMPF den zentralen Einflussfaktor für die Wahl der Verrechnungspreismethode dar. Unter Berücksichtigung der übernommenen Funktionen und Risiken werden entlang der Wertschöpfungskette einer Produktgruppe die direkt wertschöpfenden und unterstützenden Prozesse in fünf Funktionsbereiche eingeteilt. Neben Produktions-, Vertriebs- und Dienstleistungsbereichen gibt es so genannte Produktcenter, die die Gesamtverantwortung für ein Endprodukt tragen, sowie so genannte Technologiecenter, die für die Entwicklungsstrategie einer Komponente zuständig sind. Die nachfolgende Grafik gibt einen Überblick über diese Einteilung.

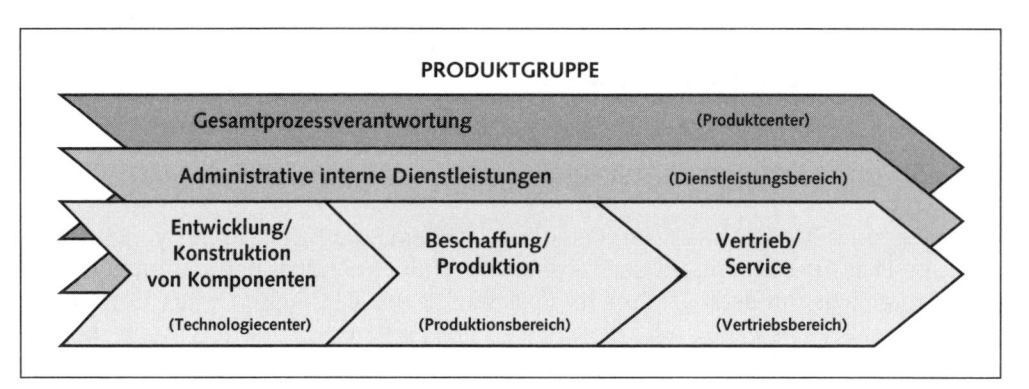

Abb. 1: Einteilung der Funktionsbereiche entlang der Wertschöpfungskette

Entsprechend dieser Einteilung entlang der Wertschöpfungskette sind jedem Funktionsbereich bestimmte Verrechnungspreismethoden zugeordnet. So besteht die Aufgabe des *Dienstleistungsbereichs* darin, zentral spezifische Dienstleistungen zu erbringen, welche über Kostenumlagen oder die Kostenaufschlagsmethode intern vergütet werden. Die Chancen und Risiken dieses Bereichs liegen lediglich in der Auslastung und Kostenabweichung. Der *Produktionsbereich* trägt die Kompetenz für Produktionsstruktur und -verfahren, eine Vergütung erfolgt ebenfalls über die Kostenaufschlagsmethode. Zu den Chancen und Risiken zählen insbesondere die Produktivität, Auslastung sowie Gewährleistung. Im *Vertriebsbereich* wird über die Marktbearbeitung in der jeweiligen Vertriebsregion entschieden. Neben Risiken der Gewährleistung und des Forderungsausfalls trägt dieser Bereich die Chancen und Risiken des direkten Wettbewerbs. Zur Verrechnung der erbrachten Leistungen wird die Wiederverkaufspreismethode eingesetzt. Schließlich bleibt noch das *Produktcenter*, das die wesentlichen Entscheidungen entlang der Wertschöpfungskette trifft und sämtliche Chancen und Risiken, welche nicht von anderen Bereichen getragen werden, übernimmt. Eine Vergütung erfolgt entsprechend des großen Umfangs an übernommenen Funktionen und Risiken über das in der Wertschöpfungskette verbleibende Residualergebnis. Neben dem Produktcenter gibt es noch das *Technologiecenter*. Das Technologiecenter hat die Entscheidungskompetenz für die Technologien und ist für die Entwicklungsstrategie einzelner Komponenten zuständig. Es trägt die Chancen und Risiken der eigenen Entwicklung und wird überwiegend über Fertigungslizenzen vergütet.

Die Ausführungen zeigen, dass die eingesetzten Verrechnungspreismethoden mit dem Umfang an übernommenen Chancen und Risiken korrespondieren.

2.4 Strategie und Performance Measurement

Weitere bedeutende interne Einflussfaktoren auf die Verrechnungspreisgestaltung sind die Unternehmensstrategie sowie das Anreizsystem der TRUMPF Gruppe. Aus dem übergeordneten Ziel, dauerhaft Erfolg zu erwirtschaften, werden fünf maßgebliche Ziele abgeleitet, wobei eine gute Firmenkultur, angemessener Gewinn sowie Wachstum Hauptziele darstellen, die um die Ziele der Innovations- und Qualitätsführerschaft ergänzt werden. Diese Strategie spiegelt sich auch in der grundsätzlichen Verrechnungspreisgestaltung wider. Die Unternehmensziele werden durch ein hohes Maß an Eigenverantwortung in den Geschäftsbereichen und Einzelgesellschaften umgesetzt (vgl. *Völker u. a.* 2007, S. 123). Ebenso spiegelt sich die hohe Bedeutung von Innovationen für das Unternehmen in der Verrechnungspreisgestaltung wider, was sich an der Organisation der Forschungs- und Entwicklungsbereiche als ergebnisverantwortliche Technologiecenter und der Verrechnung über Fertigungslizenzen entsprechend des Grundsatzes einer tragfähigen Investition zeigt (vgl. hierzu Abschnitt 3.4).

Oberste Steuerungsgröße auf Gruppen- und Geschäftsbereichsebene sowie auf Ebene der Tochtergesellschaften ist der Return on Investment (RoI), der dem DuPont-Kennzahlensystem (vgl. exemplarisch *Horváth* 2008, S. 508 ff.) entsprechend auf einzelne Stellgrößen heruntergebrochen wird (vgl. *Grünert/Laws* 2005, S. 655). Durch den RoI als Spitzenkennzahl bzw. das RoI-Kennzahlensystem wird die Vergleichbarkeit der dezentralen Einheiten und die Identifizierung von Stellhebeln und Interdependenzen ermöglicht (vgl. *Völker u. a.* 2007, S. 126). Stellgrößen sowie RoI fließen im Rahmen eines individuellen Zielvereinbarungsprozesses als Bemessungsgrundlagen in die Leistungsbeurteilung der Führungskräfte ein. Da die Höhe der Verrechnungspreise diese Kenngrößen beeinflusst, ist eine transparente und vergleichbare Ergebnisabgrenzung der einzelnen Gesellschaften für die Wirkungsweise und Akzeptanz des Anreizsystems von großer Bedeutung.

3 Methoden der Verrechnungspreisgestaltung

3.1 Grundprinzip der Abwicklung

Eine Besonderheit der Verrechnungspreisgestaltung bei TRUMPF ist das organisatorische Konstrukt des Produktcenters, welches sämtliche Chancen und Risiken in der gesamten Wertschöpfungskette, die nicht von einem anderen Bereich abgedeckt werden, trägt (vgl. exemplarisch *Borstell* 2003, S. 358). Eine entsprechende Vergütung erfolgt, indem das Residualergebnis beim Produktcenter verbleibt. Das Produktcenter ist vertraglich zwischen Produktions- und Vertriebsbereich geschaltet. Es kauft beim Produktionsbereich ein und verkauft an den Vertriebsbereich. Durch diese Konstruktion wird der Übergang zwischen den eingesetzten Verrechnungspreismethoden in der Wertschöpfungskette entsprechend der Funktions- und Risikoverteilung konzeptionell umgesetzt. Sofern der Produktionsbereich direkt unter Anwendung der Wiederverkaufspreismethode an den Vertriebsbereich verkauft, führt der Produktionsbereich das Residualergebnis als Provisionsertrag oder auch -aufwand an das Produktcenter ab. Das Konstrukt des Produktcenters entspricht im Prinzip dem in Tz. 3.4.20.3.b) der Verwaltungsgrundsätze-Verfahren beschriebenen Konstrukt des »Entrepreneurs« oder »Strategieträgers«.

In Abbildung 2 ist dieses Grundprinzip der Abwicklung grafisch dargestellt, wobei die Möglichkeit des direkten Transfers zwischen Produktions- und Vertriebsbereich unter Abführung des Residualergebnisses an das Produktcenter nicht abgebildet ist. Die Pfeile in der Abbildung verdeutlichen den Leistungsaustausch – entsprechend entgegengesetzt verläuft die Verrechnung des Leistungsaustauschs. Gestrichelte Pfeile zeigen den internen Austausch von Dienstleistungen, der alle abgebildeten Bereiche betrifft. An den Pfeilen sind jeweils die transferierte Leistung sowie die entsprechende Verrechnungspreismethode vermerkt. Dabei orientiert sich die Wahl der jeweiligen Verrechnungspreismethode an den in Abschnitt 2.3 dargestellten Funktionsbereichen.

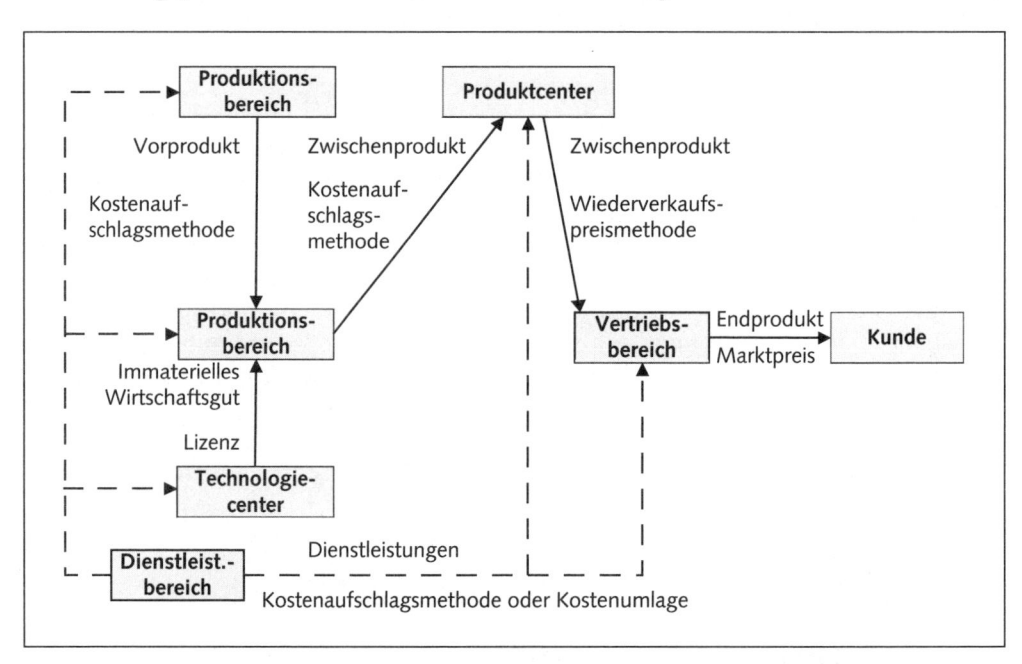

Abb. 2: Grundprinzip der Abwicklung; Quelle: Hummel (2010)

3.2 Wiederverkaufspreismethode im Vertriebsbereich

Zur Verrechnung des internen Leistungsaustauschs zwischen Produktcenter und Vertriebsbereich bzw. zwischen Produktions- und Vertriebsbereich wird im Vertriebsbereich die Wiederverkaufspreismethode angewandt. Als Wiederverkaufspreis wird bei TRUMPF ein standardisierter Marktpreis verwendet, der in einer zentralen, gruppenweit gültigen Masterpreisliste des Produktcenters festgelegt ist. Die Verwendung dieser Masterpreisliste stellt eine konzernweit einheitliche Preisbasis sicher, was zu einer hohen

Transparenz der Verrechnungspreisgestaltung beiträgt. Die Wiederverkaufsspanne wird in Grundrabatt und Strukturrabatt unterteilt und ist abhängig von den übernommenen Vertriebs- und Servicefunktionen, den übernommenen Risiken und den Markt- und Umfeldgegebenheiten. Daneben erfolgt gegebenenfalls noch die Berücksichtigung eines währungsbedingten Zusatzrabattes.

Ausgangspunkt für die Bestimmung des Grundrabatts ist eine angemessene Umsatzrendite, die aus Vergangenheitswerten abgeleitet wurde. Die Angemessenheit der Umsatzrendite ist durch Recherchen in öffentlichen Unternehmensdatenbanken fundiert (vgl. exemplarisch *Oestreicher/Vormoor* 2004, S. 95 ff.). Zur Ermittlung des Strukturrabatts werden Funktionen und Risiken sowie Markt- und Umfeldgegebenheiten operationalisiert und in ein Scoring-Modell überführt, das für die Bewertung jeder Vertriebsgesellschaft herangezogen wird (vgl. exemplarisch *Küpper* 2008, S. 120 f.). Der Punktwert aus dem Scoring-Modell steigt mit der Zunahme an übernommenen Funktionen und Risiken an. Für jede Vertriebsgesellschaft werden die Bewertungspunkte aus dem Scoring-Modell einem Quotienten aus durchschnittlichen Vertriebskosten der drei vorangegangenen Geschäftsjahre und dem durchschnittlichen Umsatz der drei vorangegangenen Geschäftsjahre in einem Diagramm gegenübergestellt. Der Einsatz eines solchen Scoring-Modells stellt eine strukturierte und nachvollziehbare Bestimmung der übernommenen Funktionen und Risiken in den einzelnen Gesellschaften sicher, wobei eine schlüssige und transparente Bestimmung der Zielgrößen und Gewichtungsfaktoren von besonderer Bedeutung ist.

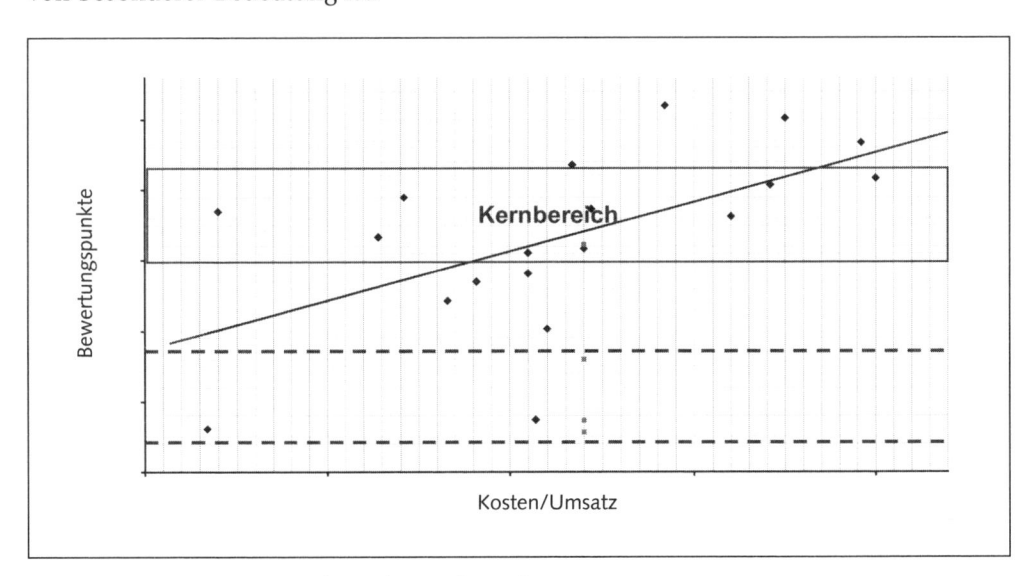

Abb. 3: Diagramm zur Ermittlung des Strukturrabatts

Entlang der Ordinate werden in definierten gleich großen Abständen verschiedene Bereiche festgelegt. Ausgangspunkt hierfür bildet der Kernbereich, in dem die meisten Punkte (Vertriebsgesellschaften) liegen. Die Wiederverkaufsspanne von Vertriebsgesellschaften in diesem Kernbereich enthält lediglich einen Grundrabatt und keinen Strukturrabatt. Ausgehend vom Kernbereich erfolgt in den weiteren Bereichen in fixierten Stufen zusätzlich (oberhalb des Kernbereichs) oder abzüglich (unterhalb des Kernbereichs) die Berücksichtigung eines Strukturrabatts. Da die Masterpreisliste in der Währung des Produktcenters geführt wird, wird zudem bei Wechselkurseffekten außerhalb einer festgelegten Bandbreite ein währungsbedingter Zusatzrabatt gewährt. Sondereinflüsse sowie außerordentliche Umfeldbedingungen werden für jede Vertriebsgesellschaft gesondert berücksichtigt. Bei wesentlichen Änderungen der Funktionen und Risiken erfolgt eine entsprechende Anpassung der Wiederverkaufsrabatte.

3.3 Kostenaufschlagsmethode im Produktionsbereich

Zur Verrechnung des internen Leistungsaustauschs zwischen Produktionsbereich und Produktcenter sowie zwischen zwei Produktionsbereichen wird die Kostenaufschlagsmethode eingesetzt. Grundlage hierfür sind die basierend auf einer Herstellkostenrichtlinie ermittelten Herstellkosten im Produktionsbereich, welche bezüglich des Umfangs Vollkosten und hinsichtlich des zeitlichen Bezugs Istkosten für den Materialeinsatz sowie Standardkosten für die Fertigung darstellen. Dabei korrespondiert die Verwendung von Vollkosten als Basis der Verrechnung mit dem bei der TRUMPF Gruppe verfolgten langfristigen Planungs- und Entscheidungshorizont (vgl. *Küpper* 2008, S. 439). Durch die Verrechnung von Istkosten im Materialbereich wird eine exakte Zurechnung der tatsächlich angefallenen Kosten sichergestellt. Und schließlich schafft die Verrechnung zu Standardkosten in der Fertigung Anreize zu effizientem Verhalten im liefernden Bereich, da dieser die Differenz von Istkosten zu Standardkosten trägt. Durch Berücksichtigung eines Zuschlagssatzes auf die Herstellkosten zur Abdeckung von Verwaltungs-, Garantie- und Kulanzkosten im Produktionsbereich (Abwicklungszuschlag) und unter Einbezug

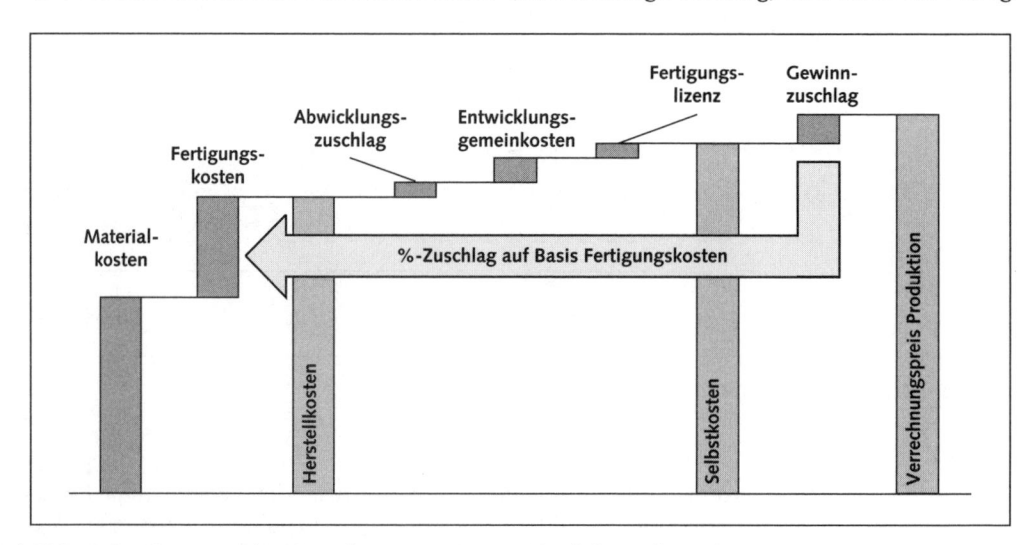

Abb. 4: Bestimmung des Verrechnungspreises im Produktionsbereich

der Entwicklungsgemeinkosten und Fertigungslizenzen erhält man die Selbstkosten des Produkts. Diese Selbstkosten zuzüglich einer angemessenen Gewinnspanne bilden den Verrechnungspreis. Abbildung 4 zeigt diese Kalkulation.

Um eine Mehrfachbezuschlagung und somit Fehlentscheidungen innerhalb einer Lieferkette zu vermeiden, stellen die Fertigungskosten (Einzel- und Gemeinkosten) und damit die echte Wertschöpfung die Basis für die Erhebung des Gewinnzuschlags dar. Hierfür wird zunächst für den gesamten Produktionsbereich aus dem gewichteten Kapitalkostensatz (Weighted Average Cost of Capital, WACC) der TRUMPF Gruppe und dem betriebsnotwendigen Kapital im Produktionsbereich ein Sollgewinn bestimmt. Dieser wird über den Anteil des betriebsnotwendigen Vermögens des jeweiligen Produktionsteilbereichs am unkonsolidierten betriebsnotwendigen Vermögen des gesamten Produktionsbereichs den einzelnen Produktionsteilbereichen zugeordnet. Den entsprechenden Zuschlagssatz erhält man durch Division des Sollgewinns durch die Standardfertigungskosten. Dadurch wird die Konformität der Verrechnungspreisgestaltung mit dem in Abschnitt 2.4 beschriebenen Steuerungskonzept sichergestellt. Die nachfolgende Abbildung 5 verdeutlicht die Vorgehensweise.

```
┌─────────────────────────────┐     ┌─────────────────────────────┐
│  Kapitalkosten (WACC)       │     │  Betriebsnotwendiges Kapital│
│  TRUMPF Gruppe              │     │  TRUMPF Gruppe              │
└─────────────┬───────────────┘     └─────────────┬───────────────┘
              ▼                                   ▼
┌───────────────────────────────────────────────────────────────────┐
│ Sollgewinn Produktion = Betriebsnotwendiges Vermögen_Produktion   │
│                         × WACC_TRUMPF Gruppe                      │
└───────────────────────────┬───────────────────────────────────────┘
                            ▼
┌───────────────────────────────────────────────────────────────────┐
│ Sollgewinn Produktionsbereich_A = Sollgewinn Produktion ×         │
│                                   BNV PB_A / BNV Produktion       │
└───────────────────────────┬───────────────────────────────────────┘
                            ▼
┌───────────────────────────────────────────────────────────────────┐
│ Gewinnzuschlag PB_A = Sollgewinn PB_A / Σ Standard-               │
│                       Fertigungskosten PB_A                       │
└───────────────────────────┬───────────────────────────────────────┘
                            ▼
┌───────────────────────────────────────────────────────────────────┐
│ Gewinnzuschlag im Produktionsbereich_A auf Basis der              │
│ Fertigungskosten                                                  │
└───────────────────────────────────────────────────────────────────┘
```

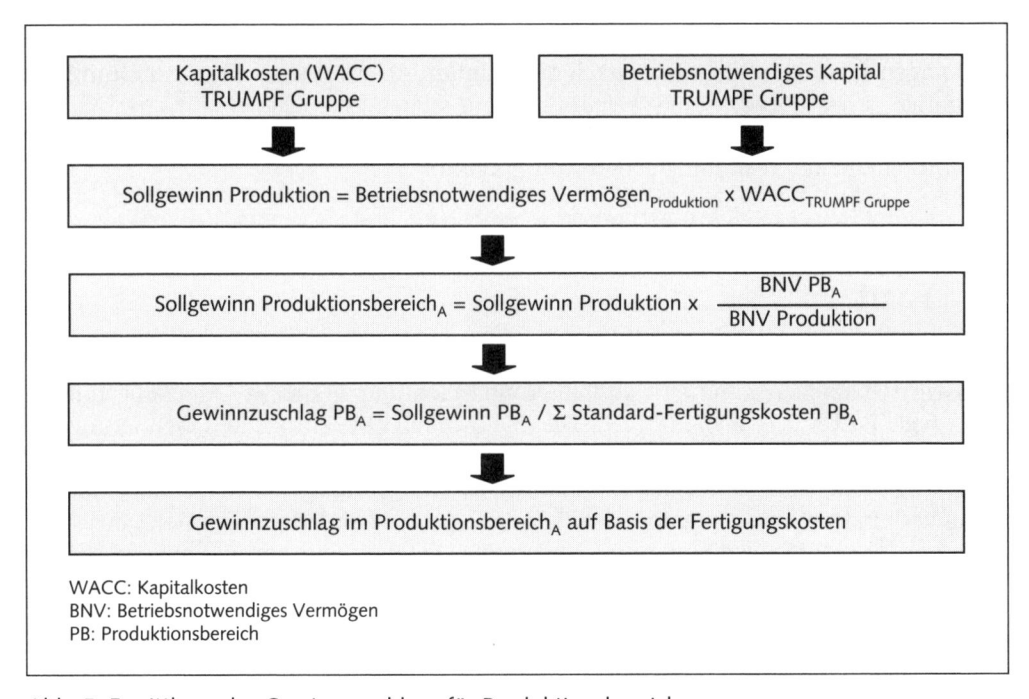

WACC: Kapitalkosten
BNV: Betriebsnotwendiges Vermögen
PB: Produktionsbereich

Abb. 5: Ermittlung des Gewinnzuschlags für Produktionsbereiche

Die mit der Kostenaufschlagsmethode ermittelten Verrechnungspreise haben grundsätzlich eine Gültigkeit von drei Jahren, wobei bei einer Veränderung der Herstellkosten über eine festgelegte Bandbreite hinaus auch frühere Anpassungen möglich sind.

3.4 Fertigungslizenzen im Entwicklungsbereich

Das Technologiecenter ist für die Entwicklungsstrategie von Komponenten zuständig. Sofern einzelne Entwicklungsstandorte im Auftrag des Technologiecenters Entwicklungsprojekte durchführen, erfolgt die Verrechnung der dort anfallenden Entwicklungskosten als Vollkosten zuzüglich eines Gewinnaufschlags an das Technologiecenter. Das Technologiecenter wiederum belastet sämtliche aus einem Entwicklungsprojekt resultierende Kosten über eine Fertigungslizenz an diejenigen Organisationseinheiten weiter, die das Entwicklungsergebnis wertschöpfend nutzen. Sofern das Entwicklungsergebnis nicht genutzt werden kann, bleiben die Entwicklungskosten beim Technologiecenter.

Die Fertigungslizenzen werden für Produktfamilien gebildet. Das Verfahren zur Bestimmung der Höhe einer Fertigungslizenz orientiert sich am Grundsatz einer tragfähigen Investition. Demnach müssen sämtliche Einzel- und Gemeinkosten, die direkt oder indirekt in vorgelagerten Perioden oder innerhalb der Produktlaufzeit für das Entwicklungsprojekt anfallen, und eine angemessene Rendite über die Erhebung einer Fertigungslizenz abgedeckt werden. Die Höhe der Fertigungslizenz errechnet sich dabei nach der Maßgabe, dass jedes Entwicklungsprojekt bezogen auf die ersten fünf Absatzjahre einen Kapitalwert von Null aufweisen muss. Bei einem Kapitalwert größer Null tragen sämtliche Rückflüsse nach dem fünften Absatzjahr zu einer Erhöhung des Kapitalwerts des Entwicklungsprojekts bei und stellen eine Chance auf zusätzlichen Gewinn für das Technologiecenter dar. Durch diese Vergütungsform wird die Eigenverantwortlichkeit der Technologiecenter unterstützt.

4 Fazit

Ziel der Verrechnungspreisgestaltung bei TRUMPF ist, dass die Verrechnungspreise »betriebswirtschaftlichen Kriterien standhalten und nicht durch andere Anreize beeinflusst sind« (vgl. *Völker u. a.* 2007, S. 128). Dies wird durch eine stringente Orientierung der Verrechnungspreisgestaltung an der Funktions- und Risikoverteilung in der Wertschöpfungskette gewährleistet, was insbesondere für das Konstrukt des Produktcenters und die damit verbundene Vergütung über das Residualergebnis gilt. Diese Konsistenz zwischen Funktions- und Risikoverteilung und eingesetzter Verrechnungspreismethode sowie die Verwendung von Standardmethoden im Produktions- und Vertriebsbereich wirken sich zudem positiv auf die Erfüllung der steuerlichen Compliance aus (vgl. *Borstell* 2004, S. 1178).

Die aufgezeigten Zusammenhänge zwischen den Einflussfaktoren und der Verrechnungspreisgestaltung liefern Anhaltspunkte für eine Übertragbarkeit der Verrechnungspreisgestaltung auf andere Unternehmen, wobei folgende Elemente der Verrechnungspreisgestaltung besonders hervorzuheben sind:
- konsequente Orientierung an der Funktions- und Risikoverteilung
- Bestimmung der Höhe des Gewinnzuschlags im Produktionsbereich
- keine Mehrfachbezuschlagung im Produktionsbereich
- Masterpreisliste als Basis für die Wiederverkaufspreismethode
- Funktions- und Risikoanalyse im Vertriebsbereich

Neben einer vergleichbaren Zielpriorisierung muss hierfür eine weitestgehende Übereinstimmung hinsichtlich der Ausgestaltung der internen Einflussfaktoren vorliegen. Dies impliziert eine auf Innovationen und Qualitätsführerschaft ausgerichtete Unternehmensstrategie, einen vergleichbaren Aufbau der Wertschöpfungskette sowie insbesondere eine eindeutige Identifizierung von Funktionen und Risiken in der Wertschöpfungskette, die Existenz eines Performance-Measurement- und Anreizsystems sowie die Tätigkeit in einer Branche des produzierenden Gewerbes.

Literatur

Abgabenordnung (AO) in der Fassung der Bekanntmachung vom 1. Oktober 2002 (BGBl I S. 2663), zuletzt geändert durch Artikel 10 des Gesetzes vom 20. Dezember 2008 (BGBl I S. 2850)

Borstell, T. (2003), Verrechnungspreispolitik bei konzerninternen Lieferungsbeziehungen, in: Grotherr (Hrsg.) 2003, S. 341–361

Borstell, T. (2004), Lieferung von Gütern und Waren, in: Vögele u. a. (Hrsg.) 2004, S. 1085–1215

Gesetz über die Besteuerung bei Auslandsbeziehungen (Außensteuergesetz, AStG) vom 8. September 1972 (BGBl I S. 1713), zuletzt geändert durch Artikel 9 des Gesetzes vom 19. Dezember 2008 (BGBl I S. 2794)

Gleich, R./Michel, U. (Hrsg.) (2007), Organisation des Controlling, Freiburg i. Br 2007

Grotherr, S. (Hrsg.) (2003), Handbuch der internationalen Steuerplanung, 2. Aufl., Herne, Berlin 2003

Grünert, L./Laws, R. (2005), Wertorientierte Unternehmenssteuerung bei TRUMPF mit SAP EC-CS und Web-basiertem Finanzberichtswesen in SAP BW, in: Zeitschrift für Controlling, 17, 2005, 11, S. 653–662

Grundsätze für die Prüfung der Einkunftsabgrenzung bei international verbundenen Unternehmen (Verwaltungsgrundsätze, VGr), BMF-Schreiben vom 23. Februar 1983, IV C 5 – S 1341 – 4/83 (BStBl I S. 218)

Grundsätze für die Prüfung der Einkunftsabgrenzung zwischen nahestehenden Personen mit grenzüberschreitenden Geschäftsbeziehungen in Bezug auf Ermittlungs- und Mitwirkungspflichten, Berichtigungen sowie auf Verständigungs- und EU-Schiedsverfahren (Verwaltungsgrundsätze – Verfahren, VGrVerf), BMF-Schreiben vom 12. April 2005, IV B 4 – S 1341 – 1/05 (BStBl I S. 570)

Horváth, P. (2008), Controlling, 11. Aufl., München 2008

Hummel, K. (2010), Gestaltungsparameter und Einflussfaktoren von Verrechnungspreissystemen, Dissertation, Universität Stuttgart, erscheint 2010

Küpper, H.-U. (2008), Controlling, Konzeption, Aufgaben, Instrumente, 5. Aufl., Stuttgart 2008

Oestreicher, A./Vormoor, C. (2004), Verrechnungspreisanalysen mit Hilfe von Unternehmensdatenbanken – Vergleichbarkeit und Datenlage, in: Internationales Steuerrecht, 13, 2004, 3, S. 95–106

Verordnung zu Art, Inhalt und Umfang von Aufzeichnungen im Sinne des § 90 Abs. 3 der Abgabenordnung (Gewinnabgrenzungsaufzeichnungsverordnung, GAufzV), vom 13. November 2003 (GBGl I S. 2296), geändert durch Artikel 9 des Gesetzes vom 14. August 2007 (GBGl I S. 1912)

Vögele, A./Borstell, T./Engler, G. (Hrsg.) (2004), Handbuch der Verrechnungspreise, 2. Aufl., München 2004

Völker, H./Grünert, L./Kriegbaum-Kling, C. (2007), Controlling in einem Familienunternehmen – der Einfluss der Unternehmenskultur auf die Controlling-Organisation bei TRUMPF, in: Gleich, R./Michel U. (Hrsg.), Organisation des Controlling, Freiburg i. Br. 2007, S. 113–130

Business-Intelligence-Werkzeuge – Nutzen für den Controller

Dr. Carsten Bange*

1 Business Intelligence und Performance Management

2 Anforderungen an Business-Intelligence-Werkzeuge im Spiegel von Microsoft Excel

3 Business-Intelligence-Anwendungsbereiche im Controlling
    3.1 Cockpits und Scorecards
    3.2 Standard-Reporting
    3.3 Ad-hoc-Reporting
    3.4 Analyse
    3.5 Planung und Simulation
    3.6 Data Mining

4 Datenmanagement-Infrastruktur

5 Nutzen im Controlling

Literatur

---

* Dr. Carsten Bange, Geschäftsführender Gesellschafter, BARC GmbH, Würzburg.

1 Business Intelligence und Performance Management

Business-Intelligence-(BI)-Werkzeuge sind das tägliche Arbeitszeug des Controllers zur Unterstützung seiner Berichts-, Analyse- und Planungsaufgaben. Aufgabe von Business-Intelligence-Werkzeugen ist die Sammlung, Aufbereitung und Darstellung von Information zur Entscheidungsunterstützung. Damit ergibt sich eine hohe Überlappung zu den Aufgaben des Controllers und der Nutzen der Werkzeuge ergibt sich aus dem Ziel ihres Einsatzes: der Unterstützung des Performance Managements. Performance Management beschreibt die Planung, Steuerung und Kontrolle der Leistung von Organisationen auf operativer, taktischer und strategischer Ebene.

Neben dem für diese Zwecke häufig und universell eingesetzten Werkzeug Microsoft Excel findet sich verschiedene Standardsoftware auf dem Markt, die unterschiedliche Aufgaben unterstützt. Bei Betrachtung der vielfältigen Anforderungen an Business-Intelligence-Werkzeuge wird schnell deutlich, dass Microsoft Excel als Softwarewerkzeug am Einzel-Arbeitsplatz sehr viele Defizite aufweist (vgl. Kapitel 2).

Eine aktuelle Studie des Business Application Research Centers (BARC) in Würzburg unter mehr als 500 Anwenderunternehmen zeigt die Verbreitung des Einsatzes von spezialisierter Standardsoftware für bestimmte Bereiche des Performance Managements (s. Abbildung 1).

Ein wesentlicher Nutzen von Business-Intelligence-Werkzeugen ergibt sich aus ihrer funktionalen Unterstützung für die Aufgaben im Controlling. Business-Intelligence-Systeme umfassen solche Werkzeuge und ihren notwendigen »Unterbau« an Datenma-

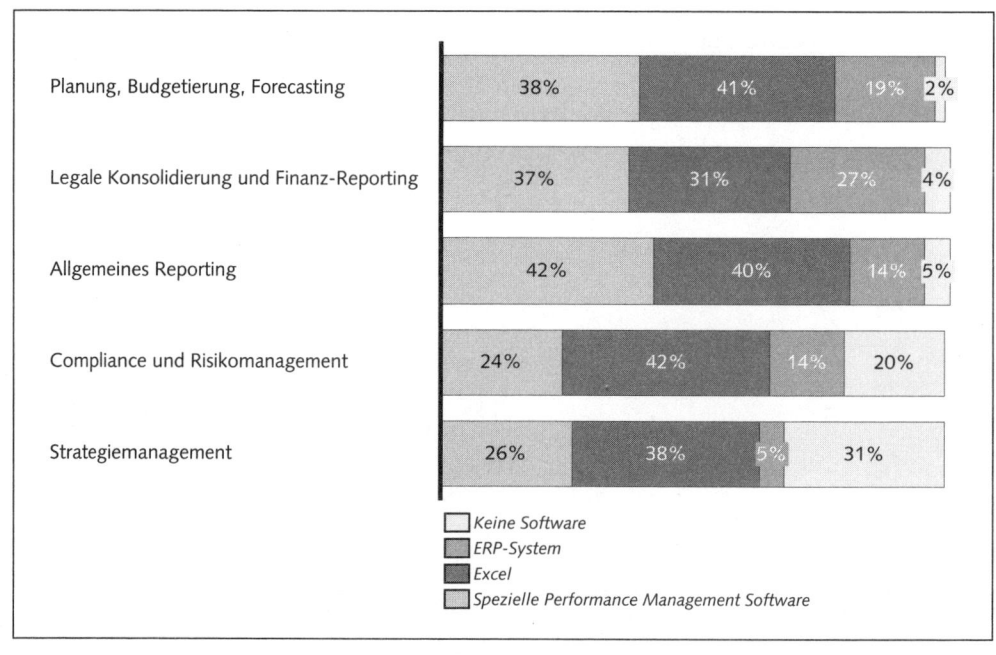

Bereich	Keine Software	ERP-System	Excel	Spezielle Performance Management Software
Planung, Budgetierung, Forecasting	38%	41%	19%	2%
Legale Konsolidierung und Finanz-Reporting	37%	31%	27%	4%
Allgemeines Reporting	42%	40%	14%	5%
Compliance und Risikomanagement	24%	42%	14%	20%
Strategiemanagement	26%	38%	5%	31%

Abb. 1: Werkzeugeinsatz für Performance Management (internationale Erhebung im Mai 2009, n=522, vgl. *BARC* 2009b)

nagement-Infrastruktur. Zusammen wird auf operativer, taktischer und strategischer Ebene der Unternehmensführung ein schneller Zugriff auf konsistente und konsolidierte Information zu relevanten Entscheidungsobjekten in den verschiedensten Bereichen einer Organisation realisiert. Dabei müssen sowohl hinsichtlich zu erfüllender Aufgaben als auch des unterstützten Anwenderkreises sehr unterschiedliche Komplexitätsstufen abgedeckt werden: Das Spektrum reicht von der Anzeige vordefinierter Berichte für Gelegenheitsbenutzer bis hin zur Unterstützung komplexer Data-Mining-Verfahren für Datenanalysten. Hauptteil dieses Beitrages ist daher die Klassifikation und Vorstellung der wesentlichen Anwendungsgebiete in Kapitel 3.

BI-Anwenderwerkzeuge zur Datenpräsentation und -analyse können allerdings nur dann ihre Aufgaben qualitativ hochwertig erfüllen, wenn eine entsprechende Datenmanagement-Infrastruktur geschaffen wird. Wesentliche Qualitätsaspekte sind hier die zeitliche Verfügbarkeit, der Detailgrad, die Abfragegeschwindigkeit und die inhaltliche Qualität von Daten (s. Kapitel 4).

Somit ergibt sich ein Business-Intelligence-System, das verschiedene Aufgaben auf mehreren Ebenen abdeckt (s. Abbildung 2). Werkzeuge und Systemkomponenten korrespondieren mit diesen Ebenen.

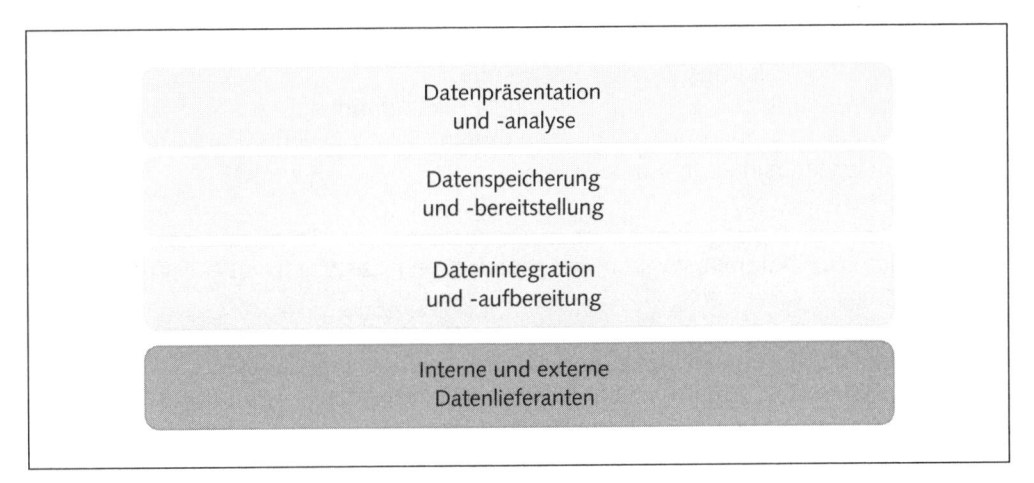

Abb. 2: Übersichtsarchitektur eines Business-Intelligence-Systems

2 Anforderungen an Business-Intelligence-Werkzeuge im Spiegel von Microsoft Excel

Für Business-Intelligence-Aufgaben sind Tabellenkalkulationsprogramme (vor allem Microsoft Excel) häufig die erste Wahl an vielen Arbeitsplätzen im Unternehmen. Die guten Möglichkeiten für individuelle Kalkulation, Datensammlung und -strukturierung sowie schnelle Formel- und Grafikerstellung sorgen hier für eine entsprechende Verbreitung.

Je größer die Zahl der Anwender, der verknüpften Excel-Blätter und -Mappen oder die Komplexität der Inhalte wird, desto deutlicher werden allerdings auch die Nachteile

des reinen Excel-Einsatzes. Die im Folgenden aufgeführten Defizite von Excel zeigen die eingeschränkte Eignung für anspruchsvollere Business-Intelligence-Aufgaben und sind gleichzeitig auch die Anforderungen an spezialisierte Business-Intelligence-Software, die diese Defizite lösen muss:
- Datenmenge: Ein Excel-basiertes Berichtswesen wird bei großen Daten- und Berichtsmengen unübersichtlich.
- Zusammenarbeit und Versionierung: Jedes Excel-Sheet ist eine Datenbank; durch Kopieren und Weiterreichen entstehen neue Versionen, die nicht nachverfolgt werden können. Es wird keine Konsistenz der Daten an verschiedenen Anwenderarbeitsplätzen erreicht.
- Sicherheit: Ein differenzierter Zugriffsschutz verschiedener Anwender auf unterschiedliche Datenbereiche ist nur sehr mühsam einzurichten.
- Unzureichende Funktionen: Insbesondere für die Planung fehlen Funktionen zur Datenverteilung. Die individuelle Ergänzung von Excel um benötigte Funktionen durch Visual-Basic-Programme (Makros) sorgt für die Entstehung komplexer Individualapplikationen, die nur kostspielig gewartet werden können.
- Revisionssicherheit: Es gibt keine Nachverfolgung von Daten-, Formel- oder Programmveränderungen und anderen wichtigen Punkten.
- Prozessunterstützung: Eine Prozessunterstützung (»Workflow«) ist nicht enthalten, aber gerade für Planungsprozesse notwendig.
- Bedienungsfreundlichkeit: Während Tabellenkalkulationsprogramme für Gelegenheitsanwender zu anspruchsvoll sein können, sind die Funktionen für spezielle Aufgaben andererseits nicht ausreichend.

Neben diesen anwendungsbezogenen Anforderungen (im »Front-End«) müssen auch im Unterbau zur Datenversorgung (im »Back-End«) anspruchsvolle Anforderungen erfüllt werden:
- Daten müssen aus heterogenen, unternehmensinternen und -externen Quellen integriert werden, um eine Verknüpfung von Information zu erlauben.
- Daten müssen über einen langen Zeithorizont gespeichert werden, um Trends erkennen zu können und Vorhersagen zu berechnen.
- Daten sollen sowohl detailliert als auch aggregiert in einem Informationsmodell zur Verfügung stehen, das entscheidungsrelevante Sachverhalte in ihrem Kontext darstellt.
- Der Betrieb der Datenmanagement-Infrastruktur soll möglichst kostengünstig sein.
- Zugriffsrechte auf Daten müssen detailliert verwaltet werden, da häufig nur ausgewählte Personen sensible Unternehmensdaten sehen dürfen.
- Daten sollen zeitnah überhaupt in den entscheidungsunterstützenden Systemen zur Verfügung stehen und dann im Werkzeug mit sehr schnellen Antwortzeiten abgefragt werden können.
- Die Datenqualität soll bereits in den datenversorgenden Prozessen sichergestellt werden.

Insgesamt sind dies also hohe Anforderungen an eine Systemarchitektur und auch durchaus unterschiedliche Anforderungen an operative Informationssysteme, deren

Hauptaufgabe die Verarbeitung von Transaktionen ist. Microsoft selbst versucht in seinem Produktportfolio diese Defizite zu adressieren. So wird Excel funktional stärker ausgebaut, durch die SQL-Server Analysis Services wird eine multidimensionale Datenbank mit Excel als Anwenderwerkzeug, durch Excel Service wird eine webbasierte Version und eine Integration in Sharepoint zur Unterstützung der Zusammenarbeit angeboten. Diese Funktionen und ihr Zusammenspiel sind teilweise noch im Aufbau und die resultierende Systemkomplexität ist offensichtlich höher als der reine Excel-Einsatz. Somit konkurriert dieser Ansatz direkt mit anderen Angeboten von Business-Intelligence-Lösungen im Markt.

3 Business-Intelligence-Anwendungsbereiche im Controlling

Der Aufbau eines Data Warehouse sowie die Modellierung und Aufbereitung der Daten in den Datenmanagement-Komponenten eines Business-Intelligence-Systems (vgl. Kapitel 4) dient nur einem Zweck: entscheidungsrelevante Informationen darzustellen und weiterzuverarbeiten.

Im Controlling sind alle relevanten Auswertungsobjekte wie Kunde, Produkt, Vertriebsregionen, Mitarbeiter, Kosten etc. inhaltlicher Gegenstand der Business-Intelligence-Aufgaben Reporting, Analyse und Planung. Ziel ist die Schaffung eines integrierten Gesamtsystems, das analog zu den Managementprozessen Planung, Berichtswesen und Analyse abdeckt.

Werkzeuge und umzusetzende Anforderungen in Business-Intelligence-Systemen sind so unterschiedlich wie der Umgang mit Kennzahlen im Unternehmen. Häufig werden die Hauptanwendungen Cockpits/Scorecards, (Ad-hoc-)Reporting, Analyse, Planung, Konsolidierung und Data Mining in getrennten Werkzeugen angeboten, um den unterschiedlichen Anwenderprofilen und der Anwendungskomplexität gerecht zu werden. Softwareseitig existieren hierfür sowohl Spezialanbieter für jeden Aufgabentyp als auch Hersteller von Business-Intelligence-Suiten, die verschiedene Anwenderwerkzeuge und teilweise auch Datenintegrations- und Datenspeicherungsmöglichkeiten mit anbieten. Nach einer Übernahmewelle im BI-Markt haben sich im Jahr 2007 auch die breit aufgestellten Softwareanbieter Oracle, IBM und SAP durch Zukäufe deutlich verstärkt.

Im Vordergrund der Anwenderwerkzeuge stehen die unterschiedlichen Bedürfnisse der Anwender, die allerdings häufig sehr heterogen sind. Anwender reichen vom »Power User«, der ständig und intensiv mit BI-Werkzeugen arbeitet, bis hin zum Gelegenheitsnutzer. Eine Kategorisierung der Einsatzbereiche in sechs Klassen mit unterschiedlichen Freiheitsgraden in der Analyse und Komplexität in der Anwendung zeigt die wesentlichen Aufgaben und unterschiedlichen Nutzungsarten von Business-Intelligence-Systemen (s. Abbildung 3). Sie werden im Folgenden mit Ausnahme der legalen Konsolidierung, die typischerweise in der Hoheit des Rechnungswesens liegt, genauer vorgestellt.

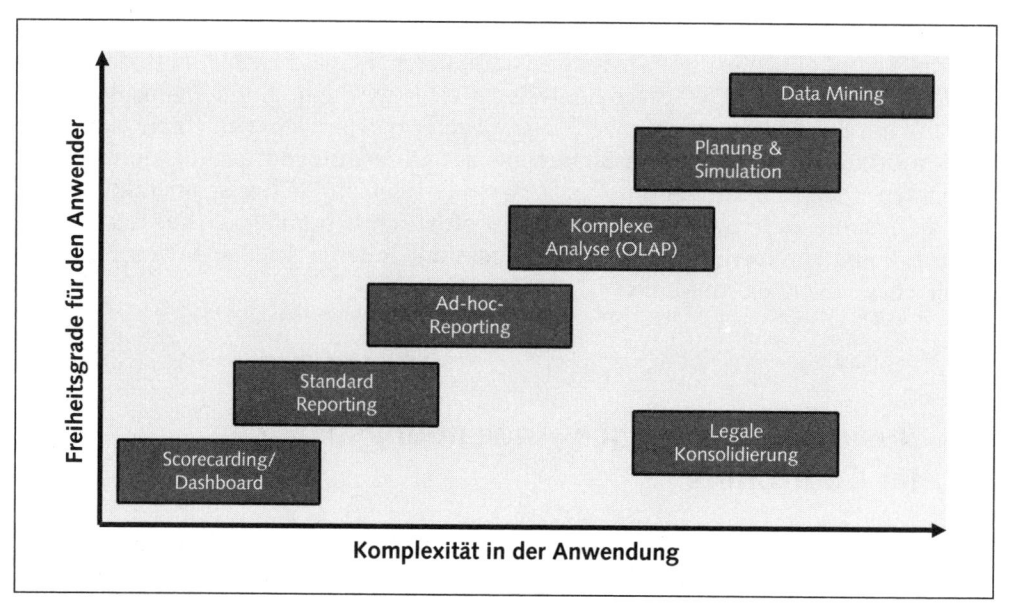

Abb. 3: Klassen von Business-Intelligence-Anwendungen

3.1 Cockpits und Scorecards

Cockpits (auch Dashboards genannt) dienen der übersichtlichen und einfachen Darstellung aggregierter Information, z. B. in Unternehmensportalen oder als eigene Führungs- bzw. Managementinformationsanwendung (s. Abbildung 4). Viele Anwendungen in diesem Bereich werden auf Basis von Internettechnologie zur Anzeige im Browser entwickelt.

Wegen der individuellen Anforderungen werden in Softwarewerkzeugen häufig lediglich Bausteine oder Entwicklungsumgebungen bereitgestellt, mit denen eigene Anwendungen durch grafische Entwicklung und Parametrisierung weitgehend programmierfrei definiert werden können. Viele Reporting- und Analysewerkzeuge können individuelle Sichten im Sinne von Cockpits bereitstellen. Weiterhin existieren Spezialwerkzeuge für den individuellen Aufbau von Business-Intelligence-Cockpits, z. B. von Arcplan, Board, Cubeware, IBM Cognos, Information Builders, Oracle, SAP BusinessObjects oder SAS.

Scorecards erfordern zusätzlich zu der Cockpit-Ansicht von Kennzahlen weitere Funktionen. Die Balanced Scorecard (BSC) als Managementmethode der strategischen Unternehmensführung propagiert sowohl einen ganzheitlichen Blick auf die Key Performance Indicators (KPIs) eines Unternehmens als auch eine Umsetzung von Visionen und Strategien in konkrete Kennzahlen und Maßnahmen. Für die vielfältigen Aufgaben der Dokumentation, Maßnahmenplanung, Kommunikation und Überwachung von Kennzahlen spielen Softwarewerkzeuge eine wesentliche Rolle. Sie erhöhen die Produktivität bei Aufbau und Betrieb einer Balanced Scorecard und erlauben damit eine unternehmensweite Verbreitung eines Performance-Management-Konzeptes.

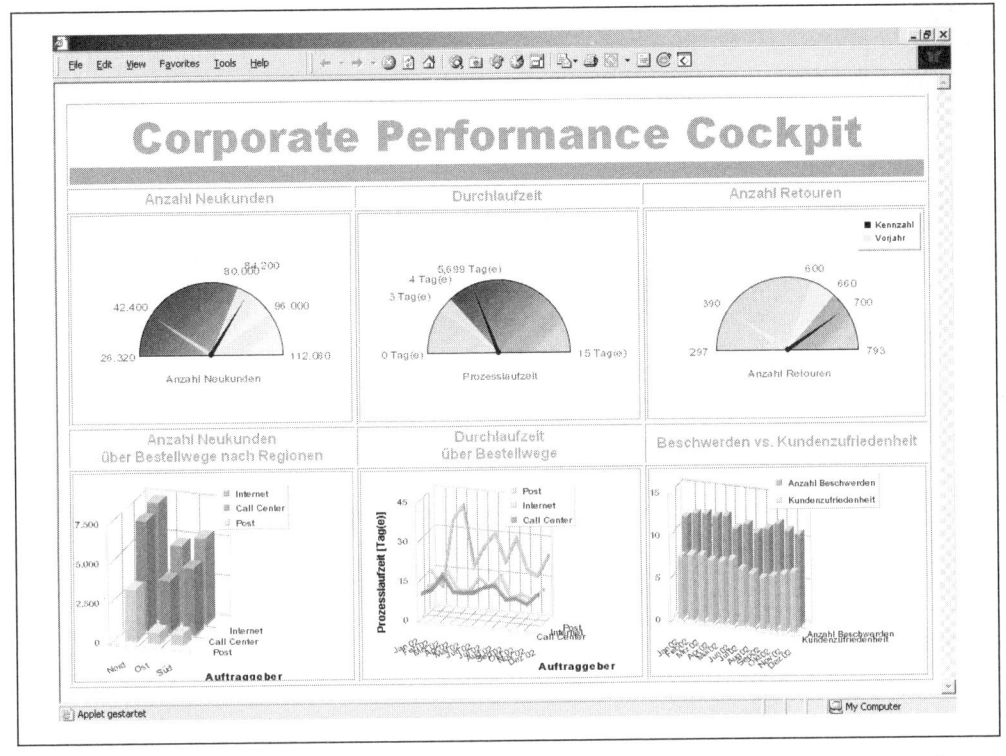

Abb. 4: Vertriebsmanagement-Cockpit mit Kennzahlen zu Neukunden, Durchlaufzeit und Kundenzufriedenheit

Spezielle Softwareapplikationen helfen Unternehmen bei der Umsetzung ihrer Strategie durch
- Integration oft verteilter Performance-Daten,
- Kommunikation der strategischen Kennzahlen im Unternehmen (z. B. als »Strategy Map« – s. Abbildung 5),
- Unterstützung der Zusammenarbeit und Förderung des direkten Informationsaustausches zwischen Mitarbeitern,
- Analyse der Performance-Daten,
- Ableitung konkreter Maßnahmen und Nachverfolgung von Projekten

Dieses gibt allen Mitarbeitern Zugang zu der Strategie einer Organisation und unterstützt sowohl Kommunikation als auch Feedback. Auf diese Weise kann die Unternehmensstrategie kontinuierlich weiterentwickelt werden.

Gerade die Möglichkeiten der Kommunikation strategischer Ziele, die Abbildung von Ursache-Wirkungs-Ketten oder die Maßnahmenplanung und -verfolgung sind in Spezialwerkzeugen zum Aufbau von Balanced-Scorecard-Systemen enthalten. Beispiele für Anbieter sind Actuate PerformanceSoft, Corporate Planning, Corvu, Hyperspace, IBM Cognos, IDS Scheer, Infor, Microsoft, Oracle, Procos, Prodacapo, QPR, SAP, SAS.

Die Funktionen der Datenintegration können über die übliche Infrastruktur von Business-Intelligence-Systemen abgebildet werden. Für die Datenanalyse und das Berichtswesen sind in Balanced-Scorecard-Werkzeugen häufig eigene Möglichkeiten enthalten oder es werden spezialisierte Reporting- und Analysewerkzeuge eingesetzt.

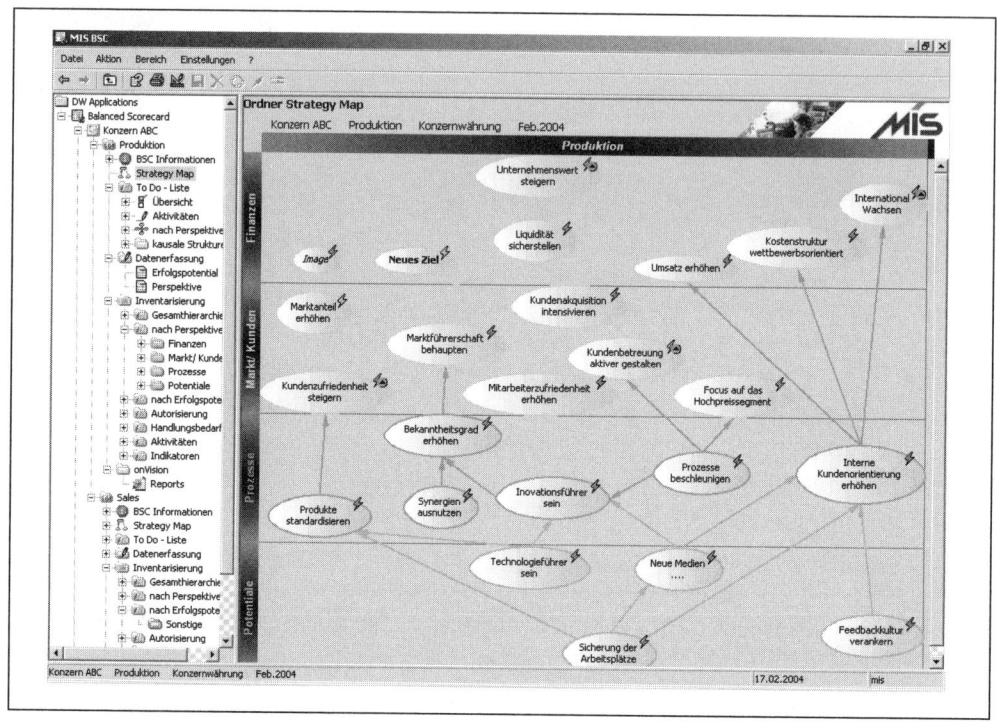

Abb. 5: Strategiekarte zur Abbildung von Ursache-Wirkungszusammenhängen einer Balanced Scorecard

3.2 Standard-Reporting

Die üblicherweise am häufigsten genutzte Kommunikation von Kennzahlen erfolgt im Rahmen des betrieblichen Berichtswesens. Daten werden in der Regel tabellarisch mit ergänzenden Grafiken dargestellt – entweder in papier- oder bildschirmorientierten Ausgabeformaten. Dem Layout der Berichte kommt in der Regel hohe Bedeutung zu, so dass neben der tabellarischen auch die grafische Darstellung von Daten umfangreich unterstützt wird.

Die wesentlichen zu unterstützenden Aufgaben sind:
- *Berichtsdefinition*, bei der die Formatierung, aber auch die Flexibilität bei der Abfrage definiert wird. Abbildung 6 zeigt eine typische Definition eines Umsatzberichtes.
- *Informationsdistribution* zur Verteilung der Berichte an verschiedene Empfänger (häufig als E-Mail) in verschiedenen Formaten (Excel-Datei, PDF-Dokument). Alternativ auch die Steuerung des Zugriffs auf Berichte über Portale oder andere Mechanismen.

- *Informationsdarstellung* durch Anzeige statischer Berichte auf verschiedenen Medien (z. B. Papier, Bildschirm, mobile Geräte) und auch Ermöglichung gewisser Interaktionsmöglichkeiten, z. B. die Detaillierung eines Datenbereiches durch Anklicken.

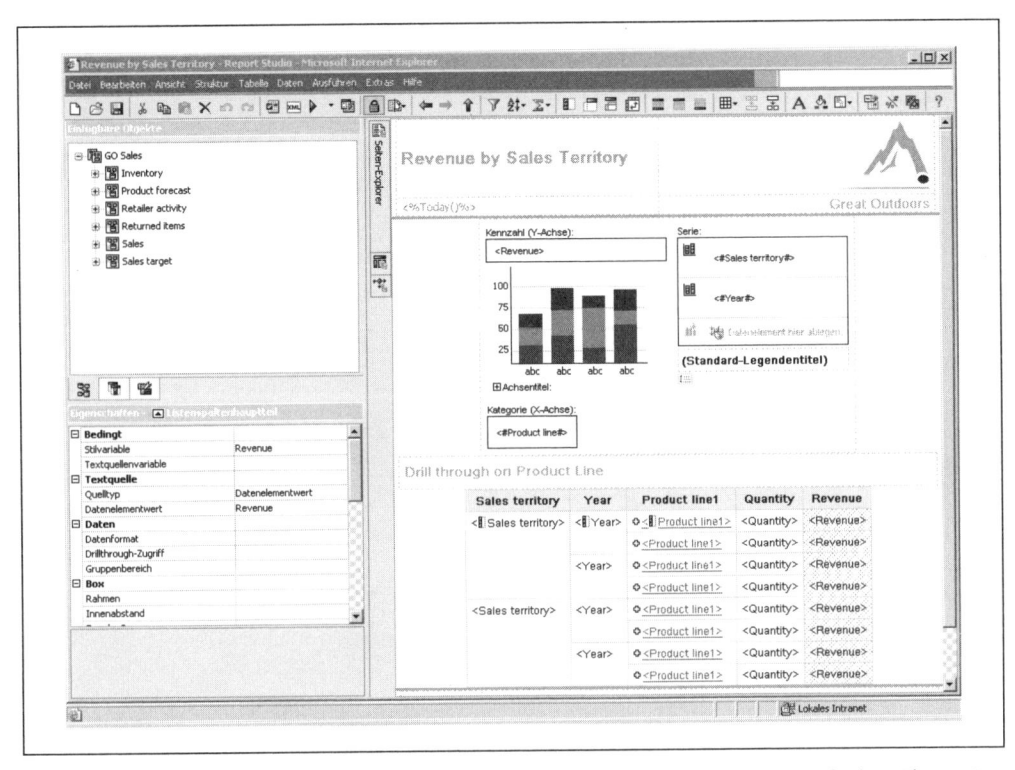

Abb. 6: Berichtsdefinition mit Platzhaltern für Grafiken, Tabellen und weiteren grafischen Elementen (rechter Bildschirmbereich) und Datenbankzugriff zur Verknüpfung des Berichts mit seinen Datenquellen (linker Bildschirmbereich)

Während die Definition von Berichten und ihrer Distribution die Erlernung der Anwendung von entsprechenden Werkzeugen für diese Aufgaben benötigt, sollte der Aufruf von Berichten keine Schulung erfordern. Moderne Berichtswerkzeuge mit individualisierten Web-Portalen erfüllen diesen Anspruch.

Die Trennung von inhaltlicher und Layout-Definition eines Berichtes von seiner Ausführung durch Befüllung mit Daten und Anzeige ist das wesentliche Prinzip von Standard-Berichtswerkzeugen. Ohne eine neue Entwicklung können ständig aktuelle Berichte angeboten werden, da die Berichtsdefinition zur Laufzeit mit denjenigen Daten befüllt wird, die zu diesem Zeitpunkt in der Datenbank vorgefunden werden. Zusätzlich erfolgt die Datenabfrage zum Laufzeitpunkt des Berichtes auch rechtegesteuert. Insofern kann die gleiche Berichtsdefinition mit den Rechten verschiedener Anwender erfolgen, so dass in jedem erzeugten Bericht nur diejenigen Daten erscheinen, für die ein Anwender autorisiert ist.

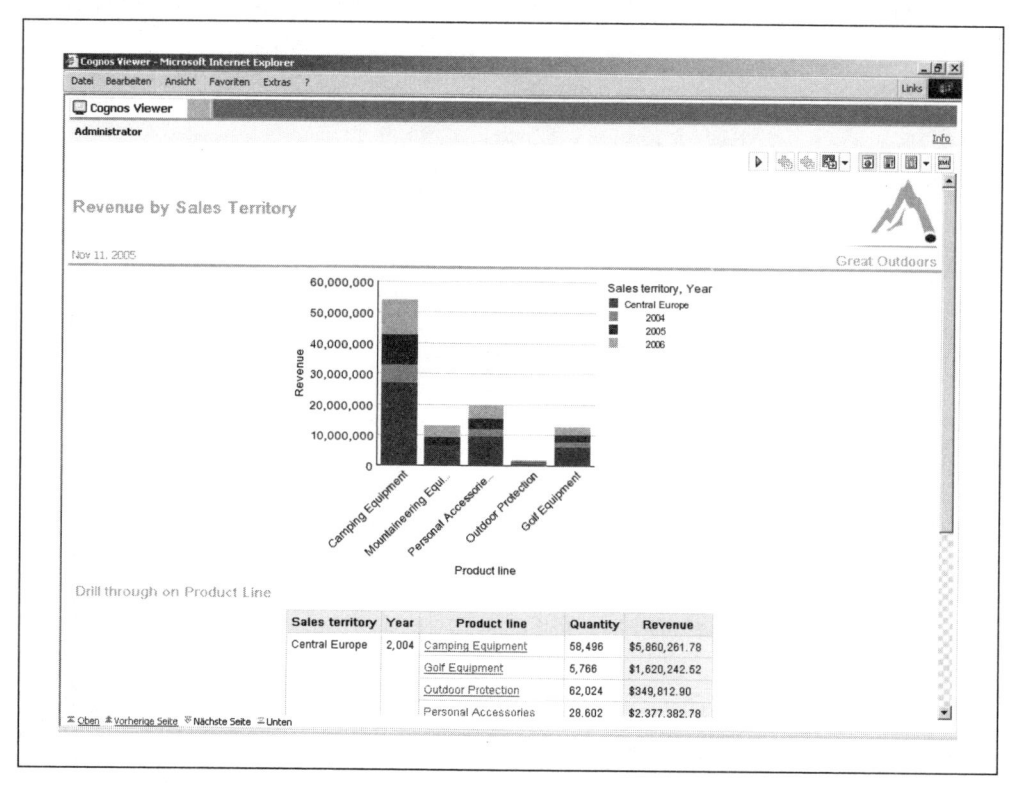

Abb. 7: Anzeige eines einfachen Umsatzberichtes in einer webbasierten Berichtsumgebung, Abbildung 7 zeigt die Ausgabe des in Abbildung 6 definierten Berichts an

Ergänzend zu standardisierten Prozessen für die Berichtserzeugung und -verteilung (z. B. über Nacht) kommt auch dem regelgesteuerten Ausnahmeberichtswesen eine immer größere Rolle zu, da es eine schnellere Benachrichtigung, aber auch eine Filterfunktion gegen Informationsüberflutung bereitstellt. Neben klassischen Papierberichten erlauben immer mehr Portale im Intra- und Internet den einfachen webbasierten Zugriff auf Berichte und weitere Informationen. Als Neuerung können zumindest kleinere Berichte inzwischen auch auf mobile Endgeräte übermittelt werden, um eine ortsunabhängige Informationslieferung zu gewährleisten (»mobile BI«).

Die vereinfachte und kostengünstige Erzeugung und Verteilung von Berichten ermöglicht erst die weitere Verbreitung von Information in Organisationen. Unterstützt wird diese Entwicklung von neuen, auf modernen Softwarearchitekturen basierenden IT-Komponenten, die im Hintergrund auch sehr hohe Datenvolumina verarbeiten, die Berichte an eine Vielzahl an Empfängern automatisiert und in verschiedenen Formaten versenden können.

Typische Standard-Berichtswerkzeuge sind Entwicklungswerkzeuge für IT-Personal. Die Anzeige der Berichte erfolgt dann in endanwenderfreundlichen Berichtsportalen oder kann in andere Anwendungen integriert werden. Die großen Anbieter liefern mit SAP BusinessObjects Crystal Reports, IBM Cognos 8 BI Report Studio, Oracle BI Publisher, Microsoft SQL Server Reporting Services oder SAS Enterprise BI Server entsprechende Werkzeuge. Spezialisten mit Marktbedeutung in diesem Bereich sind Actuate, Information Builders und MicroStrategy. Gerade im Bereich der Entwicklungswerkzeuge für Standardberichtswesen finden sich relevante Open-Source-Lösungen mit BIRT, JasperReports und Pentaho Reporting.

Studien des BARC liefern umfangreiche Softwareanbieterlisten (»BARC Guide«) sowie Softwarevergleiche für verschiedene Teilgebiete der Business Intelligence (»BARC-Studien«, www.barc.de).

3.3 Ad-hoc-Reporting

Ergänzend zum Standardberichtswesen ist eine immer stärkere Anforderung, die interaktive Navigation in Berichten und eigene Zusammenstellung von Berichten durch den Controller selbst zu unterstützen – ohne langwierige Anforderungsdefinition und Umsetzung durch die IT. Zusätzlich zur Rolle des Berichtsempfängers wird hier auch ein »Power User« im Fachbereich unterstützt, der Berichte in gewissem Umfang erstellen und anderen Fachanwendern bereitstellen kann.

Ad-hoc-Reporting bedarf zunächst einmal eines umfassenden Datenfundaments, damit auch außerhalb des Standardberichtswesens benötigte Daten einbezogen werden können. Dieses Fundament wird in der Regel mit einem Data Warehouse oder abteilungsbezogenem Data Mart aufgebaut.

Während die Umsetzung des Standard-Reportings in der Regel über Mitarbeiter mit guten technischen Kenntnissen erfolgt, muss das Ad-hoc-Reporting auch einem trainierten Fachanwender möglich sein. Werkzeuge müssen daher grundsätzlich eine höhere Unterstützung für Anwender bieten, die nicht mit Programmiersprachen und klassischen Entwicklungsumgebungen vertraut sind. Anbieter orientieren sich daher in ihren Lösungen eher an Microsoft-Office-Standards und bieten ergänzende Assistenten an. Ein wesentliches Hilfsmittel ist die Vereinfachung des Zugriffs auf Datenquellen durch eine semantische Schicht. Diese stellt dem Fachanwender die verfügbaren Daten in ihren Zusammenhängen und in verständlichen Begriffen dar. Technisch gesprochen handelt es sich um eine Metadatenebene, die durch die Administratoren aufgebaut wird und eine Abstraktion zwischen Datenbanken und Fachanwender schafft. Mit Hilfe der semantischen Schicht kann ein Fachanwender Daten aus verschiedenen Datenquellen sehen und sie zu einem Bericht ad hoc kombinieren.

Wesentliche Werkzeuge in diesem Segment sind arcplan Enterprise, IBM Cognos 8 BI Query Studio, Infor PM, Information Builders WebFocus, MicroStrategy, LogiXML, Oracle Answers, SAP BusinessObjects WebIntelligence und SAS Enterprise BI Server. Viele Werkzeuge, die im Segment Analyse eingeordnet sind, erlauben auch ein Ad-hoc-Reporting. Dies erfolgt häufig Excel-basiert auf Basis einer multidimensionalen Datenbank. Insofern sind die Grenzen zwischen Ad-hoc-Reporting und Analyse hier fließend.

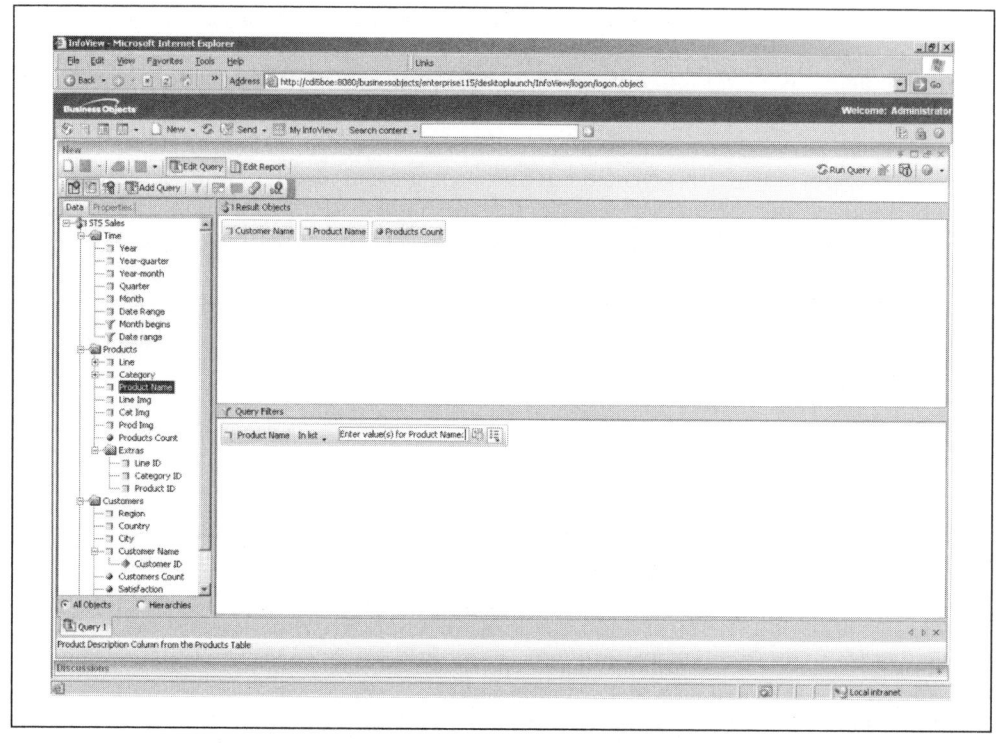

Abb. 8: Zur Berichtsdefinition mit einem Ad-hoc-Berichtswerkzeug werden im Berichtsdesigner die verfügbaren Datenobjekte geordnet und verständlich aus einer semantischen Schicht angeboten (linkes Fenster). Berichtsobjekte, -layout und Datenfilter werden dann ohne Programmierung über grafische Oberflächen spezifiziert.

3.4 Analyse

Analyse geht über das Ad-hoc-Reporting hinaus, indem es dem Anwender noch weiter gehenden Zugriff auf Daten erlaubt sowie bestimmte Funktionen bereitstellt, mit denen Daten analysiert und so neue Informationen generiert werden können. Während Ad-hoc-Reporting stärker auf die Erstellung von Berichten fokussiert, wird in der Analyse die explorative Untersuchung von Daten sowie die Anwendung von mathematischen/ statistischen Methoden auf Daten stärker unterstützt. Besonders relevant und herausfordernd ist dabei auch die Änderung von Datenstrukturen, beispielsweise um neue Produkt- oder Unternehmenssegmente zu simulieren. Dies wird häufig durch lokale Datenbestände, z. B. als abhängige Data Marts in multidimensionalen Datenbanken, realisiert.

Neben der seit Jahren vorherrschenden dimensionalen Analyse finden sich in den vergangenen Jahren auch immer mehr Werkzeuge für eine mengenorientierte bzw. assoziative Analyse. Beide Vorgehensweisen sind parallel bzw. komplementär zu sehen, da sie Vorteile in unterschiedlichen Einsatzszenarien aufweisen.

Die dimensionale Analyse erlaubt dem Endanwender eine flexible Navigation in einem modellierten, dimensionalen Datenraum. Neben Navigationsoperationen entlang von Hierarchien und der Möglichkeit zum freien Aufbau von Kreuztabellen mittels Pivotierung werden analytische Verfahren und statistische Auswertungsfunktionen zur Verfügung gestellt. Im Mittelpunkt der Analyse stehen Kennzahlen, die mehrstufig aggregiert werden können. Diese Eigenschaften werden von multidimensionalen Datenbanken (s. Abbildung 9) sehr gut unterstützt. Als Anwenderwerkzeug und »Fenster« zur multidimensionalen Datenbank wird häufig Excel genutzt, das neben dem Datenzugriff um weitere Funktionen für die Analyse durch ein »Add-In« ergänzt wird. IBM TM1, Infor PM (ex MIS Alea), Jedox Palo, Microsoft SQL Server Analysis Services, MIK OLAP, Oracle Hyperion Essbase und PowerOLAP sind typische Vertreter. Alternativ bieten aber zahlreiche Anbieter auch eigenständige Lösungen an, die nicht Excel als primäres Anwenderwerkzeug nutzen. Beispiele hier sind Bissantz, Board, Cubeware und IBM TM1 Executive Viewer.

Ergänzend zu den seit vielen Jahren verfügbaren Möglichkeiten zur dimensionalen Analyse werden inzwischen immer mehr Werkzeuge für eine mengenorientierte bzw. assoziative Analyse angeboten. In der mengenorientierten Analyse werden Informa-

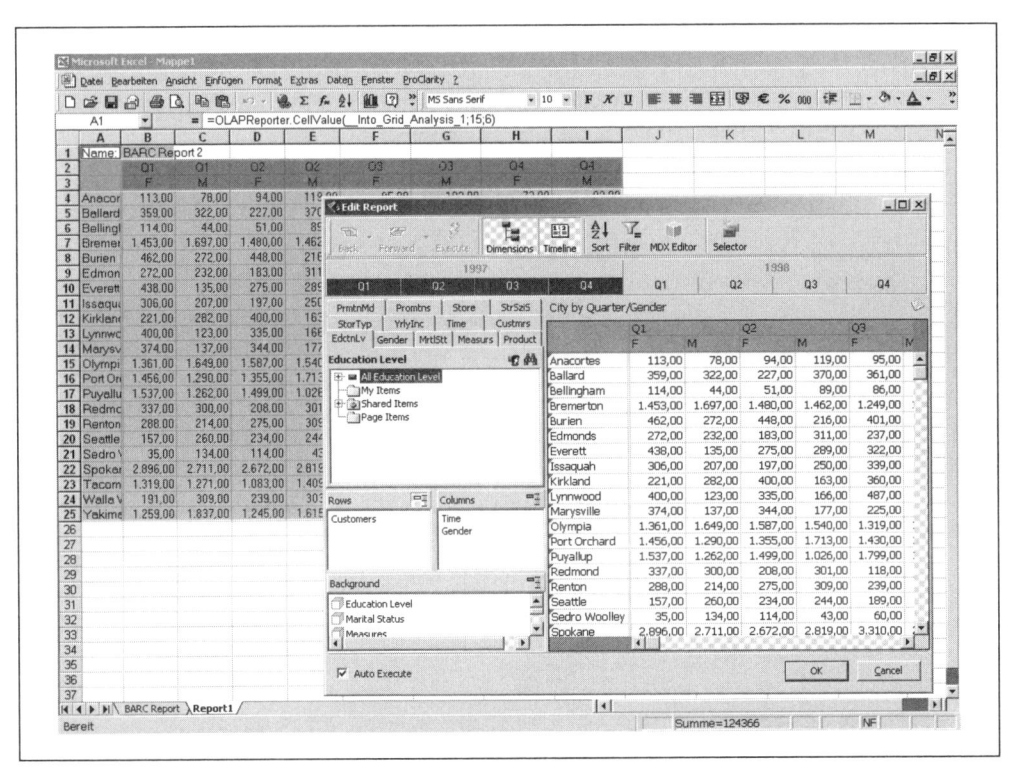

Abb. 9: Ad-hoc-Analyse als Add-In in Microsoft Excel: Excel wird funktional ergänzt und ist die Anzeigeumgebung für Daten aus einer dahinterliegenden Datenbank. Der Datenzugriff und häufig auch die Datenmodellierung werden in eigenen Fenstern oder innerhalb eines Excel-Arbeitsblattes realisiert.

tionsobjekte (z. B. Kunden) über ihre Attributausprägungen zu Gruppen zusammengefasst oder die Gruppenzugehörigkeit einzelner Informationsobjekte identifiziert. Im Datenmodell fehlen in der Regel vordefinierte dimensionale Strukturen. Stattdessen werden Verknüpfungen zwischen Datenbanken definiert und nicht oder nur eingeschränkt weiter modelliert. Es ist so möglich, zwischen abhängigen Attributen frei zu navigieren und die Eigenschaften der verbleibenden Menge an Informationsobjekten ad hoc zu sehen. Die mengenorientierte Analyse zeigt vor allem bei einer großen Anzahl von Informationsobjekten mit vielen Attributen Vorteile, wenn das Filtern der Attribute Gegenstand der Analyse ist. Die Selektion von Zielgruppen aus großen Kundendatenbeständen im Rahmen eines Kampagnenmanagements ist ein typisches Beispiel hierfür.

Die Vorgehensweise der mengenorientierten Analyse ist Vor- und Nachteil zugleich: In sehr hoher Geschwindigkeit können Daten und ihre Zusammenhänge gezeigt und gefiltert werden. Kommt es allerdings auf die Abbildung von Strukturen und der Modellierung von Zusammenhängen zwischen den Elementen an, z. B. bei der Definition von Aggregationsregeln im Rahmen des Kostencontrollings, dann bieten dimensionale Analysewerkzeuge Vorteile. Typische Vertreter der mengenorientierten Analyse sind Infonea, HumanIT, QlikTech, Panoratio, Tibco Spotfire und SAP BusinessObjects Explorer.

Unabhängig von der Analyseart sind Benutzerfreundlichkeit, gute Antwortzeiten und analytischer Funktionsumfang wesentliche Eigenschaften aller Analysewerkzeuge. Letztlich können neben dimensionaler und mengenorientierter Analyse auch weitere

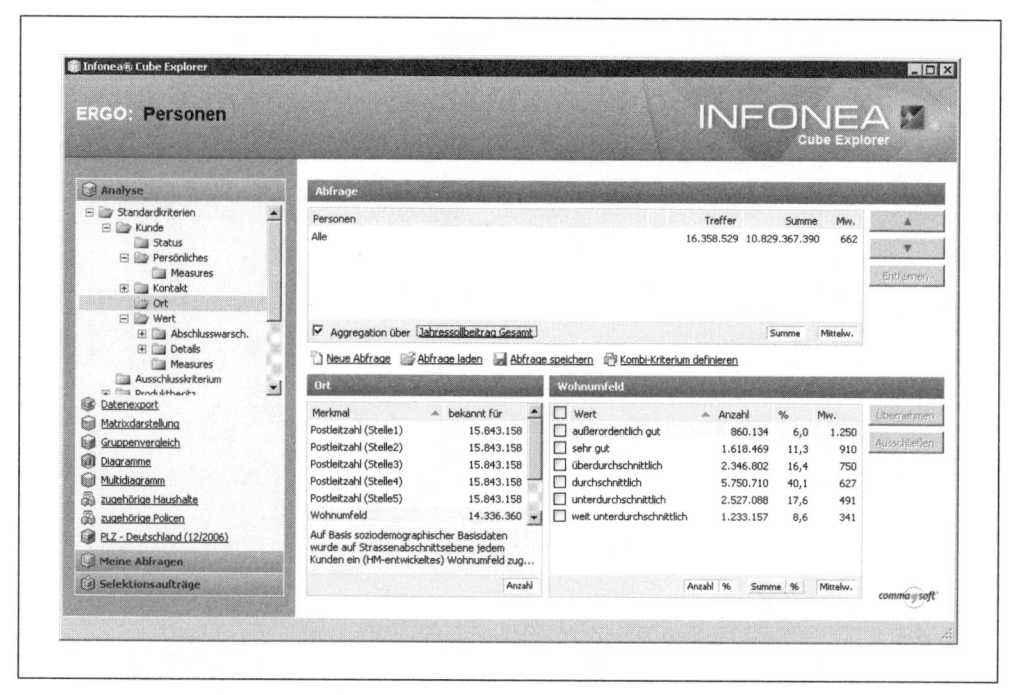

Abb. 10: Beispiel einer mengenorientierten Analyse, in der eine Treffermenge nach Wohnumfeld und Ort eingeschränkt wird

Varianten der Datenanalyse identifiziert werden. Von besonderer Bedeutung ist hier die automatisierte Datenmustererkennung in Datenbanken – das Data Mining (s. Kapitel 3.6). Weitere, gerade simulative Analyseverfahren haben im Zusammenhang mit Planungsprozessen eine besondere Bedeutung (s. Kapitel 3.5).

3.5 Planung und Simulation

Die Unterstützung von Planungs- und Budgetierungsprozessen erfordert eine Bereitstellung von Planungswerkzeugen für Dateneingabe, Datenverteilung, Forecasting und Simulation. Während im klassischen Berichtswesen Daten nur von Datenbanken zum Anwender in eine Richtung fließen, müssen Planungswerkzeuge auch ein Zurückschreiben von Daten aus dem Endanwenderwerkzeug ermöglichen. In kleinen und mittleren Unternehmen kann eine kostengünstige und schnelle Planungsunterstützung durch Standardwerkzeuge zur Planung erreicht werden. Diese bilden häufig einen großen Teil der betriebswirtschaftlichen Planungslogik durch eine vordefinierte Verknüpfung der Erfolgs-, Finanz- und Bilanzplanung bereits ab. Die umsatzseitigen Marktführer in

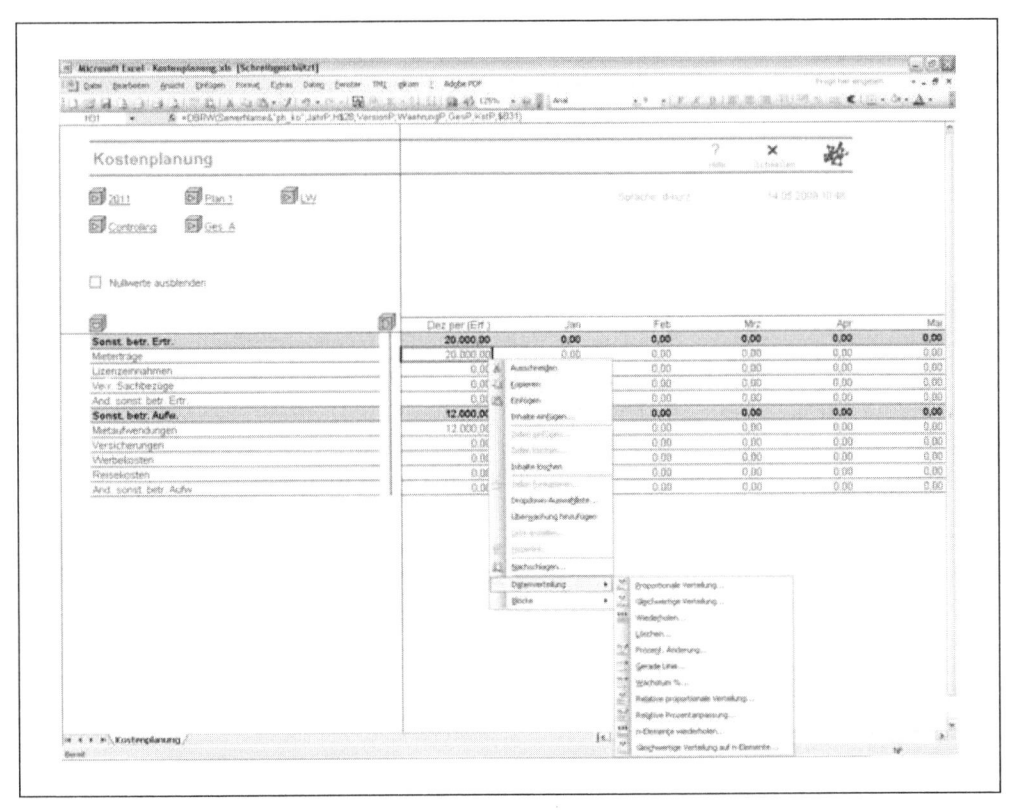

Abb. 11: Auswahl unterschiedlicher Funktionen zur Verteilung aggregierter Planwerte auf Detailebenen in einem Planungswerkzeug

diesem Bereich sind Corporate Planning und Winterheller, weitere typische Anbieter sind Bank Austria, Bissantz, CoPlanner, Denzhorn, Ekomplan, Evidanza, LucaNet, Macs Software, SWOT u. v. a. m.

Für größere Unternehmen mit vielen Beteiligten an den Planungs- und Budgetierungsprozessen erreichen Planungsplattformen mit ihren integrierten Funktionen zur Prozessunterstützung sowie der Flexibilität zur Anpassung an unternehmensspezifische Anforderungen häufig eine deutliche Effizienzsteigerung. Neben den Planungsplattformen der großen Anbieter IBM Cognos 8 Planning und TM1 Planning, Oracle Hyperion Planning, SAP BusinessObjects BPC und SAS Financial Intelligence finden sich zahlreiche Spezialisten, z. B. Arcplan, Board, CUBUS, elKom, Evidanza, Infor, Metris, Prevero, Software4You, Tagetik oder Thinking Networks.

Simulation stellt besondere Anforderungen an Planungswerkzeuge. Neben Abspeicherung und Vergleich verschiedener Szenarien kann Simulation auch bedeuten, dass ein Fachanwender direkten Zugriff auf die Datenstrukturen bekommt, um z. B. neue Elemente anzulegen oder auch Strukturänderungen (z. B. eine neue regionale Zuordnung von Gebieten oder Veränderungen von Organisationseinheiten) zu simulieren. Diese Anforderungen werden häufig mit einer direkten Eingriffsmöglichkeit in eine multidimensionale Datenbank durch einen trainierten Fachanwender realisiert. Grundsätzlich ist die Verbreitung von multidimensionalen Datenbanken als Plattform für Planungsanwendungen sehr hoch. Neben der Simulation ist auch eine hohe Performance bei der Datenverteilung ein besonderer Vorteil dieser Technologie.

3.6 Data Mining

Die komplexe und ungerichtete Analyse von Datenbeständen zur Entdeckung von Strukturen und Mustern durch Verfahren der Statistik, des maschinellen Lernens und der künstlichen Intelligenz wird in Unternehmen regelmäßig nur in speziellen Gebieten eingesetzt. Mit wenigen Ausnahmen (z. B. Bissantz DeltaMaster) liegt dies an der geringen Benutzbarkeit für Fachanwender. Experten können mit den richtigen Werkzeugen interessante Aussagen zu verschiedenen Aufgabentypen treffen. Im Marketing- und Vertriebscontrolling finden sich zahlreiche Anwendungsbereiche, insbesondere für Segmentierungsaufgaben (z. B. Kundensegmentierung), Klassifikationsaufgaben (z. B. Bonitätsbeurteilung/Scoring, Stornoprävention bei Versicherungen) oder Assoziationsaufgaben (z. B. Warenkorbanalyse im Handel).

Anbieter für Data-Mining-Werkzeuge sind neben den Marktführern SAS und SPSS Angoss, Information Builders, KXEN, Prudsys, Statistica oder Bissantz. Data-Mining-Funktionen sind inzwischen auch in die marktführenden Datenbanken integriert worden und stehen so bei Oracle, Microsoft und IBM zur Verfügung. Letztlich werden auch immer mehr Open-Source-Bibliotheken und -Werkzeuge im Markt angeboten (vgl. *BARC* 2009a).

4 Datenmanagement-Infrastruktur

Aufgabe der Datenmanagement-Infrastruktur ist die Bereitstellung der in den BI-Anwendungen benötigten Daten in geforderter Qualität. Die Datenmanagement-Infrastruktur hat hier wesentlichen Einfluss auf

- zeitliche Verfügbarkeit von Daten,
- Kombination von Daten aus unterschiedlichen Quellen,
- Bereitstellung von Daten in auswertungsrelevanten Modellen,
- Abfragegeschwindigkeit,
- Flexibilität für Anpassungen,
- Skalierbarkeit für wachsende Nutzerzahlen und Beanspruchung des Systems,
- Sicherheit (Datenschutz und Datensicherheit),
- Information über verfügbare Daten,
- allgemeine Datenqualität

und viele weitere – auch für einen Endanwender – relevante Eigenschaften des BI-Systems.

Werkzeuge für die Datenintegration und -aufbereitung (auch ETL-Werkzeuge genannt nach den Hauptaufgaben Extraktion, Transformation und Laden von Daten aus Quell- in Zielsysteme) übernehmen die Überführung von Daten aus verschiedensten Datenquellen in gesonderte Datenspeicher für die Entscheidungsunterstützung. Neben technischen Aspekten der Datenbankanbindung und der technischen Umwandlung von Daten spielen hier auch schon inhaltliche Aspekte eine große Rolle. Im Prozess der Datenintegration wird auch eine semantisch integrierte und homogene Sicht auf Daten realisiert und neue Informationen, z. B. durch Berechnung, werden generiert. Die Datenintegration erfolgt häufig zwischen Quellsystemen und speziellen Datenspeichern für BI-Systeme (Data Warehouse oder Data Mart). Alternativ können Standardberichtswerkzeuge und semantische Schichten von Ad-hoc-Berichtswerkzeugen auch direkt auf Quellsysteme zugreifen. Dies bietet Vorteile bei sehr operativen (= prozessnahen) BI-Anwendungen, bei fehlenden Anforderungen an eine Historisierung und Homogenisierung der entscheidungsunterstützenden Daten oder keiner Notwendigkeit der Entkopplung von BI-Aufgaben von operativen Systemen.

Die zentrale Speicherung von Daten für BI-Systeme erfolgt in unternehmensweiten Data Warehouses und/oder abteilungs- oder funktionsbezogenen Data Marts. Dies sind Datenbanken, die ausschließlich Daten für Berichts-, Analyse- und Planungszwecke aufnehmen und die eine Version der Wahrheit (»Single Point of Truth«) für alle steuerungsrelevanten Kennzahlen darstellen.

Damit aus den im Data Warehouse gesammelten Daten geschäftsrelevante Informationen werden, müssen diese entsprechend aufbereitet werden. Die Aufbereitung der Daten erfolgt häufig anhand einer mehrdimensionalen und hierarchischen Modellierung, damit Anwender Daten in einem Modell vorfinden, das ihren Auswertungsanforderungen entspricht. Um den Unterschied der analytisch orientierten Datenbehandlung zu transaktionsorientierten Systemen klarzumachen, wird in diesem Zusammenhang auch von Online Analytical Processing (OLAP) gesprochen. Für die mit OLAP unterstützten analytischen Aufgaben ergeben sich besondere Anforderungen, vor allem hinsichtlich der Geschwindigkeit der Informationslieferung, der Analysemöglichkeiten im System sowie der Sicherheit und Komplexität hinsichtlich der Berechnungen und zu verarbeitender Datenmengen. Die technische Umsetzung erfolgt in relationalen und immer mehr auch in speziellen analytischen Datenbanken, von denen die multidimensionalen am weitesten verbreitet sind.

Besondere Systemkomponenten im Bereich der Datenmanagement-Plattformen übernehmen weitere Aufgaben wie eine zeit- oder ereignisgesteuerte Berichtserstellung und Berichtsverteilung.

Wichtige Querschnittsaufgaben über alle Systemebenen in Business-Intelligence-Systemen (vgl. Abbildung 2) sind das Metadatenmanagement (Datendokumentation) sowie die Datenqualitätssicherung.

Metadaten liefern sowohl eine betriebswirtschaftlich-semantische als auch eine technisch-strukturelle Beschreibung der Daten. Sie dienen der Dokumentation der Informationsobjekte, insbesondere hinsichtlich ihrer Speicherparameter, Herkunft, Struktur, Zusammensetzung und inhaltlichen Beschreibung. Neben betriebswirtschaftlich relevanten Fragestellungen wie der Definition oder Kalkulationsvorschrift von Kennzahlen können so auch technische Informationen wie Aktualisierungszeitpunkt oder Datenherkunft eines Reports bereitgestellt werden.

Dokumentationsaufgaben werden aller Erfahrung nach schnell vernachlässigt. Eine Ausnahme scheint hier die Anlage von sogenannten »Wikis« (nach Vorbild Wikipedia www.wikipedia.org) zu sein. Die zentrale, webbasierte Dokumentation von Kennzahlendefinitionen mit Änderungsmöglichkeit ist ein erfolgversprechender Ansatz zur Wissensteilung im Unternehmen.

Datenqualitätsmanagement adressiert ein wesentliches Problem von Business-Intelligence-Systemen, da operative Systeme für Auswertungszwecke in der Regel Daten in nicht ausreichender Qualität liefern. Diese Qualitätsmängel umfassen fehlende, mehrfach vorkommende, falsch verknüpfte, falsch definierte und natürlich auch einfach inhaltlich falsche Daten. Mängel in der Datenqualität treten als kritisches Element wegen der höheren Anforderungen an die Datenverarbeitung häufig erst in Business-Intelligence-Systemen zutage. Adressiert wird das Problem vor allem durch eine Überprüfung der Daten in den Vorsystemen (Data Profiling) und während der Datenintegrationsprozesse. Spezielle Software für Datenqualitätsmanagement unterstützt diese Aufgaben. Insbesondere im Bereich Adressdatenqualität gibt es langjährig verfügbare und weit entwickelte Lösungen zur Deduplizierung, Validierung und Korrektur sowie Anreicherung von Adressdatenbanken.

Datenqualitätsanforderungen in Business-Intelligence-Systemen unterscheiden sich häufig von denen in operativen Systemen. Eine gute Datenqualität im operativen System bedeutet daher nicht automatisch auch eine gute Datenqualität im Business-Intelligence-System. Wichtig ist, dieses Thema frühzeitig und umfassend in jedem Business-Intelligence-Projekt zu adressieren. Datenqualitätsinitiativen sind dann besonders erfolgreich, wenn sie abteilungs- und systemübergreifend aufgesetzt werden. Das Problem muss häufig an der Wurzel, also in der Dateneingabe und der Datenverarbeitung in Vorsystemen, gelöst werden.

5 Nutzen im Controlling

Der wesentliche Nutzen von Business-Intelligence-Werkzeugen für den Controller liegt in der Unterstützung seiner Aufgaben Informationssammlung und -aufbereitung. Kapitel 3 zeigt die in diesem Zusammenhang wesentlichen Anwendungsbereiche und Einsatzbereiche von Business-Intelligence-Systemen, Kapitel 4 die notwendige Datenmanagement-Infrastruktur. Hierbei sollen vor allem automatisierbare Tätigkeiten von BI-Systemen übernommen werden, um ineffiziente manuelle, häufig auch als überflüssig empfundene Tätigkeiten zu reduzieren.

The Hackett Group hat zu diesem Thema unterschiedliche Studien mit ähnlichen Ergebnissen publiziert. Ein Ergebnis aus dem Jahr 2003 zeigt, dass effektive Business-Intelligence-Lösungen Unternehmen helfen können,
- den Berichtsaufwand um 50 %,
- die Erstellungszeit um 75 % und
- den Unterstützungsaufwand für das Reporting um 25 %

zu senken (vgl. *DM Review* 2003).

Ein gutes Beispiel für den Nutzen von Business-Intelligence-Werkzeugen liefern Planungsprozesse, in denen Anwender häufig über eine hohe Belastung durch Randaufgaben wie Datensammlung, -validierung oder Berichtsvorbereitung klagen, während die Kernaufgaben der Datenanalyse und Planung zu kurz kommen. Grob geschätzt können nicht selten 50 % der Tätigkeit automatisiert oder deutlich effektiver unterstützt werden. Die Hackett Group hat ermittelt, dass ein durchschnittliches Unternehmen 0,26 % des Umsatzes für das Managen von Planung, Budgetierung, Forecasting und Reporting ausgibt, Weltklasse-Unternehmen lediglich 0,13 % (vgl. *The Hackett Group* 2005).

Auch eine aktuelle BARC-Studie zu Planungs- und Budgetierungsprozessen in europäischen Unternehmen zeigte deutliche Nutzeffekte und Einsparungen durch den Einsatz von Business-Intelligence-Werkzeugen (vgl. *BARC* 2008). Dies zeigte sich z. B. an niedrigeren Durchlaufzeiten der Planung oder geringerem notwendigen Personaleinsatz (vgl. Abbildung 12).

Im BI Survey, der weltweit größten Anwenderbefragung von BI-Anwendern, wird ein »Business Benefits Index« genutzt, um verschiedene Nutzenpotenziale von BI-Lösungen zu ermitteln. Die Anwender und Systembetreiber werden aufgefordert, die Nutzenerreichung in verschiedenen Kategorien in ihrem Unternehmen zu bewerten. Das Ergebnis hier ist seit Jahren konsistent und deutlich: Weiche (qualitative) Nutzenfaktoren wie schnelleres Berichtswesen oder bessere Entscheidungen wurden viel eher erreicht als harte, quantitative Nutzenaspekte wie Personaleinsparung oder gesteigerter Umsatz. Am seltensten von allen Nutzenaspekten wurden Einsparungen beim IT-Personal erreicht. In der Analyse der Einflussfaktoren auf die Nutzenerreichung zeigt sich ein differenziertes Bild.

Einige Projektaspekte zeigen keinen oder nur einen geringen Einfluss auf den erreichten Nutzen der BI-Implementierung. Dies gilt insbesondere auch für die Höhe der gezahlten Lizenzkosten für Business-Intelligence-Software.

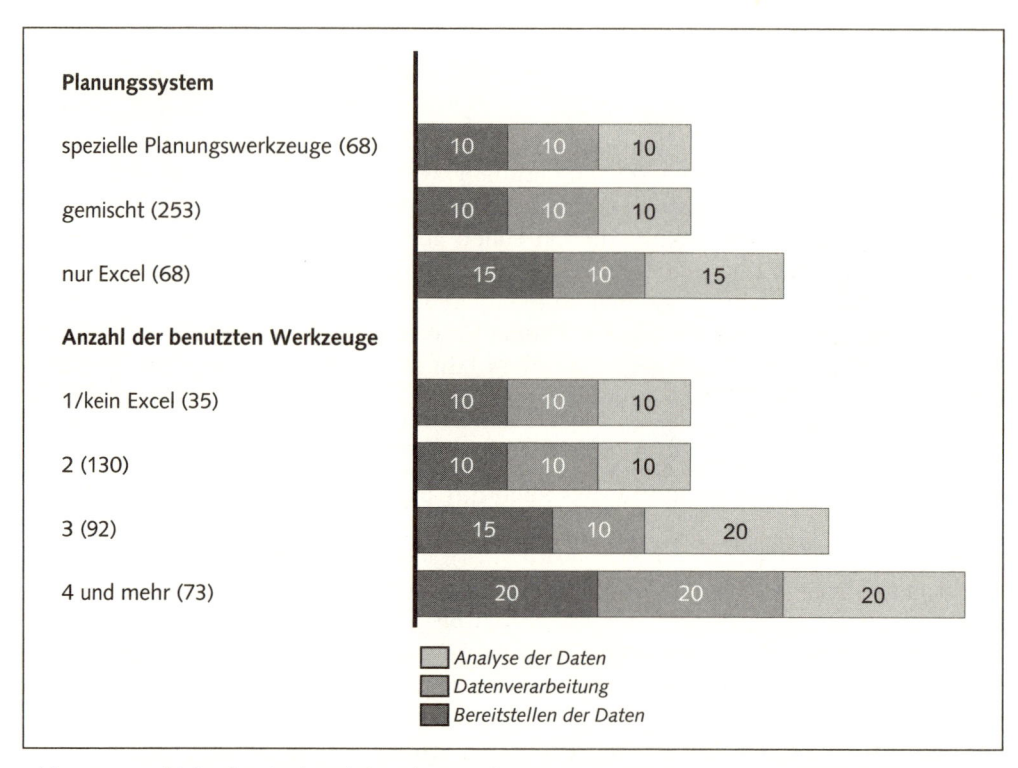

Abb. 12: Anzahl der durchschnittlich aufgewendeten Personentage nach eingesetzter Planungssoftware und Anzahl benutzter Werkzeuge für die Planung (n jeweils in Klammern hinter den Antwortoptionen). Unternehmen, die Excel durch spezielle Planungswerkzeuge ersetzen oder ergänzen, zeigen einen um 25 % reduzierten Aufwand im Planungsprozess. Deutlich ist der Effekt von Standardisierung auf wenige Werkzeuge. Unternehmen, die ein oder zwei Planungswerkzeuge einsetzen, zeigen 50 % geringeren Aufwand (durchschn. 30 statt 60 Personentage) als Unternehmen, die vier oder mehr Werkzeuge einsetzen (vgl. BARC 2008).

Ein deutlicher Einfluss auf die Nutzenerreichung kann jedoch festgestellt werden durch:
- Einsatz bestimmter Werkzeuge: Anwender bestimmter BI-Werkzeuge geben deutlich unterdurchschnittliche Nutzenerreichung an.
- Auswahl geeigneter Projektleiter: Projekte, die von Fachanwendern des Unternehmens oder spezialisierten BI-Beratern geleitet wurden, hatten eine überdurchschnittliche Wahrscheinlichkeit, einen hohen Nutzen durch das Projekt zu erzielen; Projekte von großen, nicht spezialisierten Beratungsfirmen die geringste Wahrscheinlichkeit.
- Implementierungszeit: Dauert ein Projekt länger als drei Monate, dann sinkt der erreichte Nutzen mit weiterem Zeitablauf.

Zusammenfassend kann also festgehalten werden, dass der Einsatz von Business-Intelligence-Werkzeugen überwiegend qualitative Nutzenaspekte zeigt wie
- schnelleres Berichtswesen,
- bessere Informationsgrundlage für Entscheidungen,

- bessere Datenanalysemöglichkeit,
- Versorgung von vielen Empfängern im Unternehmen mit Information und
- Erhöhung der Anwender- oder Kundenzufriedenheit.

Quantitativ messbarer Nutzen wie mehr Umsatz oder geringere Kosten sind dagegen deutlich schwerer zu ermitteln. Sie zeigen sich am ehesten in personalintensiven Tätigkeiten wie Planungsprozessen oder einer manuellen Abwicklung des Berichtswesens mit Excel oder anderen Office-Produkten.

Ein besonderes Dilemma in diesem Zusammenhang ist die Tatsache, dass viele Nutzeffekte sich erst mit dem Einsatz von Business-Intelligence-Lösungen einstellen und daher kaum vor Beginn eines Projektes belastbar vorhergesagt werden können. Dies macht ROI-Rechnungen sehr vage oder unmöglich. Insofern bleibt ein Business-Intelligence-Projekt auch immer eine Investition in die Informationsmanagement-Infrastruktur einer Organisation. Genau wie der Einsatz von E-Mail oder ERP-Systemen selbstverständlich ist, gehören auch Business-Intelligence-Systeme zur überlebenswichtigen Grundausstattung jeder Organisation.

Literatur

Bange, C. (2009), Erfolgreiche Business Intelligence, Würzburg 2009
BARC (2008), Studie Planung und Budgetierung in europäischen Unternehmen, www.barc.de
BARC (2009a), Studie Open Source BI-Werkzeuge im Vergleich, www.barc.de
BARC (2009b), Studie Performance Management Prozesse 2009, www.barc.de
DM Review (2003), Answerthink Introduces Quick Start Business Intelligence Solution Driven by Best Practices, www.information-management.com/news/6729-1.html
The Hackett Group (2005), Enterprise Performance Management Book of Numbers Research, www.thehackettgroup.com

Aufbau einer Compliance-Organisation in Familienunternehmen als Bestandteil des Risikocontrollings

Meinhard Remberg[*]

1 Einleitung

2 Pflicht zur Etablierung wirksamer Compliance-Instrumente

3 Risikoanalyse

4 Organisation

5 Fazit

---

[*] Meinhard Remberg, Generalbevollmächtigter, SMS GmbH, Hilchenbach.

1 Einleitung

Das Thema Compliance ist zurzeit in aller Munde. In einem zunehmend internationaler und komplexer werdenden Geschäftsumfeld werden gesetzliche Regelungen zunehmend verschärft sowie die Anforderungen an die Transparenz erhöht. Darüber hinaus wird die Diskussion permanent über Pressemitteilungen zu Regelverstößen neu angefacht. Der Fall Siemens ist dabei in Deutschland sicherlich das prominenteste Beispiel.

Verantwortliche in Unternehmen reagieren auf diese Situation zunehmend verängstigt, irritiert oder auch resignierend. Häufig gestellte Fragen sind dabei die folgenden:
- Was ist Compliance?
- Was muss ich tun?
- Was sollte ich tun?
- Welche Risiken bedrohen mich konkret?
- Muss ich auch so vorgehen wie Siemens das getan hat – nämlich mit einer sehr aufwändigen Compliance-Organisation?

Andererseits hört man aber auch, dass gesagt wird: Compliance ist nichts für uns, weil
- das doch alles nur Bürokratie ist,
- das nur etwas für große Firmen ist,
- es bisher immer gut gegangen ist oder
- wir eigentlich nur ein Feigenblatt brauchen.

Der vorliegende Beitrag soll etwas Licht ins Dunkel hinsichtlich dieser Problematik bringen. Dabei wird zunächst auf den Compliance-Begriff und gesetzliche Pflichten des Unternehmens zur Etablierung eines Überwachungssystems sowie damit ggf. einhergehende Sanktionsmöglichkeiten eingegangen.

Es wird dann deutlich gemacht, dass Compliance nicht zwingend eine Frage der Unternehmensgröße, sondern vielmehr des Risikoumfelds ist, in dem sich das Unternehmen betätigt. Branche, Größe der Aufträge, Geschäftsmodell, Wettbewerbssituation sowie Kundenstruktur und Kundenländer können dabei wichtige Geschäftsumfeld-Parameter sein, die einer Prüfung unterzogen werden müssen.

Schließlich wird der konkrete Aufbau einer Compliance-Organisation vorgestellt, wobei insbesondere auch auf die Aufgaben der Compliance-Verantwortlichen eingegangen wird.

Risikoanalyse und Organisationsaufbau werden dabei aus der Sicht eines mittelständischen Familienunternehmens, das im internationalen Maschinen- und Großanlagenbau tätig ist, betrachtet.

2 Pflicht zur Etablierung wirksamer Compliance-Instrumente

Eine eindeutige, abschließende und verbindliche Definition für Compliance liegt zurzeit nicht vor.

Im Folgenden wird unter Compliance die Einhaltung von Gesetzen, Richtlinien und freiwilligen Verpflichtungen durch Unternehmen verstanden. Diese Begriffsbestimmung deckt sich mit der im Deutschen Corporate Governance Kodex verwandten Definition. Hiernach soll Compliance für die Einhaltung der gesetzlichen Bestimmungen und der unternehmensinternen Richtlinien sorgen.

Unter einer Compliance-Organisation versteht man ein Überwachungssystem im Unternehmen, das ein regelkonformes Verhalten des Unternehmens sicherstellen soll. Viele – vor allem mittelständische – Unternehmen stellen sich zurzeit die Frage, ob sie – z.B. durch ein Gesetz – verpflichtet sind, eine Compliance-Organisation einzurichten. Für Banken und vor allem international – insbesondere in den USA – tätige Unternehmen gibt es spezielle gesetzliche Regelungen, die die Schaffung einer Compliance-Organisation zwingend vorschreiben (z.B. §25 a (1) S. 1 KWG, ordnungsgemäße Geschäftsorganisation; §33 (1) Nr. 3 WpHG, angemessenes IKS sowie einschlägige ausländische Regelungen wie der Sarbanes-Oxley Act).

Im Übrigen wird nach herrschender Meinung eine explizite allgemeine gesetzliche Verpflichtung – insbesondere für Industrieunternehmen – verneint.

Allerdings sehen verschiedene Vorschriften des deutschen Aktien- und GmbH-Rechts bei hinreichendem Risikopotenzial eine Pflicht zur Einrichtung einer Compliance-Organisation vor. Zu nennen sind hier insbesondere die §§ 91, 93 und 116 AktG sowie § 43 GmbHG. Ein hinreichendes Risikopotenzial wird in der einschlägigen Literatur beispielsweise bei einem Industrieunternehmen mit Vertriebsstrukturen in Osteuropa und Asien gesehen.

Als Ergebnis bleibt festzuhalten, dass Unternehmen, die in einem risikoreichen Umfeld tätig sind, gut beraten sind, eine Compliance-Organisation zu etablieren.

Schließlich haben Vorstand und Geschäftsführung ggf. nachzuweisen, dass sie ihrer Überwachungsaufgabe nachgekommen sind, um eine Haftung der Organe des Unternehmens zu verringern bzw. zu vermeiden. Dabei ist zwischen unmittelbarer Organhaftung und Sanktionsrisiken gegen das Unternehmen zu unterscheiden.

Schließlich ist zu beachten, dass es durch das Fehlverhalten Einzelner zu immensen Reputationsschäden für das Unternehmen kommen kann. Diese Schäden sind i.d.R. nicht quantitativ zu erfassen, können jedoch größere Ausmaße erreichen als die rechtlichen Risiken.

3 Risikoanalyse

Es gibt keine Standard-Compliance-Organisation, die für alle Unternehmen gleichermaßen relevant ist. Vielmehr muss jedes Unternehmen die seinem Risikoumfeld, seiner Größe und seiner Kultur entsprechende Organisation schaffen. Dabei sind selbstverständliche mittlerweile allgemein akzeptierte Standards hilfreich und können im Sinne von Best Practice von anderen übernommen werden.

Für ein mittelständisches, familiengeführtes Unternehmen, das im internationalen Maschinen- und Großanlagenbau tätig ist, empfiehlt es sich, zunächst eine Risikoanalyse durchzuführen.

Dabei rücken i. d. R. vor allem drei Themen in den Vordergrund:
- Korruptionsprävention
- Vermeidung von Kartellrechtsverstößen
- Vermeidung von Verstößen gegen die Exportkontrollgesetzgebung

Der erste Schritt der Risikoanalyse ist damit bereits getan; die potenziellen Großrisiken unter Berücksichtigung des konkreten Geschäftsumfeldes – und nur solche sollten im ersten Schritt einer eingehenderen Betrachtung unterzogen werden – sind bekannt. Im nächsten Schritt ist die bestehende Regelungs- und Richtlinienstruktur zum jeweiligen Thema zu analysieren sowie die aktuelle Kontrolleffektivität zu bewerten. Schließlich sind diese Erkenntnisse zur Identifizierung von Schwachstellen zusammenzuführen. Häufig stellt man dann fest, dass man schon immer hinreichend »compliant« war, ohne hierfür eine eigene Compliance-Organisation eingeführt zu haben. Sollte dies jedoch nicht der Fall sein, empfiehlt es sich, z. B. ein besonders großes Risiko durch die Schaffung einer Compliance-Organisation für das Unternehmen sichtbar zu machen und ein effektives Risikomanagement mit Früherkennungssystemen und konkreten Maßnahmen zu etablieren.

Im Folgenden soll dies am Beispiel Korruptionsprävention erläutert werden.

Insbesondere zu diesem Thema sei festgehalten, dass ein mittelständisches Familienunternehmen oft über effektivere Möglichkeiten zur Korruptionsprävention verfügt als ein Großunternehmen. So kann es unmittelbarer und gezielter auf Veränderungen reagieren. Der »Prinzipal« kann die Werte ohne Bürokratie glaubhaft vorleben und es besteht die berechtigte Hoffnung, dass sich die Mitarbeiter an seiner Haltung ausrichten werden.

4 Organisation

Eine effiziente Korruptionsprävention besteht im Wesentlichen aus vier Komponenten:
- hierarchischer Rückhalt
- Richtlinien
- Informationen und Kommunikation
- Kontrolle

Schließlich muss durch konsequente Abarbeitung dieser Themen erreicht werden, dass die aufgestellten Regeln in den betrieblichen Alltag integriert werden. Es reicht nicht bzw. es ist kontraproduktiv und verantwortungslos, lediglich Richtlinien im Hochglanzformat zu verfassen und die Mitarbeiter mit der Umsetzung alleine zu lassen.

Der Anfang von allem ist daher der konsequente hierarchische Rückhalt.

Korruptionsprävention ist Chefsache. Der sogenannte »Tone at the Top« prägt das Verhalten der Mitarbeiter. Die Mitarbeiter müssen die Führung in diesem Thema, z. B. durch persönliche Ansprache, spüren. Die Werte müssen vorgelebt werden. Die Unternehmensleitung sollte kritische Fälle an sich ziehen und vorbildlich entscheiden. Es darf keine stillschweigende Akzeptanz von Non-Compliance geben, Verstöße sind konsequent zu ahnden.

Der Wille der Unternehmensleitung sollte in widerspruchsfreien Richtlinien dokumentiert sein; i. d. R. sind auch betriebliche Anreizsysteme anzupassen. Das heißt beispielsweise, dass ein Bonus für einen Vertriebsmitarbeiter nicht nur daran geknüpft sein sollte, dass er seine Auftragseingangsziele erreicht hat, sondern auch daran, dass er für richtlinienkonformes Verhalten glaubhaft eintritt und es selbst praktiziert.

Schließlich müssen Richtlinien im Unternehmen bekannt gemacht und ggf. neue Verhaltensweisen eingeübt werden. Es reicht nicht aus, Richtlinien wie Postwurfsendungen zu verteilen und darauf zu hoffen, dass die Mitarbeiter sich hieran halten werden. Vielmehr müssen die Mitarbeiter geschult und – falls erforderlich – in Einzelgesprächen mit allen Facetten der Richtlinien zur Korruptionsprävention vertraut gemacht werden. Durchgängige Glaubwürdigkeit der Maßnahmen zur Korruptionsprävention ist ein entscheidender Erfolgsfaktor.

Ohne Kontrolle geht es jedoch dennoch nicht. Es reicht nicht zu glauben, dass sich alle regelkonform verhalten. Daher sollte Kontrolle sichtbar etabliert werden. Dies kann intern durch die Revision, das Controlling, andere Fachabteilungen oder auch mittels externer Unterstützung durch Wirtschaftsprüfer bzw. andere Spezialisten erfolgen.

Wie bereits ausgeführt ist ein Industrieunternehmen grundsätzlich nicht verpflichtet, einen Compliance-Verantwortlichen zu etablieren. Regelkonformes Verhalten kann auch dezentral, durch verschiedene Fachabteilungen eingefordert und überwacht werden. Im vorliegenden Fall hat man sich jedoch entschieden, der Bedeutung des Themas durch eine sichtbare – neben den Fachabteilungen tätige – explizite Compliance-Organisation Rechnung zu tragen. Diese ist aufbau- und ablauforganisatorisch integriert.

Die wesentlichen Aufgaben der Compliance-Verantwortlichen stellen sich dabei wie folgt dar:
- Fortführung der Risikoanalysen
- Erstellung von Richtlinien
- Information, Kommunikation und Schulung
- Erstellung von Compliance-Programmen
- Aufspüren von Schwächen im internen Kontrollsystem
- Etablierung eines Berichtswesens
- Unterstützung bei Sanktionierung von Fehlverhalten
- Sicherstellung von Kontrollmaßnahmen

Es handelt sich um eine nicht abschließende Aufzählung.

Zusammenfassend kann festgehalten werden, dass der Compliance-Verantwortliche sämtliche Maßnahmen zu verantworten hat, um Regelverstöße so weit wie möglich zu vermeiden, Fehlverhalten zu erkennen und eine angemessene Reaktion auf Fehlverhalten ermöglichen zu können.

Wichtig ist dabei vor allem, dass er nicht generell im Nachhinein seine Analyse vorzunehmen hat, sondern aktiv in die Geschäftsprozesse und hier insbesondere in risikobehaftete Sachverhalte einzubeziehen ist.

Diese Aufgabe kann in einem internationalen Unternehmensverbund ein Einzelner nicht leisten. Um durchgängige Compliance sicherzustellen, ist die Etablierung von Compliance-Beauftragten auf der obersten Unternehmensebene (Holding), auf Ebene der operativen Führungsgesellschaften (Unternehmensbereiche oder Teilkonzerne) sowie auf Ebene der Einzelgesellschaften oder für Einzelregionen zu empfehlen. Insbesondere die jeweiligen Verantwortlichkeiten, Rechte und Pflichten sowie das Berichtswesen sollten schriftlich in einer Geschäftsordnung festgelegt werden.

5   Fazit

Das Erfordernis zum Aufbau einer Compliance-Organisation ist nicht allein abhängig von der Größe des Unternehmens. Insbesondere die externen Vorschriften sind i. d. R. für alle relevant. Daher muss eine Compliance-Organisation den Besonderheiten des Unternehmens Rechnung tragen. Von der einfachen Übertragung einer Compliance-Organisation eines anderen Unternehmens ist daher abzuraten.

Wesentliche Erfolgsfaktoren sind die Glaubwürdigkeit, mit der das Management Compliance vertritt, die Ernsthaftigkeit, mit der interne Konflikte analysiert sowie die Effektivität, mit der Maßnahmen in den betrieblichen Alltag verankert werden. Die schriftliche Festlegung des Arbeitsauftrages, Verantwortlichkeiten, Rechte und Pflichten der Compliance-Beauftragten auf verschiedenen Unternehmensebenen sowie eine Integration von Compliance in das Risikocontrolling ist empfehlenswert.

Zentralisierung von Internal-Accounting-Prozessen im Global Expert Center

Alexander Becker/René Linsner*

1   Einleitung
   1.1   Umsetzung eines Global Expert Centers
   1.2   Bayer Material Science und Aufgaben des Internal Accounting

2   Gründe für die Zentralisierung von Prozessen des Internal Accounting
   2.1   Das externe Rechnungswesen als Treiber für die Standardisierung
   2.2   Erforderliche Standardisierung im Internal Accounting
   2.3   Kostenreduktion und verbesserte Flexibilität

3   Global Expert Center Internal Accounting
   3.1   Definition des Begriffs Expert Center und Projektvorgehen
   3.2   Prozessanalyse
   3.3   Definition des Organisationsdesigns und Standortwahl
   3.4   Phasen des Roll-outs
   3.5   Betrieb und weiterer Ausblick

4   Fazit

Literatur

---

*   Alexander Becker, Head of Internal Accounting and Controlling, BMS AG, Leverkusen; René Linsner, Principal, Horváth & Partner GmbH, Stuttgart.

1 Einleitung

1.1 Umsetzung eines Global Expert Centers

Die Bündelung von Aufgaben und Organisationen in administrativen Bereichen ist ein schon länger anhaltender Trend in der Unternehmenswelt (vgl. *Michel/Scheffner* 2007). Auch bei der Bayer AG wurden in den vergangenen Jahren typisch transaktionale Aufgaben in Shared Service Centern zusammengefasst (z. B. Accounts Payable, Accounts Receivable, Closing).

Aufgrund der steigenden Anforderungen aus der (Management-)Berichterstattung (schneller, genauer, fokussierter etc.) und des permanenten Bestrebens die Kostenstrukturen weiter zu optimieren, wurden bei Bayer Material Science (BMS) die Überlegungen zur organisatorischen Bündelung von transaktionalen Prozessen auch auf die gestaltenden und analytischen Aufgaben des Internal Accountings übertragen (vgl. *Dietrich* 2006, S. 20 sowie *Dyer/Jansen* 2001).

Verschiedene Fragestellungen sind dabei zu klären, z. B.: Wie kann es gelingen, wissensintensive Aufgaben organisatorisch zu bündeln, wenn die Experten (global) verteilt sind? Oder wie können zeitzonenübergreifend Prozesse abgewickelt werden, ohne dass die Kommunikation abbricht?

Im Weiteren werden einige konzeptionelle Grundlagen des Projekts bei BMS beleuchtet sowie wesentliche Schritte im Rahmen der Umsetzung vorgestellt.

1.2 Bayer Material Science und Aufgaben des Internal Accounting

Bayer Material Science (BMS) ist ein global operierender Teilkonzern der Bayer-Gruppe.

BMS gehört zu den weltweit größten Herstellern von Polymeren und hochwertigen Kunststoffen. Die Entwicklungen für Beschichtungen, Lacke, Klebstoffe, Dämmstoffe und Dichtstoffe sowie Polycarbonate und Polyurethane sind dabei in vielen Bereichen des alltäglichen Lebens zu finden.

BMS beschäftigt heute ca. 15.100 Mitarbeiter an 30 Standorten in aller Welt. Im Jahr 2008 wurde ein Umsatz von rund 9,7 Milliarden Euro erwirtschaftet.

Das Internal Accounting und Controlling der BMS ist global verantwortlich für die Gestaltung der innerbetrieblichen Werteflüsse. Dies umfasst u. a. die Kostenstellen-, Kostenträger-, Ergebnis- und Profit-Center-Rechnung und die Bestandsbewertung. Operativ erfolgt die Durchführung dieser Prozesse für die BMS AG in Leverkusen. Weitere wichtige Schwerpunkte sind das globale Kostenreporting, das Service Unit Controlling, Globale Service Level Agreements und die Betreuung globaler Einsparungsprogramme.

2 Gründe für die Zentralisierung von Prozessen des Internal Accounting

2.1 Das externe Rechnungswesen als Treiber für die Standardisierung

Zur Sicherstellung einer IFRS-(International Financial Reporting Standards)-konformen und beschleunigten Berichterstattung auf Konzernebene (Fast Close) ist gerade für einen differenzierten Konzern wie Bayer die Standardisierung der Prozesse im Rechnungswesen ein kritischer Erfolgsfaktor.

Den wesentlichen Rahmen für die Standardisierung bei Bayer liefert dabei eine globale Konzernabschluss- und Ergebnisrechnungsrichtlinie, die detailliert die Strukturen und Inhalte erläutert und damit neben den fachlichen Definitionen auch die Datenstruktur (z. B. einheitlicher Kontenrahmen) für den Konzernabschluss definiert.

Eine weitere Säule ist ein einheitliches ERP-Template im Rechnungswesen, dessen Roll-out schon Ende der 90er Jahre erfolgte. Dieses Template stellt durch verbindliche Systemeinstellungen die Übersetzung der Konzernabschluss- und Ergebnisrechnungsrichtlinie in systemische Prozesse sicher.

Weiterhin wurden im Rahmen des Standardisierungsprozesses auf Basis eines einheitlichen betriebswirtschaftlichen Konzepts wesentliche Best-Practice-Prozesse, Organisationsstrukturen und ein einheitlicher Kontenplan definiert.

Transaktionale Prozesse (Accounts Payable, Accounts Receivable, Closing-Koordination) wurden im Weiteren in Shared Service Center (SSC) ausgelagert.

Um dabei der Dynamik der Veränderungen betreffend der Anforderungen an das Rechnungswesen gerecht zu werden, wurde eine permanente Standardisierungsfunktion auf Holdingebene »Group Accounting & Controlling Konzernstandards« etabliert.

2.2 Erforderliche Standardisierung im Internal Accounting

Für BMS stellen sich auf Basis der Industriespezifika, des globalen Steuerungsansatzes der Business Units und der Rolle und Funktion der Service Units Anforderungen an das Reporting, die eine darüber hinaus gehende Standardisierung im Internal Accounting und Controlling erfordern.

Elementare Bedeutung besitzt dabei die weiter gehende Harmonisierung der Reportinginhalte. Nur die globale Vergleichbarkeit der Reportinginformationen wie z. B. der Herstellkosten gewährleistet eine differenzierte und flexible Steuerung. Hierzu gehören Fragestellungen wie die einheitliche Verrechnung von Energien, die Behandlung von Hedging-Kosten und die Bewertung von »Off-Spec«-Erzeugnissen (Fehlerchargen).

Für ein effektives Kostenmanagement ist darüber hinaus auch eine transparente Kostenstellenrechnung erforderlich, die global eine Kostensteuerung ermöglicht und auch interne Benchmarks zulässt. Dies erfordert einheitliche, klar definierte Strukturen der Kosten nach ihrer Organisation und Natur unter Berücksichtigung der spezifischen Branchenanforderungen (vgl. auch *Horváth* 1998, S. 466 ff.).

Daher wurden im Internal Accounting der BMS Strukturen geschaffen, welche die Standardisierung der Prozesse und Inhalte über eine globale Verantwortung ermöglichen sollen. Zum einen werden Richtlinien zur Vereinheitlichung der Werteflüsse und damit der Wertzuweisung erstellt. Zum anderen gibt es regionale Key Accounts zur Betreuung der Regionen, die in monatlichen Telefonkonferenzen und jährlichen Treffen Veränderungen adressieren, Fragestellungen aufnehmen und mit den jeweiligen Fachabteilungen zu standardisierten Lösungen entwickeln.

Im Zuge des Roll-outs einer singulären Systeminstanz für das ERP-System wurde die globale Prozessverantwortung für alle Kernprozesse im Unternehmen, verbunden mit einer klaren Zuweisung der Verantwortung für die Prozessdefinition, an einen Manager eingeführt.

Durch diese Maßnahmen konnte in den vergangenen Jahren schon eine hohe prozessuale Standardisierung der Kernprozesse bei BMS erreicht werden, die jedoch für die inhaltliche Harmonisierung noch nicht ausreichte. Insbesondere zur Sicherstellung konsistenter Managementinformationen war die prozessfokussierte und richtlinienbasierte Standardisierung nicht ausreichend, die zwar theoretisch eine genaue Definition liefert, aber bei der gegebenen Komplexität der Werteflüsse in einem global produzierenden Konzern an Grenzen stößt.

2.3 Kostenreduktion und verbesserte Flexibilität

Aufgrund der integrierten Betrachtung der Werteflüsse über die Kostenstellenrechnung in die Produktion und in die Ergebnisrechnung, der damit erforderlichen speziellen Kenntnis der Produktionsabläufe und der Komplexität der systemischen Abbildung in SAP werden an die Mitarbeiter im Internal Accounting hohe Anforderungen gestellt, die eine Einarbeitung von durchschnittlich zwei Jahren erfordern. Gerade für kleine Einheiten, die diese Funktionen doppelt aufbauen müssen, um Ausfälle abfangen zu können, ergeben sich Mehrkosten, die bei einer Zentralisierung der Funktionen vermieden werden können.

Eine einheitliche Durchführung der Internal-Accounting-Prozesse und -Inhalte gemäß Best Practices mit standardisierten Reportingtools führt zu weiteren Einsparungen, da »Blindleistung« reduziert und eine Vielfalt an Reportingtools vermieden wird. Erforderliche Prozess- und Strukturumstellungen lassen sich zudem wesentlich schneller, konsistenter und kostengünstiger realisieren, da keine dezentralen Abstimmungs- und Wissenstransferprozesse erforderlich sind (vgl. z. B. *Verfasser nbk.* 2004, S. 20).

Die Dynamik des Marktes und Wettbewerbs (z. B. stark ansteigende Rohstoffpreise bis 2008, Finanz- und Wirtschaftskrise 2008/2009) erfordert eine immer kürzere Informationsbereitstellung für das Management bei gleich bleibender Qualität der Reportinginhalte. Ein internationaler Konzern wie BMS steht hier vor einer besonderen Herausforderung, da aufgrund der vielen Standorte rund um den Globus immer die Gefahr besteht, dass die Informationsqualität bzw. die Qualität der Datenversorgung auseinanderläuft. Insbesondere bei Standorten mit tendenziell hoher Fluktuation, z. B. im asiatischen Raum, ist die Informationsverarbeitung und Berichterstattung eine herausfordernde Aufgabe. Die Aufrechterhaltung des Expertenwissens in allen globalen Einheiten ist daher teilweise nur mit enormem Aufwand zu gewährleisten.

Weiterhin mündet die Dynamik letztlich in immer wieder neue Fragestellungen, die das Management an die Berichterstattung stellt. Die Flexibilität, auf neue Fragestellungen zeitnah reagieren zu können, ist somit von besonderer Bedeutung. Eine hohe Flexibilität erfordert aber eine breite und gleichzeitig fundierte Informationsbasis mit schlanken Strukturen im Bereich des Internal Accounting, um nicht permanent globale Abfragen in den Einzelgesellschaften starten zu müssen, die erst nach einer Harmonisierung und Qualitätsprüfung konsolidiert und genutzt werden können (vgl. auch *Horváth* 2008, S. 22 ff.).

Die ggf. erforderliche zeitnahe Anpassung von Prozessen und Inhalten und der damit erforderliche Wissenstransfer auf globaler Ebene sind zusätzlich enorm aufwändig und damit kostenintensiv.

Mit jeder Weiterentwicklung ergeben sich in dezentralen Strukturen zudem sehr hohe Anforderung an das Change Management, denn nicht alle Standards und Veränderungen führen aus Sicht des lokalen Managements zu einer Verschlankung der lokalen Prozesse, was dann zum gegenläufigen Druck auf lokale Accountants führt, ggf. erforderliche Anpassungen nicht oder nicht vollständig durchzuführen.

3 Global Expert Center Internal Accounting

3.1 Definition des Begriffs Expert Center und Projektvorgehen

Bevor im Weiteren das Projektvorgehen beleuchtet wird, soll der Expert-Center-Gedanke grundsätzlich, insbesondere in Abgrenzung zum Shared Service Center, definiert werden.

Die Unterschiede zwischen beiden Formen der organisatorischen Bündelung lassen sich sehr gut anhand der Aufgaben beschreiben. So hat Bayer mit dem Aufbau der Shared Service Center z. B. für Accounts Payable and Receivable insbesondere transaktionale und teilweise stark IT-getriebene Aufgaben gebündelt. Die Idee ist, durch die Bündelung solcher Aufgaben hohe Skaleneffekte zu erzielen, so dass mit einer verhältnismäßig kleinen Organisation, unterstützt durch entsprechende IT-Systeme, viele Transaktionen pro Zeit und Personal, quasi im »Fabrikbetrieb« abgewickelt werden können. Die Aufgaben zeichnen sich durch stark repetitive Tätigkeiten aus, die immer wieder in gleicher Form durchgeführt werden. Der Grad der technischen Automatisierung ist hoch, so dass die Anforderungen an die Einarbeitungszeit der Mitarbeiter nicht außerordentlich hoch sind (vgl. auch *Fischer* 2006, S. 8 ff.).

Im Unterschied dazu werden an das Expert Center Internal Accounting kaum transaktionale, sondern vielmehr gestaltende und analytische Aufgaben übertragen. Damit ist aber das Know-how der Mitarbeiter ein Schlüsselfaktor.

Die gestaltende und analytische Arbeit eines Expert Centers sollte daher auch nicht mit einer »Fabrik« (s. u.) verglichen werden, sondern eher mit einer »Manufaktur«, mit hohen Anforderungen an die Kreativität, Koordinations-, Gestaltungs- und Entscheidungsfähigkeit der Mitarbeiter.

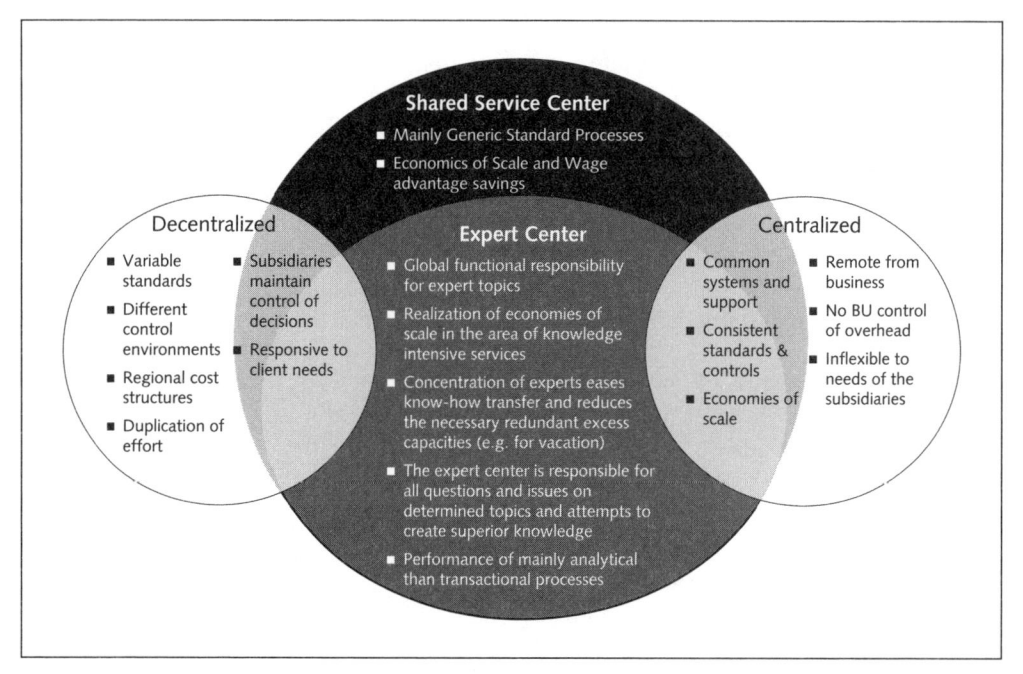

Shared Service Center
- Mainly Generic Standard Processes
- Economics of Scale and Wage advantage savings

Decentralized
- Variable standards
- Different control environments
- Regional cost structures
- Duplication of effort
- Subsidiaries maintain control of decisions
- Responsive to client needs

Expert Center
- Global functional responsibility for expert topics
- Realization of economies of scale in the area of knowledge intensive services
- Concentration of experts eases know-how transfer and reduces the necessary redundant excess capacities (e.g. for vacation)
- The expert center is responsible for all questions and issues on determined topics and attempts to create superior knowledge
- Performance of mainly analytical than transactional processes

Centralized
- Common systems and support
- Consistent standards & controls
- Economies of scale
- Remote from business
- No BU control of overhead
- Inflexible to needs of the subsidiaries

Abb. 1: Unterscheidung Expert Center und Shared Service Center

Durch die Bündelung von Experten werden verschiedene Vorteile erreicht, z. B. eine verbesserte Standardisierung bei gleichzeitiger Verbesserung der Qualität. Zusätzlich entstehen Kosteneffekte wie z. B. bessere Ressourcennutzung im größeren Team, geringere Weiterbildungskosten aufgrund von gemeinsamen Lerneffekten oder leichterer Aufbau neuer »Experten« im Team.

Das Projekt wurde in mehrere Phasen gegliedert. Startpunkt war eine relativ ausführliche Konzeptphase, die unter anderem eine detaillierte Analyse der Internal-Accounting-Prozesse und -Organisation beinhaltete. Geklärt werden sollte insbesondere die Frage, welche Prozesse zentralisiert werden können und wie die organisatorische Bündelung erfolgen kann.

Nach erfolgter Konzeptarbeit erfolgte die Definition eines standardisierten Phasenmodells für den Roll-out, der dann anhand einer kleineren Einheit im Probelauf erfolgte, bevor die globale Distribution des Modells angestoßen wurde (vgl. auch *Kroll* 2007).

3.2 Prozessanalyse

Voraussetzung für die Zentralisierung von Prozessen waren folgende Merkmale:
- Prozesse haben einen maßgeblichen Einfluss auf den Wertausweis.
- Prozesse sind nicht lokalspezifisch ausgeprägt bzw. erfüllen nicht spezielle lokale Anforderungen.

- Prozesse lassen sich bündeln, weil sie (global) in gleicher Weise ausgeführt werden (oder werden sollten).
- Aus der Bündelung der Prozesse entstehen nennenswerte Synergien (Zielsetzung war primär die Bündelung kostenintensiver Prozesse).
- Eine Zusammenlegung der Prozesse ist auch in der IT möglich (z. B. weil ohnehin alle Gesellschaften auf dem gleichen IT-System arbeiten oder keine speziellen Tools zum Einsatz kommen).
- Prozesse können vollständig oder in relevantem Umfang verlagert bzw. gebündelt werden, so dass eine End-to-End-Verantwortung gegeben ist.

Um die oben genannten Kriterien bestmöglich beurteilen zu können, erfolgte eine Prozessaufnahme bis zur Ebene drei (Hauptprozesse, Unterprozesse, Aktivitäten). Alle Aktivitäten wurden dann in einer Bewertungsmatrix hinsichtlich der oben genannten Kriterien abgeprüft und bewertet. Alle Aktivitäten/Prozesse, deren Bewertung hinsichtlich einer globalen Bündelung positiv ausfiel, definierten damit die Grundlage für den zukünftigen Aktivitätensplit. Somit wurde durch einen analytischen Prozess die Machbarkeit in einer ersten Stufe abgeprüft, so dass schon ab diesem Zeitpunkt eine große Sicherheit bezüglich der späteren Umsetzung bestand.

Ein weiterer Erfolgsfaktor ist die weitgehende Beibehaltung der End-to-End-Prozessverantwortung in einer Organisation, um Kommunikations- und Datenübergabeschnittstellen zu minimieren. Eine wertvolle Hilfe bildete hierzu die Visualisierung der Prozesse in Prozessablaufschemata mit einer organisatorischen Zuordnung der Einzelprozessschritte.

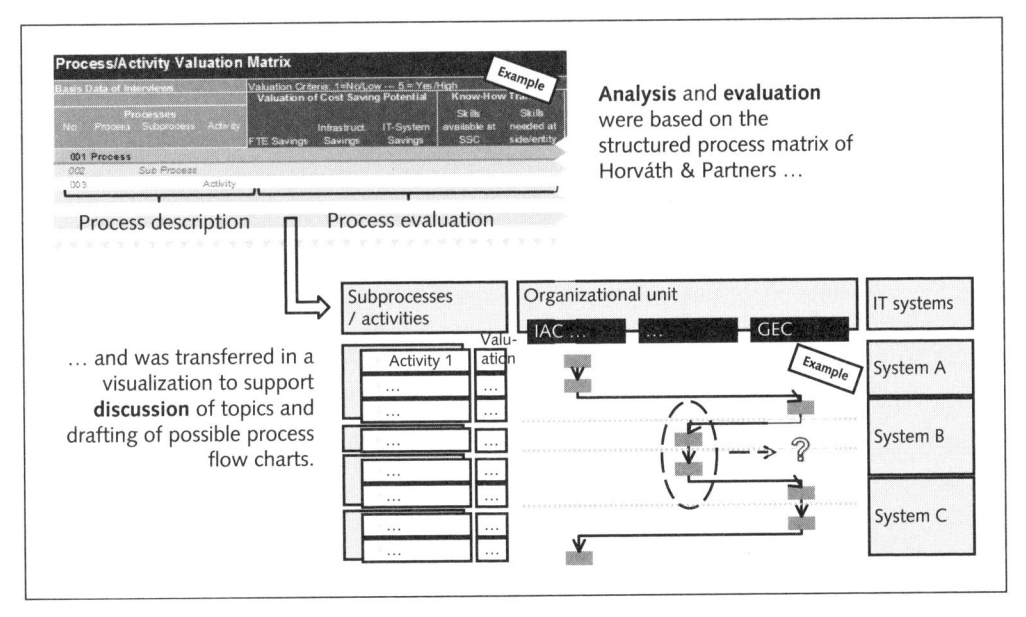

Abb. 2: Prozessablaufschema

3.3 Definition des Organisationsdesigns und Standortwahl

Eine weitere Fragestellung war, ob ein Global Expert Center der bestehenden SSC-Organisation angegliedert wird oder in einer (großen) BMS-Gesellschaft im Bereich Internal Accounting aufgesetzt werden sollte (vgl. auch *Hermes/Schwarz* 2004).

Die Entscheidung gegen eine Implementierung in einem SSC basiert im Wesentlichen darauf, dass die Shared Service Center in ihrer Struktur und Kernkompetenz auf transaktionale und technische Prozesse ausgerichtet sind und die Nähe zu den zentralen Business-Einheiten und der Holding fehlt. Letzteres war dann auch Anlass, das Expert Center zentral in der Konzernführungsgesellschaft in Leverkusen einzurichten und damit die lokale Geschäftsprozessexpertise im Internal Accounting zu nutzen sowie kurze Kommunikationswege zum globalen Konzernberichtswesen, der Konzernstandardisierung, dem zentralen Controlling und dem Business Unit Controlling zu erreichen.

Das Globale Expert Center ist als Bestandteil einer dreistufigen Organisationsarchitektur neben dem lokalen Key Account/Hub in der lokalen Gesellschaft und den SSCs aufgesetzt.

Generell wurden folgende Prinzipien der Aufgabenteilung und Verantwortung zwischen den Einheiten Shared Service Center, Legal Einheit (dezentrales Accounting) und Expert Center definiert:

- Die Verantwortung des lokalen Managers für den lokalen Abschluss insbesondere auch im Hinblick auf Anforderungen interner Kontrollsysteme auf Basis der 8. EU-Richtlinie und des Gesetzes zur Kontrolle und Transparenz im Unternehmensbereich (KonTraG). Dieser Verantwortung wird im Prozessdesign Rechnung getragen, da nur die lokale Einheit Buchungen veranlasst und freigibt.
- Das Gesellschaftscontrolling und Reporting an das lokale Management ist eine lokale Aufgabe.
- Besonderheiten des lokalen Rechnungswesens werden von der lokalen Organisation bearbeitet.
- Das Monitoring und Plausibilitätsprüfungen auf Kostenträgern erfolgen durch das GEC. Vertiefende inhaltliche Analysen werden auf Anfrage durch die lokale Organisation durchgeführt. Zur Unterstützung dieser Aktivitäten werden verbindliche Schwellenwerte für Analysen vereinbart.
- SAP-Stammdaten werden nach Anforderung der Gesellschaft durch das GEC angelegt.
- Das GEC ist verantwortlich für die Einrichtung der Werteflüsse nach Anforderung der Gesellschaft. Es erfolgt eine Abnahme durch die Gesellschaft.

Die Aufgaben der drei Organisationen lassen sich damit im Überblick wie folgt beschreiben:

Key Account/Hub der Gesellschaften
Verantwortlich für die lokal verbleibenden Prozesse im Internal Accounting. Der Internal Accountant entwickelt sich dabei zum Berater des lokalen Managements, führt Abstimmungen für das Global Expert Center in der lokalen Organisation durch oder unterstützt bei komplexeren Analysen innerhalb der dezentralen Organisation. Die de-

zentralen Vertreter sind aber eng in die globale Community des Global Expert Centers eingebunden, so dass neben der dezentralen Verantwortung auch die Ausrichtung an globale Standards gewährleistet wird.

Shared Service Center
Die Shared Service Center bündeln Aktivitäten in einer Organisation zur Bereitstellung standardisierter Best-Practice-Dienstleistungen. Diese Dienstleistungen und Aktivitäten sind prozessintensiv (z. B. technische Abschlusskoordination), gekennzeichnet durch ein hohes Transaktionsvolumen (z. B. Accounts Payable, Accounts Receivable) und können verschiedene Regionen, Länder und Teilkonzerne abdecken. Diese Services werden im Bayer-Konzern hauptsächlich durch Shared Service Center oder Accounting-Plattformen erbracht.

Global Expert Center
Das Global Expert Center ist in der Durchführung verantwortlich für alle Prozesse, die Werteflüsse grundsätzlich determinieren wie z. B. Pflege von Verrechnungszyklen, die Stammdatenanlage und Pflege von Hierarchien. Zudem ist es verantwortlich für Analysen zur Plausibilisierung der Werteflüsse und die Berichterstattung an das Management innerhalb der BMS.

3.4 Phasen des Roll-outs

Für die Umsetzung des Global Expert Centers wurden entsprechende Schritte definiert, die für jede für den Roll-out definierte Gesellschaft oder Region abgearbeitet werden:
- Vorbereitung Roll-out
- Abgleich Aktivitätensplit
- Planung der Organisationsanpassung und Kapazitätsschätzung
- Übernahme der Verantwortung (Transition)
- Detaillierte Prozessbeschreibung
- Know-how-Übergang
- Übergabezeitpunkt (Cut Over)
- Stabilisierungsphase
- Betrieb (kontinuierliche Verbesserung)

Die *Vorbereitungen* für den Roll-out in ein Land oder für eine Einheit beginnen jeweils immer mit einer detaillierten Prozessanalyse der Prozesse der jeweiligen Gesellschaft. Im Rahmen dieser Prozessanalyse geht es vor allem darum, den schon definierten Master Activity Split zu erproben. Da ein Bündelungseffekt nur eintritt, wenn gleichartige Prozesse organisatorisch zusammengelegt werden, waren Prozessvarianten nur diskutabel, wenn es sich um kleinere unwesentliche Varianten handelt. Ansonsten muss gelten, dass ein Prozess entweder im definierten Standardrahmen des Global Expert Centers abgewickelt werden kann oder aber in den globalen Standard überführt werden muss. Bei lokalspezifischen Ausprägungen, meist bedingt durch lokale Bilanzierungsvorschriften, wird von einer Überführung der Prozesse abgesehen.

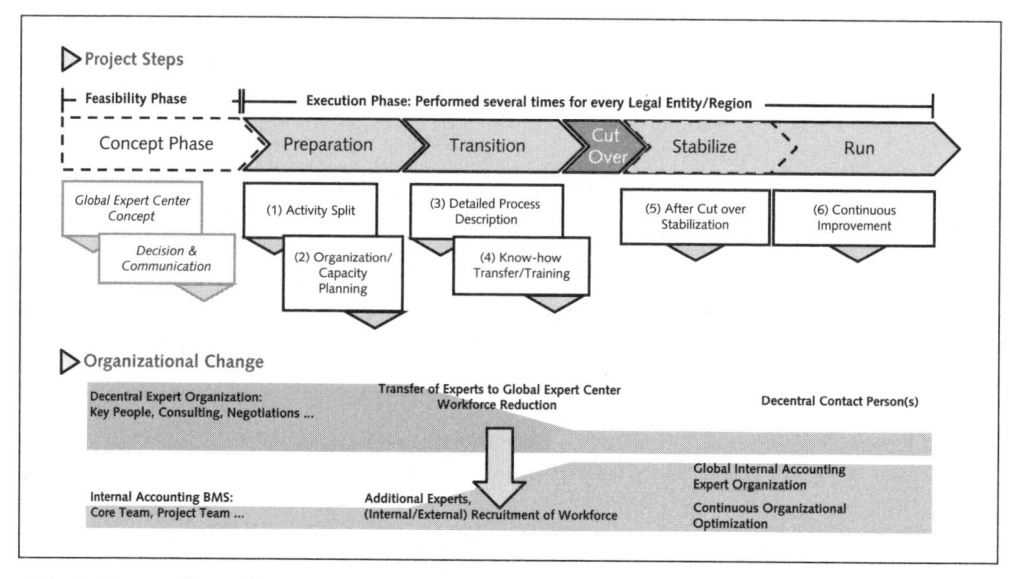

Abb. 3: Phasen des Roll-outs

Weiterhin wurde in der Vorbereitungsphase die zu erwartende Organisationsanpassung der betroffenen Einheit geklärt und der erforderliche Personalaufbau im Global Expert Center definiert.

Die Phase zur *Übernahme der Verantwortung* geht dann einen Schritt weiter und beschreibt im Detail, welche Arbeitsergebnisse je Aktivität entstehen, welche Systeme relevant sind usw. Zielsetzung ist es, hinsichtlich der Dienstleistung des Global Expert Centers Klarheit für beide Seiten (das GEC und den Kunden) zu schaffen. Diese detaillierte Betrachtung ist wichtig, sichert sie doch einen reibungslosen Start, da Missverständnisse schon vorher soweit möglich ausgeräumt werden.

Um dem Anspruch gerecht zu werden, als Experten komplexe und analytische Aufgaben für andere Unternehmensteile abzuwickeln, ist es zudem erforderlich ggf. spezielles Wissen (z. B. hinsichtlich lokaler Produktionsprozesse) aus den bislang lokal abgewickelten Organisationsstrukturen an das Global Expert Center weiterzugeben. Dieser Know-how-Übergang wird detailliert geplant und erfolgt dann über verschiedene Methoden, die mit der Übergabe relevanter Dokumente zum Selbststudium beginnen und bis zur gemeinsamen Arbeit an den Aufgaben für einen bestimmten Zeitraum reichen. Insbesondere für kritische Prozesse wird letztere Form der Wissensübergabe gewählt, um möglichst hohe Sicherheit zu gewährleisten.

Mit dem definierten *Übergabezeitpunkt* erfolgt dann die vollständige Übernahme der Verantwortung durch das Global Expert Center zum Stichtag. Dabei kann aus praktischen Gründen heraus für verschiedene Prozesse teilweise auch dieser Übergabestichtag abweichen, so dass insgesamt eher von einem Übergabezeitraum zu sprechen ist.

Die erste Phase des Betriebs ist dann die *Stabilisierungsphase*, die trotz aller intensiven Vorarbeit ebenfalls vorgesehen werden muss und auch detailliert geplant wird. Die

Stabilisierungsphase sollte den Start insbesondere für kritische Prozesse nochmals absichern, in dem z. B. mit temporär höherer Kapazität im Global Expert Center gearbeitet werden muss und vorübergehend längere Prozesslaufzeiten abgestimmt werden. Die Stabilisierungsphase sollte sowohl dem Global Expert Center als auch der betroffenen Einheit in einer Übergangsphase Zeit geben, mit dem neuen Dienstleistungsverhältnis umzugehen und die neuen Prozesse zu festigen.

Im Rahmen des *Betriebs* wird nun im Sinne einer kontinuierlichen Verbesserung die Abwicklung der Prozesse durch das Global Expert Center immer wieder kritisch hinterfragt und ggf. weiter optimiert. Dafür sind weitere Mechanismen notwendig, wie z. B. eine KPI-orientierte Steuerung.

3.5 Betrieb und weiterer Ausblick

Der Betrieb des Global Expert Center sollte nicht nur einmalige Bündelungseffekte herbeiführen, sondern langfristig Potenziale zur Verbesserung der Aufbau- und Ablauforganisation heben. Damit dies gelingen kann, ist eine spezielle Steuerung des Global Expert Center erforderlich.

Basis für die Steuerung sind Service Level Agreements, welche die zu erbringende Leistung definieren und im Weiteren auch die zu verrechnenden Kosten festlegen. Die SLAs werden dabei aus dem Activity Split und der Transition Phase (s. o.) abgeleitet, in der detailliert die Prozesse, für die das GEC verantwortlich ist, definiert werden.

Um die Erfüllung definierter SLAs sicherzustellen, müssen entsprechende KPIs definiert werden, die eine Messung der Leistung erlauben (»If you can't measure you can't manage!«). Dabei sollten neben finanziellen KPIs (z. B. Kosten GEC im Verhältnis zum Umsatz, Kosten pro Prozess) auch nicht finanzielle KPIs zum Einsatz kommen, wie z. B. der klassische KPI der Kundenzufriedenheit (vgl. auch *Horváth* 1998, S. 565 ff.).

4 Fazit

Die Entscheidung bei BMS zur Einführung eines Global Expert Centers stellt eine Weiterentwicklung des bestehenden Shared-Service-Center-Konzepts dar. Die laufenden Bestrebungen im Internal Accounting, globale Standards auf prozessualer und inhaltlicher Seite im BMS Konzern zu verankern, sollten gestärkt werden.

Die ersten Implementierungen des Konzepts in Europa haben dabei die Umsetzbarkeit eindrucksvoll bestätigt (vgl. auch *Rogers/Stewart* 2004).

Der Roll-out für NAFTA befindet sich noch in der Umsetzungsphase. Eine große Herausforderung stellt dabei die abweichende Zeitzone dar, da die Prozesse des GEC eine wesentlich intensivere Kommunikation als im klassischen Shared-Service-Center-Ansatz erfordern. Über definierte Workflows soll hier eine entsprechende Plattform geschaffen werden.

Ein weiterer kritischer Erfolgsfaktor für die erfolgreiche Umsetzung ist die Unterstützung der lokalen Organisation bei der Transformation des Wissens. Um dieses zu erreichen ist ein effektiver Change-Management-Prozess erforderlich. Dies umfasst neben einem Change Manager, der das Projekt verantwortlich führt, eine frühe Einbindung der dezentralen Organisation sowie eine klare Kommunikation, um Verunsicherungen in Phasen der organisatorischen Änderung möglichst schnell abzubauen und eine kraftvolle Unterstützung aller Beteiligten sicherzustellen.

Aufgrund des bisherigen Projektverlaufs zeigt sich, dass insbesondere die Zielsetzung einer Standardisierung auch auf inhaltlicher Ebene und damit eine entscheidende Verbesserung der Informationsqualität erreicht werden konnte.

Literatur

Dietrich, Y. (2006), Das Servicejahrhundert, in: Frankfurter Allgemeine Zeitung, 13. März 2006, S. 20

Dyer, A./Jansen, Y. (2001), The New Importance of Scale, The Boston Consulting Group Studie, Sydney/Brüssel 2001

Fischer, T.M. (2006), Controlling von Shared Service Centers – Ergebnisse einer empirischen Studie in deutschen Unternehmen, Friedrich-Alexander-Universität Erlangen-Nürnberg, Nürnberg 2006

Hermes, H./Schwarz, G. (2004), Shared Services: Eine Alternative zum Outsourcing, Ergebnisse einer Praxisstudie, Deloitte & Touche GmbH, Düsseldorf 2004

Horváth, P. (2008), Grundlagen des Management Reporting, in: Gleich, R./Horváth, P./Michel, U. (Hrsg.), Management Reporting, München 2008, S. 15–43

Horváth, P. (1998), Gestaltung und Struktur von Kosten und Leistungsrechnungen, in: Controlling (1998), S. 466 ff.

Kroll, K. M. (2007), Avoiding Shared Services Pitfalls, http://www.businessfinancemag.com

Michel, U./Scheffner, J. (2007), Reorganisation im Finanzbereich, Horváth & Partners CFO-Studie, Stuttgart 2007

Rogers, S./Stewart, S. D. (2004), Finance shared services and outsourcing – Magical, mythical or mundane?, Studie von IBM, New York 2004

Verfasser nbk. (2004), Mit Gewinn intern auslagern, in: Frankfurter Allgemeine Zeitung, 26. April 2004, S. 20

# IV. Unternehmenssteuerung und Reporting im Gesundheits- und Sozialsektor

Social Return on Investment eines sozialen Unternehmens

Prof. Dr. Bernd Halfar*

1 Einleitung: Erfolg als blinder Fleck

2 Erfolgsmessung ist nicht nur ein methodisches Erfassungsproblem

3 Besonderheiten des wirkungsorientierten NPO-Controllings: das IGC-Modell

4 Das Konzept des Social Return on Investment (SROI): am Beispiel einer sozialen Einrichtung (Besondere Werkstatt für behinderte Menschen der Pfennigparade München)

Literatur

---

* Prof. Dr. Bernd Halfar, Dekan der Fakultät Soziale Arbeit, Katholische Universität Eichstätt-Ingolstadt, Eichstätt; Partner der Unternehmensberatung xit.forschen.planen.beraten, Nürnberg.

1 Einleitung: Erfolg als blinder Fleck

Soziale Unternehmen sind weitgehend bedarfsgetrieben und begründen ihre Existenz entsprechend normativ. In der Konzentration auf die Herstellung meritorischer Güter und Dienstleistungen, deren Allokation maßgeblich durch politische Verfahren der Mengen- und Preisbildung organisiert wird, sehen sich diese Dienstleistungsunternehmen von der Pflicht zur Erfolgsmessung entlastet. Mit dem normativ geladenen Verweis auf die gesellschaftliche Notwendigkeit, auf den individuellen Bedarf, auf die besondere Wichtigkeit der spezifischen Dienstleistungen wird die funktionale, nämlich ziel- und wirkungsbezogene Begründung des Unternehmens tendenziell unterschätzt. Für das Controlling in diesen Organisationen besteht nun eine kuriose Aufgabe darin, über die Effizienz und Effektivität eines Unternehmens berichten zu sollen, das möglicherweise tausende von Arbeitsplätzen und respektable Umsatzdimensionen aufweist – die Sozialarbeitsbranche insgesamt weist 80 Mrd. Euro aus –, aber über kein definiertes Zielsystem verfügt.

2 Erfolgsmessung ist nicht nur ein methodisches Erfassungsproblem

Sozialwirtschaftliche Unternehmen haben, das ist klar, eine andere Produktionsfunktion als andere personale Dienstleistungsunternehmen. Aber es ist unklar, wie diese Produktionsfunktion sozialer Dienstleistungen aussehen könnte. Der Informationsgehalt der Outputseite der Funktion ist gähnend leer, die relevanten Inputfaktoren sind wohl in der Altenpflege, der Rehabilitation, der Psychiatrie, der Behindertenhilfe oder der Familien- und Erziehungshilfe bekannt, aber es gibt keinerlei systematische Untersuchungen darüber, wie denn die Elastizität der einzelnen Inputfaktoren gewichtet werden könnte oder wie es um die (teilweise) Substituierbarkeit einzelner Faktoren bestellt ist. Die Produktivität sozialer Dienstleistungsunternehmen scheint ein Buch mit sieben Siegeln zu sein. Verstärkt wird dieser Effekt des Nicht-Wissens durch eine Blackbox, die zwischen den Dienstleistungskonfigurationen und den beobachtbaren Zeiteffekten aufgestellt ist. Es klingt wie in einem klassischen Rätsel: Das Controlling kennt den Input, das Controlling kennt die Prozesse, das Controlling kennt womöglich die »Effekte«. Wie also ist die Kausalität zwischen Input, Prozess und Effekt geknüpft?

Dieses Kausalitätsproblem ist in sozialen Organisationen typisch – und wird durch »Statistische Fehler der dritten Art« ergänzt: Wir haben erwünschte Wirkungen, wir wissen nur nicht warum. Dahinter lauert nicht Naivität, sondern Komplexität. Während »Profitorganisationen« ihre Wirkungen und Nebenwirkungen letztlich auf das »eigentliche Wirkungsziel Rentabilität« beziehen, tauchen auf dem Bildschirm des sozialwirtschaftlichen Controllers eine Vielzahl von Stakeholdergruppen auf, die nicht hierarchisiert werden können. Der Klient, die Heimaufsicht, der Medizinische Dienst der Krankenkassen, die Angehörigen des Klienten, der Finanzierungsträger und interne Stakeholder: Es ist nicht möglich, alle diese stakeholderbezogenen Wirkungen unter dem zentralen Anspruch, die Spitzenkennzahl des Unternehmens zu steuern, zu hierarchisieren.

Die Wirkungserwartungen der Anspruchsgruppen entstammen häufig eigenen Logiken, sind teilweise in konkurrenter Beziehung zueinander gesetzt und sind auch methodisch häufig schwer integrierbar, weil sie mit unterschiedlichen Nutzenbegriffen ausgestattet und unterschiedlich skaliert sind. So wie Rentabilität und Gewinn für Unternehmen, so bilden Wirkungen für NPOs den Existenzsinn.

Neben dem Fehlen der universell geltenden Zielgröße »Rentabilität« als zentraler Erfolgsgröße und einer damit verknüpften potenziellen Unübersichtlichkeit in den Wirkungsfeldern sind sozialwirtschaftliche Unternehmen noch durch eine weitere Besonderheit geprägt. In die Herstellung ihrer Dienstleistungen beziehen sie – bewusst und beabsichtigt – auch solche »Produktionsfaktoren« ein, die eigentlich als Entschleuniger, Fehlerquellen und Servicestörquellen in das Radar des Controllings geraten. Dient die Kundenintegration in den Dienstleistungsprozess eigentlich als Qualitäts-, Innovations-, Rationalisierungs- oder Kundenbindungsstrategie, so wird im Sozialbereich die Kundenintegration teilweise zum Produktionsziel und führt – auf der Kehrseite der Medaille – zum Effizienzverlust.

3 Besonderheiten des wirkungsorientierten NPO-Controllings: das IGC-Modell

Je nach Selbstverständnis des sozialwirtschaftlichen Unternehmens, nach spezifischer Stellung im Welfaremix, nach Wettbewerbskonstellation, staatlichem Regulierungsgrad, organisatorischer Entscheidungsrationalität, Aufgabenfeld, Gutscharakter oder gewünschtem Professionalisierungsgrad wird die Organisation eine gewünschte Unternehmenskonfiguration bilden, die sowohl Bestandteil des Zielsystems als auch Bestandteil der Produktionslandschaft ist. So werden möglicherweise Effizienzverluste zu Bedingungen der Zielerreichung; letztlich bildet sich schon auf der Herstellungsebene ein sozialwirtschaftlich typischer Effektivitätsgedanke ab.

Folgende Dimensionspole für die empirische und normative Verortung der internen Zielstruktur des sozialwirtschaftlichen Unternehmens lassen sich nach Vorschlag einer IGC-Arbeitsgruppe (vgl. *Halfar/IGC* 2009) bilden:

```
Dimension 1: Voice-Funktion ------------- Dienstleistung
Dimension 2: Autonomie ------------- Hoher Fremdregulierungsgrad
Dimension 3: Bedarfs-/Werteorientierung ------------- Nachfrage-/(Erlös-)orientierung
Dimension 4: interne Zielvorgaben ------------- externe Zielvorgaben
Dimension 5: Beitrags- und spendenfinanziert ------------- erlösfinanziert
Dimension 6: solidarisch ------------- kompetitiv
Dimension 7: Freiwilligkeit ------------- Zwangsmitgliedschaft
Dimension 8: Geringer Formalisierungsgrad ------------- hoher Formalisierungsgrad
Dimension 9: Ehrenamtlichkeit ------------- Hauptamtlichkeit
```

Abb. 1: Interne Wirkungsdimensionen

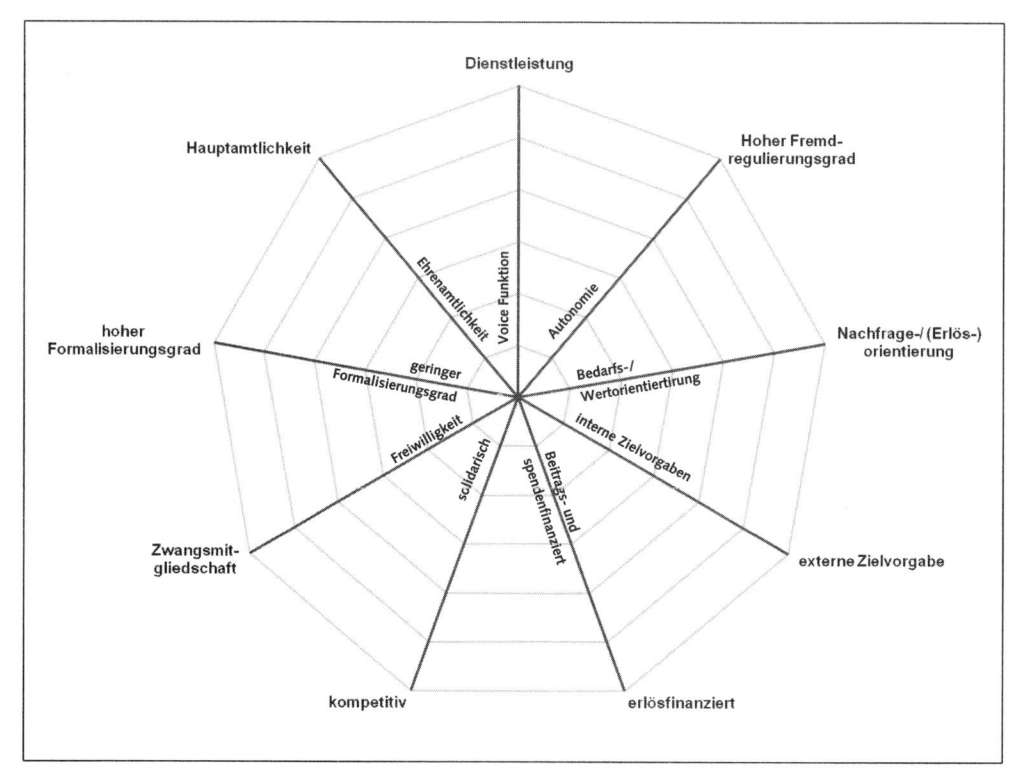

Abb. 2 : Grundmodell NPO-Spinne

An dieses Selbst- und Fremdbild der Organisation angeschlossen sind die für ein sozialwirtschaftliches Unternehmen typischen Zieldimensionen. In Anlehnung an die Literatur (vgl. *Bono* 2006, S. 149 f.) werden von *Halfar/IGC* (2009) vier Wirkungsarten unterschieden:
- *Output*: quantitative Leistungsmenge, die letztlich die Basis für qualitative Wirkungseffekte (Impact, Outcome, Effect) darstellt. Der Output ist das mengenmäßige Produktionsergebnis der sozialen Organisation. Output ist eigentlich ein begrifflicher Zwitter: Er bezeichnet sowohl eine Seite der (quantitativen) Wirkung und gibt gleichfalls, in Bezug auf die Inputs, einen Hinweis auf die interne Effizienz der Organisation.
- *Outcome*: gesellschaftliche Wirkungen und Nutzen (objektive kollektive Effektivität), den die von der Unternehmung erstellten Güter oder Dienstleistungen haben. Die Leistungen der sozialen Organisation wirken sich bei verschiedensten Adressatengruppen, bei Dritten, in der Gesellschaft – allgemein: im Gemeinwohl – aus. Outcome bezieht sich somit auf die »wider effects«.
- *Effect*: unmittelbare, objektiv ersichtliche und nachweisbare Wirkung (objektive Effektivität) für einzelne Stakeholder, insbesondere für die Klienten. Abgebildet werden hier zielgruppenspezifische, intendierte, von der Wahrnehmung und Deutung der Zielgruppen unabhängig bestehende Wirkungen.

- *Impact*: subjektiv erlebte Wirkung des Leistungsempfängers bzw. der Stakeholder (subjektive Effektivität) und somit eine Reaktion der Zielgruppen auf Leistungen (Output) und/oder auf die (objektiven) Wirkungen (Effects) der Leistungen. Impacts als subjektive Reaktionen sind Einstellungen, Urteile, Zufriedenheitsäußerungen, aber auch die Änderung bzw. Stabilisierung von Verhaltensweisen.

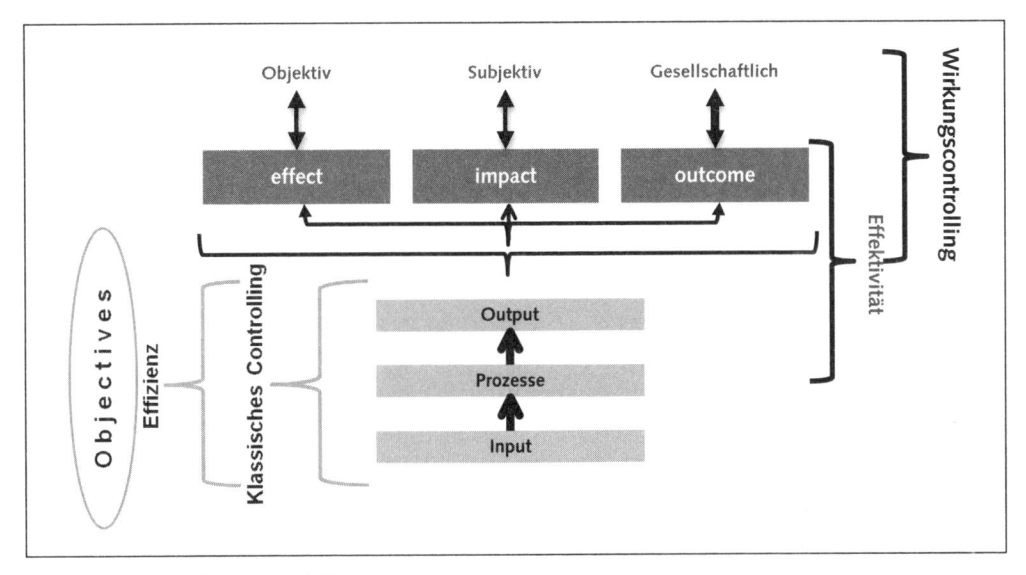

Abb. 3: NPO-Wirkungsmodell

Verknüpft man die geschilderten Zieldimensionen mit den typischen Stakeholdergruppen sozialwirtschaftlicher Unternehmen (Klienten, Finanzierungsträger, Öffentlichkeit, Organisationsmitglieder), so erhält man eine wirkungsorientierte Controllingsystematik.

	Klienten	Öffentlichkeit	Finanzierungs-träger	Mitglieder/interne Stakeholder
Outcome				
Impact				
Effect				
Output				

Abb. 4: NPO – Controllingsystematik: Wirkungsdimensionen mit Stakeholdern

4 Das Konzept des Social Return on Investment (SROI): am Beispiel einer sozialen Einrichtung (Besondere Werkstatt für behinderte Menschen der Pfennigparade München)

Mit der Methode des Social Return on Investment wird versucht, den Ertrag sozialer Investitionen zu messen. Angestrebt wird die Quantifizierung sowohl einzelwirtschaftlicher als auch volkswirtschaftlicher Kosten und Erträge, die durch die Dienstleistungsproduktion des Sozialunternehmens entstehen. Während das klassische SROI-Konzept die ermittelten Kosten und Erträge in einer Discounted-Cashflow-Rechung zu einem Unternehmenswert verdichten will, haben wir uns auf eine Einjahres-Periodenbetrachtung beschränkt.

Untersucht wurde eine »Besondere Werkstatt« der Stiftung Pfennigparade, in der ungefähr 400 hoch qualifizierte Menschen mit Körperbehinderung als anerkannte WfbM-Beschäftigte tätig sind. Im Gegensatz zu »normalen« Werkstätten für behinderte Menschen weist die untersuchte Werkstatt keine Finanzierung von Sozialleistungsträgern auf, sondern finanziert sich als Unternehmen vollständig am Markt. Eine wichtige Besonderheit gegenüber normalen Unternehmen besteht dennoch: Die Auftraggeber dieser Besonderen Werkstatt können 50 % ihres Auftragsvolumens mit der eigentlich zu zahlenden Ergänzungsabgabe verrechnen. Die Zahlungspflicht von Ergänzungsabgaben entsteht für Unternehmen, wenn die gesetzlich definierte Quote zur Beschäftigung schwerbehinderter Mitarbeiter nicht erreicht wird.

Der Social Return on Investment lebt von der Ermittlung einheitlicher Bezugsgrößen von Input einerseits und Output/Outcome/Impact/Effect andererseits. Als einheitliche Bezugsgröße dient Geld. Im Rahmen des SROI geht es also darum, die Wirkungen des sozialen Unternehmens zu quantifizieren und in Geldgrößen auszudrücken. *Halfar/Lehmann/Schellberg* (2009) versuchen verschiedene Transferströme zu erfassen: Transfers zwischen der Institution »Behindertenwerkstatt« und der öffentlichen Hand/Parafisci sowie die individualbezogenen Transfers zwischen den einzelnen Beschäftigten und der öffentlichen Hand/Parafisci. Als weitere wichtige Komponente werden in diesem Modell auch die vermiedenen (Sozial-)Kosten und die durch Kompetenzgewinn entstandenen zusätzlichen Sozialerträge ermittelt, die der Behindertenwerkstatt zuzurechnen sind.

Als Ergebnis steht dann der SROI, der das Verhältnis zwischen Input und Outcome als Prozentsatz oder als Saldo ausdrückt.

(1) $\dfrac{\text{Outcome}}{\text{Input}}$ = SROI in % (Return als Rendite)

(2) Outcome-Input = SROI als Saldo (Return als Ergebnis)

Das Ergebnis des SROI entsteht durch:
- eine institutionelle Transferanalyse durch Berechnung der direkten Zahlungsströme zwischen »Sozialstaat« und sozialem Unternehmen sowie der indirekten monetären Transfers
- eine individuelle monetäre Sozialbilanz der Berechnung, teils diskontierter, individualbezogener Sozialleistungen

- eine soziale Wertschöpfungsanalyse, die insbesondere die »vermiedenen Sozialkosten« und »zusätzliche Sozialerträge« in ihre Berechnung einbezieht

Direkte finanzielle Transfers an die Institution	• Leistungsentgelte der Sozialleistungsträger • Auf den einzelnen Projektteilnehmer umgerechnete Betriebskostenzuschüsse • Eingliederungs-, Lohnkostenzuschüsse für Menschen mit Behinderung • Sonstige Zuschüsse und Subventionen
Direkte finanzielle Transfers an Personen	• Einkommensersatzleistungen an Menschen mit Behinderung • Anpassung von Arbeitsmitteln, betrieblichen Einrichtungen für die Nutzung durch Menschen mit Behinderung • Unterstützung des Arbeitsprozesses, z.B. durch Arbeitsassistenz, Anleitung etc. • Unterstützung der mit dem Arbeitsprozess verbundenen Aktivitäten, etwa Mobilitätshilfen, Pflegeleistungen • Maßnahmen zum Umgang mit der Behinderung im Arbeitsprozess, Qualifizierungsmaßnahmen, Arbeitstraining etc.
Indirekte finanzielle Transfers an Personen	• Steuerentlastungen • Vergünstigte Verkehrstarife
Indirekte finanzielle Transfers an die Institution	• Steuerprivilegien
= Input	
Output-/Outcome-Effect	• Einkommenssteuer • Kirchensteuer Mitarbeiter/innen • Sonstige Abgaben • Steuern und Abgaben des Unternehmens • Multiplikator-/Crowding-out-Effekte • Sozialversicherungszahlungen ohne individuell erworbene Leistungsansprüche

Abb. 5: Berechnung Teil-SROI

Dieser Teil-SROI wird in einem nächsten Arbeitsschritt durch die Berücksichtigung vermiedener Kosten und entgangener Erträge im Sinne einer indirekten Opportunitätskostenbetrachtung weitergeführt.

Analysiert werden hier die entgangenen Erträge und vermiedenen Kosten, die mit alternativen Angebots- und Hilfesettings verbunden wären. Berechnet werden auf Basis der individuellen Eintrittswahrscheinlichkeiten alternativer Entwicklungsverläufe – und entsprechender alternativer Hilfesettings – spezifische Erwartungswerte und die damit einhergehenden Input- und Outgrößen.

In einer sozialen Wertschöpfungsanalyse des sozialen Unternehmens wird nun individualbezogen der durch die Werkstatt entstandene Kompetenzzuwachs gemessen und »Klientenclustern« zugewiesen. Überprüft wurde, inwieweit ein Zusammenhang zwischen der Behinderung der Mitarbeiter und der Arbeitslosigkeitswahrscheinlichkeit besteht. Daher wurde der statistische Zusammenhang zwischen den Variablen, die die Ausprägung der Behinderung und denen, die die Arbeitslosigkeitswahrscheinlichkeit messen, überprüft.

Ermittelt wurden weiterhin die Auswirkungen der Beschäftigung bei der Besonderen Werkstatt der Pfennigparade auf die fachliche Qualifikation, auf Schlüsselqualifikationen und Motivation. Hierzu wurden die rekonstruierten Werte bei Eintritt in die Pfennigparade und die Ist-Werte in Bezug gesetzt und entsprechende Entwicklungswerte ermittelt. Die auf Basis dieser in der Beschäftigungszeit im sozialen Unternehmen erworbenen »Kompetenz- und Motivationswerte« wurden in ein Simulationsmodell eingebaut. In diesem Simulationsmodell gelingt es, die aktuelle Arbeitslosigkeitswahrscheinlichkeit, die Arbeitslosigkeitswahrscheinlichkeit bei Eintritt ins Unternehmen und die geschätzte Arbeitslosigkeitswahrscheinlichkeit in einem alternativen Lebensverlauf (ohne soziales Unternehmen) zu berechnen und die entsprechenden Sozialkosten und Sozialerträge zu vergleichen.

In einem letzten Schritt wird versucht, den »Impact«, also die subjektiv wahrgenommenen Auswirkungen des sozialen Unternehmens, auf die Lebensqualität zu erheben. Gemessen wurden mit dem Instrument WHOQOL-Bref (vgl. *Angermayer/Kilian/Matschinger* 2000) ausgewählte Lebensqualitätsdimensionen, deren Veränderungen seit Eintritt in die Werkstatt und der Abstand zu Vergleichswerten der »Normalbevölkerung«. Durch die Berücksichtigung dieser subjektiven Wirkungen wird das Instrument des Social Return on Investment methodisch verlassen, weil nicht monetarisierbares Gelände betreten wird, aber reizvoll wäre es schon, auch hier durch Methoden der Zahlungsbereitschaftsmessung monetäre Returns berechnen zu können.

Literatur

Angermayer, M. C./Kilian, R./Matschinger, H. (2000), WHOQOL-100 und WHOQOL-BREF, Handbuch für die deutschsprachige Version der WHO Instrumente zur Erfassung von Lebensqualität, Göttingen/Bern/Toronto/Seattle 2000

Bono, M. L. (2006), NPO-Controlling: professionelle Steuerung sozialer Dienstleistungen, Stuttgart 2006

Deutsch, C. (2004), Where Have All the Chief Financial Officers Gone?, in: NewYork Times, 28. November 2004

Halfar, B./IGC (2009), Wirkungsorientiertes NPO-Controlling, Schriftenreihe der IGC, im Erscheinen

Halfar, B./Lehmann, R./Schellberg, K. (2009), Berechnung des SROI einer Besonderen Werkstatt der Pfennigparade, Forschungsbericht, Eichstätt 2009

Horváth & Partners CFO Panel 2006, www.horvath-partners.com

Keller, M./Häsler, A. (2007), Das Controlling Information Center der UBS AG: Katalysator zwischen Accounting und Controlling, in: Gleich, R./Michel, U. (Hrsg.), Organisation des Controlling, Freiburg i. Br. 2007, S. 203–220

Klinger, O./Hornstein, J. (2007), Die Inhouse Bank in einem global operierenden Industrieunternehmen, in: Seethaler, P./Steitz, M. (Hrsg.), Praxishandbuch Treasury-Management, Frankfurt am Main 2007, S. 117–130

Konter, D./Wagner, F. (2007), Die Payment Factory, in: Seethaler, P./Steitz, M. (Hrsg.), Praxishandbuch Treasury-Management, Frankfurt am Main 2007, S. 105–115

Michel, U. (2007), Shared Services als Organisationsform für das Controlling, in: Gleich, R./Michel, U. (Hrsg.), Organisation des Controlling, Freiburg i. Br. 2007, S. 269–294

Norton, D. P./Peck, P. W. (2006), Linking Operations to Strategy and Budgeting, in: Balanced Scorecard Report, Volume 8, September – October 2006, S. 1–6

Schmahl, C./Schmidt, A. (2006), Steuerung von Wachstumsunternehmen über Effizienzziele anstelle fixer Kostenbudgets, in: Gleich, R./Hofmann, S./Michel, U. (Hrsg.), Planungs- und Budgetierungsinstrumente, Freiburg i. Br. 2006, S. 203–224

The Hackett Group (2005), www.thehackettgroup.com

Steuerung einer Unternehmensgruppe des Gesundheits- und Sozialsektors – am Beispiel ZfP Südwürttemberg

Wolfgang Rieger*

1 Einleitung

2 Gestaltung und Verbesserung der Geschäftsprozesse
2.1 Aufbauorganisation
2.2 Qualitätsmanagement nach EFQM

3 Strategieentwicklung
3.1 Gesamtunternehmen
3.2 Projektmanagement

4 Change Management
4.1 Unternehmenskultur
4.2 Weitere Voraussetzungen für das Change Management

5 Human Resource Management
5.1 Jahresgespräch
5.2 Einführungstag
5.3 Personalgewinnung
5.4 Personalverwaltung

6 Controlling
6.1 Planung und Steuerung
6.2 Operatives Controlling

7 Zusammenfassung

---

* Wolfgang Rieger, Geschäftsführer, Zentrum für Psychiatrie Südwürttemberg, Bad Schussenried.

1 Einleitung

Das Zentrum für Psychiatrie (ZfP) Südwürttemberg ist ein gemeinnütziges Unternehmen in der Rechtsform einer Anstalt des öffentlichen Rechts mit 20 Tochtergesellschaften und mehr als 3.000 Mitarbeitern. Es erfüllt Dienstleistungsaufgaben im Bereich der medizinischen Behandlung, der Rehabilitation, des Wohnens und der Arbeitsbeschaffung für Menschen mit seelischen Problemen. Darüber hinaus ist es auch in der Altenhilfe tätig. Historisch ist das ZfP Südwürttemberg aus den drei Landeskrankenhäusern Bad Schussenried, Weissenau und Zwiefalten hervorgegangen. Diese wurden 1996 in Anstalten des öffentlichen Rechts umgewandelt. Dem Alleingeschäftsführer wurde die Aufgabe gestellt, die im Denken und Handeln konservativ geführter Eigenbetriebe des öffentlichen Dienstes verhafteten Einheiten in ein Unternehmen umzuwandeln, das modernen Grundsätzen der Unternehmensführung genügt, das aber auch langfristig ökonomisch und fachlich erfolgreich arbeitet. Dieser Umwandlungsprozess soll im Folgenden beschrieben werden.

2 Gestaltung und Verbesserung der Geschäftsprozesse

2.1 Aufbauorganisation

Die Aufgaben in den Standorten waren 1996:
- vollstationäre und teilstationäre Krankenhausbehandlung
- Maßregelvollzug für Patienten nach §§ 63 und 64 StGb
- Versorgung sogenannter Pflegefälle
- Werkstatt für behinderte Menschen

Geleitet wurden die Einheiten von drei Krankenhausbetriebsleitungen, die jeweils aus einem Ärztlichen Direktor, einem Pflegedirektor und einem Betriebsdirektor bestanden. In einem vierstufigen Hierarchiesystem waren Ärzte und sonstige Therapeuten (ca. 20 % der Mitarbeiter) dem Ärztlichen Direktor, das Pflegepersonal (ca. 50 %) dem Pflegedirektor und das sonstige Personal dem Betriebsdirektor zugeordnet. Konflikte zwischen den Berufsgruppen auf der untersten Ebene, der Station, wurden regelmäßig bis nach oben in die Krankenhausbetriebsleitung getragen und dort entschieden. Weiterhin wurden Teilgebiete des Unternehmens wie die Versorgung der Pflegefälle oder der Maßregelvollzug von der Krankenhausbetriebsleitung vernachlässigt, da sie nicht den originären Interessen z. B. der medizinisch-ärztlichen Führung entsprachen.

Aufgabe war daher zunächst, eine Aufbauorganisation zu schaffen, die diese Probleme löste. Hierzu wurde nach dem Schema in Abbildung 1 vorgegangen. Es wurden standortübergreifend sechs Geschäftsbereiche (GB) gebildet, die in den klinischen Bereichen nach einem dualen Führungsmodell geleitet werden. Dual heißt, dass jeweils gleichberechtigt ein Arzt und eine leitende Pflegekraft an der Führung beteiligt sind. Das duale Führungsprinzip wird über alle Hierarchieebenen bis zur Station durchgehalten,

Die Südwürttembergischen Zentren für Psychiatrie (GB) gliedern sich ...

... in sechs Geschäftsbereiche (GB)

Klinik für Psychiatrie und Psychotherapie (KPP)	SINOVA-Klinik für Psychosomatik und Psychotherapie (PTM)	Klinik für Forensische Psychiatrie und Psychotherapie (MRV)	Wohn- und Pflegeheime (WPH)	Zentrale Funktionen (ZF)	Zentrale Medizinische Funktionen / Unternehmensentwicklung (ZMF)
Ärztlicher Leiter Prof. Dr. Paul-Otto Schmidt-Michel Pflegerischer Leiter Hans-Peter Elsässer-Gaißmaier	Ärztlicher Leiter PD Dr. Michael Hölzer Pflegerische Leiterin Irene Becker-Friedrich	Ärztlicher Leiter Dr. Udo Frank Pflegerischer Leiter Harald Nessensohn	Leiter Christoph Vieten	Betriebsdirektor Roland Beer	Leiter Dr. Dieter Grupp
- Allgemeine Psychiatrie und Psychotherapie - Sucht - Kinder- und Jugendpsychiatrie - Gerontopsychiatrie	- Psychotherapeutische Medizin - Psychosomatik	- Maßregelvollzug	- Wohn- und Pflegeheime - Ambulante Pflege und Betreuungseinrichtungen	- Verwaltungs- und Versorgungsdienstleistungen	- Medizinische Unterstützungs- und Versorgungsfunktionen - Somatisch orientierte Behandlungseinheiten - Arbeit & Rehabilitation

... in fünf Versorgungsbereiche (VB)

Allgemeine Psychiatrie (APS)	Suchterkrankungen (Sucht)	Altenhilfe / Alterspsychiatrie (AH-GP)	Kinder- und Jugendpsychiatrie (Ki-Ju)	Forschung und Lehre (F + L)
Versorgungsbereichssprecher Prof. Dr. Tilman Steinert	Versorgungsbereichssprecher Prof. Dr. Gerhard Längle	Versorgungsbereichssprecher Christoph Vieten	Versorgungsbereichssprecherin Prof. Dr. Renate Schepker	Versorgungsbereichssprecher Prof. Dr. Wolfgang Kaschka

Abb. 1: Die Aufbauorganisation des ZfP Südwürttemberg

so dass Probleme schon auf der jeweils zuständigen Ebene bearbeitet werden. Diese Organisationsform war ein Novum in der Krankenhauslandschaft.

Daneben wurden im Sinne einer Matrixorganisation Versorgungsbereiche (VB) gebildet, in denen übergreifend über die Geschäftsbereiche Behandlungs- und Versorgungsprozesse beschrieben werden. So ist es z. B. bei chronisch kranken Menschen mit dem Krankheitsbild Schizophrenie wichtig, dass sie neben der Behandlung im Krankenhaus (GB Psychiatrie) und in einer psychiatrischen Institutsambulanz (GB Psychiatrie) auch Wohnmöglichkeiten angeboten bekommen (GB Wohn- und Pflegeheime) und Arbeitsmöglichkeiten finden (GB Zentrale Med. Funktionen/Arbeit & Reha).

2.2 Qualitätsmanagement nach EFQM

Neben der Aufbauorganisation stellte sich die weitere Frage, nach welcher Systematik die laufenden Geschäftsprozesse am besten beschrieben werden können. Schon frühzeitig wurde 1998 für Gesundheits- und Sozialunternehmen beschlossen, hierfür das Modell der European Foundation for Quality Management (EFQM) zu benutzen (s. Abbildung 2). Dieses eignete sich besonders gut, da sowohl Leistungsfaktoren als auch Ergebnisinformationen eines Dienstleistungsunternehmens überzeugend dargestellt werden können. Auf der Grundlage von EFQM wurden in einer parallel gegründeten hauseigenen Akademie eine Vielzahl von Mitarbeitern ausgebildet, es wurden Qualitätsmanager eingeführt, für die Stationen und andere Teilbereiche wurden Qualitätshandbücher geschrieben und das Unternehmen beteiligte sich an zahlreichen Zertifizierungsverfahren (KTQ, Total Equality etc.).

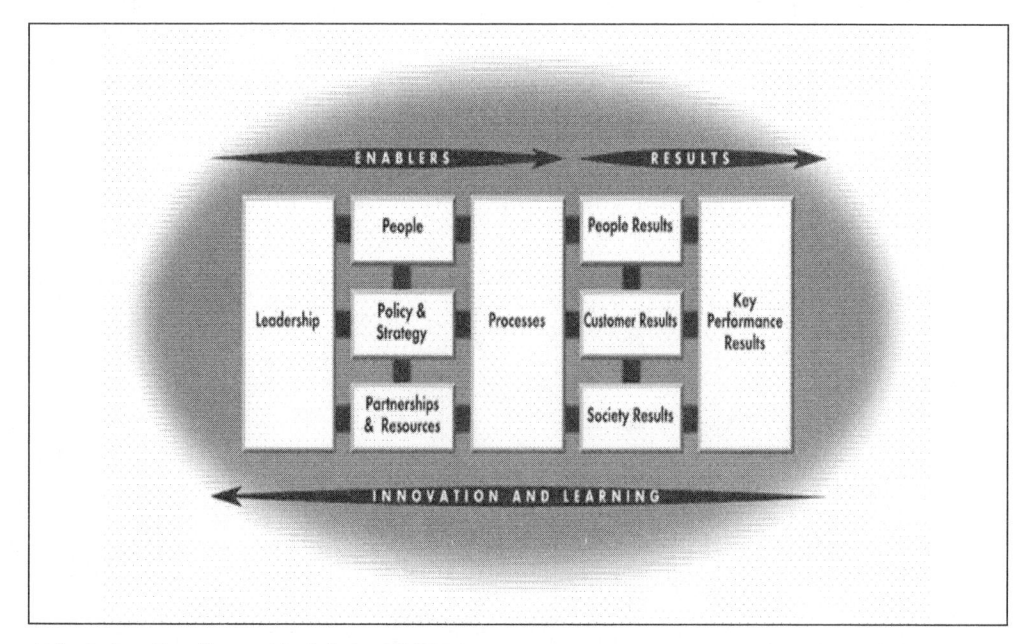

Abb. 2: Das Excellence-Modell der EFQM

3 Strategieentwicklung

3.1 Gesamtunternehmen

Seit 1999 wird in einem zweijährigen Turnus die Strategie des Unternehmens beschrieben, überarbeitet und im Intranet veröffentlicht, so dass jeder Mitarbeiter sich hierüber informieren kann. Auf der Basis umfangreicher Umweltanalysen (s. z. B. Abbildung 3) wird in einem Papier von etwa 60 bis 80 Seiten Umfang die Gesamtausrichtung des Unternehmens beschrieben und auf Projekte der einzelnen Geschäftsbereiche heruntergebrochen.

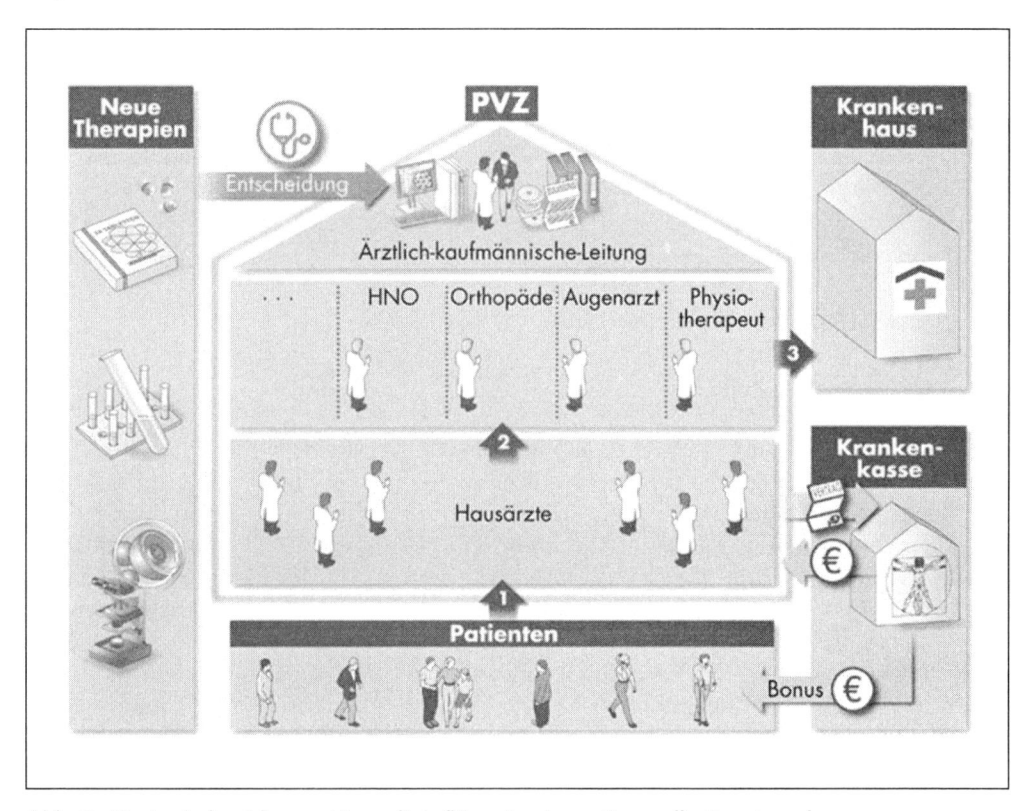

Abb. 3: Strategisch wirksame Umwelteinflüsse in einem Gesundheitsunternehmen

3.2 Projektmanagement

In einer strategischen Projektdatenbank mit ca. 150 Einzelprojekten, z. B. dem Aufbau von Suchttageskliniken an drei Standorten, Teilstandortverlagerung Weissenau – Friedrichshafen etc. (s. Abbildung 4), werden die Projekte beschrieben und vom zentralen Projektmanagement verfolgt.

2.5.3	Tagesklinik Ravensburg	Aufbau von 16 Behandlungsplätzen, stationsextern im Bereich Weissenau/RV	29	3	Tagesklinik ist beim Sozialministerium/Landeskrankenhausausschuss beantragt.
2.5.4	Tagesklinik Reutlingen	Aufbau von 20 Behandlungsplätzen, in Verbindung mit einer IA-Sucht	30	3	Tagesklinik ist beim Sozialministerium/Landeskrankenhausausschuss beantragt.
2.5.5	Tagesklinik Ulm	Aufbau von 16 Behandlungsplätzen, in Verbindung mit einer IA-Sucht	31	3	Tagesklinik ist beim Sozialministerium/Landeskrankenhausausschuss beantragt.

Abb. 4: Projektdatenbank (Auszug)

Jedes größere Projekt wird von speziell ausgebildeten Projektmanagern begleitet, für kleinere Projekte sind eine Vielzahl von Mitarbeitern im Rahmen des eigenen Weiterbildungsprogramms »Krankenhausmanager« geschult worden.

4 Change Management

4.1 Unternehmenskultur

Zur Unternehmenskultur gehört eine Vielzahl von Bausteinen, die Einfluss auf das mehr oder weniger positive Bild des Unternehmens bei der eigenen Mitarbeiterschaft und nach außen haben. Zunächst einmal gehört hierzu, die Kommunikationswege entsprechend einzurichten. Die Mitarbeiter werden im Rahmen des Corporate Publishing über eine Hauszeitschrift und das Intranet (s. Abbildung 5) informiert. Nach außen hin spielen das Internet, aber auch die Hauszeitschrift neben Unternehmensprospekten, attraktiven Geschäftsberichten sowie Kontakten mit der Presse eine wichtige Rolle. Naturgemäß ergeben sich aus dem Geschäftsbereich Maßregelvollzug, in dem psychisch kranke Straftäter behandelt werden, in der Außenkommunikation immer wieder schwierige Situationen, z. B. wenn eine Entweichung stattfindet. In diesem Fall muss die Öffentlichkeit wissen, dass das Unternehmen verantwortungsvoll und kompetent mit derartigen Ereignissen umgeht.

Ein weiteres breites Feld innerhalb des Change Managements nimmt das Feld der Unternehmensethik ein: Nur beispielhaft soll hier die Entwicklung eines Leitbilds für das Unternehmen genannt werden. Im ZfP Südwürttemberg wurde hierzu eine aus allen Hierarchiestufen besetzte Arbeitsgruppe gebildet, die das Leitbild formulierte. Wesentliche Elemente sind die Beschreibungen des Verhältnisses zu den uns anvertrauten Menschen, die Erwartungen an unsere Mitarbeiter und Führung sowie unsere gesellschaftliche Rolle. Im Rahmen einer klar definierten Kooperationskultur werden für alle 300 Führungskräfte in Veranstaltungen der hauseigenen »akademie südwest« Führungswissen und Führungseigenschaften vermittelt und trainiert. Die regelmäßige

Abb. 5: Kommunikationsweg Intranet

Rückmeldung durch die Mitarbeiter hierzu erfolgt alle zwei Jahre in Form einer Mitarbeiterbefragung durch ein Fremdinstitut, in der wir uns auch mit etwa 100 branchengleichen Unternehmen in der Bundesrepublik vergleichen (s. Abbildung 6).

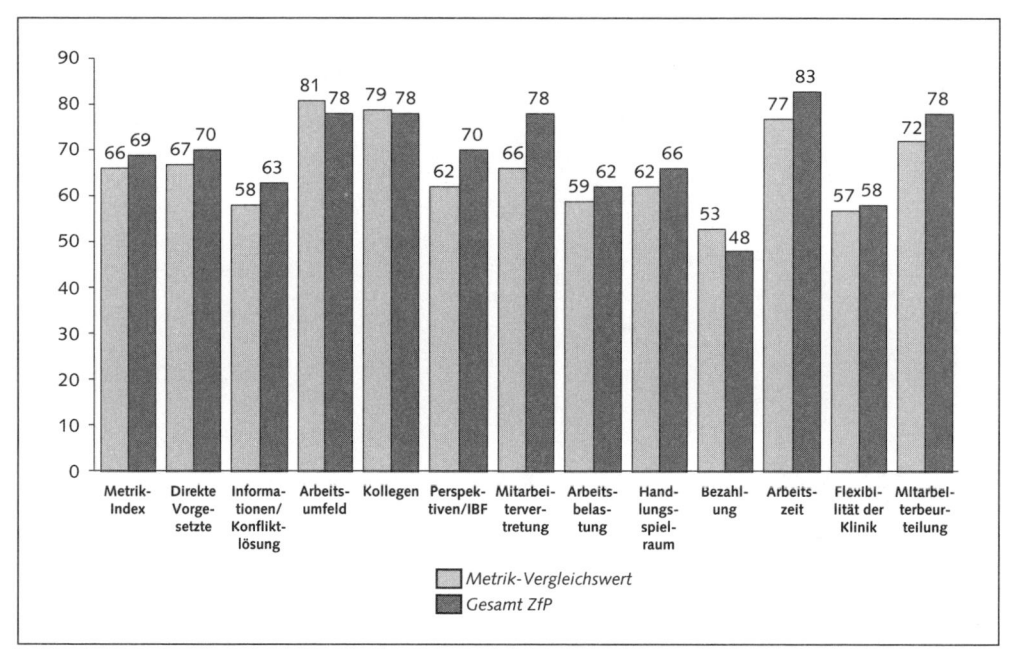

Abb. 6: Mitarbeiterbefragung

4.2 Weitere Voraussetzungen für das Change Management

Grundlegende Veränderungen im Unternehmen gelingen nur, wenn die Mitarbeiter das Gefühl haben, durch diese Veränderungen nicht gefährdet zu sein. Es ist daher wichtig, dass natürliche Veränderungen des »Organismus« Unternehmen in Form des immer wiederkehrenden Auf- und Abbaus einzelner Bereiche frühzeitig geplant und vermittelt werden. Insofern ist es uns über 15 Jahre gelungen, betriebsbedingte Kündigungen zu vermeiden und alle Beschäftigungsprobleme über die natürliche Fluktuation zu lösen.

5 Human Resource Management

5.1 Jahresgespräch

Ein wichtiges Führungsinstrument in einer mitarbeiterorientierten Organisationskultur ist das regelmäßige Jahresgespräch zwischen Mitarbeitern und Vorgesetzten. Hintergrund ist der Führungsstil des Unternehmens: Die im ZfP beschäftigten Menschen sollen dialogorientiert, beteiligungsorientiert und förderungsorientiert miteinander umgehen.

Das Jahresgespräch
- dient dem Aufbau von Klarheit und Durchsichtigkeit, von Vertrauen und Motivation und dem Abbau von Störungen und Missverständnissen,
- zielt auf eine Bewertung des beruflichen Miteinanders und der persönlichen Arbeitsbeziehung zwischen Mitarbeitern und Vorgesetzten im zurückliegenden Jahr ab,
- ermöglicht die gezielte Förderung des Mitarbeiters im Hinblick auf die vereinbarten Ziele und seine beruflichen Perspektiven.

5.2 Einführungstag

Jeder neue Mitarbeiter wird an einem Einführungstag mit seinem neuen Arbeitgeber bekannt gemacht. Themen wie Teamorientierung und Leitbild werden genauso behandelt wie die Darstellung des Qualitätsmanagements oder Informationen über die Arbeit der Personalvertretung. Abgerundet wird das Unternehmensbild durch einen Film zum Gesamtunternehmen, das an 30 Standorten arbeitet, und einen Vortrag eines Mediziners zur Arbeit mit psychisch kranken Menschen.

5.3 Personalgewinnung

Im Gesundheits- und Pflegebereich ist es zunehmend schwieriger, qualifiziertes Personal zu gewinnen. Es ist daher wichtig, neben der Personalrekrutierung durch Stellenanzeigen eine Reihe weiterer Maßnahmen zu ergreifen:
- Ein positives Image als Arbeitgeber durch gezielte Öffentlichkeitsarbeit macht den Arbeitsplatz attraktiv.
- Eine gezielte Ansprache während der Ausbildung erhöht den Wunsch zu bleiben.
- Das ZfP bietet eine Vielzahl von Praktika in 30 bis 40 Berufen an. Hier haben junge Menschen die Möglichkeit, das fremde Arbeitsfeld erstmals kennenzulernen.
- Im ärztlichen Bereich wurde ein Stipendienprogramm für die Studienzeit aufgelegt. Damit wird der junge zukünftige Arzt schon frühzeitig an das Haus gebunden.
- Es werden attraktive Ausbildungsmöglichkeiten (Facharzt, Pflege etc.) angeboten.
- Immer wichtiger wird die Vereinbarkeit von Familie und Beruf. Gerade für weibliche Mitarbeiter müssen mögliche Konfliktfelder entschärft werden. Dies geschieht durch hauseigene Möglichkeiten der Versorgung von Kindern in Tagesstätten und während der Ferien. Zunehmend gewinnt aber auch die Betreuung älterer Familienmitglieder an Bedeutung.

5.4 Personalverwaltung

Natürlich werden neben den vorgenannten Aufgaben im Rahmen des Human Resource Management die üblichen Aufgaben der Personalverwaltung erledigt:
- Im Personalmanagement werden die Abteilungen bei der Auswahl und Gewinnung neuer Mitarbeiter oder bei arbeitsrechtlichen Fragen bezüglich bestehender Arbeitsverhältnisse unterstützt.

- Bezüglich der Löhne und Gehälter werden Tariffragen geklärt und die Lohn- und Gehaltsabrechnungen durchgeführt.
- Ein elektronisches Personalinformationssystem gibt Informationen zu Daten wie Altersstruktur, Fluktuation, Ausfallzeiten.
- In der Zeitwirtschaft bestehen Betriebsvereinbarungen zu flexiblen Arbeitszeiten, die regelmäßig elektronisch gespeichert werden.
- Es erfolgt eine enge Zusammenarbeit mit anderen Unternehmen der Region, wir beteiligen uns regelmäßig an Jobbörsen

6 Controlling

Wie üblich befasst sich auch im ZfP Südwürttemberg das Controlling mit der Konzeption und dem laufenden Betrieb von Steuerungsinstrumenten im ökonomischen und fachlichen (medizinischen) Bereich. Die operative jährliche Planung ist auf die strategischen Zielgrößen auszurichten, die laufenden Zahlen sind zu analysieren und gegenüber den verschiedenen Managementebenen, angefangen von der Stationsleitung bis zur Geschäftsführung, zu interpretieren. Schließlich sind die Entscheidungen des Managements mit quantitativen und qualitativen Informationen zu unterstützen.

6.1 Planung und Steuerung

Im ZfP ist das Controlling nicht nur am jährlichen Budgetprozess, sondern auch aktiv an der Gestaltung der Preisfindung in den verschiedenen Vertriebsbereichen beteiligt. Jährlich werden z. B. neben den Leistungsmengen auch die Preise hierfür mit den Krankenkassen, den Pflegekassen, den Sozialhilfeträgern, den Landesbehörden, der Bundesagentur für Arbeit und weiteren Kunden neu festgelegt. Hieraus ergibt sich das *externe Budget*. In Zusammenarbeit mit der obersten Führungsebene, nämlich dem Geschäftsführer und den Geschäftsbereichsleitungen, wird hieraus das interne Budget der Geschäftsbereiche und darunterliegender Profitcenter gebildet, wobei darauf geachtet wird, dass die Teilziele der Bereiche zu einem ganzheitlichen und abgestimmten Zielsystem zusammengeführt werden. Dies geschieht zunächst in einem Top-down-Prozess, in dem der untersten Ebene, den Stationen, Wohngruppen und Werkstätten, Budgetvorschläge auf Basis des Vorjahres gemacht werden. Das Controlling ist für die Plankoordination verantwortlich, während die Planung der Kostenschwerpunkte (Personalkosten, Sachkosten) durch die Führungskräfte der verschiedenen Hierarchieebenen erfolgt. Zu den Controllingaufgaben gehört die Erstellung der erforderlichen Planungsunterlagen (Formulare) und die zeitliche Koordination der Teilpläne (Planungsschritte) in Form eines Planungskalenders, der Bereichen vorgegeben wird. Die Teilpläne der Bereiche werden im Bottom-up-Prozess wieder zusammengefasst und im dann endgültigen Gesamtplan, dem *internen Budget*, dargestellt. Der Regelkreis des Controllings wird dann durch die regelmäßige monatliche Berichterstattung vervollständigt (s. Abbildung 7).

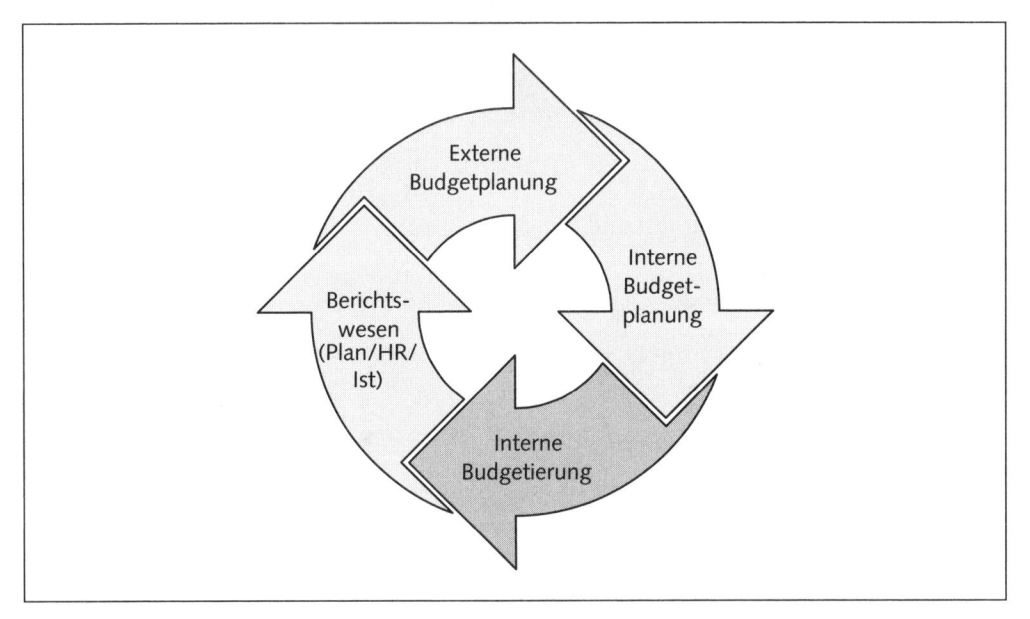

Abb. 7: Regelkreis der Planung und Steuerung

6.2 Operatives Controlling

Finanzcontrolling
Das Finanzcontrolling umfasst im engeren Sinne die monatliche Berichterstattung mit dem Budget-Ist-Vergleich und einer vierteljährlichen Hochrechnung zum Jahresende. Die verschiedenen Berichtsebenen sind:
- Station, Wohngruppe, Sachgebiet der Verwaltung und des Wirtschaftswesens
- Abteilung (Abteilung für Suchterkrankungen, Personalabteilung etc.)
- Regionaler Geschäftsbereich (Krankenhaus, Wohnheim etc.)
- Geschäftsbereich
- Gesamtunternehmen

In den jeweiligen Profitcentern werden den Erträgen die Personalkosten, die direkt zurechenbaren Sachkosten und die über die interne Leistungsverrechnung zurechenbaren Kosten gegenübergestellt. Es ergibt sich ein Ergebnis auf der Basis vollständig verrechneter Vollkosten. Diese Form hat sich gerade im Gesundheits- und Sozialbereich bewährt, ermöglicht sie doch auch der dualen Führung auf der Stationsebene ein Denken »wie ein Handwerker, der seinen eigenen Betrieb führt« (s. hierzu Abbildung 8).

Medizinisches Controlling
Das medizinische Controlling umfasst alle Informationen aus dem medizinischen Bereich, die das Leistungsgeschehen des Unternehmens widerspiegeln. Hierzu zählt im Bereich des Krankenhauses die Überwachung von Daten wie:

- Standardarbeitsplänen der Psychiatrie-Personalverordnung
- Fallzahlentwicklung
- Verweildauerentwicklung
- Arztbrieflaufzeiten
- Diagnosestatistiken
- Herkunftsstatistiken
- Zahl der Zwangsmaßnahmen und der aggressiven Handlungen durch Patienten
- Wiederaufnahmeraten

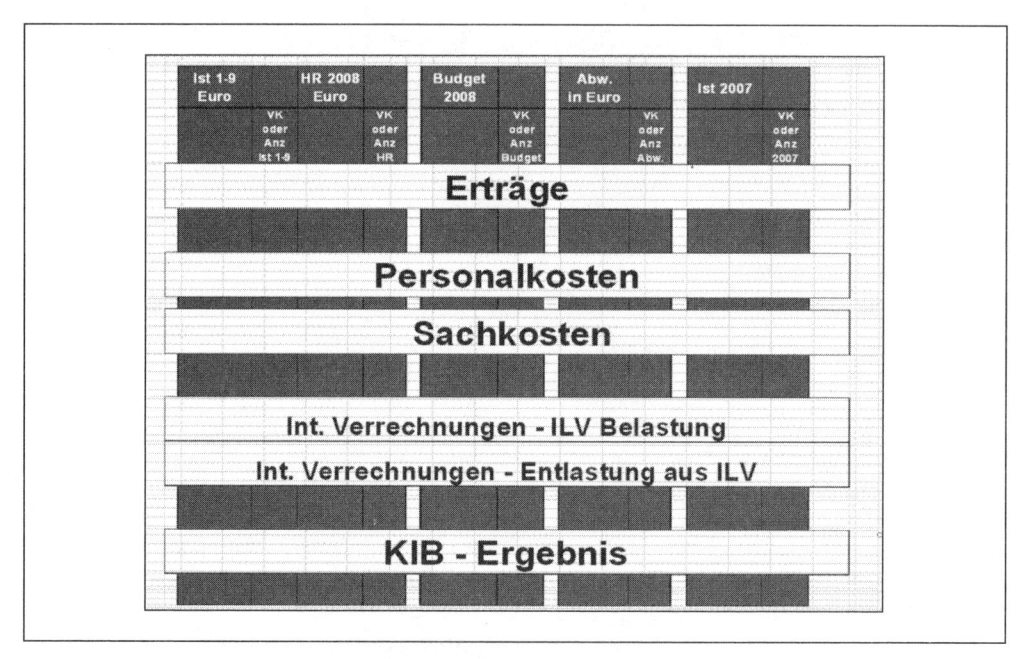

Abb. 8: Ergebnisrechnung des Profitcenters (KIB = Kosteninformationsblatt)

7 Zusammenfassung

Dem Autor kommt es darauf an, zu zeigen, dass im Gesundheits- und Sozialbereich Unternehmen entstehen, die im betriebswirtschaftlichen Anspruch der Steuerungserfordernisse anderen Dienstleistungsunternehmen nicht nachstehen. Hier wird sich in den nächsten Jahren noch ein weites Feld für die akademische Forschung ergeben.

Controlling – oder die Kunst des Schattenboxens

Dr. Elizabeth Harrison*

1 Einleitung

2 Götterspeise an die Wand nageln

3 Controlling ist zielgerichtetes Personaltraining

4 Anreizkompatibilität: Controlling der Controller

5 Das Prozess-Haus – die Meisterleistung des Schattenboxens
    5.1 Umsetzungsbeispiel
    5.2 Übertragung der Informationen in eine Bewertungsmatrix
    5.3 Clusterung der Schwachstellen
    5.4 Entwicklung und Umsetzung von Lösungsoptionen

6 Controlling: Die Entscheidung – was ist dann wichtig?

7 Lege die Ziele fest und optimiere erst dann – niemals umgekehrt!

Literatur

---

* Dr. Elizabeth Harrison, Geschäftsführerin, Oberschwaben Klinik gGmbH, Ravensburg.

1 Einleitung

Effektives Controlling orientiert sich an Aktivitäten. Als solches hat es mehr Ähnlichkeiten mit Physiotherapie als mit buchhalterischen Leistungen oder statistischen Höhenflügen. Wichtig ist es, mit dem Ziel vor Augen einen Weg zu beschreiten, der den gleichermaßen größten wie schnellsten Erfolg verspricht und gleichzeitig die wenigsten Schmerzen verursacht.

Diesen Weg zu begleiten, ein Feintuning oder gar eine Kursänderung vorzunehmen und immer wieder zu motivieren, das ist die Aufgabe eines Coaches, eines Personal-Trainers – oder die Aufgabe eines Controllers. Weil Ergebnisse im Gesundheitssektor durch ihre Multidimensionalität häufig esoterische Züge aufweisen, liegt es nicht immer auf der Hand, welche Impulse welche Auswirkungen haben. Ein Controller ist wie ein Schattenboxer. Er hat ein Ziel, aber zunächst nur ein imaginäres. Er muss es identifizieren, er muss es einkreisen, er muss den Weg dahin finden. Schattenboxen verlangt Technik und Bewegung. Genauso das Controlling. Wer unkontrolliert nach vorne prescht, wer sich allein auf die Schlagkraft der einen Methode verlässt, der wird scheitern wie der an Muskelkater leidende Sportler.

2 Götterspeise an die Wand nageln

»Controlling« ist genauso wie »Management« seinem Sinn nach eigentlich ein Verb. Controlling begleitet Aktivitäten und bleibt somit auch selbst immer in Bewegung. Analog zum langsamen, aber sicheren Tod der Krankenhausverwaltung müssen Kostenstellenauswertungen einem »Performance Enhancement« – zu Deutsch einer »Leistungsunterstützung« – weichen. Controlling ist nun mehr nicht nur statistische Auswertung, um einen Status quo zu dokumentieren. Controlling ist die Abbildung der gesamten zur Verfügung stehenden Ressourcen in deren spezifischem Zusammenhang, um als Kompass zu dienen, um Mitwirkende zu »norden«. Es ist eine Indikation der Abweichungen vom fest vereinbarten Pfad, die durch positive und negative Störfaktoren hervorgerufen werden. Es ist ein Ausweis des Einflusses von Störfaktoren.

3 Controlling ist zielgerichtetes Personaltraining

Personalcontrolling krankt häufig daran, dass aus schlichten Zahlen keine umsetzbare Unternehmensstrategie herzuleiten ist. Ohne sich über die Frage »wo wollen wir hin« Gedanken zu machen, ist eine solche Strategie nicht möglich. Die Nachhaltigkeit fehlt. Wir kennen alle die Fehlzeitenstatistiken. Aber wie häufig haben wir eine begleitende Analyse der Ursachen gesehen? Im Übrigen wären gegebenenfalls ca. 50 % aller Auswertungen überflüssig, weil sich niemand damit beschäftigt oder wegen des damit verbundenen Zeitaufwandes damit beschäftigen kann.

Personalcontrolling nimmt Mitarbeitern gelegentlich den Raum zum »Atmen«. Wer Mitarbeiter auf reine Zahlen reduziert, läuft Gefahr, den Bezug zu den Mitarbeitern zu verlieren. Zahlen können Sozialkompetenz nicht ersetzen. Häufig werden Benchmarkvergleiche durchgeführt, die letztlich aber nur der Rechtfertigung eigener, bereits implementierter Positionen dienen. Konsequenzen aus controllingbasierten Benchmarks werden letztlich nicht gezogen. Ursachenforschung unterbleibt. Zu guter Letzt: Ein Unternehmen gänzlich ohne Controlling führt sich selbst in die Insolvenz.

Die Einbindung der Controller ist im Sinne der lösungsorientierten Teamarbeit. Nehmen wir einmal an, Herr Marsch ruft Dienstagvormittag mit einem ermahnenden Ton an. Sie hören: »Sie Tunichtgut! Sie kosten nur Geld, und wenn etwas herauskommen soll, geht es in Ihre eigenen Taschen.« Schlimm genug. Was aber tatsächlich gesagt wurde, ist allemal noch schlechter: »Sie verursachen hohe Kosten, wenn Sie das tun, was Sie am liebsten tun. Und davon haben wir nichts.«

Feingliedrige Aufteilung von Tätigkeiten ist eine Hommage an den Taylorismus und führt zu endlosen Diskussionen um korrekte Zuordnung von Kosten und Erlösen. Die Einrichtung von Profitcentern in komplexen, nicht nach außen abgrenzbaren Gebilden öffnet häufig Tür und Tor für fruchtlose Diskussionen.

4 Anreizkompatibilität: Controlling der Controller

Ein Bereich, der sich sehr lange fast jeder Form von Controlling entzog, ist die redaktionelle Arbeit in den Medien. In jüngster Vergangenheit gibt es auch hier Ansätze, die aber gerade auch die Problematik des Controllings zeigen. Analysiert werden die Erfüllung quantitativer Vorgaben für das Vorkommen journalistischer Stilformen, betrachtet werden Text-/Bild-Verhältnisse auf Seiten, normiert wird der tägliche »Output« von Reportern. Was dabei unter den Tisch fällt: Die besondere Story erfordert vielleicht mehr Zeit und in der Publikation mehr und womöglich anderen Raum als es die Standards vorsehen. Und vielleicht sind es gerade diese besonderen Geschichten, die Auflagen steigern oder Zuschauerfrequenzen erhöhen. Ein Controlling, das kreativen Köpfen dafür die Freiräume nimmt, kann kontraproduktiv sein. Was im Sinne des Unternehmenserfolgs gut gemeint war, kann sich ins Gegenteil verkehren. Controlling um des Controllings willen lässt wichtige, zumal qualitative Aspekte außer Acht. Eine gefährliche Spirale nach unten kann sich entwickeln, zumal jeder Mitarbeiter dazu neigt, beim Controlling nicht anzuecken und sich deshalb gegebenenfalls auch wider besseres Wissen dessen Regeln unterwirft. Falsch verstandenes Controlling kann mehr schaden als nützen.

5 Das Prozess-Haus – die Meisterleistung des Schattenboxens

Begeben wir uns ins Krankenhaus. Kliniken sind Unternehmen. Mit vielen Zahlen und Statistiken, die sich »controllen« lassen. Doch spiegelt dies die ganze Wahrheit wider? Welche Größen sind zum Beispiel Wartezeiten? Einerseits Wartezeiten der Patienten, die für Verdruss sorgen, die unserem Image schaden, die dafür sorgen, dass der Patient vielleicht beim nächsten Mal nicht mehr in unser Haus kommt. Andererseits Wartezeiten unserer Mitarbeiterinnen und Mitarbeiter – sei es, weil Patienten ausbleiben, sei es, weil an anderer Stelle im Haus die Patienten nicht schnell genug diagnostiziert oder versorgt werden. In den Wartezeiten liegen Ressourcen, die wir heben müssen. Wenn von Effizienzreserven in den Krankenhäusern die Rede ist, dann müssen wir dort ansetzen, wo Menschen warten. Es sind Stellen, an denen wir Geld sparen können, ohne Leistungen zu beschneiden.

Ein Ansatz, der die eingangs diskutierten Bedingungen an ein umfassendes Controlling erfüllt, ist das »Prozess-Haus«. Es beschränkt die Sicht nicht aufs Äußerliche, sondern öffnet die Türen für den Blick nach innen. Wie komplex und wie funktional ein Haus ist, zeigt sich nicht an den Außenmauern, sondern an der Innenarchitektur. Das Prozess-Haus ist ein Ansatz, der betrachtet, was geschieht, der Aktivitäten in den Blick nimmt.

Die Finanzierung der stationären Versorgung von Patienten erfordert ein hohes Maß an Verantwortungsbewusstsein aller Beteiligten. Verschwenderisches Denken und Handeln im Krankenhaus schaden der Solidargemeinschaft.

Die Bundespolitik hat einen Großteil dieser Verantwortung bewusst den Krankenhäusern übertragen. Unter diesen Voraussetzungen wurden die Krankenhäuser in einen tief greifenden und nachhaltigen Veränderungsprozess gezwungen. Entgegen häufig angeführten Bedenken und trotz elementarer Unterschiede in der Art und Weise der Leistungserbringung eignen sich wesentliche Ansätze aus der Sachgüterproduktion durchaus für eine Übertragung auf die Erbringung medizinischer Dienstleistung.

Dies gilt insbesondere dann, wenn man sich die grundsätzlichen Ziele der Gesamtkonzepte vor Augen führt und sich in der Diskussion nicht auf der Ebene einzelner Methoden verliert. Das seinerzeit von Deming formulierte Ziel einer in jedem Schritt der Wertschöpfungskette bestmöglich zu erbringenden Qualität hat selbstverständlich Gültigkeit für die Erbringung medizinischer Dienstleistung. Mit Hilfe der von der Oberschwaben Klinik gGmbH genutzten Methodik des Prozess-Hauses gelingt es, den Wertschöpfungsprozess von Krankenhäusern unter den Aspekten Kosten, Qualität und Zeit in einem kontinuierlichen Verbesserungsprozess zu optimieren. Mit dem Ziel, Prozesse effizienter zu gestalten, gilt für die dafür angewendeten Werkzeuge die Prämisse, in jedem Schritt so effizient wie möglich zu arbeiten. Darüber hinaus unterscheidet sich die Prozess-Haus-Methode von anderen Methoden zur Prozessoptimierung durch die Art und Weise der Nutzung und Verwendung des Wissens der Mitarbeiter. Anders als bei den meisten Methoden wird auf eine dezidierte Darstellung der Ist-Situation verzichtet. Vielmehr werden im Sinne des Lean Managements die Ressourcen der Mitarbeiter nicht für die Aufnahme der gesamten Ist-Situation gebunden, sondern ausschließlich die prozessbezogenen Schwachstellen entlang eines standardisierten Patientenprozesses aufgenommen. Diese Informationen werden in den folgenden Schritten verdichtet und die Schwachstellen bezüglich ihrer Auswirkungen in den Metriken Kosten, Qualität und Zeit gemessen. Auf dieser Grundlage können dann gemeinsam mit den Mitarbeitern die Ursachen für die Schwachstellen hinterfragt und Lösungsoptionen entwickelt werden.

Für die Phase der Implementierung und der Umsetzung der Lösungsoptionen ist eine begleitende Ergebnismessung notwendig. Auch dieser Ansatz entspricht der für die Sachgüterproduktion entwickelten Methodik der kontinuierlichen Verbesserung auf Basis des Deming-Kreises – Plan, Do, Check, Act. Handlungsalternativen müssen geplant, umgesetzt, in ihrer Wirkung gemessen und gegebenenfalls angepasst werden. Im Prozess-Haus-Modell bedeutet dies, dass die Phase der Umsetzung durch ein Kennzahlensystem begleitet wird. Es setzt auf den Metriken Kosten, Qualität und Zeit der Schwachstellenmessung auf und unterstützt kontinuierlich den Veränderungsprozess.

Gerade im Hinblick auf die Wiederverwendung einmal erarbeiteter Handlungsalternativen und auf den Vergleich und die Nutzung von Best-Practice-Vorgehensweisen kommt der Informationsverwaltung in einer Datenbank eine besondere Bedeutung zu. Dies gilt vor allem, wenn Optionen für eine erweiterte Nutzung dieser Informationen diskutiert werden. Dazu gehören die Erweiterung der Betrachtung der Primärprozesse von Krankenhäusern um die der Sekundärprozesse sowie die Etablierung eines innerbetrieblichen Vorschlagswesens zur Unterstützung des kontinuierlichen Verbesserungsprozesses.

Diese beiden Ansätze werden in der Oberschwaben Klinik gGmbH entwickelt. Das Prozess-Haus entwickelt sich so von einer projektbezogenen Unterstützung hin zu einem Werkzeug, mit dessen Hilfe langfristig und substantiell die Kultur einer kontinuierlichen Veränderung etabliert und begleitet wird.

Richtungweisend im Verständnis einer stetigen Veränderung ist darüber hinaus ein möglicher Ansatz zur Kalkulation von Innovationsprojekten. Durch gezielte Darstellung, an welchen Stellen im standardisierten Prozess Optimierungen zu Einsparungen führen, können diese Optimierungen in monetären Größen ausgedrückt und in eine Investitionsrechnung integriert werden. Dieser Ansatz wird bereits heute häufig von Anbietern von Medizinprodukten oder Dienstleistungen im medizinischen Umfeld genutzt und sollte weiter ausgebaut werden. Es gilt, die Anbieter in die Pflicht zu nehmen, zu beweisen, an welcher Stelle im Prozess ein Produkt zu Optimierungen führt, wie diese monetär zu bewerten sind und wann sich der Kauf eines Medizinprodukts oder einer Dienstleistung im Sinne einer Investitionsrechnung amortisiert.

5.1 Umsetzungsbeispiel

In der konkreten Umsetzung eines Optimierungsprojekts werden aus dem übergeordneten und in einer Datenbank verwalteten Prozess-Haus hierarchische Prozesse in Form von Prozess-Karten generiert.

Entlang dieser Prozess-Karten erfolgt die Ist-Aufnahme. Ziel der Ist-Aufnahme ist es, über eine klare Struktur mit minimalem Aufwand genau diejenigen Informationen zu generieren, die in den späteren Schritten weiter verwendet werden. Eine genaue

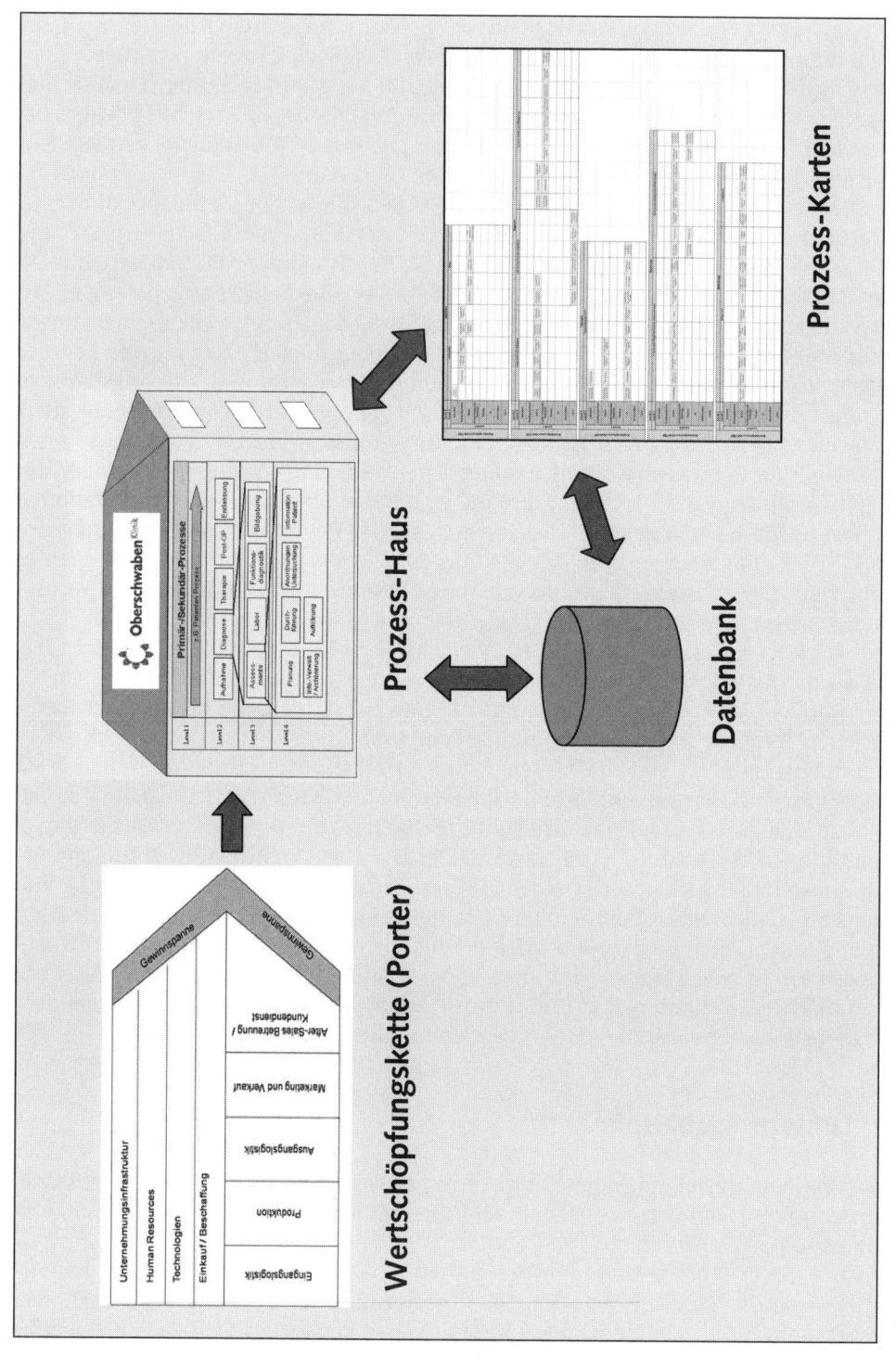

Abb. 1: Umsetzung eines Optimierungsprojekts

Zielvorgabe und klare Strukturen haben dabei entscheidenden Einfluss auf den Gesamterfolg des Projekts. Zudem wird bei den Projektbeteiligten das Vertrauen in die Methodik und die Motivation am Mitwirken gestärkt, wenn glaubhaft vermittelt werden kann, dass mit den von ihnen in das Projekt investierten Ressourcen verantwortungsvoll umgegangen und die von ihnen vermittelten Informationen in hohem Maße genutzt und weiter verwendet werden. Im Vergleich zu einer klassischen Ist-Aufnahme, in der Informationen in Interviews oder Workshops erfragt, aufgearbeitet und visualisiert werden, sind durch die Standardisierung des Prozess-Hauses Informationen wie Benennung der Arbeitsschritte, Inhalt der Arbeitsschritte, chronologische Abfolge etc. durch das Modell bereits vorgegeben. Die Ist-Aufnahme erfolgt über Einzelinterviews mit unterschiedlichen Wissensträgern des jeweiligen Prozessschrittes. Dabei konzentriert sich die Fragestellung zunächst auf eine kurze Verifizierung, wie der jeweilige Prozessschritt des Modells in der Realität stattfindet. Im Anschluss wird dann die Detailkenntnis des Befragten genutzt, um gezielt mögliche Schwachstellen in diesem Prozessschritt und deren Auswirkungen auf den Gesamtprozess zu identifizieren. Durch die Befragung unterschiedlicher Wissensträger mit unterschiedlicher Perspektive, zum Beispiel des Pflegedienstes, des ärztlichen Diensts und der Verwaltung, entsteht so eine fundierte und mehrdimensionale Schwachstellenbeschreibung. Abhängig vom Zeitrahmen des Interviews können bereits in diesem Schritt Lösungsvorschläge mit aufgenommen werden. In der Regel reichen acht Einzelinterviews á 60 Minuten für eine vollständige Aufnahme der schwachstellenbezogenen Ist-Situation eines Primärprozesses.

5.2 Übertragung der Informationen in eine Bewertungsmatrix

Die Konsolidierung der in der Ist-Aufnahme gesammelten Informationen erfolgt in Form einer Bewertungsmatrix. Der Aufbau der Bewertungsmatrix ist in Abbildung 2 dargestellt.

Nach dem Verständnis der optimierten Leistungserbringung in jedem einzelnen Schritt der Wertschöpfung werden die Barrieren beziehungsweise Schwachstellen, die dieser optimierten Leistungserbringung entgegenstehen, beschrieben und ihrer Auswirkung nach bezüglich Einbußen in der Qualität, unnötig entstehenden Kosten oder verbrauchter Zeit eingeschätzt. Das Konzept folgt damit eng dem Ansatz des TPS oder des Lean Managements zur konsequenten Identifikation und Eliminierung von Verschwendung. Die Bewertung der Auswirkungen der jeweiligen Schwachstellen erfolgt in den Kategorien Qualität, Kosten und Zeit.

Basis für die Bewertungen bilden die Auswertungen der Interviews und die daran anschließenden Analysen. Zu diesen Analysen gehören unter anderem die Auswertungen von, soweit vorhanden, Patienten- und Zuweiserbefragungen, Kostenanalysen, Zeitmessungen, Auswertungen vorhandener Informationssysteme, Daten zur Qualitätssicherung etc. Im Verständnis eines Kennzahlensystems sind die für einzelne Prozessschritte sinnvoll zu verwendenden Analysen hinterlegt und können standardisiert in den Bestandsdaten der Oberschwaben Klinik gGmbH abgefragt werden. Beispiel für eine solche Analyse ist die Stationsbelegung im Datums- und Tagesverlauf (s. Abbildung 3).

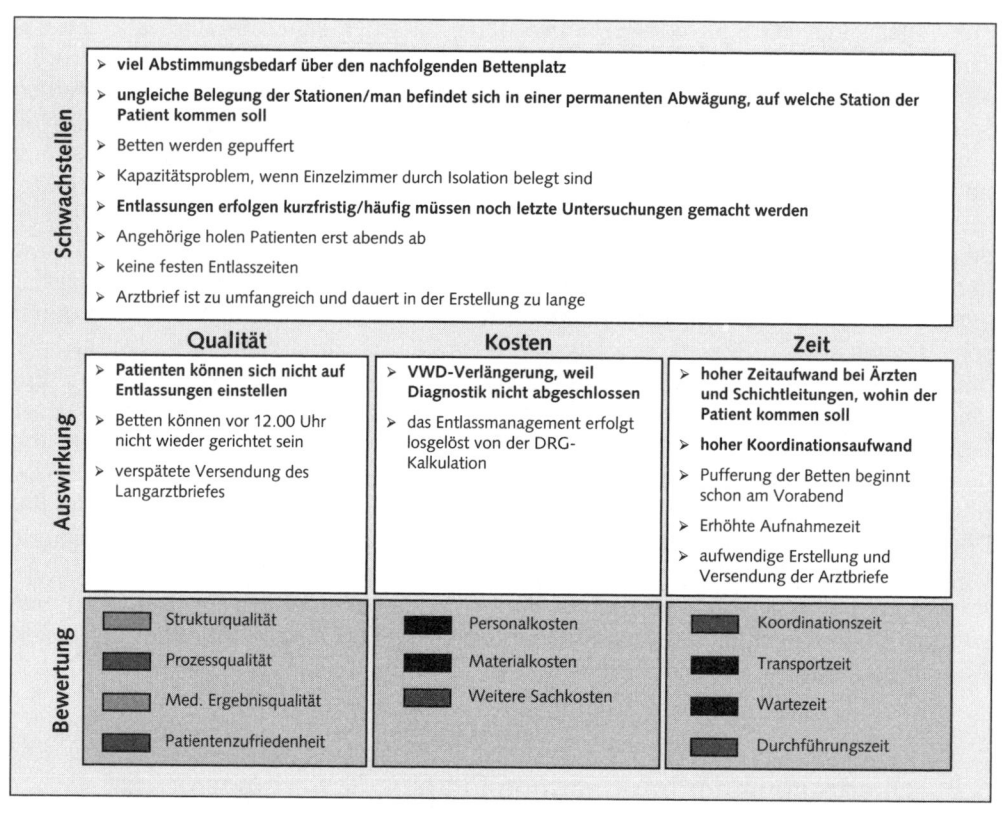

	Qualität	Kosten	Zeit
Schwachstellen	➤ viel Abstimmungsbedarf über den nachfolgenden Bettenplatz ➤ ungleiche Belegung der Stationen/man befindet sich in einer permanenten Abwägung, auf welche Station der Patient kommen soll ➤ Betten werden gepuffert ➤ Kapazitätsproblem, wenn Einzelzimmer durch Isolation belegt sind ➤ Entlassungen erfolgen kurzfristig/häufig müssen noch letzte Untersuchungen gemacht werden ➤ Angehörige holen Patienten erst abends ab ➤ keine festen Entlasszeiten ➤ Arztbrief ist zu umfangreich und dauert in der Erstellung zu lange		
Auswirkung	➤ Patienten können sich nicht auf Entlassungen einstellen ➤ Betten können vor 12.00 Uhr nicht wieder gerichtet sein ➤ verspätete Versendung des Langarztbriefes	➤ VWD-Verlängerung, weil Diagnostik nicht abgeschlossen ➤ das Entlassmanagement erfolgt losgelöst von der DRG-Kalkulation	➤ hoher Zeitaufwand bei Ärzten und Schichtleitungen, wohin der Patient kommen soll ➤ hoher Koordinationsaufwand ➤ Pufferung der Betten beginnt schon am Vorabend ➤ Erhöhte Aufnahmezeit ➤ aufwendige Erstellung und Versendung der Arztbriefe
Bewertung	■ Strukturqualität ■ Prozessqualität ■ Med. Ergebnisqualität ■ Patientenzufriedenheit	■ Personalkosten ■ Materialkosten ■ Weitere Sachkosten	■ Koordinationszeit ■ Transportzeit ■ Wartezeit ■ Durchführungszeit

Abb. 2: Bewertungsmatrix

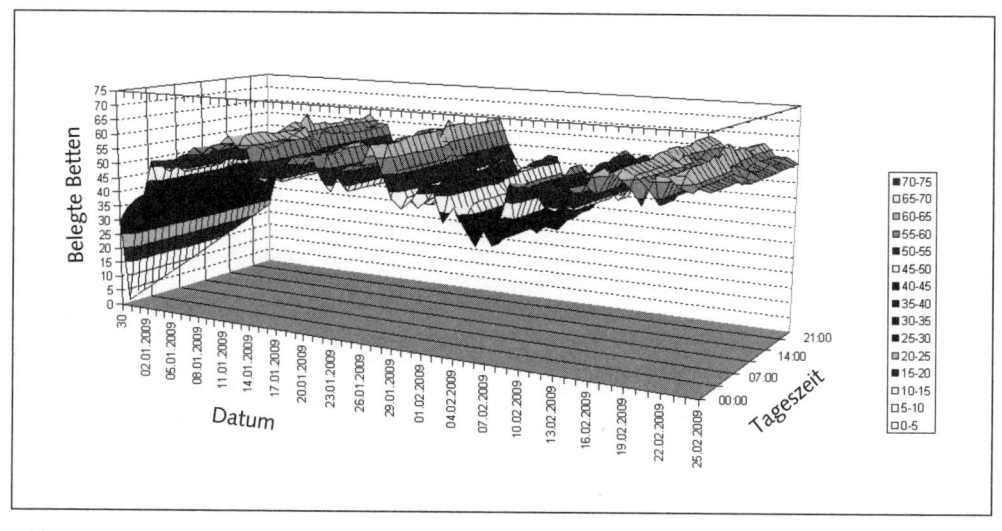

Abb. 3: Stationsbelegung im Datums- und Tagesverlauf

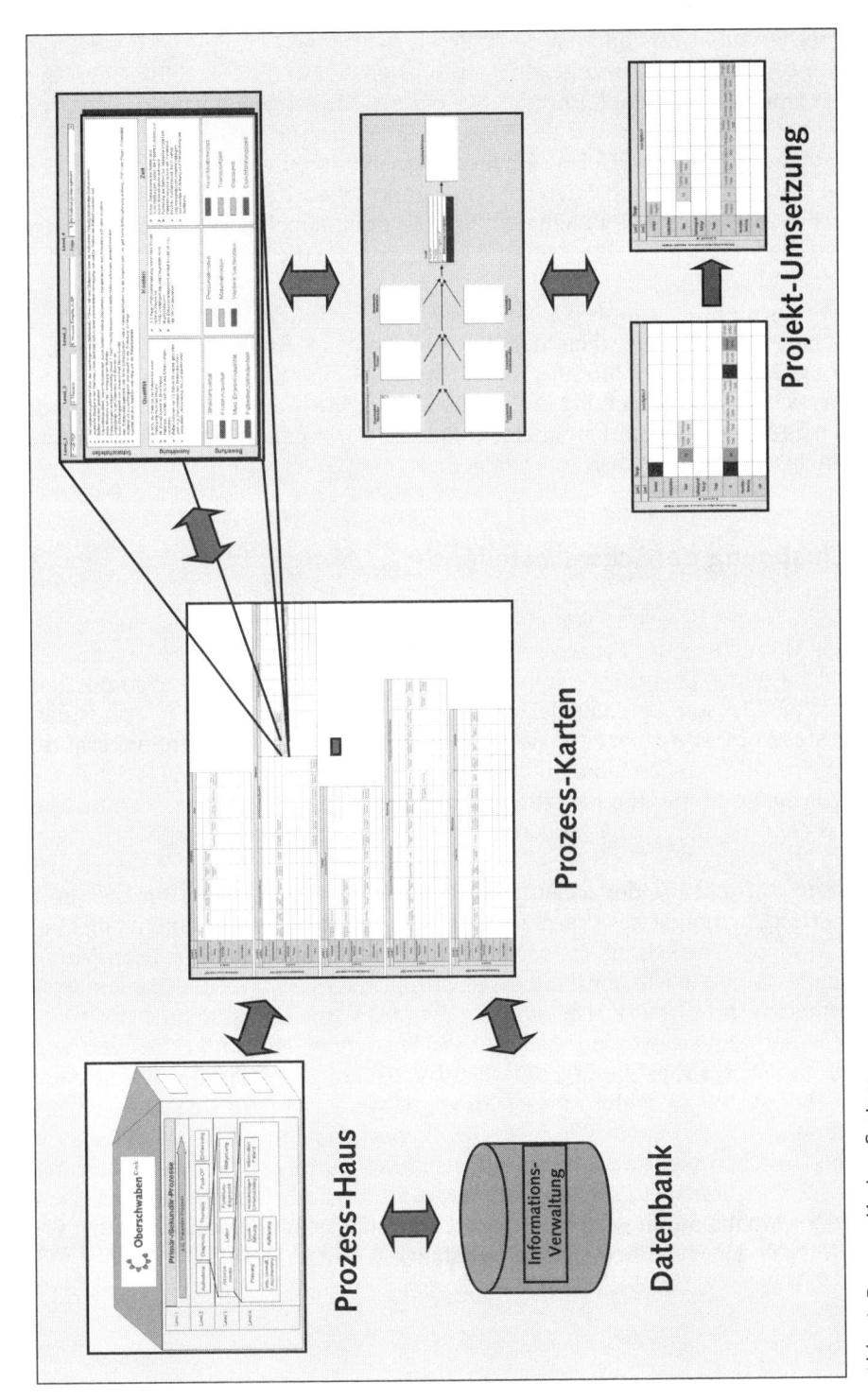

Controlling – oder die Kunst des Schattenboxens

Abb. 4: Prozess-Karten-System

Entsprechend den Ergebnissen der Datenauswertungen erfolgt die Bewertung der Auswirkungen der prozessbezogenen Schwachstellen. Für die Darstellung der Auswirkungen wurden die Symbolik und das System der Ampel gewählt. »Grün« entspricht dabei einem den Analysen und der Einschätzung aller Beteiligten nach bereits sehr gut verlaufenden Prozess. »Gelb« signalisiert einen suboptimalen Workflow und »rot« das Bestehen signifikanter Barrieren. In der praktischen Projektarbeit hat sich dieser vereinfachte Ansatz für alle Beteiligten als sehr praktikabel erwiesen. Die Bewertung erfolgt jeweils für jeden Einzelschritt und kann dann auf die Prozess-Karten übertragen werden (s. Abbildung 4).

In den Projekten fiel auf, dass neben der klaren Definition der Schwachstellen und der Diskussion darüber vor allem das Bewusstsein des Gesamtteams über gut verlaufende Prozessschritte stark motivierend wirkte. Auch hier liegt ein wesentlicher Effekt einer übersichtlichen Darstellung in Prozess-Karten. Die Transparenz über Schwächen aber eben auch über die Stärken in einem Prozess wirkt positiv herausfordernd, einen durchgängig »grünen« Prozess zu erreichen.

5.3 Clusterung der Schwachstellen

Nur etwa 10 % der Ursachen von suboptimal verlaufenden Prozessen sind in der eigentlichen Umsetzung des Prozessschrittes selbst begründet. Der wesentliche Teil der Probleme hat seinen Ursprung in höheren Ebenen der Organisation und strahlt dann in die unterschiedlichsten Bereiche der Abläufe aus. Aufgabe der Zusammenfassung von Schwachstellen in aggregierte Cluster ist es, zu den in der Ist-Aufnahme ermittelten Auswirkungen die entsprechenden, in höheren Ebenen angesiedelten Ursachen aufzuzeigen. Als methodische Unterstützung wurde hierbei das im Rahmen der industriellen Qualitätssicherung entwickelte Ishikawa-Diagramm oder Ursache-Wirkungs-Diagramm genutzt.

Die klare Ausrichtung der Ist-Aufnahme auf Schwachpunkte im Prozess und die gezielte Erfragung möglicher Ursachen in den Einzelinterviews eröffnen dabei bereits im Vorfeld dieses Workshops die Möglichkeit, eine Vielzahl von Ursache-Wirkungs-Diagrammen zu entwickeln, die dann in der Gruppenarbeit nur noch weiter konkretisiert werden müssen. Auf diese Weise kann die Zeit der Workshopteilnehmer im höchsten Maße effizient genutzt werden. Neben der Clusterung der Schwachstellen werden innerhalb des Workshops die Ergebnisse auf Vollständigkeit geprüft und die Auswertungen validiert. Mit Abschluss dieser Projektphase sind in der Regel alle für diesen Prozess und zum Zeitpunkt des Projektes maßgeblichen Schwachstellen aufgenommen und ihren Ursachen nach zusammengefasst. Dabei wurde die für die Prozessanalyse erprobte Kombinationsmethode aus Interviews und Workshops konsequent angewendet und darüber hinaus durch gezielte Daten- und Dokumentenanalyse sowie bei Bedarf um die Technik der Fremdbeobachtung ergänzt.

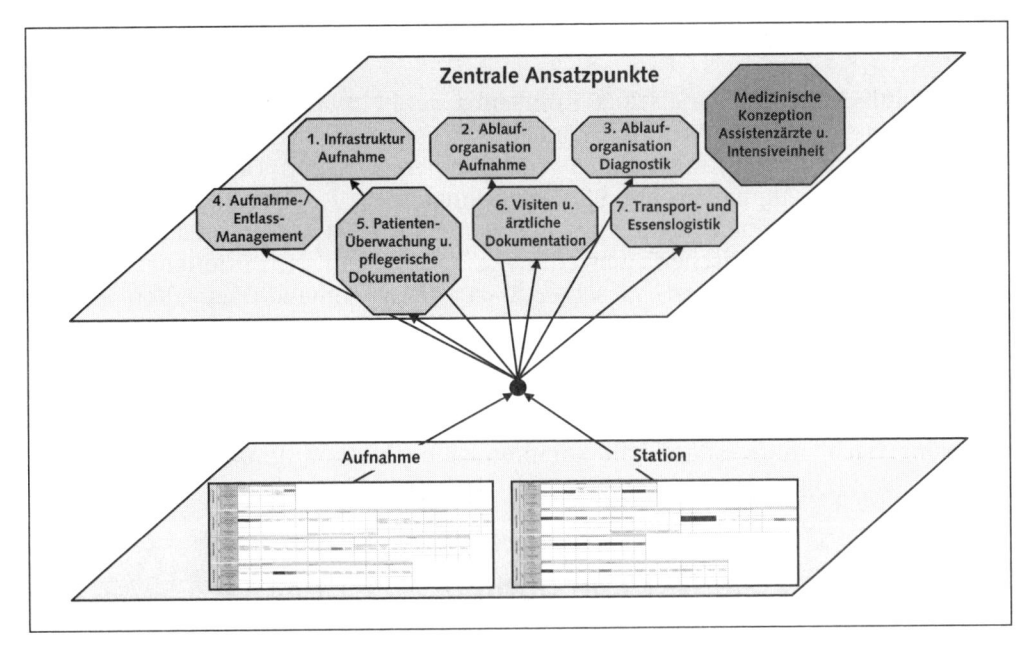

Abb. 5: Clusterung

5.4 Entwicklung und Umsetzung von Lösungsoptionen

Auf Basis der Vorarbeiten können ursachenbezogen gezielt Lösungsoptionen für die entscheidenden Barrieren in Krankenhausprozessen entwickelt und umgesetzt werden. Die frühzeitige und interdisziplinäre Einbindung der Kenntnisse von Mitarbeitern ermöglicht dabei eine effiziente Lösungsfindung und Umsetzung.

In der Oberschwaben Klinik gGmbH konnten auf diese Weise und unter breiter Einbeziehung der Mitarbeiter innerhalb weniger Tage grundlegende Umstrukturierungen entwickelt, beschlossen und umgesetzt werden. Dazu gehörten unter anderem die Neustrukturierung von Behandlungs- und Wartebereichen, grundlegende Visitenabläufe, Dokumentationsregelungen, administrative Aufgabenverteilungen und vieles mehr.

Messbare Ergebnisse konnten dabei vor allem in einer deutlich langfristigeren OP-Planung, einer Reduzierung der OP-Wechselzeiten, einer besseren Auslastung der stationären Bereiche, einer besseren Patientensteuerung in den Ambulanzen sowie einer gesteigerten Mitarbeiterzufriedenheit aufgrund besserer Abläufe vor allem bei den Visiten und in den Ambulanzen erreicht werden.

6 Controlling: Die Entscheidung – was ist dann wichtig?

Es gibt mittlerweile weniger als 2000 Krankenhäuser in Deutschland. Nach einer 2006 durchgeführten Studie von McKinsey können 97 % der etwa 84 Millionen in Deutschland lebenden Menschen ein Krankenhaus in 20 Minuten erreichen. Die Vorgaben für die Notfallversorgung empfehlen eine »95:15-Regelung«: 95 % der Notfälle sollen innerhalb von 15 Minuten von einem Notarzt gesehen werden. Hier ist wieder auf die potenzielle Entfremdung von statistischen Auswertungen und wesentlichen Prioritäten – essenziellen Motivationsparametern – zu achten. Dazu gehören Time-to-Doctor, Komorbidität und Weiterleitung von Patienten als wichtige Kennzahlen. Ein verbesserungsorientiertes Controlling würde jedoch die Prozessabläufe – Workflows – abbilden und die beherrschten Risiken auf jedem Schritt als Erfolg kennzeichnen und Verbesserungsvorschläge im Sinne der Patienten (geringere Wartezeiten, wenige Komplikationen, schnellere Genesung, nachhaltig verständliche Kommunikationsleistung) umsetzen.

7 Lege die Ziele fest und optimiere erst dann – niemals umgekehrt!

Controlling ist nicht gleich Berichterstattung. Es ist mehr. Controlling beschränkt sich nicht auf eine Kosten-Nutzen-Analyse. Es geht darüber hinaus. Bei richtig verstandenem Controlling stehen unter dem Strich niemals nur Cent und Euro. Ein Ergebnis ist immer mehrdimensional. »Having lost sight of our goals, we redoubled our efforts« ist mein Lieblingszitat. Umso weniger wir über unsere Ziele wissen, desto größer werden unsere Anstrengungen sein, um einen Stand zu erreichen, den wir gar nicht definieren können. Und weil wir zwangsläufig damit unzufrieden sein werden, verstärken wir erneut unsere Anstrengungen und hecheln irgendwelchen schemenhaften oder vermeintlichen Idealzuständen hinterher. Wir drehen uns spiralförmig nach unten im Kreise und Controlling wird zur Karikatur seiner selbst.

Wie messen wir Erfolg? Das ist unsere erste, die banale Frage. Marktanteil, Gewinn, Verlust – das sind Rechengrößen. Doch was macht uns Erfolg-»reich«? Diese Frage geht tiefer, sie reicht weiter. Sind die Patienten zufrieden? Identifizieren sich unsere Mitarbeiter mit dem Unternehmen? Haben wir die richtigen Trends im Blick? Wirken wir sympathisch? Erfüllen wir den Wunsch der Menschen nach unserem Produkt Sicherheit? Fragen, die sich rein quantitativen Analysen entziehen, aber deshalb nicht einem Controlling. Allerdings einem, das nicht eindimensional, sondern ganzheitlich ansetzt. Genauso wie Schattenboxen mehr ist als heftiges und stures Schlagen aus dem Stand nach vorne.

Literatur

McKinsey (2006), Perspektiven der Krankenhausversorgung in Deutschland, www.mckinsey.de

Gruppenweite Unternehmenssteuerung in der Gesundheitswirtschaft

Dr. Volker Wendel*

1 Die Positionierung der AMEOS Gruppe in der Gesundheitswirtschaft

2 Entwicklungen in den einzelnen Unternehmensbereichen und Anforderungen an die Unternehmenssteuerung
   2.1 AMEOS Akut
   2.2 AMEOS Psychatrium
   2.3 AMEOS Pflege
   2.4 AMEOS Eingliederung

3 Optimierung der Unternehmenssteuerung durch Einführung einer gruppenweiten Planungs- und Reportinglösung
   3.1 Gruppenweites Steuerungskonzept
   3.2 Status quo der IT-Unterstützung
   3.3 Anforderungen an eine integrierte Planungs- und Reportinglösung
   3.4 Strukturierte Softwareauswahl
   3.5 Zweiphasige Implementierung

4 Kontinuierliche Optimierung der Unternehmenssteuerung im Dienste des Gesamtunternehmens

Literatur

---

* Dr. Volker Wendel, CFO, AMEOS Gruppe, Zürich.

1 Die Positionierung der AMEOS Gruppe in der Gesundheitswirtschaft

Die AMEOS Gruppe mit Sitz in Zürich wurde 2002 gegründet. Das Geschäftsmodell beinhaltet die Übernahme, die Restrukturierung sowie den nachhaltigen Betrieb von Kranken-, Pflege- und Eingliederungseinrichtungen im Sinne einer auf die breite Bevölkerung ausgerichteten, qualitativ hochwertigen und regional ausgerichteten Vollversorgung im akutstationären Bereich.

Mittlerweile zählt die AMEOS Gruppe dank eines rasanten Wachstums zu den bedeutenden Gesundheitsdienstleistern im deutschsprachigen Raum. An 36 Standorten werden in den Kranken-, Pflege- und Eingliederungshäusern mit insgesamt 4.660 Betten und Plätzen von rund 5.500 Mitarbeiterinnen und Mitarbeitern hochwertige medizinische und pflegerische Leistungen erbracht. Die Gesamterlöse betragen 350 Mio. Euro.

AMEOS ist in vier Unternehmensbereichen tätig: Akut, Psychatrium, Pflege und Eingliederung. Hierbei sind AMEOS Akut und AMEOS Psychatrium die originären Unternehmensbereiche der Gruppe, deren Einrichtungen eine AMEOS Region begründen. In Verbindung mit Einrichtungen der komplementären Unternehmensbereiche AMEOS Pflege und AMEOS Eingliederung sichert AMEOS in diesen Regionen die umfassende medizinische und pflegerische Versorgung der breiten Bevölkerung.

2 Entwicklungen in den einzelnen Unternehmensbereichen und Anforderungen an die Unternehmenssteuerung

2.1 AMEOS Akut

Die somatischen AMEOS Kliniken bieten als allgemeine Akutkrankenhäuser ein breites Angebot an konservativen und operativen Leistungen, ergänzt durch überregionale Schwerpunkte.

Mit 60 Mrd. Euro Umsatz ist der deutsche Krankenhausmarkt der größte Teilmarkt des deutschen Gesundheitswesens mit einem Gesamtvolumen von 240 Mrd. Euro. Die somatischen Akutkrankenhäuser befinden sich seit 2004 in einer Phase der Umstellung des Finanzierungssystems von verhandelten Budgets auf diagnosebezogene Fallpauschalen (DRG). Während der Konvergenzphase werden alle Krankenhäuser an einen landeseinheitlichen Basisfallwert herangeführt. Die ab 2010 voll erlöswirksamen Landesbasisfallwerte sollen sich darüber hinaus innerhalb eines Korridors schrittweise an einen Bundesbasisfallwert annähern.

Insgesamt verstärkt sich durch diesen Trend zu landes- bzw. bundesweit einheitlichen Preisen für vergleichbare Leistungen die Wettbewerbssituation unter den Krankenhäusern. Zudem sehen sich die Krankenhäuser der Herausforderung gegenüber, bei allgemein nur gering steigenden Einnahmen (die für die Erlössteigerung maßgebliche

»Veränderungsrate« lag in den vergangenen Jahren meist unter 1 %) die steigenden Kosten zu kontrollieren.

Die Veränderungen im Bereich der somatischen Akutkrankenhäuser führen zu einer Konzentration des Leistungsangebots, von der gut positionierte Krankenhäuser profitieren können. Die demographische Entwicklung sowie der medizinisch-technische Fortschritt tragen auch zukünftig zu einer Nachfragesteigerung bei, was bei gleichzeitiger Verweildauerverkürzung zu einer Verdichtung der Prozessabläufe in den Krankenhäusern führt.

Dies impliziert steigende Anforderungen an die Unternehmenssteuerung und das Controlling. Neben einem effizienten Kosten- und Erlösmanagement, das zur Überlebensfähigkeit eines Krankenhauses unabdingbar ist, steigt der Bedarf, sich permanent mit internen und externen Wettbewerbern zu vergleichen sowie die personellen und sachlichen Ressourcen so zu allokieren, dass die zukünftige Nachfrage bedarfsgerecht und wettbewerbsfähig bedient werden kann (vgl. *Schirmer* 2006).

2.2 AMEOS Psychatrium

Die psychiatrischen AMEOS Kliniken bieten das gesamte Versorgungsspektrum der stationären, teilstationären und ambulanten Psychiatrie und Psychotherapie. Ergänzt wird das Leistungsspektrum durch Kinder- und Jugendpsychiatrie und Forensische Psychiatrie und Psychotherapie.

Die psychiatrischen Akutkrankenhäuser agieren in einem ambivalenten Entwicklungsumfeld: Einerseits führt der Ansatz »ambulant vor stationär« und damit verbunden die gemeindenahe Versorgung zu einer Verlagerung von stationären Leistungen in den ambulanten Bereich. Andererseits steigt die Nachfrage nach akutpsychiatrischen Leistungen, begünstigt durch die voranschreitende Enttabuisierung der psychiatrischen und psychotherapeutischen Behandlungsmöglichkeiten sowie die allgemeinen gesellschaftlichen Veränderungen (zunehmende Umweltkomplexität, fortschreitende Individualisierung etc.). Die demographische Entwicklung trägt auch im Bereich der Psychiatrie zu einer Steigerung der Behandlungen bei (Altersdemenz, Altersdepressionen etc.).

Die Finanzierung der psychiatrischen und psychotherapeutischen Behandlungen erfolgt bislang über tagesgleiche Pflegesätze, die krankenhausindividuell mit den Kostenträgern verhandelt werden. Für die Zukunft sieht das Krankenhausfinanzierungsreformgesetz (KHRG) vor, dass auch die Vergütung der stationären Psychiatrie und Psychotherapie mittels schweregradabhängiger Pauschalen erfolgen soll.

Dies bedeutet in der Konsequenz, dass auch in der Psychiatrie ein Trend zu einheitlichen Preisen für vergleichbare Leistungen besteht und sich somit die Wettbewerbsintensität analog zum Akutbereich weiter verschärfen wird, mit den oben genannten Konsequenzen für die Unternehmenssteuerung.

2.3 AMEOS Pflege

Die AMEOS Pflegehäuser bieten eine Versorgung im Rahmen der gesetzlichen Pflegeversicherung. Neben der konventionellen Altenpflege wird das Leistungsspektrum durch gerontopsychiatrische und psychiatrische Fachpflegeeinrichtungen ergänzt.

Der demographische Wandel, der sowohl auf sinkenden Geburtenzahlen als auch auf einer stetig steigenden Lebenserwartung beruht, ist bereits in vollem Gang. Die Bevölkerung in Deutschland wird absolut schrumpfen und sich dabei in der Altersstruktur nachhaltig verändern. Während 2005 19,2 % der Menschen 65 Jahre und älter (4,4 % 80 Jahre und älter) waren, werden 2050 bereits 33,2 % aller Bürger 65 Jahre und älter sein. Der Anteil der Menschen über 80 Jahre wird auf 14,6 % wachsen.

Der gesellschaftliche Wandel hin zu mehr Single-Haushalten und zum verstärkten Eintritt von Frauen in den Arbeitsmarkt (Rückgang der häuslichen Pflege durch Verwandte) trägt ebenso zu einer steigenden Nachfrage an stationären Pflegeplätzen und ergänzenden Angeboten bei wie die zunehmende Lebenserwartung und die damit einhergehende Zunahme an Demenzen und gerontopsychiatrischen Erkrankungen.

AMEOS betreibt bereits heute zahlreiche allgemeine und psychiatrische Fachpflegeeinrichtungen, die spezialisierte Pflegeleistungen anbieten und damit sowohl die somatische als auch die psychiatrische Akutversorgung ergänzen.

2.4 AMEOS Eingliederung

Die AMEOS Eingliederungseinrichtungen bieten u. a. geistig behinderten und psychisch kranken Menschen personenzentrierte und wohnortnahe Hilfen mit dem Ziel der dauerhaften Eingliederung in die Gesellschaft.

Die Nachfrage nach Eingliederungsleistungen ist hoch und wird aufgrund der vorgenannten gesellschaftlichen Entwicklungen auch zukünftig steigen.

Der Bereich der Eingliederungshilfe erfordert spezielles Know-how und besonders qualifiziertes Personal. AMEOS konnte dank der Fähigkeit, Angebotskapazitäten rasch aufzubauen und damit Versorgungslücken zu füllen, in der Vergangenheit kontinuierlich in diesem Unternehmensbereich wachsen und plant dies auch zukünftig zu tun.

3 Optimierung der Unternehmenssteuerung durch Einführung einer gruppenweiten Planungs- und Reportinglösung

3.1 Gruppenweites Steuerungskonzept

Die AMEOS Zentrale in Zürich agiert als aktive Managementholding. Dies gilt auch für die Unternehmenssteuerung, wo ein gruppenweit einheitliches Steuerungsmodell für Planung und Reporting etabliert wurde, welches für alle Einrichtungen verbindlich ist und in Abstimmung mit diesen kontinuierlich weiterentwickelt wird.

Wesentliche Ansätze dieses gruppenweit einheitlichen Steuerungsmodells sind:
- Werttreiberbasierte Kennzahlen sowohl auf Erlösseite (Fallzahl, Casemix, Berechnungstage etc.) als auch auf Kostenseite (Vollkräfte nach Dienstarten, Medizinischer Bedarf pro Fall, Lebensmittelkosten pro Beköstigungstag etc.)
- Kostenarten- und kostenstellenbezogene Budgets mit letztlicher Steuerung über Margen-Ziele (EBITDA, EBITA, EBIT, EAT etc.)
- Ausweitung der Planung über die GuV hinaus auf Bilanz und Cashflow im Sinne einer integrierten Finanzplanung (zur Notwendigkeit vgl. *Fleige* 2005) mit Steuerung insbesondere über Operating Cashflow (Stichwort Working Capital Management) sowie Free Cashflow (Stichwort Investitionen)

Die zentralen Planungs- und Steuerungsobjekte sind:
- Unternehmensbereiche (Akut, Psychatrium, Pflege, Eingliederung)
- Standorte und Regionen
- Fachabteilungen (Innere Medizin, Chirurgie, Gynäkologie etc.) und Versorgungsarten (stationär, teilstationär, ambulant)

Die globalen Planungsvorbereitungen werden top down in Zürich durchgeführt. Hierzu zählt die Vorbereitung des Planungsprozesses (Workflow, Freigaben, Berechtigungen, Hilfen, Daten) ebenso wie die Ermittlung von Vorgabewerten für einrichtungsübergreifende Sachverhalte, die auf Basis aktueller gesundheitspolitischer Entwicklungen sowie interner und externer Benchmarks gewonnen werden.

Einige Einrichtungen nehmen bottom up spezifische Vorbereitungsarbeiten wie z. B. eine detaillierte Kostenstellenplanung vor. Diese Aktivitäten dienen als Grundlage für die eigentliche Planung.

3.2 Status quo der IT-Unterstützung

Trotz des oben geschilderten starken Wachstums konnte AMEOS hinsichtlich des Rechnungswesens eine weitgehende Standardisierung erzielen.

Alle Einrichtungen verwenden einheitliche Buchhaltungs-, Kostenrechnungs- und Personalabrechnungssysteme. So wurde als ERP-System gruppenweit SAP mit den Modulen FI, CO, FI-AA und MM eingeführt, im Personalabrechnungsbereich ergänzt

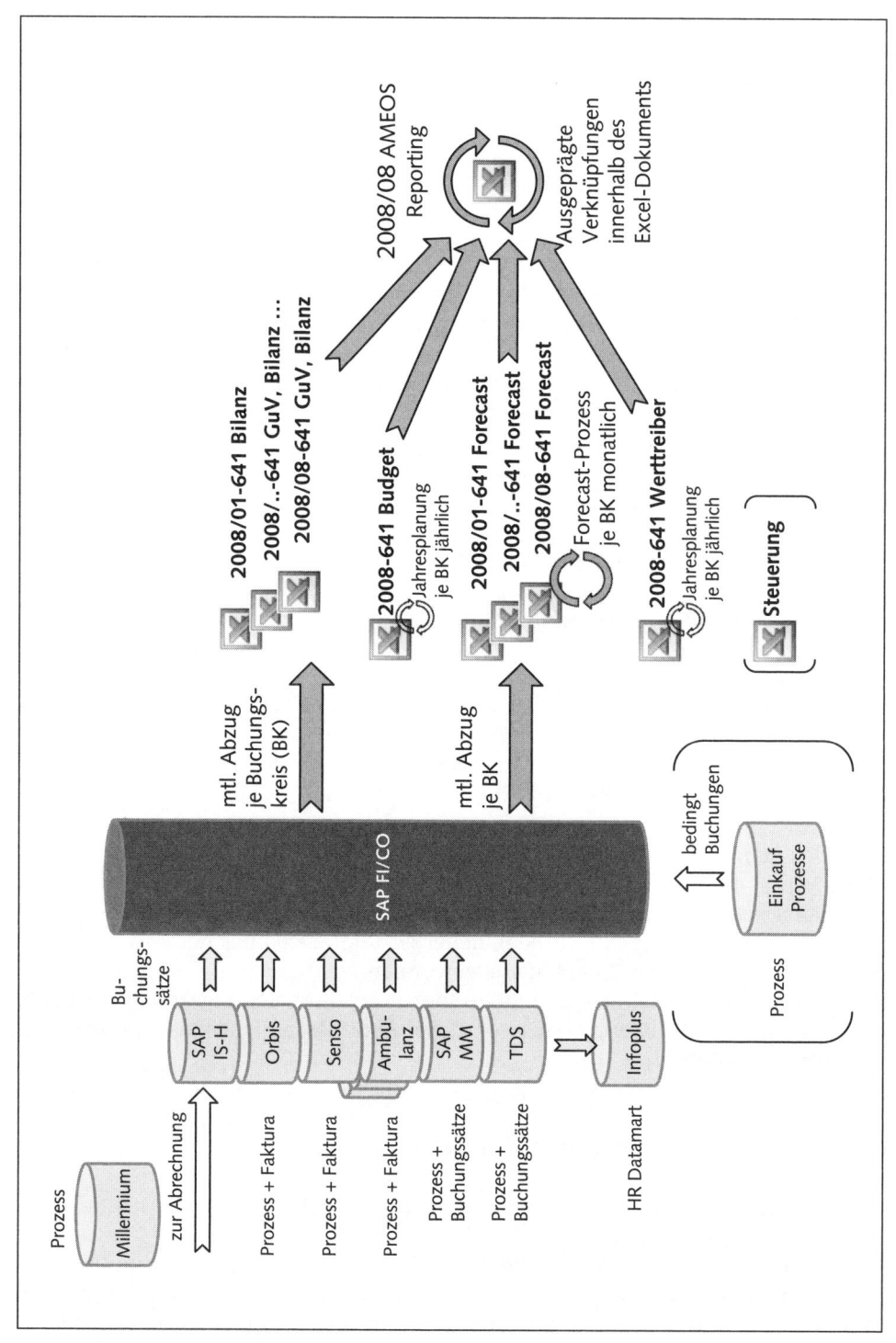

Abb. 1: IT-Unterstützung von Planung und Reporting – Status quo

um dlohn (ehemals dsoftware, neu: TDS). Der Betrieb erfolgt in einem eigenen Rechenzentrum auf der Basis Windows-TS mit Citrix Presentation Server mit zentraler Datenhaltung (Oracle, MS-SQL).

Im Rahmen der Einführung der vorgenannten Systeme wurden gruppenweit die Stammdaten (Konten, Kostenstellen, Kostenarten, Lohnarten etc.) harmonisiert bzw. primär abgestimmt aufgesetzt. Die Aufrechterhaltung der Konsistenz der Stammdaten wird durch den Betriebsprozess und technische Maßnahmen sichergestellt.

Die Gruppe besteht derzeit aus rund 50 Buchungskreisen, die jeweils eindeutig einer Region zugeordnet sind. In der Konsolidierung wird zunächst über die Buchungskreise einer Region konsolidiert, anschließend werden die Regionen zum Gruppenergebnis konsolidiert. Für die Konsolidierung auf regionaler Ebene sind die Regionalverantwortlichen zuständig, die Konsolidierung auf Gruppenebene wird in der Zürcher Zentrale vorgenommen.

Während im Bereich des Rechnungswesens mithin eine durchgängige IT-Unterstützung vorherrscht, wird der jährliche Planungsprozess ebenso wie das unterjährige Forecasting bislang lediglich durch Excel unterstützt. Entsprechendes gilt für den monatlichen Reportingprozess, der auf Gruppenebene in Excel-basierte Reports für das Management mündet, die durch Downloads aus SAP FI/CO (inkl. Konsolidierung), Korrekturen aus diversen Validierungsprozessen sowie zusätzlich via Exceldatei berichteten Werttreibern entstehen. Abbildung 1 verdeutlicht den diesbezüglichen Status quo.

3.3 Anforderungen an eine integrierte Planungs- und Reportinglösung

Die vorgenannten Planungs- und Reportingprozesse funktionieren zwar hinreichend stabil, sind aber äußerst zeit- und kostenaufwändig. Dementsprechend bildet die Ablösung von Excel durch eine integrierte Planungs- und Reportinglösung kurz- und mittelfristig den Hauptansatzpunkt zur Verbesserung der Unternehmenssteuerung.

Auf Gruppenebene soll die integrierte Planungs- und Reportinglösung die Excel-Planungsmodelle und -Reports ablösen sowie eine zentrale Datenhaltung für finanzielle und nicht finanzielle Kennzahlen bereitstellen. Die Bedeutung von SAP FI/CO verringert sich dadurch nicht, es bleibt weiterhin das führende System bezüglich der Unternehmensstrukturen. Abbildung 2 verdeutlicht die angestrebte IT-Unterstützung von Planung und Reporting.

Die wesentlichen Projektziele bei der Einführung einer integrierten Planungs- und Reportinglösung sind:
- Aufwandsreduzierung und Beschleunigung bei Planungs-, Forecast- und Reportingprozessen durch Datenintegration und Einsatz geeigneter Planungs-, Konsolidierungs-, Analyse- und Berichtswerkzeuge
- Integration von Jahres- und Mehrjahresplanung (Businessplanung und Investitionsplanung) auf Basis eines Werttreiberansatzes unter Berücksichtigung von kennzahlen- bzw. treiberbasierten Planungs- und Budgetierungsverfahren und Benchmarkingansätzen

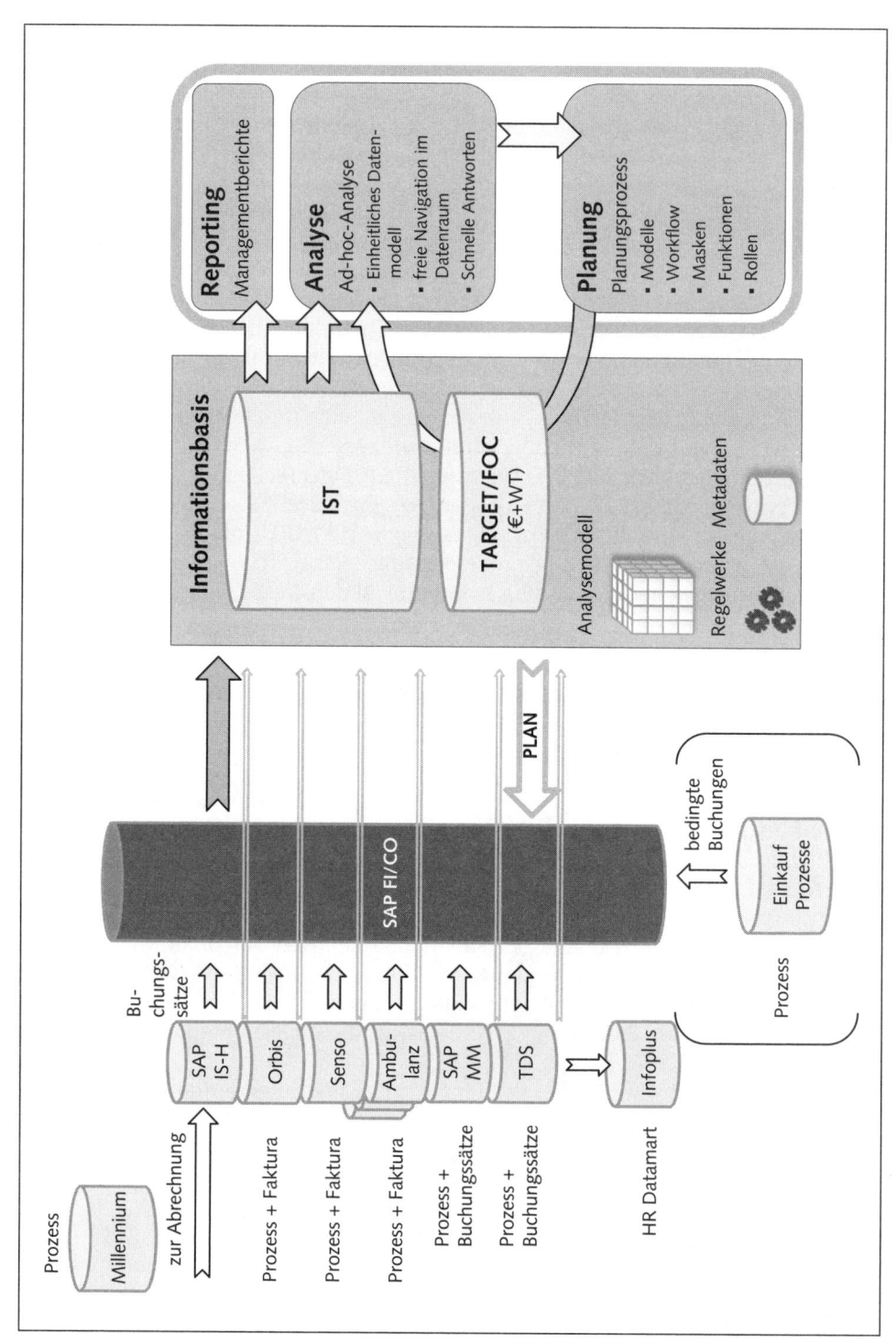

Abb. 2: IT-Unterstützung von Planung und Reporting – Ziel

- Einrichtungsübergreifende Harmonisierung und Standardisierung der Konten- und Kostenstellenorganisation sowie der Kontierungsanweisungen zur Verbesserung der Datenqualität und Vergleichbarkeit
- Weiterentwicklung der internen Leistungsverrechnung bei Infrastruktur- und Verwaltungskosten
- Einführung von Rolling Forecasts

Hierbei bestehen neben der vollständigen Abbildung der bisherigen Planungslogik folgende Kernanforderungen an die integrierte Planungs- und Reportinglösung:
- Ad-hoc-Reporting: Über die Planung und das Monatsreporting hinaus sollen Analysewerkzeuge für das Ad-hoc-Reporting zur Verfügung gestellt werden.
- Konsolidierung: Konsolidierungsfunktionalitäten sind notwendig, wobei auf die durch die regionalen Einheiten vorkonsolidierten Ist-Daten zurückgegriffen werden kann, so dass sich der Konsolidierungsbedarf primär auf Planung und Forecasting bezieht.
- Datenhaltung: Eine zentrale Datenhaltung ist erforderlich, möglichst in einer marktüblichen und leistungsfähigen relationalen Datenbank. Die Anbindung der Vorsysteme und Bereitstellung der Daten (ETL-Prozess) soll schrittweise ausgebaut werden, wobei zunächst SAP FI/CO Priorität zukommt.

Eine essenzielle Voraussetzung ist die Flexibilität der integrierten Planungs- und Reportinglösung in mehrfacher Hinsicht:
- Planungstiefe: Die Einrichtung zusätzlicher Planungsebenen, d. h. Erweiterung der Planungstiefe bis hin zur Kostenstellen- und Kostenträgerebene, soll zu einem späteren Zeitpunkt möglich sein.
- Alternative Sichtweisen: Die mögliche Abbildung von alternativen Management-Views (Regionen, Unternehmensbereiche) und Legal Views ist obligatorisch.
- Unterschiedliche Planungsversionen: Für unterschiedliche Szenarien (z. B. Base Case, Best Case, Worst Case) und Adressaten müssen verschiedene Planversionen angelegt und miteinander verglichen werden können.
- Alternative Rechnungslegungsstandards: Die Unterstützung unterschiedlicher Rechnungslegungsstandards sowohl beim Ist als auch in der Planung (KHBV/PBV, HGB, in Zukunft IFRS) wird erwartet.
- Unternehmensstrukturen: Es wird weiterhin eine hohe Dynamik bei den Unternehmensstrukturen erwartet (z. B. Erwerb zusätzlicher Einrichtungen), die entsprechend abbildbar sein muss.

3.4 Strukturierte Softwareauswahl

Da konventionelle ERP-Systeme die vorgenannten Anforderungen ebenso wenig in Gänze erfüllen können wie simple Office-Lösungen (vgl. *Oehler* 2006), kommen hierfür spezielle Softwarelösungen in Betracht, die sich grob in drei Kategorien einteilen lassen:
- Business-Intelligence-Plattformen mit hoher Flexibilität und umfassenden Analysemöglichkeiten, aber in der Regel geringer planungsspezifischer Unterstützung, die zeit- und kostenaufwändig individuell implementiert werden muss.

- Corporate-Performance-Management-(CPM)-Suites mit Planungstool, die hohe Funktionalität und Integrationsfähigkeit mit vordefinierter Prozessunterstützung verbinden, aber üblicherweise ebenfalls einen relativ hohen Implementierungsaufwand mit sich bringen.
- Spezifische Planungs- und Reportinglösungen mit einer planungszentrierten Softwarekonzeption, die je nach Anbieter und Produkt unterschiedliche Flexibilität bezüglich der Veränderung der Planungslogik sowie unterschiedliche Reporting- und Analysefunktionalitäten mitbringen.

Die Softwareauswahl erfolgte mit Unterstützung externer Berater in einem strukturierten Prozess. Zunächst wurden auf Basis eines detaillierten Fragenkataloges die Anforderungen an die Software präzisiert. Nach einer umfassenden schriftlichen Marktansprache wurden die in die engere Wahl kommenden Anbieter zu Präsentationen eingeladen, in denen sie die Erfüllung der Anforderungen demonstrieren und Detailfragen beantworten konnten.

Letztlich wurde eine Entscheidung zu Gunsten einer spezifischen Planungs- und Reportinglösung getroffen, welche die vorgenannten Anforderungen sowohl aus Sicht der Fachanwender als auch aus IT-Sicht bestmöglich erfüllt, da sie eine vorstrukturierte und zugleich flexible Planungslogik mit hoher Bedienungsfreundlichkeit und umfassenden Reporting- und Analysefunktionalitäten verbindet sowie eine zeitnahe und relativ kostengünstige Implementierung ermöglicht.

3.5 Zweiphasige Implementierung

In der ersten Phase soll das bewährte, gruppenweite Steuerungskonzept weitgehend unverändert – lediglich unter Vornahme inkrementaler Verbesserungen, soweit ohne größeren Aufwand möglich – in der integrierten Planungs- und Reportinglösung abgebildet werden.

Inhaltlich bedeutet dies, dass die bisherige, im Excel-Tool hinterlegte Planungslogik mit ihren Wert- und Kostentreibern sowie bestehenden Verknüpfungen im Rahmen der integrierten Erfolgs-, Bilanz- und Finanzplanung vollständig im integrierten Planungstool abgebildet wird.

Organisatorisch folgt daraus, dass zentral zunächst weiterhin primär auf Buchungskreisebene geplant wird. Selbstverständlich ist einrichtungsindividuell eine weitere Differenzierung der Planung möglich, sofern diese in der zentralen Planungslösung auch aggregiert abbildbar ist.

Sobald die erste Phase erfolgreich abgeschlossen und die neue Planungs- und Reportinglösung implementiert ist, beginnt im Rahmen der zweiten Phase die weiter gehende inhaltliche und organisatorische Differenzierung der Planungslogik.

Auf inhaltlicher Ebene ist zunächst der weitere Ausbau der Wert- und Kostentreibersystematik geplant. Durch den Zugriff auf automatisiert bereitgestellte Ist-Daten und verbesserte Möglichkeiten der Plandatengenerierung kann zukünftig noch leistungsgerechter als bisher gesteuert werden. So wird es z. B. möglich sein, für den Unternehmensbereich AMEOS Akut nicht nur auf aggregierter Ebene (Fallzahl, Casemix etc.), sondern auch auf Kostenträgerebene (DRGs, Zusatzentgelte etc.) zu planen und damit dem DRG-System auch in der Unternehmenssteuerung Rechnung zu tragen (vgl. *Wendel* 2008).

Darüber hinaus ist die weitere Ergänzung der Planungs- und Reportingsystematik um nicht monetäre Indikatoren geplant, bis hin zur Etablierung einer gruppenweiten Balanced Scorecard, die gerade für den Gesundheitsbereich konzeptionell besondere Vorteile verspricht (vgl. *Wendel* 2001).

Auf organisatorischer Ebene soll gruppenweit über alle Einrichtungen ein Herunterbrechen der zentralen Planung auf Fachabteilungsebene (Innere Medizin, Chirurgie, Gynäkologie etc.) und Versorgungsart (stationär, teilstationär, ambulant) erfolgen, die es ermöglicht, jede Leistungseinheit detailliert zu betrachten. Ferner soll die Planung und Kostenverrechnung für die Overhead-Bereiche ausgebaut werden, da hier weiter gehende Potenziale zur Kostenoptimierung zu vermuten sind.

4 Kontinuierliche Optimierung der Unternehmenssteuerung im Dienste des Gesamtunternehmens

Wenngleich die IT-mäßigen Restriktionen bezüglich der Differenzierung von Planung und Reporting nach der Einführung der integrierten Planungs- und Reportinglösung weitgehend aufgehoben sein werden, bedeutet dies nicht, dass eine möglichst granulare zentrale Steuerung als Selbstzweck zu sehen ist. Vielmehr sind auch hier stets Kosten-Nutzen-Aspekte zu berücksichtigen. Nur wenn eine weitere Differenzierung der Unternehmenssteuerung nachweislich eine Steigerung der operativen Performance ermöglicht, sollte diese umgesetzt werden.

In diesem Sinne werden einzelne Einrichtungen die Möglichkeit erhalten, in Abstimmung mit der Zentrale versuchsweise eine weiter gehende Differenzierung des Steuerungsinstrumentariums zu erproben, im Erfolgsfall kann dies auf die gesamte Gruppe ausgeweitet werden.

Letztlich muss auch im Finanzwesen die Orientierung an der Leistungs- und Wettbewerbsfähigkeit des Gesamtunternehmens und damit letztlich die Orientierung am Patienten oberste Priorität haben – getreu dem Leitsatz der AMEOS Gruppe: Leben und Gesundheit in guten Händen.

Literatur

Fleige, T. (2005), Investitions- und Finanzcontrolling im Krankenhaus, in: Hentze, J./Huch, B./Kehres, E. (Hrsg.), Krankenhaus-Controlling, 3. Aufl., Stuttgart 2005, S. 137–146

Oehler, K. (2006), Planung und Budgetierung: (Neue) Anforderungen an die Software-Unterstützung der Planung, in: Gleich, R./Hofmann, S./Leyk, J. (Hrsg.), Planungs- und Budgetierungsinstrumente, Freiburg i. Br. 2006, S. 93–120

Schirmer, H. (2006), Krankenhaus Controlling, 3. Aufl., Renningen 2006

Wendel, V. (2001), Controlling in Nonprofit-Unternehmen des stationären Gesundheitssektors, Baden-Baden 2001

Wendel, V. (2008), Controlling im Krankenhaus, in: Hellmann, W./Baumann, H./Bienert, M./Wichelhaus, D. (Hrsg.), Krankenhausmanagement für Leitende Ärzte, Heidelberg 2008, S. 131–149

V. Steuerung und Reporting im öffentlichen Bereich

Visionen und Strategien als Instrumente für eine eigenständige Profilbildung von Hochschulen

Prof. Dr. Peter Gomez/Prof. (HSG) Dr. Sascha Spoun[*]

Zusammenfassung

1 Warum in einer betriebswirtschaftlichen Logik denken?

2 Denken in den drei Ebenen normativen, strategischen und operativen Managements

3 Normative Ebene: Vision und Leitbild (Mission) als Instrumente der Umsetzung
   3.1   Gegenstand einer Vision
   3.2   Funktionen einer Vision
   3.3   Findung einer Vision
   3.4   Gegenstand eines Leitbilds
   3.5   Funktionen eines Leitbilds
   3.6   Erfolgskriterien eines Leitbilds
   3.7   Entwicklung eines Leitbilds

4 Strategische Ebene: ein Programm für nachhaltige Entwicklung aufbauen
   4.1   Entwicklung des Strategiebegriffs
   4.2   Funktion einer Strategie: Aufbau nachhaltiger Wettbewerbsvorteile
   4.3   Erfolgsfaktoren für Strategien
   4.4   Formulierung einer Strategie
   4.5   Instrumente der Strategieentwicklung
   4.6   Kritik am Strategiekonzept

5 Operative Ebene: zum Leben der Ideen und zur Umsetzung der Strategie

Literatur

---

[*] Prof. Dr. Peter Gomez, Dean der Executive School of Management, Technology and Law, Universität St. Gallen; Prof. (HSG) Dr. Sascha Spoun, Präsident der Leuphana Universität Lüneburg. Die Autoren danken Alexander Zimmermann herzlich für seine wertvolle Mitarbeit.
Beitrag zuerst erschienen in: Benz, Winfried/Kohler, Jürgen/Landfried, Klaus (Hrsg.): Handbuch Qualität in Studium und Lehre. Evaluation nutzen – Akkreditierung sichern – Profil schärfen; Rubrik E 4.3, 10. Supplement; Stuttgart, Berlin 2006. Abdruck erfolgt mit freundlicher Genehmigung der Dr. Josef Raabe Verlags GmbH.

Zusammenfassung

Erkenntnisse und Erfahrungen aus der betriebswirtschaftlichen Strategieforschung können für die Profilbildung von Hochschulen im Rahmen eines angenommenen Wettbewerbs um Ressourcen und Positionen genutzt werden. Die Argumentation zeigt, wie mit konventionellen Mitteln der BWL das Nachdenken über die Zukunft der Hochschule ergänzt werden kann. Die Frage der Anwendung in einzelnen Hochschulen und universitären Arbeitsprozessen ist eine zweite; sie ist kontextspezifisch zu entscheiden.

1 Warum in einer betriebswirtschaftlichen Logik denken?

Traditionsreiche Erfolgsgeschichte
Universitäten dürfen – neben der Kirche – als die erfolgreichsten Organisationen gelten, die unabhängig von Gesellschaftssystemen während Jahrhunderten bestehen und eine wichtige Kraft im Prozess der gesamten Entwicklung der menschlichen Gesellschaft darstellen. Ihre Wissenschaftlerinnen und Wissenschaftler tragen durch die Forschung zur Erklärung der Phänomene unserer Welt wesentlich bei, ermöglichen Innovationen und prägen durch die Lehre künftige Eliten. Veränderungen wollen entsprechend umsichtig bedacht werden, zumal wenn sie ideologischen oder ökonomischen Ursprungs sind und damit nicht a priori der selbstbestimmten und forschungsbasierten Logik der Universität entsprechen. Leidvolle Erfahrungen eines politischen Ge- und Missbrauchs in totalitären Systemen wie in Demokratien zur Verwirklichung einer vermeintlich besseren oder gerechteren Gesellschaft, die immer zu Leistungsschwäche in Forschung und Lehre führten, müssen jeden vorsichtig werden lassen.

Andererseits lässt sich auch eine traditionsreiche Erfolgsgeschichte nur erhalten, wenn sie selbst weiterentwickelt wird. Auch sind die Hochschulen nicht autonome Inseln, sondern als Teil der Gesellschaft vielfältig mit anderen Bereichen verbunden, zu denen sie nur wirksam beitragen können, wenn sie selbst leistungsfähig sind. Außerdem müssen sie, was manchmal vergessen wird, von Dritten als attraktiv und leistungsfähig für die anstehenden Aufgaben und Probleme anerkannt werden. Ansonsten untergraben die Hochschulen die eigene Legitimation und ihre Grundlagen. Ihre Aufgaben werden dann von anderen Organisationen wahrgenommen, z. B. von Unternehmen, außeruniversitären Forschungseinrichtungen, anderen Bildungsinstitutionen etc., was die Position, die Autonomie und die Entwicklungschancen der Universitäten stark einschränkt. Deshalb lohnt es sich, ja ist es sogar zum langfristigen Überleben notwendig, systematisch über die eigene Entwicklung nachzudenken. Dafür will dieser Text einen in betriebswirtschaftlichen Konzepten fundierten Beitrag leisten, da diese in Fragen des strategischen Denkens zur Positionierung einzelner Organisationen substanzielle Ergebnisse beisteuern können.

Systemorientiertes Verständnis der Hochschule
Man kann sogar sagen: über wenige andere wirtschaftliche Fragen wie diejenige der Strategie bzw. Unternehmensplanung bzw. der Organisationsentwicklung wurde und wird derartig viel publiziert, wobei die Suche nach übergreifenden Regeln wie nach kontextspezifischen Besonderheiten nicht abgeschlossen ist. In diesem großen Fluss ist dieser Artikel zu sehen, der Ideen und Erfolge aus der Universitätsführung reflektiert und für diese aufarbeiten will. Dazu wird im Sinne eines systemorientierten Verständnisses die Hochschule als ein produktives soziales System verstanden, das Leistungen für Institutionen und Individuen erbringen will und nicht nur an und für seine (angestellten) Mitglieder denkt. Dieser Grundgedanke eines gesellschaftlichen Leistungsauftrags an die Hochschule muss geteilt werden, um die nachfolgenden Ausführungen als sinnvoll und zielführend anzuerkennen. Wichtige der anfallenden Fragen werden der Logik des St. Galler-Management-Modells (*Ulrich* 1984, *Bleicher* 1999, *Rüegg-Stürm* 2002) folgend behandelt, weil dieses in der Lage ist, relativ gut der wachsenden Komplexität und Dynamik, einer kontextbezogenen Entwicklung der Organisation, der Integration verschiedener Perspektiven und der Idee eines individuell zu füllenden Denkrasters für den Umgang mit Problemen Rechnung zu tragen.

2 Denken in den drei Ebenen normativen, strategischen und operativen Managements

Wir differenzieren drei Ebenen des Managements bzw. des Denkens zur Entwicklung eines Führungskonzeptes für die Hochschule: erstens die normative, zweitens die strategische und drittens die operative Ebene. Nach *Ulrich* (1984, S. 328 ff.) widmet sich das normative Management den grundsätzlichen, legitimierenden Fragen, das heißt, den Einstellungen, Überzeugungen und Werthaltungen. Es geht um die Prinzipien, Normen und Spielregeln, um die Lebens- und Entwicklungsfähigkeit der Organisation zu ermöglichen, oder kurz um die generellen Ziele (*Bleicher* 1999, S. 74 f.). Das strategische Management bestimmt die Ziele und das Leistungspotenzial, während das operative Management die Organisation und Lenkung der laufenden Aktivitäten umfasst.

Entwicklung des Managementwissens
Die Entwicklung des Managementwissens ist indessen von unten nach oben verlaufen. Die Theorie hat sich zuerst mit der Planung und Kontrolle des laufenden Geschäftes befasst. Später wurde erkannt, dass dieses kurzfristige Gestalten und Lenken durch ein stärker zukunftsgerichtetes und umfassenderes grundsätzliches Denken überlagert werden muss. Dieses soll die längerfristigen Ziele des Unternehmens festlegen und das dafür in Zukunft erforderliche Leistungspotenzial ausgestalten. Erweitert wurde das Konzept des strategischen und operativen Managements durch die Erkenntnis, dass diese Ebenen überlagert werden vom normativen Management. Hierbei geht es darum, den festzulegenden Zielen und Maßnahmen der Unternehmensführung sowie dem Unternehmen an sich einen Sinn zu geben und damit das zukünftige Tun zu begründen

(*Ulrich* 1984, S. 332). Zwischen den drei Dimensionen vollziehen sich vielfältige Vor- und Rückkopplungs-Prozesse. Einerseits werden normative und strategische Vorgaben wegweisend für operative Prozesse, und andererseits können unplanbare Ereignisse in der operativen Umsetzung zu Hindernissen bei der Realisierung von Vorgaben werden und damit eine Veränderung von Zukunftsvorstellungen und Strategien bedingen (*Bleicher* 1994, S. 44).

Zielorientierung
Ein derartiges Denken in Ebenen und dann Formen des Managens, wie es hier für die Erarbeitung einer Vision und Strategie vorgestellt wird, richtet sich auf ein Ziel. Dieses inhaltlich passend zur Tradition, relativen Stellung und Leistungsfähigkeit der jeweiligen Hochschule zu bestimmen und zu erreichen, bleibt zentrale Aufgabe aller Mitglieder im Rahmen ihrer Mitwirkungsrechte und -pflichten.

Im Folgenden geht es entsprechend nicht um die inhaltliche Bestimmung, sondern um einen Weg dorthin. Schon das Verständnis, was ein Ziel sei und wie es verwendet wird, wird in der Managementliteratur vielfältig gesehen (*Thompson/Strickland* 1986, S. 50). Gehen wir davon aus, es sei die langfristige Position, die eine Hochschule in Forschung, Lehre und übrigem Dienstleistungsangebot einnehmen will, wenn sie ihre selbst gewählte oder gesetzlich bestimmte Mission verfolgt. Bei der Zielbestimmung ist sie nicht wie die Unternehmung autonom, sondern Teil eines größeren Ganzen, was zu wiederkehrenden Zielkonflikten zwischen Autonomie der Entscheidungen und Integration der Hochschule in die gesellschaftliche Ordnung führen kann.

»Monotheistische« vs. pluralistische Zielausrichtung
Bleicher (1999, S. 162) unterscheidet zwischen der »monotheistischen« Vorstellung, dass ein Unternehmen sich ausschließlich ökonomischen Zielen verpflichtet sieht, und einer pluralistischen gesellschaftlichen Zielausrichtung, die multiplen gesellschaftlichen Anliegen Rechnung trägt. Während für Unternehmen die Frage zwischen einer im beschriebenen Sinne monotheistischen, rein ökonomischen Zielsetzung (»shareholder value«, Maximierung des Unternehmenswertes, *Rappaport* 1981) und einer pluralistischen Zielausrichtung, die legitimen gesellschaftlichen Interessen Rechnung trägt (*Müller-Stewens/Lechner* 2003, S. 245), noch immer diskutiert wird – und zwar obwohl der letztgenannte Weg der einzige zu nachhaltiger Wettbewerbsfähigkeit ist –, verfolgen Hochschulen immer multiple Zielsetzungen. Indes ist deren Gewichtung und Verwirklichung, namentlich zwischen den Zielen und Erfolgsprinzipien der Grundlagenforschung, der angewandten Forschung, der universitären Lehre und der übrigen Dienstleistungen, wie mit Blick auf die inhaltlichen Profile und das Selbstverständnis der Organisation zu klären und organisationsindividuell auszuarbeiten.

3 Normative Ebene: Vision und Leitbild (Mission) als Instrumente der Umsetzung

Für die weitere Entwicklung der Hochschule auf einer obersten, normativen Ebene werden zwei Instrumente besprochen:
1. Die *Vision*, ein Traum mit Verfallsdatum, in der festgehalten wird, was die Hochschule in Zukunft sein und tun soll; es handelt sich um eine in wenigen Worten und Sätzen ausgedrückte Idee.
2. Die *Mission bzw. das Leitbild* stellt eine ausführlichere Formulierung der zentralen Aufgaben in Gegenwart und Zukunft, der angestrebten Ziele sowie der obersten Verhaltensgrundsätze dar. Vergleichbare Inhalte können in verschiedenen Formaten bzw. Instrumenten ausgearbeitet sein. In jedem Fall gehen die hier angesprochenen Inhalte über Hochschulgesetze, -statuten, -grundordnungen, -satzungen etc. hinaus, weil sie weniger juristisch kodifizieren und strukturell organisieren als vielmehr inhaltlich orientieren wollen.

3.1 Gegenstand einer Vision

Der Begriff der Vision stammt vom lateinischen videre (»sehen«) ab. Im heutigen französischen Sprachgebrauch bedeutet »vision« Traum. Wie bei anderen schöpferischen Tätigkeiten steht gemäß *Hinterhuber* (1996, S. 43) am Anfang einer jeden unternehmerischen Tätigkeit eine Vision: »Die Vision ist das Bewusstsein eines Wunschtraums einer Änderung der Umwelt«. Auch *Gomez/Probst* (1995, S. 58) beziehen sich auf den Wortkern, wenn sie einen anonymen Autor mit den Worten »A vision is a dream with a deadline« zitieren. Gemäß *Rüegg-Stürm/Gomez* (1994) beschreiben Visionen eine bestimmte Weltsicht, eine Perspektive der zukünftigen Realität. Damit bewegen sie sich »im Spannungsfeld zwischen Utopie und der Weiterführung der bisherigen Aktivitäten frei von jedweder Fantasie«. Der Bezug zur Vergangenheit wird auch in einer Definition von *Hilb* (2001, S. 42) in Anlehnung an Mintzberg unterstrichen, der Visionen als »both plans for the future and patterns from the past« bezeichnet.

Müller-Stewens/Lechner (2003, S. 235) unterscheiden vier Kategorien von Visionen in Anlehnung an *Collins/Porras* (1997):
1. Zielfokussierte Visionen, die eine anzustrebende Wirklichkeit entweder quantitativ oder qualitativ definieren.
2. Feindfokussierte Visionen, die auf das Übertreffen eines Konkurrenten abzielen.
3. Rollenfokussierte Visionen, die sich die Rollenanforderungen anderer Organisationen zum Vorbild machen.
4. Wandelfokussierte Visionen, die auf einen fundamentalen Transformationsprozess abzielen.

3.2 Funktionen einer Vision

Die wichtigsten Funktionen von Visionen werden von *Rüegg-Stürm/Gomez* (1994) identifiziert:
1. Fokussierungsfunktion für die Beziehung zwischen der Organisation und ihrem Umfeld: Dabei soll ein nachhaltiger Wettbewerbsvorteil abgeleitet werden.
2. Legitimationsfunktion für die Beziehung zwischen der Organisation und der Gesellschaft: Dabei soll die Vision die Differenzen zwischen dem Unternehmen und seiner Umwelt überbrücken helfen, indem sie den individuellen wie sozialen Wert der Leistungen beschreibt.
3. Identifikations- und Motivationsfunktion für die Beziehung zwischen der Hochschule und ihren Mitgliedern: Dabei soll durch positive Erlebnisse mit der Hochschule die intrinsische Motivation der Mitarbeiter gestärkt und über die Vermittlung einer Sinnhaftigkeit des eigenen Handelns – sowohl in ökonomischer wie sozialer Sicht – ein Beitrag zur Entwicklung der Persönlichkeit geleistet werden. Auch *Hinterhuber* (1996, S. 84) unterstreicht die Bedeutung einer klaren Vision für die Attraktivität eines Unternehmens aus der Sicht überdurchschnittlich motivierter und engagierter Mitarbeiter.

3.3 Findung einer Vision

Kriterien
Um die oben vorgestellten Funktionen zu erfüllen, müssen Visionen gewisse Kriterien erfüllen (*Gomez/Probst* 1995, S. 59): Gute Visionen sind einfach und einleuchtend, zukunftsgerichtet, stellen die Zielgruppen und ihre Bedürfnisse in den Mittelpunkt, tragen den legitimen Anspruchsgruppen angemessen Rechnung, spornen alle Mitglieder zu Spitzenleistungen an, mobilisieren Ressourcen und setzen diese zielgerichtet ein. *Hinterhuber* (1996, S. 88) definiert eine große Zahl positiver und negativer Leitsätze der Visionsfindung, anhand der man die jeweilige Prozessgestaltung überprüfen kann. Dabei haben vor allem Offenheit, positives Denken, Aufmerksamkeit und Realismus einen besonders hohen Stellenwert. Um Akzeptanz und Erfolg von Visionen sicher zu stellen, müssen diese partizipativ erarbeitet werden, damit sie durch kommunikative Verfertigung verankert und gewachsen sind. Nur durch radikalen kommunikativen Einbezug der Mitglieder einer Organisation ist es möglich, eine gemeinsame Vision zu verankern und wachsen zu lassen. Damit ist jedoch nicht ein endloser Dialog gemeint, sondern vielmehr ein gemeinsames, evolutionäres und kontinuierliches Experimentieren und Reflektieren neuer Problemlösungen in möglichst kleinen, kontrollierbaren Schritten (*Rüegg-Stürm/Gomez* 1994). Der Prozess der Visionsentwicklung ist nie abgeschlossen, da Vorstellungen von der Zukunft immer weiter spezifiziert und angepasst werden können (*von Bonsen* 1987). Damit die Vision effektiv zur Entwicklung beitragen kann, muss ihr eine möglichst objektive Analyse der Hochschulumwelt und -inwelt vorgelagert sowie eine visionsgerechte Ableitung, Verwirklichung und Erfolgskontrolle der identifizierten Aktionsleitsätze nachgelagert werden.

> **Vision 2010**
> Wir sind eine der führenden Wirtschaftsuniversitäten Europas, anerkannt für unsere Lehre auf allen Stufen lebenslangen Lernens und für unsere Forschung in ausgewählten Gebieten großer gesellschaftlicher Relevanz. Wir werden für unser universitäres Umfeld geschätzt, in dem sich Menschen ihren Fähigkeiten entsprechend zu verantwortungsbewussten Persönlichkeiten entwickeln. Die integrative Sicht von Wirtschafts-, Rechts-, Sozial- und Kulturwissenschaften prägt dabei unser Profil.

Abb. 1: Vision der Universität St. Gallen

3.4 Gegenstand eines Leitbilds

Ein Leitbild, in angelsächsischer Anlehnung häufig auch Mission genannt (*Müller-Stewens/Lechner* 2003, S. 236 und 238), versucht Antworten zu finden auf die Fragen: Warum existiert die Hochschule, welchen Beitrag leistet sie für die Gesellschaft, oder anders ausgedrückt: In welcher Hinsicht wäre die Menschheit ärmer, wenn es diese Hochschule nicht gäbe (*Hinterhuber* 1996, S. 84)? *Campbell et al.* (1990, S. 26) differenzieren wie folgt vier Elemente, die untereinander verbunden sind:
1. *Zweck*: Warum existiert die Hochschule?
2. *Strategie*: Relative Position, die die Hochschule in Forschung, Lehre und übrigen Dienstleistungen einzunehmen anstrebt, und Benennung der Kompetenzen und Fähigkeiten, die diese ermöglichen.
3. *Verhaltensstandards*: Verhaltensregeln, die den Menschen als Entscheidungsgrundlage dienen können.
4. *Werte*: Überzeugungen und moralische Prinzipien, die die spezifische Organisationskultur bilden und so eine angemessene emotionale und moralische Logik und Bindung erlauben. Das Verhalten einer Organisation wird im Leitbild einerseits durch die »unternehmerische« Rationalität der Strategie (Idee der Wertschöpfung) und andererseits durch die emotionale, moralische Rationalität der Werte mit dem Zweck der Hochschule verbunden.

3.5 Funktionen eines Leitbilds

Unternehmen versprechen sich von einem Leitbild bzw. einem Mission Statement Unterstützung bei der Schaffung einer kollektiv geteilten Vorstellung über Zweck und Richtung des Unternehmens. Ähnliche Erfolge erwarten Hochschulen. Das Leitbild übernimmt eine Orientierungsfunktion. Es hat konstitutiven Charakter und soll den Mitgliedern eine Art Kompass sein, der ihr Verhalten koordiniert. Leitbilder haben aber auch eine Legitimationsfunktion. Es kann an dieser Stelle Aufklärung gegenüber den wichtigsten Anspruchsgruppen betrieben werden. Damit dient das Leitbild als Kommunikationsinstrument nach außen in die Umwelt einer Universität. Nach innen hat das Leitbild aber auch eine Motivationsfunktion. Es soll den Mitgliedern helfen, sich mit ihrer Hochschule besser zu identifizieren. Dabei soll auch klar werden, was der Motor der eigenen Entwicklung heute ist und in Zukunft sein wird, und warum die spezielle Hochschule attraktiv ist (*Müller-Stewens/Lechner* 2003, S. 239 f.).

3.6 Erfolgskriterien eines Leitbilds

In der Praxis sind Leitbilder sehr verbreitet, aber oftmals nicht in der Lage, die in sie gesetzten hohen Erwartungen zu erfüllen (*Bart* 1997). Während die wissenschaftliche Literatur größtenteils eine positive Wirkung von Leitbildern auf den wirtschaftlichen Erfolg von Unternehmen angenommen hatte, fehlte ein empirischer Nachweis eines solchen Zusammenhangs. Vor diesem Hintergrund hat *Bart* (1997) folgende Faktoren identifiziert, die den Erfolg von Leitbildern einschränken können: Unmöglichkeit der Mission, Mehrdeutigkeit der Mission, Unzufriedenheit mit der Mission, Fehlerhaftigkeit der Mission, Unzufriedenheit mit dem Entwicklungsprozess, fehlender Einfluss auf Verhalten, mangelhafter Einbezug von Anspruchsgruppen, fehlgeleiteter Einsatz. In den untersuchten Firmen hatten die Leitbilder dann den größten Einfluss auf das Verhalten gezeigt, wenn: unterschiedliche Anspruchsgruppen in den Entwicklungsprozess einbezogen waren, die Organisationsstrukturen mit den Forderungen des Leitbildes in Einklang gebracht wurden und eine allgemeine Zufriedenheit mit dem Inhalt des Leitbildes herrschte. Ein zusätzlicher Aspekt wurde von *Posner et al.* (1985) ermittelt, die den Grad der Übereinstimmung zwischen den Zielen des Unternehmens und den Zielen des Einzelnen gemessen haben. Dabei sind sie zu dem Schluss gekommen, dass stark geteilte Wertvorstellungen bei Individuen ein Gefühl von Erfolg und Erfüllung, eine vernünftigere Einschätzung der Werte ihrer Kollegen und Vorgesetzten sowie eine stärkere Beachtung der Unternehmensziele bewirkt haben. Es muss jedoch beachtet werden, dass Wertvorstellungen, die in einem Unternehmen und entsprechend einer Hochschule einmal etabliert worden sind, nur äußerst schwierig wieder geändert oder angepasst werden können. Werte sollten also soweit möglich zeitlos und nicht zu spezifisch sein, um zukünftige Wandelprozesse nicht zu behindern (*Campbell* et al. 1990, S. 77 ff.).

3.7 Entwicklung eines Leitbilds

Mögliches Vorgehen
Die oben genannten Faktoren müssen auch bei der Erstellung und Fortentwicklung sowie der praktischen Umsetzung von Leitbildern beachtet werden. Ein mögliches Vorgehen bei der Leitbildentwicklung wird von *Probst* (1989) vorgestellt. In einem interaktiven Prozess wird die allgemeine strategische Ausrichtung von der Hochschulleitung festgelegt. Mitglieder sind aufgefordert, mitzudenken, Vorschläge einzubringen und immer gut informiert zu sein. *Müller-Stewens/Lechner* (2003, S. 241 f.) schlagen ein standardisiertes Verfahren vor: In einem mehrere Stufen durchlaufenden Gegenstromverfahren zwischen Top-down- und Bottom-up-Prozessen wird so lange hin und her

gewechselt, bis das Leitbild auf allen Ebenen und in allen Bereichen der Organisation verbreitet, verankert und akzeptiert ist. Auch hierbei sollte die Initiative jedoch von der Hochschulleitung ausgehen. Nach Festlegung ist für eine möglichst umfassende Verbreitung des Leitbildes in der Hochschule zu sorgen.

Zu diesem Zweck stärken wir
- Lehre und Lernen, die auf die Entwicklung von theorieverbundenen Praktikern und praxisverbundenen Theoretikern abzielen;
- die grundlagenorientierte Forschung und nutzen systematisch Synergien mit der traditionell starken praxisorientierten Forschung;
- die Internationalität der HSG und erschließen die dadurch gewonnenen Verbindungen dem Kanton und der Region;
- den eigenständigen Beitrag der HSG zur Schaffung eines profilierten und qualitativ hoch stehenden Hochschul- und Forschungsraums Schweiz;
- die Beziehungen zwischen den Alumni, den ehemaligen Dozierenden und der HSG und führen sie lebenslang zusammen.

Dabei stützen wir uns insbesondere auf
- das traditionell starke Unternehmertum innerhalb der HSG und die vom Kanton als Träger der Universität geschaffenen Rahmenbedingungen, welche diese Unternehmungskultur ermöglichen;
- die den Gesamtinteressen der HSG dienende föderale Organisation;
- das große persönliche Engagement aller Angehörigen der HSG;
- ein innovatives Universitätsmanagement, welches die besonderen Bedingungen universitärer Arbeit mit den Erfordernissen moderner Unternehmensführung in Einklang bringt.

Abb. 2: Leitbild Universität St. Gallen (wo es sich an die Vision anschließt)

Das Leitbild wird außerdem in Leitsätzen für die vier Arbeitsbereiche der Prorektoren bzw. des Rektors konkretisiert:

I. Gewinnung – Ausbildung – Bindung
Wir wollen Studierende gewinnen, die ihre Begabungen und ihre Leistungsfähigkeit nicht nur für ihren persönlichen Erfolg, sondern auch gesellschaftlich verantwortungsvoll einsetzen. Wir bieten international anerkannte Studiengänge und Weiterbildung für lebenslanges Lernen an. Damit fördern wir auch die beständige Verbindung zwischen Studierenden und HSG.

II. Menschen – Forschung – HSG-Mehrwert
Wir wollen Wissenschaftlerinnen und Wissenschaftlern gute Bedingungen für innovative und kreative Forschung bieten. Dabei erfüllen wir Anforderungen aus Wissenschaft und Praxis gleichermaßen. Auf ausgewählten Forschungsgebieten von hoher gesellschaft-

> licher Relevanz und strategischer Bedeutung für die HSG wollen wir international führend sein. Wir fördern eine Arbeitsteilung und Kooperationen, die unterschiedliche Fähigkeiten und Stärken der Forschenden optimal zur Geltung kommen lassen.
>
> **III. Welt – HSG – Region**
> Wir wollen die Internationalisierung der HSG systematisch und kontinuierlich vorantreiben. Mit unserer internationalen Ausbildung wollen wir Studierende, Wissenschaftler, Praktiker und Berufstätige aus der Region ebenso wie aus der ganzen Welt anziehen. So erschließen wir die Nutzenpotenziale der Internationalisierung für die Region.
>
> **IV. Unternehmertum – Leistungen – Finanzkraft**
> Wir pflegen individuelles im Gesamtinteresse der Universität stehendes Unternehmertum. Damit sichern und vergrößern wir akademische Freiräume sowie die finanzielle Autonomie unserer Universität. Wir sind uns dabei der besonderen Verantwortung bewusst, welche mit den uns eröffneten Freiräumen verbunden ist.

Abb. 3: Leitsätze für die vier Arbeitsbereiche der Prorektoren bzw. des Rektors

4 Strategische Ebene: ein Programm für nachhaltige Entwicklung aufbauen

Während das normative Management Aktivitäten motivierend und zielidentifizierend begründet, ist es die Aufgabe der Strategie, ausrichtend auf diese einzuwirken. Das strategische Management ist gemäß *Bleicher* (1999, S. 75 f.) auf den Ausbau, die Pflege und die Nutzung von Erfolgspotenzialen gerichtet, für die Ressourcen eingesetzt werden müssen.

4.1 Entwicklung des Strategiebegriffs

Begriff »Strategie«
Der Begriff »Strategie« wurde bis in die Mitte des 20. Jahrhunderts vornehmlich in militärischen Zusammenhängen verwendet. Ausgehend vom altgriechischen »strategeo« (das Heer führen; Feldherr sein) bezeichnete der Ausdruck die langfristigen militärischen Planungen während eines Krieges. Als erster Kriegstheoretiker der Neuzeit hat Carl von Clausewitz in seinem Werk »Vom Kriege« im Jahre 1832 (*von Clausewitz* 1973) die Begriffe Taktik und Strategie definiert. Als Taktik bezeichnet er die unmittelbare Art der Verwendung von Truppen im Gefecht, während Strategie die Führung von Gefechten zur Erlangung der Ziele des Krieges als Ganzes beschreibt (*von Ghyczy* et al. 2001, S. 98).

Die Anwendung des Strategiebegriffs im Rahmen der Betriebswirtschaft entwickelte sich erst wesentlich später im Rahmen von drei zentralen Werken der sechziger Jahre: (1) *Alfred D. Chandler* mit »Strategy and Structure« (1962) definiert Strategie als Festlegung der grundlegenden langfristigen Ziele eines Unternehmens, sowie die Anpassung des Verhaltens und die Allokation von notwendigen Ressourcen zum Erreichen dieser Ziele. (2) Eine Gruppe von Professoren der Harvard Business School begreift Strategie in ihrem Lehrbuch über »Business Policy« (*Learned* et al. 1965) als Formulierung von Zielen und Zwecken sowie Implementierung von grundlegenden Verfahrensweisen und Plänen zu deren Realisierung. (3) *H. Igor Ansoff* spezifiziert die »Corporate Strategy« (1965) als einen Leitfaden für fünf zentrale Aspekte der Managementarbeit: Abgrenzung von Produkten und Märkten, Richtung des Wachstums, Wettbewerbsvorteile, Synergien sowie »Make or Buy« Entscheidungen. Viele Aspekte der heutigen Strategiediskussion finden sich bereits in diesen Konzepten.

Der Strategiebegriff hat sich seither ständig erweitert. Gemäß *Mintzberg* (1987) kann es sich das Strategische Management nicht leisten, sich auf eine einzelne, eng gefasste Definition zu beschränken. Um dieser Tatsache explizit Rechnung zu tragen, hat er ein System zur Kategorisierung von Strategieansätzen entwickelt, das auf den fünf »Ps« der Strategie basiert: (1) Plan: Eine bewusst geplante Vorgehensweise sowie Verhaltensregeln für bestimmte Situationen bilden die beabsichtigte Strategie. (2) Ploy: Strategie muss aber nicht als genereller Plan bestehen, sondern kann auch als spezifischer Spielzug im Wettkampf mit Konkurrenten verstanden werden. (3) Pattern: Ein Verhaltensmuster in der Umsetzung ergibt die realisierte Strategie. (4) Position: Strategie dient außerdem dazu, die Organisation in ihrer Umwelt einzuordnen und damit internen und externen Kontext zu verbinden. (5) Perspective: Hierbei zielt die Strategie weniger auf die Positionierung ab, sondern vielmehr auf die Art und Weise, wie die Umwelt wahrgenommen wird.

4.2 Funktion einer Strategie: Aufbau nachhaltiger Wettbewerbsvorteile

Im Zentrum der Strategiediskussion steht die Frage, wie es der Hochschule gelingt, nachhaltig erfolgreicher zu sein als ihre Wettbewerber. Die Untersuchung solcher Wettbewerbsvorteile hat sich seit den sechziger Jahren weitgehend an einem zentralen Bezugsrahmen orientiert (*Barney* 1991): Dieser geht davon aus, dass nachhaltige Wettbewerbsvorteile durch Strategien ermöglicht werden, die interne Stärken nutzen, um auf Gelegenheiten in ihrem Umfeld zu reagieren, Bedrohungen im Umfeld abzuwehren und internen Schwächen zu begegnen. Seit Aufkommen des Strategiebegriffs haben sich unterschiedliche Ansatzpunkte herausgebildet, die sich durchaus für die Position von Hochschulen nutzen lassen.

Marktbasierter Ansatz
Gemäß dem marktbasierten Ansatz liegt die Quelle der Wertgenerierung in der Nutzung von externen Gelegenheiten und der Abwehr von Bedrohungen der Umwelt. Daher wird der relative Erfolg eines Unternehmens über die Marktmacht definiert, was übertragen auf Hochschulen im Anteil an Forschungsgeldern und im Forschungsoutput, in der Zahl und Qualität der sehr guten Studierenden und im Einfluss auf die öffentliche Debatte gemessen werden kann. *Grant* (1991) identifiziert drei mögliche Quellen

dieser »Macht«: erstens Monopole, d. h. im universitären Kontext die Besetzung von Forschungsfeldern und das Angebot von prägenden Studiengängen; zweitens Eintrittsbarrieren, das heißt, in unserem Kontext technische Voraussetzungen und Erfahrungen, die anders nicht schnell aufbauen können; und drittens Verhandlungsmacht, das heißt in unserem Kontext Attraktivität für Studieninteressenten und Bewerbende, die andere Hochschulen nicht bieten können, wie Zusammenhalt in der jeweiligen Gemeinschaft, Forschungskultur, Zugänge zu Ressourcen, Kooperationen, Netzwerken etc.

Ressourcenbasierter Ansatz
Im Gegensatz zum marktbasierten Ansatz konzentriert sich dieses Konzept auf die interne Dimension der in der Hochschule verfügbaren Ressourcen. Gemäß *Wernerfelt* (1984) handelt es sich dabei um all jenes materielle und immaterielle Kapital, das zeitweise an die Hochschule gebunden ist. *Barney* (1991) identifiziert dabei drei Kategorien von Ressourcen: »Physische Ressourcen« wie zum Beispiel Technologie, Ausrüstung, Standort und Rohmaterialzugang; »Human Resources« wie zum Beispiel Training, Erfahrung, Urteilsvermögen, Intelligenz und Beziehungen, aber auch »Organisatorische Ressourcen« wie zum Beispiel formale und informelle Planungs-, Controlling- und Koordinationssysteme sowie formale und informelle Beziehungen von Gruppen innerhalb der Hochschule und über die Organisationsgrenzen hinaus. Um allerdings einen nachhaltigen Wettbewerbsvorteil zu ermöglichen, müssen die Ressourcen möglichst wertvoll, selten, schwer imitierbar und nicht substituierbar sein (*Barney* 1986).

Der ressourcenbasierte Ansatz geht davon aus, dass sich die Ressourcenausstattungen der Hochschulen unterscheiden. Diejenigen Hochschulen mit überlegenen Ressourcen sind dabei in der Lage, zusätzliche Nutzen zu generieren.

Wissensbasierter Ansatz
Besonders einschlägig für die Hochschule ist die Weiterentwicklung des ressourcenbasierten Ansatzes, die auf die Ressource Wissen als zentralen Erfolgsfaktor zielt. Die Hochschule kann dabei als Wissenssystem oder auch als ein »Strom des Wissens« (*von Krogh et al.* 1994) begriffen werden, wofür unterschiedliche Formen des Wissens differenziert werden, am häufigsten explizites und implizites Wissen (*Nonaka* 1991). Während explizites Wissen niedergeschrieben oder vermittelt und auf diese Weise weitergegeben, gespeichert und neu kombiniert werden kann, besteht implizites Wissen aus durch Übung und Erfahrung entstandenem Know-how sowie aus mentalen Einstellungen und ist daher wesentlich schwieriger zu vermitteln.

Auch der wissensbasierte Ansatz liefert eine Erklärung für Erfolgsunterschiede zwischen Unternehmen (*Liebeskind* 1996): Die Schaffung neuen Wissens ist kostspielig. Aus diesem Grund kann davon ausgegangen werden, dass wertvolles Wissens nicht in allen Organisationen im selben Maß vorhanden ist. Folglich können jene Firmen mit überlegenem Wissen sowohl Ricardo- als auch Monopolrenten generieren. Falls das Wissen neue Innovationen mit sich bringt, sind zudem Schumpeterrenten erzielbar.

4.3 Erfolgsfaktoren für Strategien

Für den Erfolg von Hochschulen ist es entscheidend, dass die gewählten Strategien mit den Eigengesetzlichkeiten der Hochschule zu vereinbaren sind (*Gomez* 1993, S. 256). Auf Basis der biokybernetischen Regeln von Vester haben *Gomez/Probst* (1995, S. 171) sieben Lenkungsregeln entwickelt, welche sich in vielen Kontexten als nützlich erwiesen haben und als allgemeine Prinzipien hilfreich sind:
1. Passe deine Lenkungseingriffe der Komplexität der Problemsituation an,
2. berücksichtige die unterschiedlichen Rollen der Bestimmungsfaktoren der Problemsituation,
3. vermeide unkontrolliertes Wachstum,
4. nutze die Eigendynamik des Systems zur Erzielung von Synergieeffekten,
5. finde ein harmonisches Gleichgewicht zwischen Bewahrung und Wandel,
6. fördere die Autonomie der kleinsten Einheit, und
7. erhöhe mit jeder Problemlösung die Lern- und Entwicklungsfähigkeiten.

Die Anwendung setzt allerdings ein gutes Verständnis der Zusammenhänge sowie eine hohe Kreativität voraus. Dafür können auf diese Weise Hebelwirkungen erzielt werden, die die Wirksamkeit und den Erfolg bei der Umsetzung von Strategien verstärken.

4.4 Formulierung einer Strategie

Die Konzepte, welche sich mit der Formulierung von Strategien beschäftigen, lassen sich grundsätzlich in zwei Kategorien einteilen: Präskriptive Modelle der Strategieentwicklung beruhen auf normativen Annahmen und Empfehlungen, welche davon ausgehen, dass die Umwelt relativ stabil ist und die Herausforderung der Strategieentwicklung darauf beruht, sich der Umwelt anzupassen. Deskriptive Modelle leiten sich hingegen von empirischen Untersuchungen tatsächlicher Strategieformulierung ab und versuchen, daraus Handlungsempfehlungen abzuleiten Die vielfältigen Modelle werden von *Mintzberg* (1990) in zehn Unterkategorien – die so genannten Denkschulen – unterteilt (auch *Mintzberg/Lampel* 1999):

Präskriptive Denkschulen
Die »Design School« baut auf der klassischen Konzeption auf, dass eine Strategie die internen Stärken und Schwächen von Unternehmen auf die Chancen und Gefahren in der Umwelt abstimmen soll (*Chandler* 1962; *Learned et al.* 1965). Auf derselben Basis argumentiert *Ansoff* (1965), der allerdings einen formalen Strategieprozess aufzeigt und damit die »Planning School« begründet. In den achtziger Jahren herrschte die Ansicht vor, dass Strategie vor allem die Positionierung auf der Basis einer Branchenanalyse umfasst. Das wohl bekannteste Konzept dieser Art ist Porters Five-Forces-Modell, welches die Triebkräfte des Branchenwettbewerbs aufzeigt (*Porter* 1992, S. 25 ff.). Dieses und andere vergleichbare Konzepte bilden die »Positioning School«. Sie hilft z. B., um über die zur Verfügung stehenden Ressourcen einer Hochschule nachzudenken.

Deskriptive Denkschulen
Neben den präskriptiven Modellen haben sich auch Strömungen gebildet, die einen ganz anderen Ansatz der Strategieformulierung verfolgen. Die »Entrepreneurial School« sieht die Entwicklung einer Strategie als visionären Prozess, beruhend auf der Intuition des CEO oder Unternehmers. Die »Cognitive School« rückt die mentalen Prozesse der Strategieformulierung ins Zentrum der Untersuchungen. Hierzu gehören auch aktuelle konstruktivistische Ansichten über den Strategieprozess. Die »Learning School« beschreibt die Entstehung von Strategien als inkrementell (*Quinn* 1980) und emergent (*Mintzberg/Waters* 1985). Dabei wird davon ausgegangen, dass Strategien in kleinen Schritten an unterschiedlichen Orten, von verschiedenen Organisationsmitgliedern gebildet werden. Die »Power School« nimmt an, dass Strategien in erster Linie darauf abzielen, Machtpositionen innerhalb des Unternehmens und nach außen aufzubauen. Einen entgegengesetzten Ansatz verfolgt die »Cultural School«, die Strategieformulierung als sozialen Prozess ansieht und gemeinsame Interessen und Integration betont. Die »Environment School« fasst Strategie als Reaktion auf bestimmte Bedingungen im Umfeld des Unternehmens auf und beschränkt damit den Einfluss des Unternehmens auf die Strategieformulierung. Die »Configuration School« integriert die vorherigen Perspektiven. Dabei wird das Unternehmen als Cluster von Charakteristika und Verhaltensweisen angesehen, die allerdings in Transformationsphasen aufgebrochen werden, um später einen neuen Zustand relativer Stabilität einzunehmen.

4.5 Instrumente der Strategieentwicklung

An dieser Stelle sollen einige besonders bekannte Instrumente der Strategieentwicklung überblicksartig vorgestellt werden:

Szenario-Planung
Ausgehend von der Gegenwart werden einerseits ein zu erwartendes Grundszenario und andererseits optimistische und pessimistische Extremszenarien entwickelt. Zusätzlich werden mögliche Störereignisse abgeleitet und deren Einfluss auf die Entwicklungslinien simuliert. Für die unterschiedlichen Alternativszenarien werden dann entsprechende Strategien erstellt (*von Reibnitz* 1991). Anders als bei einfachen Extrapolationen ist es durch die Szenariotechnik möglich, Vernetzungen der Umweltkonstellationen zu berücksichtigen und damit die enthaltenen Größen nicht einzeln, sondern in Interaktion zu untersuchen (*Gomez/Probst* 1997, S. 126). Ein Erfolgsbeispiel der Szenario-Planung war die Vorbereitung von Royal Dutch Shell auf die Ölkrise Anfang der siebziger Jahre (*Wack* 1985).

Portfolio-Analyse
Hierbei wird versucht, den relativen Wert von Produkten oder Geschäftseinheiten zu untersuchen, um herauszufinden, inwieweit die Ausgewogenheit der Strukturen verbessert werden kann. Dadurch ergeben sich mögliche strategische Alternativen und Stoßrichtungen zur Änderung, Erweiterung oder Konsolidierung der bestehenden Unternehmensstruktur. Die wohl bekannteste Portfolio-Analyse ist die Marktanteils-

Marktwachstums-Matrix der Boston Consulting Group. Auch andere Konzepte folgen einem ähnlichen Aufbau, indem sie eine externe Umweltachse einer internen Organisationsachse gegenüberstellen (*Hax/Majluf* 1996, S. 276 ff.).

Stakeholder-Analyse
Die Stakeholder-Analyse befasst sich mit der Ermittelung der relevanten Anspruchsgruppen eines Unternehmens und ihrer Erwartungen, der Abschätzung der Relevanz der einzelnen Gruppen für die Organisation und auf dieser Basis der Ableitung von Strategien zum Umgang mit den Stakeholdern (*Müller-Stewens/Lechner* 2003, S. 177 ff.).

4.6 Kritik am Strategiekonzept

Die Strategieliteratur ist durchaus nicht unkritisch gegenüber den eigenen Konzepten. Dabei steht häufig ein mangelnder Realitätsbezug im Vordergrund. So beschreiben beispielsweise *Campbell/Alexander* (1997) den Strategieprozess als wesentlich ungeordneter, experimenteller und iterativer, als in der Theorie allgemein angenommen. In Bezug auf die von ihnen entwickelten Denkschulen fordern *Mintzberg/Lampel* (1999) daher, auch über die Grenzen der einzelnen Konzepte hinaus zu schauen. Man müsse sich mehr darauf konzentrieren, bessere Fragen zu stellen. Es solle darum gehen, sich von realen Problemen in der Praxis leiten zu lassen, anstatt sich auf die Konkretisierung von Theorien zu fokussieren.

Selbst das absichtliche Fehlen einer ausformulierten Strategie kann zu unternehmerischem Erfolg führen, indem es die Kreativität und Flexibilität in Organisationen fördert. Im Vergleich zu sehr statischen, formalisierten und kontrollierten Unternehmen können auf diese Weise ein Innovationsvorsprung und damit verbundene Wettbewerbsvorteile erreicht werden (*Inkpen/Choudhury* 1995). Allerdings muss ein Strategiefokus nicht zwangsläufig Kreativität und Flexibilität verhindern. Die Entwicklung einer strategischen Innovationskompetenz kann daher ein kritischer Faktor für nachhaltigen Unternehmenserfolg sein (*Hamel* 2000).

5 Operative Ebene: zum Leben der Ideen und zur Umsetzung der Strategie

Das normative und strategische Management wird auf der operativen Ebene umgesetzt. Diese umfasst die leistungs-, finanz- und informationswirtschaftlichen Prozesse (*Bleicher* 1999, S. 76). Um die generierten Lösungen im Unternehmen zu realisieren und zu verankern, muss ein Rahmen für die Umsetzung geschaffen werden, wie er von *Gomez/Probst* (1994, S. 219 ff.) vorgeschlagen wird:

Umsetzung planen und kommunizieren
In einem ersten Schritt müssen die Ziele für die einzelnen Mitarbeiter stufengerecht festgelegt und möglichst präzise definiert werden. Sodann sind für deren Erfüllung die bestmöglichen Bedingungen zu schaffen, indem ausreichend Zeit und Ressourcen zur Verfügung gestellt werden. Um die Mitarbeiter auch psychologisch zur Strategieumsetzung zu befähigen, sollten diese bereits früh informiert und einbezogen werden. Außerdem ist eine Unterstützung durch konstruktives Feedback, Unterstützung, Geduld und Toleranz wichtig. Die Maßnahmen sind im Detail zu planen, wobei Ablauf, Termine und Verantwortlichkeiten festgehalten werden müssen.

Ziel- und anreizorientiert realisieren
Ziele und Teilziele helfen einer Organisation dabei, den Beitrag einzelner Mitarbeiter oder auch von Gruppen und Teams zu bestimmen. Zudem kann im Rahmen eines Dialogs über Teilziele besser auf individuelle Wünsche, Erwartungen und notwendige Mittel eingegangen werden. Auch bei der Beurteilung sollte das Erreichen der klar definierten Ziele für den Einzelnen wie für das Team im Mittelpunkt stehen. Dadurch wird einerseits eine objektive Beurteilung erleichtert und dem Einzelnen die Möglichkeit gegeben, den Weg der Zielerreichung innerhalb des vorgegebenen Rahmens selbst kreativ zu wählen.

Lernorientiertes Controlling einführen
Der Prozess der Strategieumsetzung muss konstant unter Kontrolle gehalten werden, damit auf relevante Veränderungen schnell reagiert werden kann. Permanentes Feedback ermöglicht eine kontinuierliche Entwicklung der Ziele und Maßnahmen auf Basis der sich ständig wandelnden Rahmenbedingungen. Zudem kann auf diesem Weg die Entwicklung einzelner Mitarbeiter oder Teams unterstützt werden. Zur Kontrolle bietet sich eine Mischung aus quantitativen und qualitativen Methoden an, um den vielseitigen Anforderungen der Strategieumsetzung gerecht zu werden.

Machbarkeit realistisch einschätzen
Kritische Erfolgsfaktoren der Strategieumsetzung werden z. B. von *Riekhof* (1994, S. 286) identifiziert. Demnach lässt sich die Umsetzbarkeit strategischer Konzepte verbessern, wenn einige Grundsätze berücksichtigt werden: Prägnanz des strategischen Konzeptes, strategiekonforme Personalentwicklung, strategiekonformer Ressourceneinsatz, strategiekonforme Organisationsstruktur, strategisches Reporting, strategiekonforme Signale des Managements, kurz, ein Rückzug in weitere Managementprinzipien und -instrumente, die hier nicht weiter ausgebreitet werden sollen. Von zentraler Bedeutung ist dabei, dass auch die Betriebswirtschaftslehre alleine keine Lösungen anbieten kann bzw. nur derartig aufwendige, dass sie für die meisten der Hochschulen nicht Frage kommen. Entscheidend sind die Glaubwürdigkeit und Energie der gewählten Führungskräfte, namentlich zur Überzeugung und Mobilisierung der Kolleginnen und Kollegen; Führungsqualitäten (»Leadership«) bilden wesentliche personale Erfolgsfaktoren für institutionelle Entwicklung. Wie diese genau aussehen sollen, dazu werden so viele Prinzipien vertreten und Wege beschritten, wie es Rektorate und Hochschulen gibt. Diese Pluralität macht gerade den besonderen Reiz der traditionsreichen Organisation »Hochschule« aus und ist wohl auch wegen der Heterogenität der Hochschulen und ihrer Kulturen unvermeidlich.

Literatur

Ansoff, H. I. (1965), Corporate strategy, An analytic approach to business policy for growth and expansion, New York 1965

Barney, J. B. (1986), Strategic factor markets, Expectations, luck and business strategy, in: Management Science, Vol. 32, Nr. 10, S. 1231–1241

Barney, J. B. (1991), Firm resources and sustained competitive advantage, in: Journal of Management, Vol. 17, Nr. 1, S. 99–120

Bart, C. K. (1997), Sex, lies, and mission statements, in: Business Horizon, Vol. 40, Nr. 6, S. 9–18

Bleicher, K. (1991), Das Konzept Integriertes Management, Das St. Galler Management Konzept, Frankfurt/New York 1991

Bleicher, K. (1994), Normatives Management, Politik, Verfassung und Philosophie des Unternehmens, Frankfurt/New York 1994

Bleicher, K. (1999), Das Konzept Integriertes Management, Visionen, Missionen, Programme, 5. Aufl., Frankfurt/New York 1999

Campbell, A./Alexander, M. (1997), What's wrong with strategy, in: Harvard Business Review, Nov-Dez, S. 42–51

Campbell, A./Devine, M./Young, D. (1990), A sense of mission, Hutchinson 1990

Chandler, A. D. (1962), Strategy and structure, Chapters in the history of the American industrial enterprise, Cambridge 1962

Collins, J. C./Porras, J. I. (1997), Build to last – successful habits of visionary companies, New York 1997

Freeman, R. E. (1984): Strategic Management, A stakeholder approach, Boston 1984

Frooman, J. (1999), Stakeholder influence strategies, in: Academy of Management Review, Vol. 24, Nr. 3, S. 191–205

Gälweiler, A. (1987), Strategische Unternehmensführung, Frankfurt/New York 1987

Gomez, P. (1993), Wertmanagement, Vernetzte Strategien für Unternehmen im Wandel, Düsseldorf/Wien/New York/Moskau 1993

Gomez, P./Probst, G. (1995), Die Praxis des ganzheitlichen Problemlösens, Vernetzt denken, Unternehmerisch handeln, Persönlich überzeugen, 2. Aufl., Bern 1995

Gomez, P./Zimmermann, T. (1992), Unternehmensorganisation, Profile, Dynamik, Methodik, Frankfurt/New York 1992

Grant, R. M. (1991), A resource-based perspective of competitive advantage, in: California Management Review, Vol. 33, Nr. 3, S. 114–135

Hamel, G. (2000), Leading the revolution, Boston 2000

Hax, A. C./Majluf, N. S. (1996), The strategy concept and process, A pragmatic approach, 2. Aufl., Upper Saddle River 1996

Hilb, M. (2001), Integriertes Personal-Management, Ziele, Strategien, Instrumente, 9. Aufl., Neuwied 2001

Hinterhuber, H. H. (1996), Strategische Unternehmensführung: 1. Strategisches Denken, Vision, Unternehmenspolitik, Strategie, 6. Aufl., Berlin/New York 1996

Inkpen, A./Choudhury, N. (1995), The seeking of strategy where it is not, Towards a theory of strategic absence, in: Strategic Management Journal, Vol. 16, Nr. 4, S. 313–323

Learned, E. P./Christensen, C. R./Andrews, K. R./Guth, W. D. (1965), Business Policy, Text and Cases, Irwin 1965

Liebeskind, J. P. (1996), Knowledge, strategy and theory of the firm, in: Strategic Management Journal, Vol. 17, S. 93–107

Makhija, M. (2003), Comparing the resource-based and market-based views of the firm, Empirical evidence from Czech privatization, in: Strategic Management Journal, Vol. 24, S. 433–451

Mintzberg, H. (1987), The strategy concept I, Five p's for strategy, in: California Management Review, Vol. 30, Nr. 1, S. 11–24

Mintzberg, H. (1990), Strategy formation, Schools of thought, in: Fredrickson, J. W. (Hrsg.), Perspectives on strategic management, New York, S. 105–235

Mintzberg, H./Lampel, J. (1999), Reflecting on the strategy process, in: Sloan Management Review, Vol. 40, Nr. 3, S. 21–30

Mintzberg, H./Waters, J. A. (1985), Of strategies, deliberate and emergent, in: Strategic Management Journal, Vol. 6, Nr. 3, S. 257–272

Müller-Stewens, G./Lechner, C. (2003), Strategisches Management, Wie strategische Initiativen zum Wandel führen, 2. Aufl., Stuttgart 2003

Nonaka, I. (1991), The knowledge creating company, in: Harvard Business Review, Vol. 69, Nr. 6, S. 96–104

Peteraf, M. (1993), The cornerstones of competitive advantage, A resource-based view, in: Strategic Management Journal, Vol. 14, S. 179–191

Posner, B. Z./Kouzes, J. M./Schmidt, W. H. (1985), Shared values make a difference, An empirical test of corporate culture, in: Human Resource Management, Vol. 24, Nr. 3

Probst, G. J. B. (1989), So haben wir ein Leitbild entwickelt, in: Management Zeitschrift io, Vol. 58, Nr. 10, S. 36

Quinn, J. B. (1980), Strategies for Change, Logical incrementalism, Homewood 1980

Rappaport, A. (1981), Selecting strategies that create shareholder value, in: Harvard Business Review, Vol. 59, Nr. 3, S. 139–149

Rieckhof, H.-C. (1994), Management der Strategieumsetzung, Das Spannungsfeld zwischen Strategie und Alltag, in: Rieckhof, H.-C. (Hrsg.), Praxis der Strategieentwicklung, Konzepte, Erfahrungen, Fallstudien, 2. Aufl., Stuttgart 1994

Rüegg-Stürm, J. (2002): Das neue St. Galler Management-Modell, Grundkategorien einer integrierten Managementlehre, Der HSG-Ansatz, Bern 2002

Rüegg-Stürm, J./Gomez, P. (1994), From reality to vision – from vision to reality – An essay on vision as medium for fundamental knowledge transfer, in: International Business Review, Vol. 3, Nr. 4, S. 369–394

Sun Tzu (1985), The art of war, New York 1985

Thompson, A.A./Strickland, A.J. (1986), Strategy formulation and implementation, Tasks of the general manager, 3. Aufl., Texas 1986

Ulrich, H. (1984), Management, Bern 1984

von Bonsen, M. (1987), Was ist Vision, in: GDI Impuls, Vol. 5, Nr. 4, S. 49–59

von Clausewitz, C. (1973), Vom Kriege, Hinterlassenes Werk des Generals Carl von Clausewitz, 18. Aufl., Bonn 1973

von Ghyczy, T./von Oetinger, B./Bassford, C. (2001), Clausewitz on strategy, Inspiration and insight from a master strategist, Publication of the strategy institute of the Boston Consulting Group, New York 2001

von Krogh, G./Roos, J./Slocum, K. (1994), An essay on corporate epistemology, in: Strategic Management Journal, Vol. 15, S. 53–71

von Reibnitz, U. (1991), Szenario-Technik, Wiesbaden 1991

Wack, P. (1985), Scenarios, Unchartered waters ahead, in: Harvard Business Review, Vol. 63, Nr. 5, S. 73–89

Wernerfelt, B. (1984), A resource based view of the firm, in: Strategic Management Journal, Vol. 5, Nr. 2, S. 171–180

Das Führungsinformationssystem der Bundesagentur für Arbeit

Dr. Klaus Schuberth/Michael Schopf*

1 New Public Management in der Bundesagentur für Arbeit

2 Neue Geschäftsprozesse in den Agenturen für Arbeit

3 Leitbild, strategische Geschäftsfelder und geschäftspolitische Ziele der BA

4 Vergleichstypen als Grundlage für Benchmarking und Leistungssteigerung innerhalb der BA

5 Zielanspruch, Transparenz und dezentrale Verantwortung

6 Führungsinformationssystem – Grundlage für Zielnachhaltung und Steuerung

7 FIS im Kontext eines Business Intelligence – mehr als ein Führungssystem im engeren Sinne

---

* Dr. Klaus Schuberth, Bereichsleiter Controlling, Bundesagentur für Arbeit, Nürnberg; Michael Schopf, Referent Controlling, Bundesagentur für Arbeit, Nürnberg.

1 New Public Management in der Bundesagentur für Arbeit

Die Bundesagentur für Arbeit (BA) durchläuft seit dem Jahr 2003 einen grundlegenden und umfassenden Reformprozess von einer Behörde hin zu einem leistungsfähigen öffentlichen Dienstleister. Den Kern der Reform bildet das Konzept des »New Public Management«, also die Abkehr von der Inputsteuerung.

Mit dem New Public Management rücken Output und Outcome in den Mittelpunkt des Denkens und Tuns der BA. Entscheidend ist nicht mehr, wie viel Geld für arbeitsmarktpolitische Programme verausgabt wird (Input), sondern welche Integrationswirkung auf dem Arbeitsmarkt dadurch erzielt werden kann (Outcome). Die Wirkung arbeitsmarktpolitischer Instrumente wird zum finalen Kriterium für ihren Einsatz. Effektivität und Effizienz werden zu zentralen Stellwerken der Steuerung. Kontinuierliche Verbesserung der Prozesse geht einher mit der Einführung und Weiterentwicklung eines leistungsfähigen Controllings (vgl. Abbildung 1).

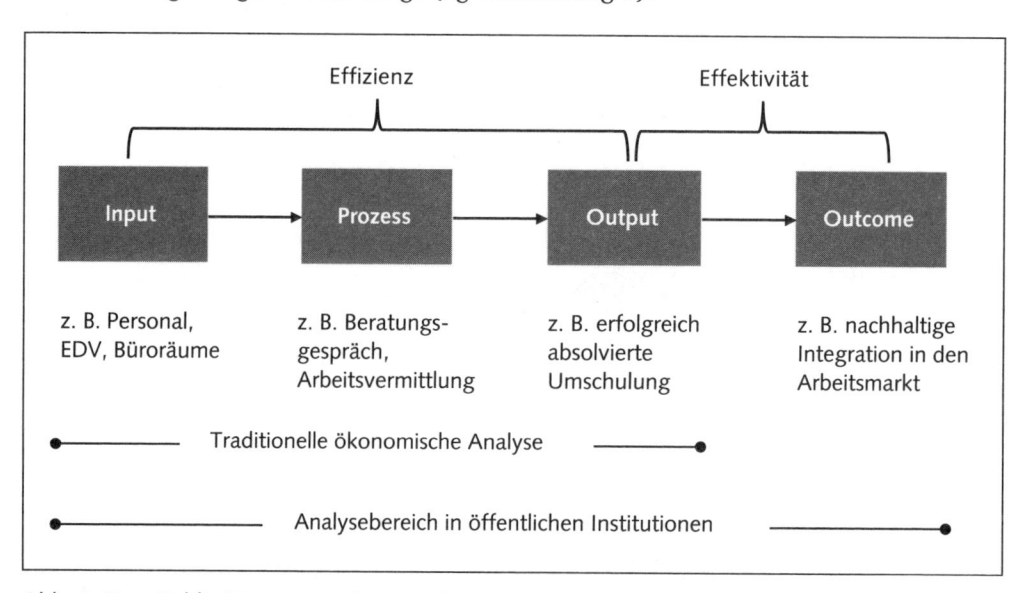

Abb. 1: New Public Management – von der Input- zur Outcomesteuerung

Der Reformprozess der Bundesagentur für Arbeit vollzog sich in drei Phasen. Ziel der ersten Reformphase war es, die BA »führbar« zu machen. Das heißt nicht, dass die BA vorher nicht geführt worden wäre. Sie wurde aber anders geführt, wie eine klassische Behörde, input- und verrichtungsorientiert. Im ersten Schritt ging es um die Definition der für eine ergebnisorientierte, wirksame und wirtschaftliche Steuerung zu Grunde zu legenden Erfolgsgrößen und die Schaffung von Transparenz über Wirkungs- und Finanzierungsströme durch die Aufhebung mischfinanzierter Leistungen und eindeutige Zuordnung der einzelnen Produkte zur Beitrags- oder Steuerfinanzierung. In Phase zwei erfolgte die Steigerung der operativen Leistung der Agenturen für Arbeit. Phase drei richtet die BA unter der Überschrift »Innovation im Markt« auf die Zukunft aus. Vor dem Hintergrund eines kleiner werdenden Erwerbspersonenpotenzials und weiter steigender fachlicher Anforderungen an die Arbeitnehmer werden Konzepte für Prävention und lebenslanges Lernen beschrieben und die hierfür notwendigen arbeitsmarktpolitischen Instrumente und Trägerstrukturen entwickelt.

Mitten in diese dritte Reformphase fällt die gegenwärtige Weltwirtschaftskrise. Das heißt für die BA volle Konzentration auf das Kerngeschäft. Das heißt in erster Linie Arbeitsverhältnisse durch Gewährung von Kurzarbeitergeld zu stabilisieren, Arbeitslosigkeit durch rasche Integration zeitlich zu begrenzen und durch Leistungsgewährung den Lebensunterhalt von Beitragszahlern zu sichern. Da die der dritten Reformphase zu Grunde liegenden demographischen Entwicklungen und soziokulturellen Strukturen aber langfristig über die gegenwärtige Krise hinauswirken, bleiben Prävention und lebenslanges Lernen zentrale Themen, denen sich die BA nach Überwindung des Konjunktureinbruchs wieder verstärkt widmen wird.

2 Neue Geschäftsprozesse in den Agenturen für Arbeit

Die Steuerung nach Wirkung und Wirtschaftlichkeit erforderte zwingend den organisatorischen Umbau der Arbeitsämter, die Bildung von Kundengruppen und die Einführung von Handlungsprogrammen.

In den Arbeitsämtern wurden Aufbau- und Ablauforganisation vollständig umgebaut und Standardtätigkeiten von speziellen Tätigkeiten getrennt (vgl. Abbildung 2). Der

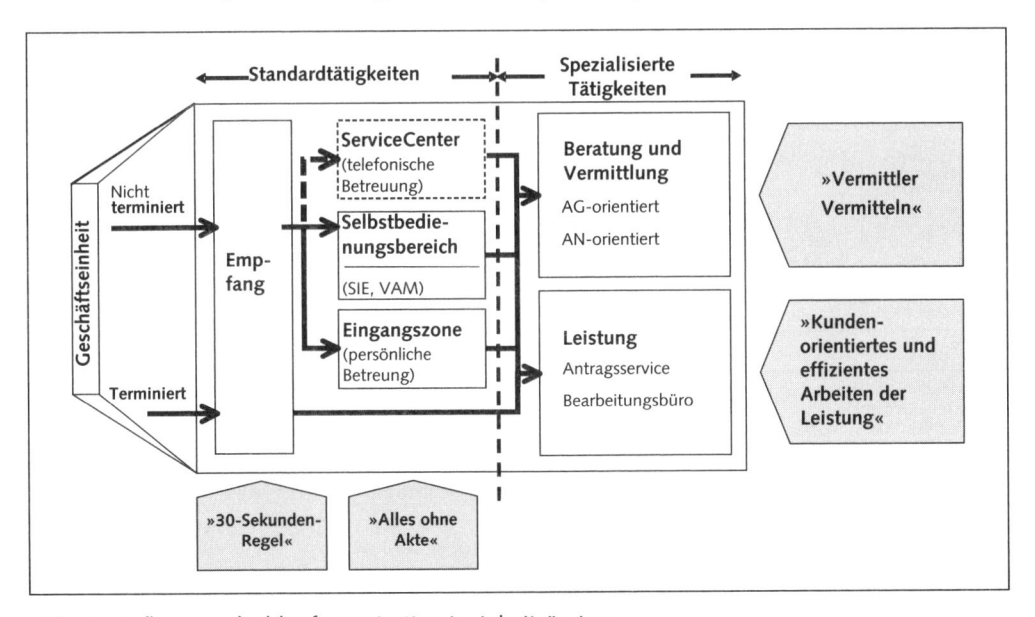

Abb. 2: Aufbau- und Ablauforganisation in Arbeitsämtern

persönliche Zugang eines Kunden in die Agentur für Arbeit erfolgt heute über den Empfang. Hier wird das Kundenanliegen innerhalb von 30 Sekunden vorgeklärt. Anschließend geht der Kunde zur persönlichen Beratung in die Eingangszone, wo z. B. die Arbeitslosmeldung erfolgt. Benötigt der Kunde keinen persönlichen Ansprechpartner, kann er sein Anliegen im Selbstbedienungsbereich der Agentur klären, z. B. Stellenangebote aus dem Computersystem der BA ziehen. Viele Kundenanliegen können heute auch telefonisch bearbeitet werden. Hierfür hat die BA ihre telefonische Beratung in 52 Service Centern konzentriert. Spezialisierte Tätigkeiten wie die Beratung und Vermittlung oder die Bearbeitung von Leistungsanträgen finden im »Back Office« statt. Dies ermöglicht effizientes Arbeiten. Beratung findet nach vorheriger Terminierung statt. Damit ist die Voraussetzung geschaffen, dass sich die Vermittler auf ihr Kerngeschäft konzentrieren können – »Vermittler vermitteln«.

Um mit der neuen Aufbau- und Ablauforganisation auch bessere Geschäftsergebnisse erzielen zu können, waren zwei weitere wesentliche Innovationen notwendig, nämlich die Unterscheidung in Kundengruppen und darauf aufbauende Handlungsprogramme (vgl. Abbildung 3). Die Arbeitsvermittler differenzieren ihre Kunden beim Zugang entsprechend deren Fähigkeiten und Motivation in Marktkunden, Beratungskunden oder Betreuungskunden. Ein Marktkunde verfügt über eine relativ gute Qualifikation, die Wahrscheinlichkeit einen neuen Arbeitsplatz zu bekommen ist relativ hoch. Er benötigt Informationen und Vermittlungsdienstleistungen der Agentur. Ein Beratungskunde ist marktferner. Er hat oftmals Qualifikationsdefizite, benötigt einen Perspektivenwechsel (»Aktivieren«) oder eine Qualifizierungsmaßnahme (»Fördern«). Betreuungskunden sind die schwierigste Gruppe, ihre Marktferne ist am größten, sie müssen schrittweise wieder an den Arbeitsmarkt herangeführt werden. Passgenau für die jeweilige Kun-

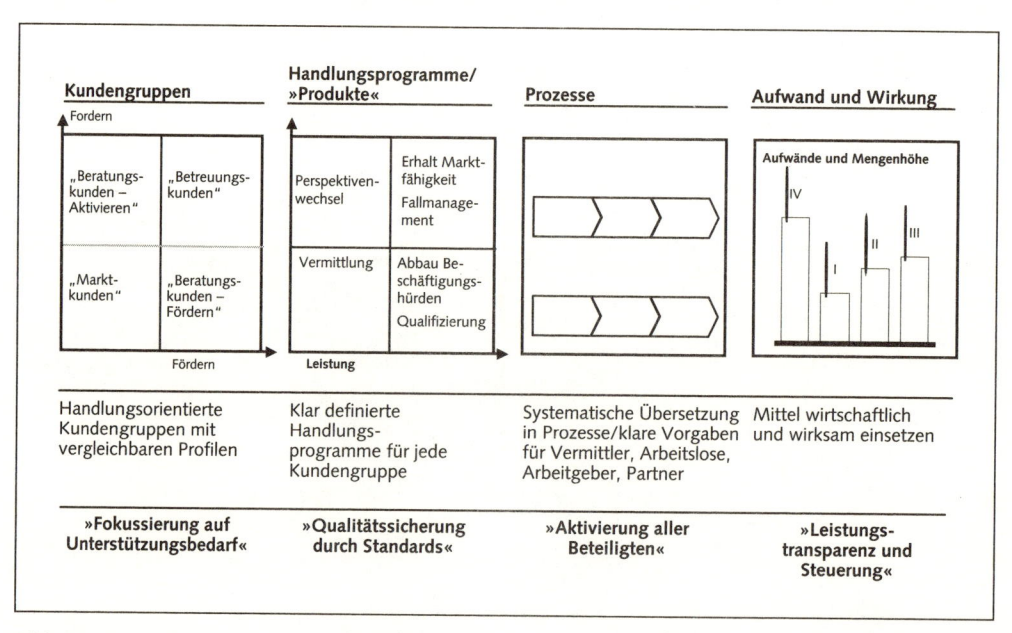

Abb. 3: Unterscheidung von Kundengruppen und darauf aufbauende Handlungsprogramme

dengruppe setzen die Arbeitsvermittler unterschiedliche Handlungsprogramme mit dem Ziel ein, Arbeitslosigkeit zu beenden und eine Integration in den Arbeitsmarkt zu erreichen. Damit ist gewährleistet, dass der arbeitsmarktpolitische Ansatz des »Förderns und Forderns« konsequent angewandt und die arbeitsmarktpolitischen Instrumente effektiv und effizient eingesetzt werden können. Eine Kundendifferenzierung erfolgt auch auf der Seite der Arbeitskräftenachfrage. Unternehmen und Betriebe werden in Ziel- und Standardkunden unterteilt. Zielkunden sind potenzialreiche Arbeitgeber im Sinne eines hohen Personalbedarfs und/oder Arbeitgeber mit Multiplikatoreneffekt.

3 Leitbild, strategische Geschäftsfelder und geschäftspolitische Ziele der BA

Leitidee der Bundesagentur für Arbeit und ihrer Reform ist es, »Bester öffentlicher Dienstleister am Arbeitsmarkt in Europa« zu werden. Mit einem Leitbild wurde dieser Anspruch vor dem Hintergrund des gesetzlichen Auftrags der BA näher beschrieben. Acht programmatische Kernaussagen verdeutlichen den gesetzlichen Auftrag und leiten das Handeln der Führungskräfte und Mitarbeiter: Wir bringen Menschen und Arbeit zusammen; Beschäftigung hat Vorrang; wir orientieren uns an den Besten; so viel dezentrale Verantwortung wie möglich, so viel zentrale Vorgaben wie nötig; Ziele bestimmen unser Handeln; wir sind zu Wirksamkeit und Wirtschaftlichkeit verpflichtet; Kunden- und Mitarbeiterzufriedenheit gehen Hand in Hand; mit exzellenter Führung erreichen wir unsere Ziele.

Auf dieser Basis definierten Vorstand und Verwaltungsrat der BA für den Bereich der Arbeitslosenversicherung vier übergeordnete geschäftspolitische Ziele, die mittelfristigen Charakter haben: Beratung und Integration nachhaltig verbessern, wirkungsorientiert und wirtschaftlich arbeiten, hohe Kundenzufriedenheit erzielen, Mitarbeiter motivieren sowie Potenziale erkennen und ausschöpfen. Diese übergeordneten geschäftspolitischen Ziele werden in drei strategischen Geschäftsfeldern umgesetzt, mit konkreten geschäftspolitischen Zielen präzisiert und mit Zielindikatoren operationalisiert. Die Operationalisierung des geschäftspolitischen Ziels »Vermeidung von Arbeitslosigkeit und nachhaltige Verkürzung der Dauer der faktischen Arbeitslosigkeit« verdeutlicht, dass sich die »Sozialversicherung BA« in Folge der Reform stärker als »Versicherung« begreift und ihre Geschäftsprozesse entsprechend gestaltet (vgl. Abbildung 4).

Primäres Ziel ist es, Arbeitslosigkeit erst gar nicht entstehen, den »Versicherungsfall« also möglichst nicht eintreten zu lassen. Gekündigte Arbeitnehmer sollen deshalb möglichst schon in der Kündigungsphase in eine neue sozialversicherungspflichtige Beschäftigung (»Job-to-Job«) vermittelt werden. Operationalisiert wird dieses Ziel mit dem Indikator Integrationsgrad Job-to-Job. Ist Arbeitslosigkeit eingetreten, soll sie so kurz wie möglich andauern. Für die Steuerung dieses Ziels dient der Indikator Dauer der faktischen Arbeitslosigkeit. Ein hoher Integrationsgrad Job-to-Job und eine geringe Dauer der faktischen Arbeitslosigkeit begrenzen die finanziellen Aufwände für Arbeitslosengeld I, entlasten den Beitragszahler und erhöhen die Beitragseinnahmen.

```
Geschäftspolitische Ziele                          Zielindikatoren

                                              ┌─→ Integrationsgrad Job-to-Job
                                              │
                                              ├─→ Integrationsgrad gesamt
                                              │
┌──────────────────────────────────┐          ├─→ Anteil nachhaltiger Integrationen 1
│ Vermeidung von Arbeitslosigkeit und │       │
│ nachhaltige Verkürzung              │───────┼─→ erweiterte Dauer faktische Arbeitslosigkeit
│ der Dauer der faktischen Arbeitslosigkeit │  │
└──────────────────────────────────┘          ├─→ bisherige Dauer faktische Arbeitslosigkeit
                                              │
                                              └─→ Anzahl erfolgreich besetzter Stellen

                                              ┌─→ Kundenzufriedenheit mit der Qualität der Beratung
┌──────────────────────────────────┐          │
│ Erfolgreicher Berufseinstieg aller Kunden │──┼─→ Einmündungsquote
└──────────────────────────────────┘          │
                                              └─→ Anzahl erfolgreich besetzter Ausbildungsstellen
```

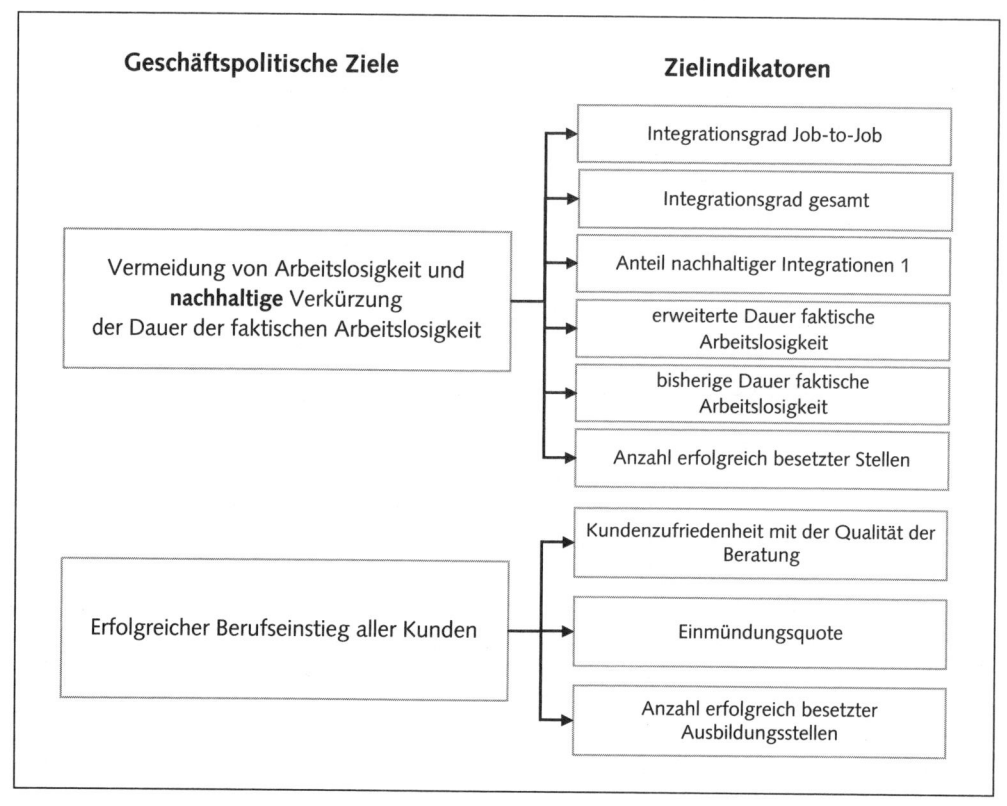

Abb. 4: Geschäftspolitische Ziele der Arbeitslosenversicherung

Darüber hinaus soll insgesamt ein hoher Integrationsgrad erreicht werden. Die erzielten Integrationen sollen möglichst nachhaltig sein, d. h. die sozialversicherungspflichtigen Beschäftigungsverhältnisse sollen längerfristig Bestand haben. Deshalb wird sechs Monate nach erfolgter Integration gemessen, ob die Beschäftigung noch besteht. Da der Arbeitsmarktausgleich Kernauftrag der BA ist, also Arbeitskräfteangebot und Arbeitskräftenachfrage verknüpft werden müssen, ist die Anzahl erfolgreich besetzter Stellen ein weiterer wesentlicher Zielindikator.

Für junge Berufsanfänger gilt das Ziel »Erfolgreicher Berufseinstieg aller Kunden«. Es wird mit den Indikatoren Kundenzufriedenheit mit der Qualität der Beratung, Einmündungsquote in den Ausbildungsmarkt und Anzahl erfolgreich besetzter Ausbildungsstellen gesteuert. Behinderten Menschen soll die Teilhabe am Arbeitsleben eröffnet werden. Diese Kundengruppe durchläuft in der Regel eine Erstausbildung oder eine Umschulung, da sie z. B. aus medizinischen Gründen ihre bisherige Berufstätigkeit nicht mehr ausüben kann. Hier gibt der Indikator bisherige Dauer der faktischen Arbeitslosigkeit an, wie schnell es gelingt, einen Rehabilitanden (wieder) ins Arbeitsleben zu integrieren. Der rehaspezifische Integrationsgrad ermöglicht eine Bewertung der Integrationsleistung.

Zur Bewertung der Kundenzufriedenheit werden in allen Agenturen quartalsweise repräsentative standardisierte Kundeninterviews mit Arbeitgebern und Arbeitnehmern durchgeführt und in Kundenzufriedenheitsindizes zusammengefasst. Das Ziel, Mitarbeiter zu motivieren und ihre Potenziale zu erkennen und auszuschöpfen, wird anhand der Kennzahlen durchgeführter Mitarbeitergespräche bzw. Anzahl realisierter Personalentwicklungsmaßnahmen gemessen. Seit 2001 gibt es darüber hinaus in zweijährigem Rhythmus interne Mitarbeiterbefragungen in elektronischer Form. 2008 wurde erstmals ein Führungskräfte-Feedback durchgeführt. Die wirtschaftliche Zielerreichung wird von einer Kosten- und Leistungsrechnung unterstützt. Sie leistet einen wichtigen Beitrag, um den Einsatz der Personalressourcen innerhalb der Organisation transparent zu machen. Wirtschaftlichkeitskennzahlen verbinden den Personaleinsatz mit dem operativen Ergebnis und zeigen an, welche Wirkung mit wie viel Personalaufwand erreicht wurde.

Die Erreichung der geschäftspolitischen Ziele einer Agentur für Arbeit und die Bewertung durch ihre Kunden fließen in einen Gesamtindex ein. Er ermöglicht die Bewertung und den Vergleich der Zielerreichung in Form einer gewichteten aggregierten Kennzahl.

Unterhalb der Ebene geschäftspolitischer Ziele gibt es mehrere Prozesskennzahlen und Qualitätsstandards zur Steuerung der Dienstleistungsprozesse innerhalb der Agentur für Arbeit: Beispielsweise den Anteil der Anträge auf Arbeitslosengeld I, welche spätestens bis zum nächsten Arbeitstag nach Antragseingang abschließend bewilligt wurden, die telefonische Erreichbarkeit der Service Center oder die Terminvorlaufzeit bis zum Erstgespräch.

4 Vergleichstypen als Grundlage für Benchmarking und Leistungssteigerung innerhalb der BA

In den einzelnen Agenturbezirken gibt es aber sehr unterschiedliche Arbeitsmarktbedingungen. Diese setzen der Leistungsfähigkeit der jeweiligen Agenturen bestimmte Grenzen. Ist die regionale Arbeitslosigkeit sehr hoch und der Arbeitsmarkt relativ statisch, fällt es schwerer, Arbeitslose in Erwerbstätigkeit zu integrieren. Bei einem prosperierenden, dynamischen Arbeitsmarkt ist dies leichter zu erreichen. Insofern ist für eine anspruchsvolle und gleichzeitig realistische Zielsetzung und für einen angemessenen Vergleich der Agenturen im Rahmen des Controllings immer die Arbeitsmarktsituation zu berücksichtigen.

Die bundesweit 176 Agenturen für Arbeit wurden deshalb mit Hilfe einer Regressions- und Clusteranalyse zwölf Vergleichstypen zugeordnet. Als maßgebliche Typisierungsvariablen wurden die Arbeitslosenquote, die Saisonspanne, die Bevölkerungsdichte, der Tertiärisierungsgrad (Anteil des Dienstleistungssektors bezogen auf die Zahl der Erwerbstätigen), der Arbeitsplatzbesatz und eine Umgebungsvariable (Ein- und Auspendlerbewegungen) identifiziert. Die Rahmenbedingungen in den Arbeitsmärkten der Agenturen, die sich in einem Vergleichstyp befinden, sind weitgehend gleich. Leistungsunterschiede dieser Agenturen sind demzufolge nicht auf externe Ursachen zurückzuführen, sondern auf solche, die innerhalb der Agenturen liegen, z. B. auf ihre

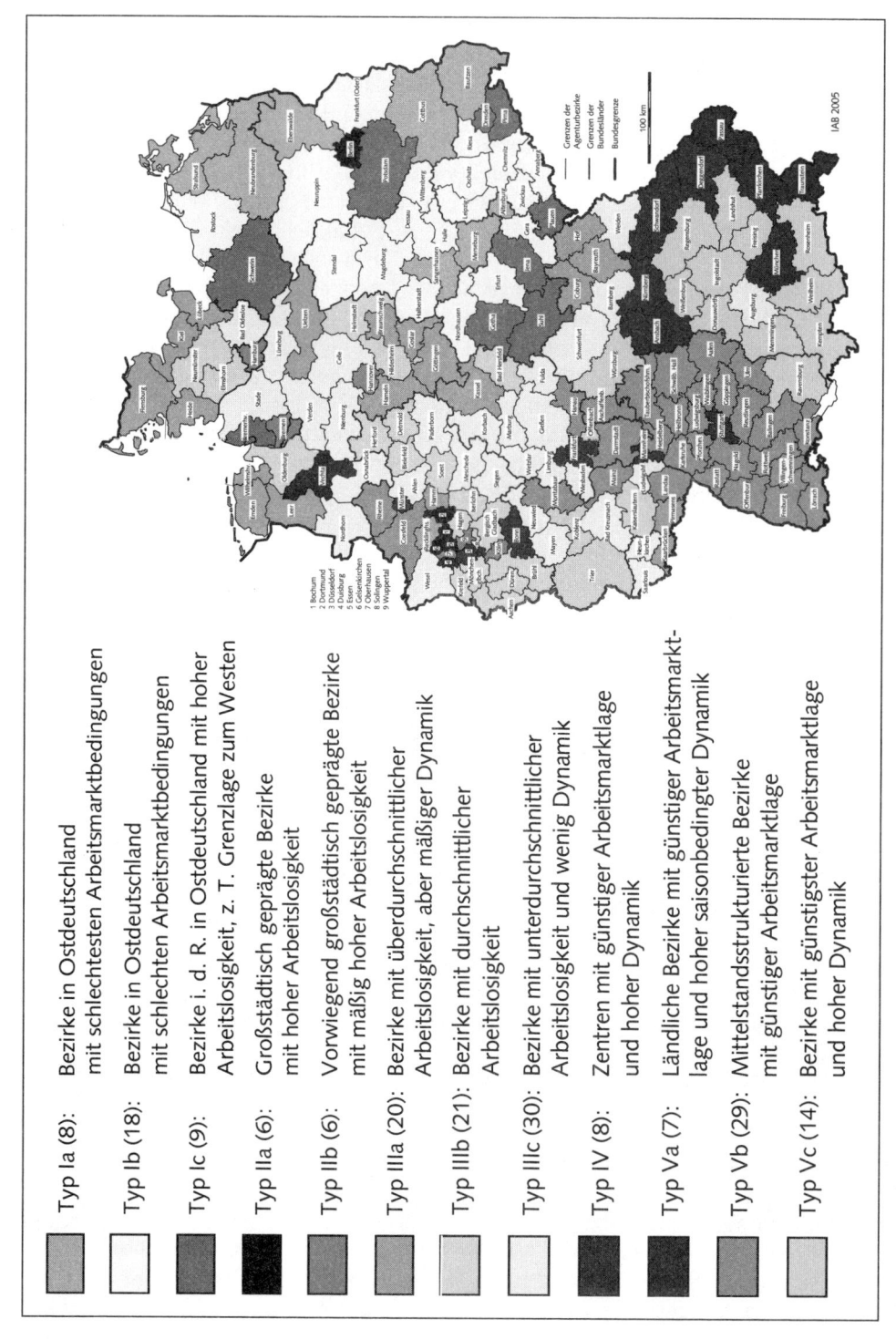

Typ Ia (8):   Bezirke in Ostdeutschland mit schlechtesten Arbeitsmarktbedingungen
Typ Ib (18): Bezirke in Ostdeutschland mit schlechten Arbeitsmarktbedingungen
Typ Ic (9):   Bezirke i. d. R. in Ostdeutschland mit hoher Arbeitslosigkeit, z. T. Grenzlage zum Westen
Typ IIa (6): Großstädtisch geprägte Bezirke mit hoher Arbeitslosigkeit
Typ IIb (6): Vorwiegend großstädtisch geprägte Bezirke mit mäßig hoher Arbeitslosigkeit
Typ IIIa (20): Bezirke mit überdurchschnittlicher Arbeitslosigkeit, aber mäßiger Dynamik
Typ IIIb (21): Bezirke mit durchschnittlicher Arbeitslosigkeit
Typ IIIc (30): Bezirke mit unterdurchschnittlicher Arbeitslosigkeit und wenig Dynamik
Typ IV (8):   Zentren mit günstiger Arbeitsmarktlage und hoher Dynamik
Typ Va (7):   Ländliche Bezirke mit günstiger Arbeitsmarktlage und hoher saisonbedingter Dynamik
Typ Vb (29): Mittelstandsstrukturierte Bezirke mit günstiger Arbeitsmarktlage
Typ Vc (14): Bezirke mit günstigster Arbeitsmarktlage und hoher Dynamik

Abb. 5: Interner Wettbewerb durch Benchmarking

Geschäftsprozesse, die Leistung der Mitarbeiter oder die Qualität der Führung. Die Vergleichstypen bilden die Grundlage für ein gezieltes Benchmarking zwischen den Agenturen, erzeugen Wettbewerb und befördern Leistungssteigerungen innerhalb der Vergleichsgruppe. Wird bei einer Kennzahl eine große Leistungsdifferenz innerhalb des Clusters festgestellt, gilt es, mögliche Erfolgsfaktoren zur Leistungsverbesserung zu identifizieren und im Sinne von Good Practice gezielt einzusetzen. Benchmarking hat für einen beitragsfinanzierten öffentlichen Dienstleister besondere Bedeutung. Denn seine unmittelbaren Dienstleistungen werden unentgeltlich, aber keineswegs kostenlos angeboten. Der Preis als Ausschlusskriterium scheidet aus. Unmittelbarer Wettbewerb mit privaten Anbietern findet praktisch nicht statt. Umso wichtiger ist die Erzeugung eines internen Wettbewerbs mit Hilfe von Benchmarking (vgl. Abbildung 5).

5 Zielanspruch, Transparenz und dezentrale Verantwortung

Auf der Basis dieser Steuerungslogik erwartet die BA von ihren Führungskräften und Mitarbeitern wirksames und wirtschaftliches Handeln in dezentraler Verantwortung (vgl. Abbildung 6). Führen über Ziele und eindeutige persönliche Verantwortlichkeit für die Zielerreichung vor Ort sind Grundprinzipien des neuen Steuerungsmodells. Regelmäßige, die Führungsebenen verbindende Zielnachhaltegespräche sind wichtige Steuerungsforen.

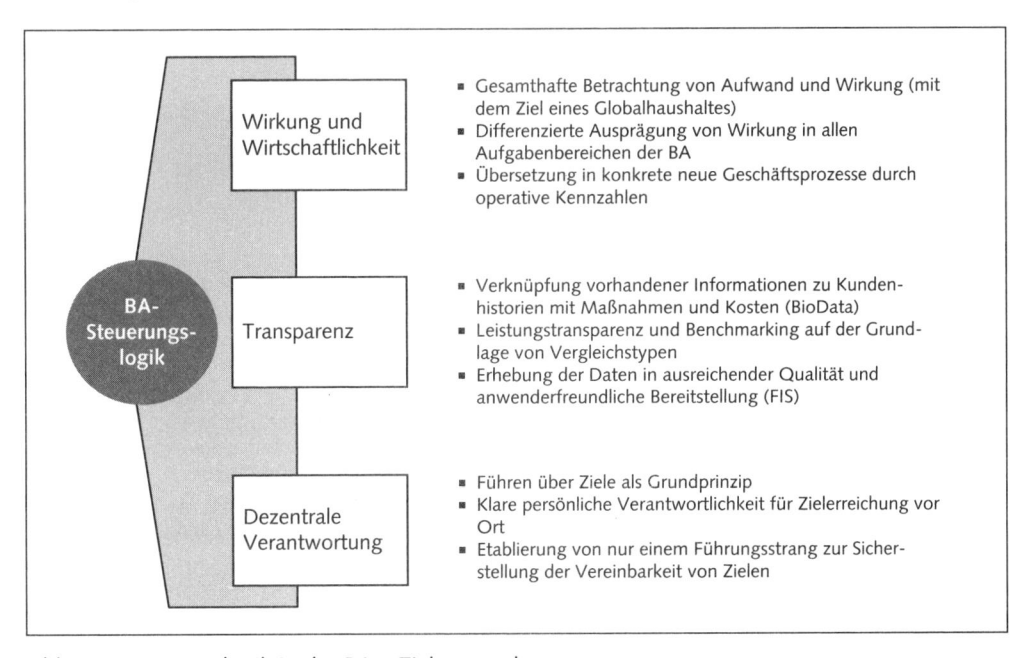

Abb. 6: Steuerungslogik in der BA – Zielanspruch

Zwingende Bedingung für die Umsetzung eines derartigen Steuerungsanspruchs ist die Schaffung von Transparenz. Sie wurde im Zuge der Reform insbesondere mit folgenden Instrumenten realisiert: Im Rahmen des Projekts »BioData« wurden die vorher in verschiedenen IT-Systemen vorhandenen Kundeninformationen zu einer Kundenhistorie verknüpft. Damit kann der »Kundendurchlauf« dargestellt und mit den konkret eingesetzten Dienstleistungen verknüpft werden. Die bereits beschriebene Bildung von Vergleichstypen schuf die Grundlage für Leistungstransparenz auf der Ebene der Agenturen für Arbeit und die Möglichkeit für Benchmarking. Das Führungsinformationssystem liefert die technische Plattform zur Bereitstellung der für die Zielnachhaltung und Steuerung relevanten Daten.

6 Führungsinformationssystem – Grundlage für Zielnachhaltung und Steuerung

Das Führungsinformationssystem (FIS) der BA ist ein anwenderorientiertes Steuerungscockpit für alle Führungskräfte vom Vorstand in der Zentrale bis zum Teamleiter in der Agentur für Arbeit. Das System dient zudem dem Controllingbereich zur Erhebung aller wesentlichen Steuerungsinformationen und Analysen in verschiedenen Ausprägungen. Im FIS wird das gesamte Steuerungssystem, ausgehend von der Ebene der geschäftspolitischen Ziele bis hin zu operativen Kennzahlen für die Steuerung in den Agenturen für Arbeit oder den Service Centern, anwenderfreundlich zusammengefasst (vgl. Abbildung 7).

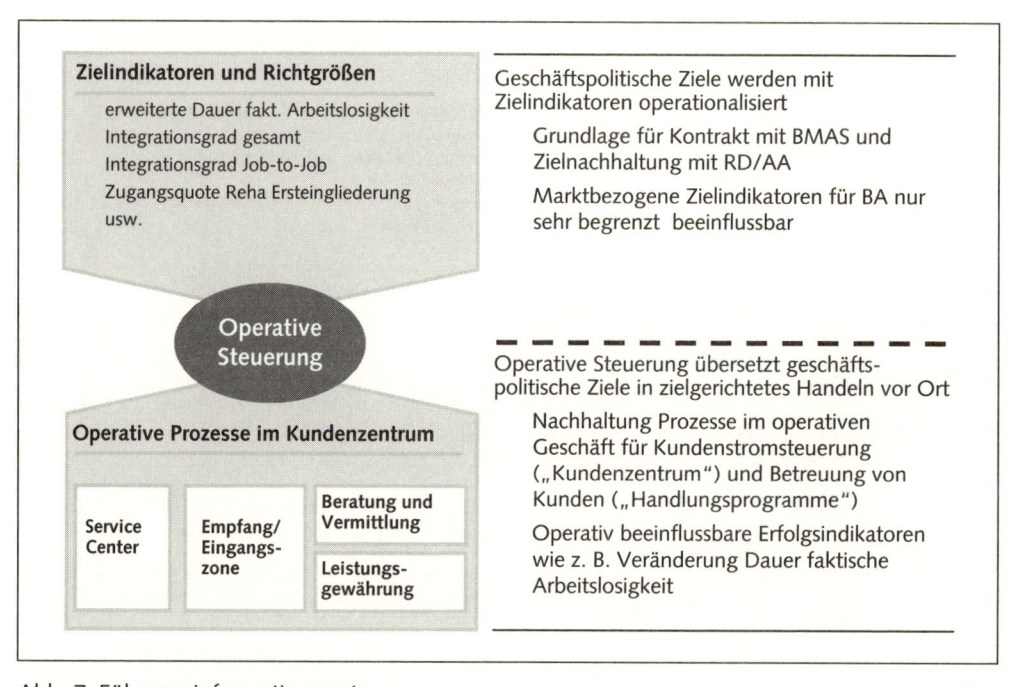

Abb. 7: Führungsinformationssystem

Das Führungsinformationssystem der Bundesagentur für Arbeit 273

FIS bietet nutzerspezifische Einstiege und Berichte, durchgehende Gestaltungsmerkmale und eine interaktive Navigation, übersichtliche Einstiegsseiten für die verschiedenen Ebenen und Bereiche der Organisation mit Ampellogik zum Stand der Zielerreichung, einheitliche Standardansichten und Standardanalysen pro Kennzahl mit Zeitreihen, Detailtabellen, Benchmarking und Definition, Möglichkeiten zur gezielten Ursachenanalyse bis auf die operative Ebene, kennzahlenspezifische Felder zum Eintragen und Nachhalten vereinbarter Steuerungsmaßnahmen sowie ausdruckbare Controlling- und Managementberichte für die jeweilige Steuerungsebene (vgl. Abbildung 8).

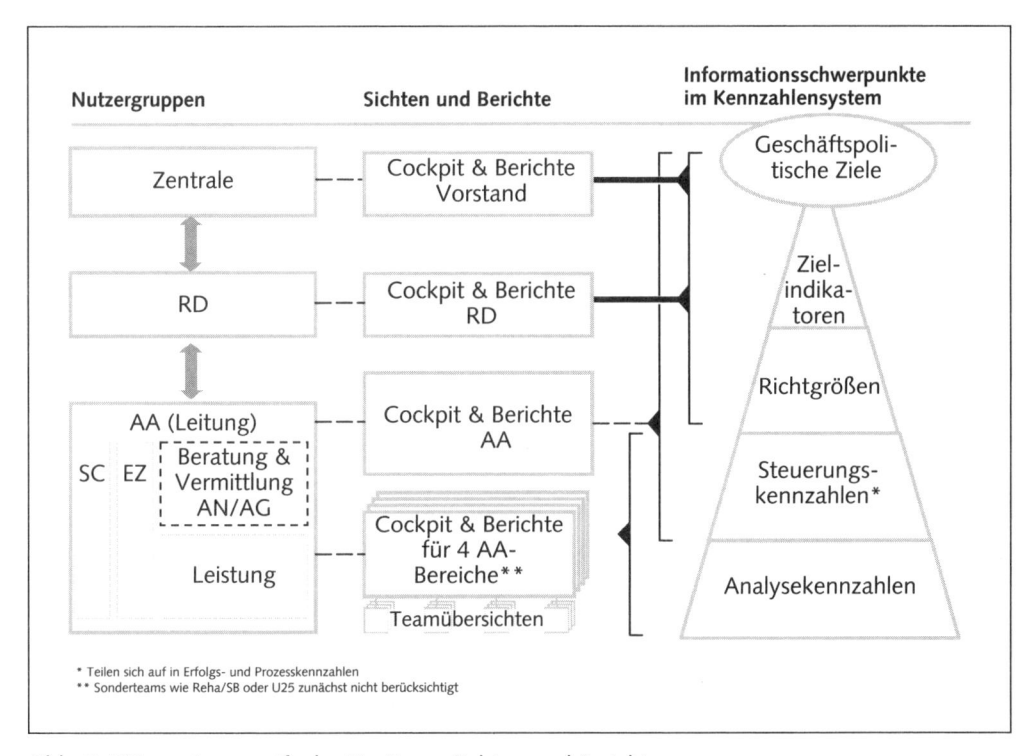

Abb. 8: FIS – nutzerspezifische Einstiege, Sichten und Berichte

Ein für die Steuerung durch das Management besonders wichtiger Bestandteil von FIS sind die monatlichen Berichte der Zielerreichung. Der Bericht wird in Inhalt und Aufbau von allen Dienststellen der BA einheitlich erstellt.

Über eine zentrale Benutzerablage haben die Dienststellen gegenseitig lesenden Zugriff. So können zum Beispiel übergreifende Ansätze »Guter Praxis« in den Analysen und Bewertungen von Agenturen des gleichen Vergleichstyps identifiziert werden. Nach einer Einstiegsübersicht, auf der der gegenwärtige Stand der Zielerreichung aller Indikatoren durch eine Soll-Ist-Betrachtung, ein Ist-Ist-Vergleich zum Vorjahr und zu jedem Quartalsende ein Forecast zum Jahresende enthalten sind, folgt für jeden Indikator eine nach dem »Vier-Fenster-Prinzip« aufgebaute Doppelseite (vgl. Abbildung 9).

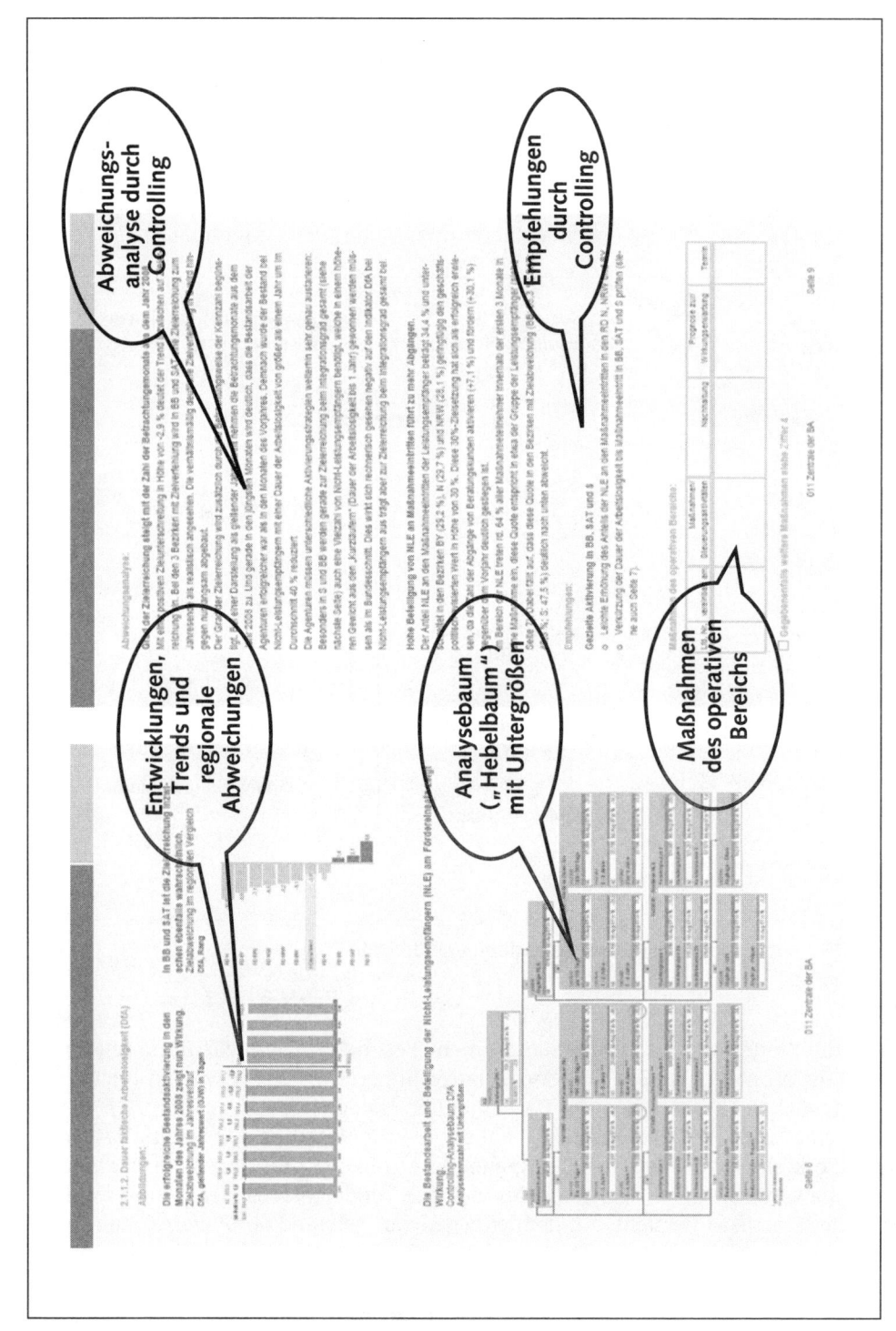

Abb. 9: Doppelseite eines Monatsberichts zur Zielerreichung nach dem »Vier-Fenster-Prinzip«

Auf ihr wird die Entwicklung des Zielindikators im Jahresverlauf einschließlich der Soll-Ist-Abweichung dargestellt. Darüber hinaus wird die Zielabweichung auch regional differenziert, im zentralen Bericht bezüglich der zehn Regionaldirektionen, in den Berichten der Regionaldirektionen bezüglich der von ihnen geführten Agenturen für Arbeit. Jeder Zielindikator wird von einem Analysebaum unterstützt. Dieser zeigt in Anlehnung an die Idee des Kennzahlensystems von Dupond Untergrößen des Indikators an, die auf diesen einwirken und die für die Analyse der Zielentwicklung genutzt werden können. Aufgabe der Controller ist es, den Monatsbericht durch detaillierte, beschreibende Analysen zu füllen und darüber hinaus mit konkreten handlungsleitenden Empfehlungen an den operativen Bereich heranzutreten. Auf dieser Basis findet über alle Ebenen der BA der regelmäßige Zielnachhaltedialog statt, in dem letztlich das operative Management entscheidet, welche Maßnahme konkret ergriffen und umgesetzt werden soll, um die Ziele zu erreichen. Vom Controller werden sie im Monatsbericht protokolliert und im Jahresverlauf nachgehalten.

7 FIS im Kontext eines Business Intelligence – mehr als ein Führungssystem im engeren Sinne

Voraussetzung für das Entstehen des technisch und inhaltlich standardisierten Monatsberichts ist eine die Komplexität des Steuerungssystems erfassende Datenaufbereitung.

Diese erfolgt über Business Intelligence (BI). Darin werden Informationen aus den Daten erzeugenden Grundsystemen der operativen Bereiche an ein zentrales Data Warehouse (DWH) übergeben. Das DWH stellt wiederum die Grundlage für die Online-Applikationen des Führungsinformationssystems sowie für spezifische Front-End-Lösungen dar. Die eigentliche Kennzahlenbildung nach den definitorischen Vorgaben des geschäftspolitischen Zielsystems erfolgt überwiegend direkt in den Datenwürfeln des DWH. Mit der Übermittlung der Kennzahlen an das Führungsinformationssystem wird die Voraussetzung geschaffen, diese in ansprechender Form und dem Adressatenkreis entsprechend aufzubereiten.

Das Führungsinformationssystem hat schließlich die Aufgabe, Standardprodukte des Berichtswesens zu generieren und über eine onlinebasierte Plattform für alle Nutzer zugänglich zu publizieren. Die Navigation lehnt sich stark an die Systematik des Controllingregelkreises an. Darunter sind die Standardprodukte systematisch angeordnet und lassen sich in folgende Kategorien einteilen:

Planung
Planungs-Tools (Excel) werden zentral veröffentlicht und mit den »Top-down«-Planungsvorgaben der Zentrale der BA vorbelegt. Im System werden »bottom up« Informationen der Dienststellen hinzugefügt und zentral aggregiert (Gegenstromverfahren).

Zielnachhaltung

Es werden Front-End-Auswertungen zum Download (Excel) angeboten. Hierunter zu subsummieren sind beispielsweise Datenanalysen über ein so genanntes Download-Portal, aus dem standardisierte Analyse-Charts abgerufen werden können (Crystal Reports), sowie Bereichscockpits in Anlehnung an die Kundenzentrum-Struktur.

Maßnahmencontrolling

Der Bereich Maßnahmencontrolling dient der Erfassung und Bewertung von Maßnahmen zur Zielerreichung.

Der standardisierte Monatsbericht zur Zielerreichung (Word) stellt die höchste Aggregationsstufe der Informationen für das Management dar und umfasst die Bereiche Zielnachhaltung und Maßnahmencontrolling. Er wird aus den Front-End-Systemen zentral automatisiert und mit regionenspezifischen Daten befüllt, so dass beispielsweise die manuelle Aufbereitung von Diagrammen für den dezentralen Controller entfällt. Dieser kann sich vollends auf seine analytischen und beratenden Funktionen innerhalb der Organisation konzentrieren.

Die durch das FIS entstehenden Synergien innerhalb der Controllingorganisation werden schließlich gebraucht, damit der Controller durch seine Arbeit verstärkt zum Erhalt der Leistungsfähigkeit der BA als öffentlicher Dienstleister beitragen kann.

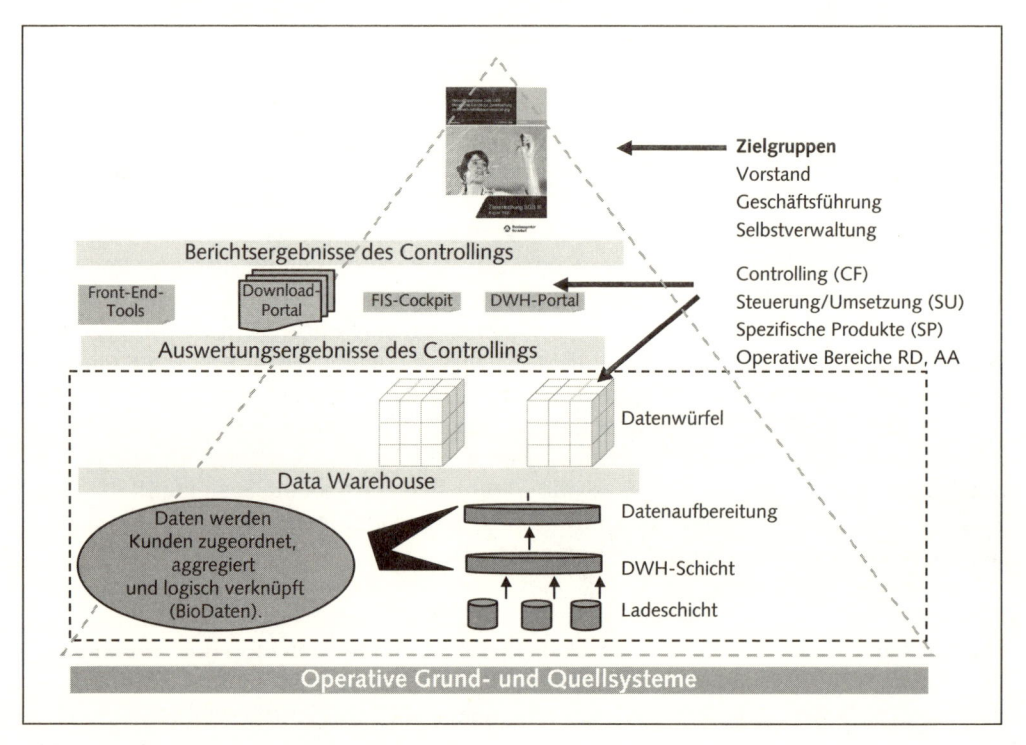

Abb. 10: Informationsverdichtung im FIS

Handlungsoptionen für die Strategische Unternehmenssteuerung in der Finanzagentur des Bundes

Dr. Carsten Lehr*

1　Einleitung

2　Die Bundesrepublik Deutschland – Finanzagentur GmbH
　2.1　Ziele
　2.2　Strukturen
　2.3　Aufgaben

3　Handlungsoptionen für die Strategische Unternehmenssteuerung
　3.1　Das Grundproblem
　3.2　Die integrale Unternehmensnavigation
　3.3　Die sechs Schlüsselgrößen
　3.4　Der zeitliche Ablauf

4　Ausblick

Literatur

---

* Dr. Carsten Lehr, Mitglied der Geschäftsleitung, Bundesrepublik Deutschland – Finanzagentur GmbH, Frankfurt am Main.

1 Einleitung

»Strategisch denken und planen heißt, bevor man etwas beginnt, gründlich durchdenken, wie man von Anfang an handeln muss, um auf Dauer im Geschäft zu sein.« (*Gälweiler* 2005, S. 15).

Die tief greifende Transformation der Wirtschaft und Gesellschaft stellt höchste Anforderungen an die Strategische Unternehmensführung (vgl. *Gälweiler* 2005, S. 15). Gerade die Tatsache, dass Wirtschaft und Gesellschaft durch diesen Prozess grundlegenden und schnellen Wandels gehen, ist kein Grund auf Strategie zu verzichten. Im Gegenteil, gerade wegen des Wandels und seines Tempos ist Strategie wichtiger denn je (im Rahmen dieses Beitrages werden die Begriffe »Strategische Unternehmenssteuerung« und »Strategische Unternehmensführung« synonym verwandt).

Die Strategische Unternehmenssteuerung muss wesentlich mehr und anderes umfassen und leisten, als in den meisten Abhandlungen zu diesem Thema diskutiert wird. Sie hat unter veränderten und erschwerten Umweltbedingungen neue Orientierungs- und Steuerungsprobleme zu lösen (vgl. *Horváth* 2008, S. 663).

Der vorliegende Beitrag zeigt Ansätze auf, die für die Finanzagentur Optionen der Strategischen Unternehmenssteuerung darstellen können. Sie sind jedoch zunächst zwischen der Gesellschaft und ihrem Gesellschafter zu diskutieren.

2 Die Bundesrepublik Deutschland – Finanzagentur GmbH

Die Finanzagentur wurde am 19. September 2000 gegründet. Alleinige Gesellschafterin ist die Bundesrepublik Deutschland, vertreten durch das Bundesministerium der Finanzen (BMF). Sitz der Gesellschaft ist Frankfurt am Main.

Mit der Geschäftsaufnahme am 11. Juni 2001 übernahm die Finanzagentur die Kernaufgaben der Kreditaufnahme und des Schuldenmanagements vom BMF und nachfolgend von der Bundesbank. Seit dem 1. August 2006 gehören das Privatkundengeschäft mit Bundeswertpapieren und das Führen des Bundesschuldbuchs ebenfalls zu den Aufgaben des Unternehmens.

2.1 Ziele

Ziele der Finanzagentur sind
- die Reduktion der Zinskostenbelastung des Bundes aus der Kreditaufnahme mittelfristig um 500 bis 750 Mio. Euro jährlich und
- die Optimierung der Risikostrukturen des Kreditportfolios.

Im Rahmen des Kreditmanagements des Bundes und seiner Sondervermögen wird ein Portfolio in Höhe von ca. 1.003 Mrd. Euro (Stand 31. März 2009) verwaltet.

Die Emissionsplanung des Bundes sieht vor, 2009 Einmalemissionen im Volumen von 346 Mrd. Euro für die Finanzierung des Bundeshaushaltes und seiner Sondervermögen zu begeben oder aufzustocken (vgl. *www.deutsche-finanzagentur.de*; Emissionsplanung des Bundes – Zweites Quartal und aktualisierte Jahresvorausschau; Pressemitteilung der Finanzagentur vom 25. März 2009). Die Zinskostenbelastung, die der Bund in diesem Zusammenhang im Jahr 2009 zu tragen haben wird, beläuft sich auf rund 40 Mrd. Euro.

2.2 Strukturen

Die Finanzagentur wird von zwei Geschäftsführern geleitet und verfügt über eine flache Hierarchiestruktur. Die Finanzagentur gliedert sich in sieben Bereiche und dazugehörige Abteilungen auf. Im März 2009 beschäftigte die Finanzagentur 335 Mitarbeiterinnen und Mitarbeiter. Abbildung 1 zeigt das Organigramm der Finanzagentur.

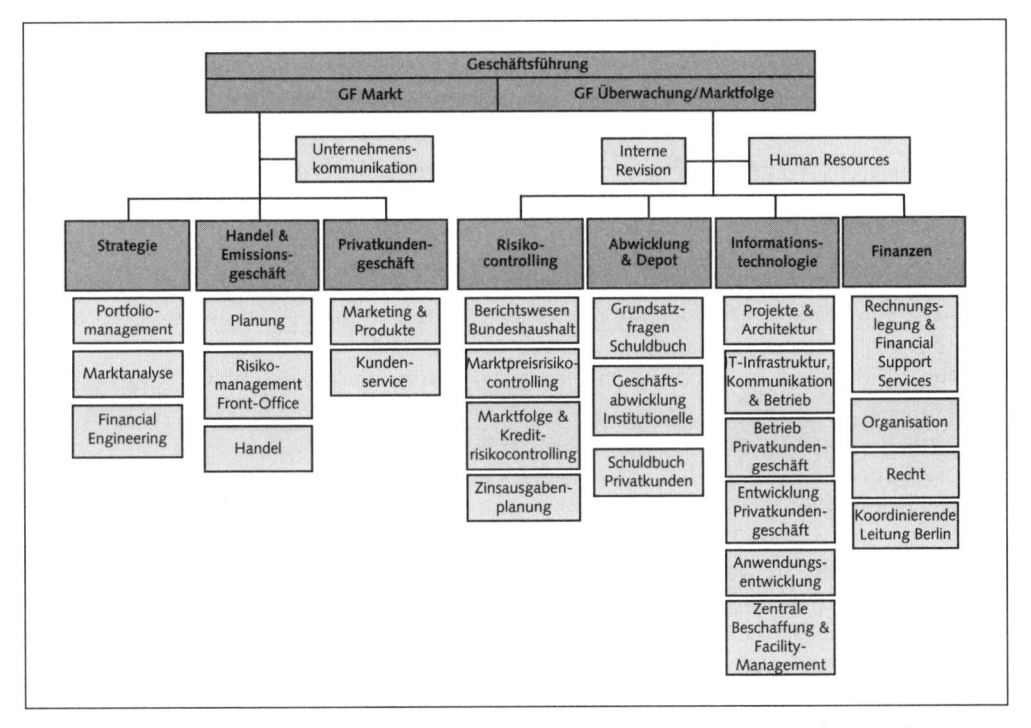

Abb. 1: Organigramm der Finanzagentur (vgl. *www.deutsche-finanzagentur.de*, Stand 01. März 2009)

2.3 Aufgaben

Die Finanzagentur erbringt Dienstleistungen für das BMF bei der Haushalts- und Kassenfinanzierung der Bundesrepublik Deutschland und ihrer Sondervermögen auf den Finanzmärkten. Hierzu führt die Finanzagentur ihre Geschäftsaktivitäten mittels verschiedener Finanzinstrumente »im Auftrag und für Rechnung des Bundes« aus. Zu den Geschäftsaktivitäten zählen insbesondere die Vorbereitung, der Abschluss und die Abwicklung von:
- Emissions- und Handelsgeschäften in Bundeswertpapieren
- sonstigen Kreditgeschäften
- Derivatgeschäften
- Geldmarktgeschäften

Das Instrumentarium sowie die organisatorische und personelle Struktur der Finanzagentur sind so geprägt, dass sie den schnell wachsenden und wechselnden Anforderungen der Finanzmärkte Rechnung tragen.

3 Handlungsoptionen für die Strategische Unternehmenssteuerung

Die Prinzipien der Unternehmenspolitik müssen durch die Unternehmensstrategie realisiert werden, sonst bleiben sie praxisfremde Philosophie. Es ist daher von größter Bedeutung, ein klares Verständnis dafür zu haben,
- welche »wirklich« strategisch relevanten Steuerungs- und Orientierungsgrößen existieren,
- welche Zusammenhänge zwischen ihnen bestehen,
- welche Informationsquellen über sie Auskunft zu geben vermögen und
- über welche Zeithorizonte sie ihre Orientierungskraft entfalten können.

Die Unternehmenssteuerung der Finanzagentur basiert auf dem Gesamtkonzept von *Gälweiler* (vgl. 2005, S. 34). Dieser Ansatz der Unternehmenssteuerung
- hat eine unbestechliche Logik,
- ist frei von modischen Worthülsen und Zeitgeistkonzessionen und
- enthält alle notwendigen und hinreichenden Faktoren für die Entwicklung einer richtigen und guten Strategie.

3.1 Das Grundproblem

Der *Hauptzweck der strategischen Unternehmenssteuerung* und einer entsprechenden Planung kann daher *nicht* in der *Erkennung von Abweichungen* auf der Basis von Soll-Ist-Analysen und deren Korrektur liegen. *Vielmehr* ist Hauptzweck der strategischen

Unternehmenssteuerung die *Schaffung erwünschter Zustände* und die *Vermeidung von unerwünschten, gefährlichen und letztlich bestandsgefährdenden Entwicklungen.*

Dabei ist zunächst wichtig, sich das Grundproblem klar vor Augen zu führen, das mit strategischer Steuerung gelöst werden soll. Das Grundproblem besteht darin, dass eine an den Daten des Rechnungswesens sowie an Bilanzgrößen orientierte Unternehmenssteuerung alleine den Hauptzweck nicht erfüllen kann, wie sehr auch immer diese Systeme ausgebaut werden. Der Grund ist einfach, aber zwingend: Die für korrigierende Maßnahmen erforderlichen Auslösesignale kommen immer zu spät. Daher ist es erforderlich, Orientierungsmarken zu identifizieren, die wegen ihres sachlichen Informationsgehaltes – und nicht etwa durch Extrapolation – einen längeren Zeithorizont zu erfassen erlauben.

Die sich daraus ergebende Wirkung besteht zur Hauptsache in Zeitgewinn für das Erkennen und die Einleitung von existenzsichernden und erfolgsbegründenden Maßnahmen.

3.2 Die integrale Unternehmensnavigation

Das Konzept der Strategischen Unternehmenssteuerung hat den Charakter eines Navigationssystems. Als solches sagt es, worauf bei der Kursbestimmung zu achten ist und an welchen Größen eine Orientierung erfolgen muss, um den gewünschten Kurs zu bestimmen.

Die Grundlogik des Steuerungssystems ist in Abbildung 2 dargestellt. Diese Darstellung enthält alle wesentlichen Sachverhalte für die Gesamtsteuerung des Unternehmens, sowohl in operativer als auch strategischer Hinsicht. Unter Hinzufügen von einigen Aspekten strukturell-organisatorischer Natur sowie einigen methodischen Prinzipien für die Vorgehensweise bei der Entwicklung von Strategien ergibt sich so ein Gesamtkonzept der integrierten Unternehmenssteuerung.

Die *Aufgabe der strategischen Führung* ist die Suche, der *Aufbau und die Erhaltung hoher und sicherer Erfolgspotenziale unter Beachtung der damit verbundenen langfristigen Liquiditätswirkungen*. Für die strategische Führung werden daher andere Orientierungsgrößen benötigt als rein finanzielle. In der strategischen Führung werden *Erfolgspotenziale von morgen identifiziert und aufgebaut*. Die Strategie richtet sich somit an der langfristigen Lebensfähigkeit von Unternehmen aus und nicht nur an der Gewinnmaximierung. Diese entsteht lediglich im Markt, beim Kunden und nicht in den Bilanzen.

Die operative Führung hat die Aufgabe, den Unternehmenserfolg zu sichern. Ziel ist es hier, die heutigen Erfolgspotenziale auszuschöpfen, ohne dabei die zeitlich dahinter kommenden Erfolgspotenziale zu schädigen. Es geht hier nicht nur um die Gewinnmaximierung. Ebenfalls gehört zur operativen Führung die ausreichende Sicherung der laufenden Liquidität.

Zusammenfassend wird dies in der nachfolgenden Abbildung 2 verdeutlicht.

Der Fokus im Rahmen der Strategischen Unternehmenssteuerung liegt in diesem Beitrag auf dem Teil der Strategischen Führung.

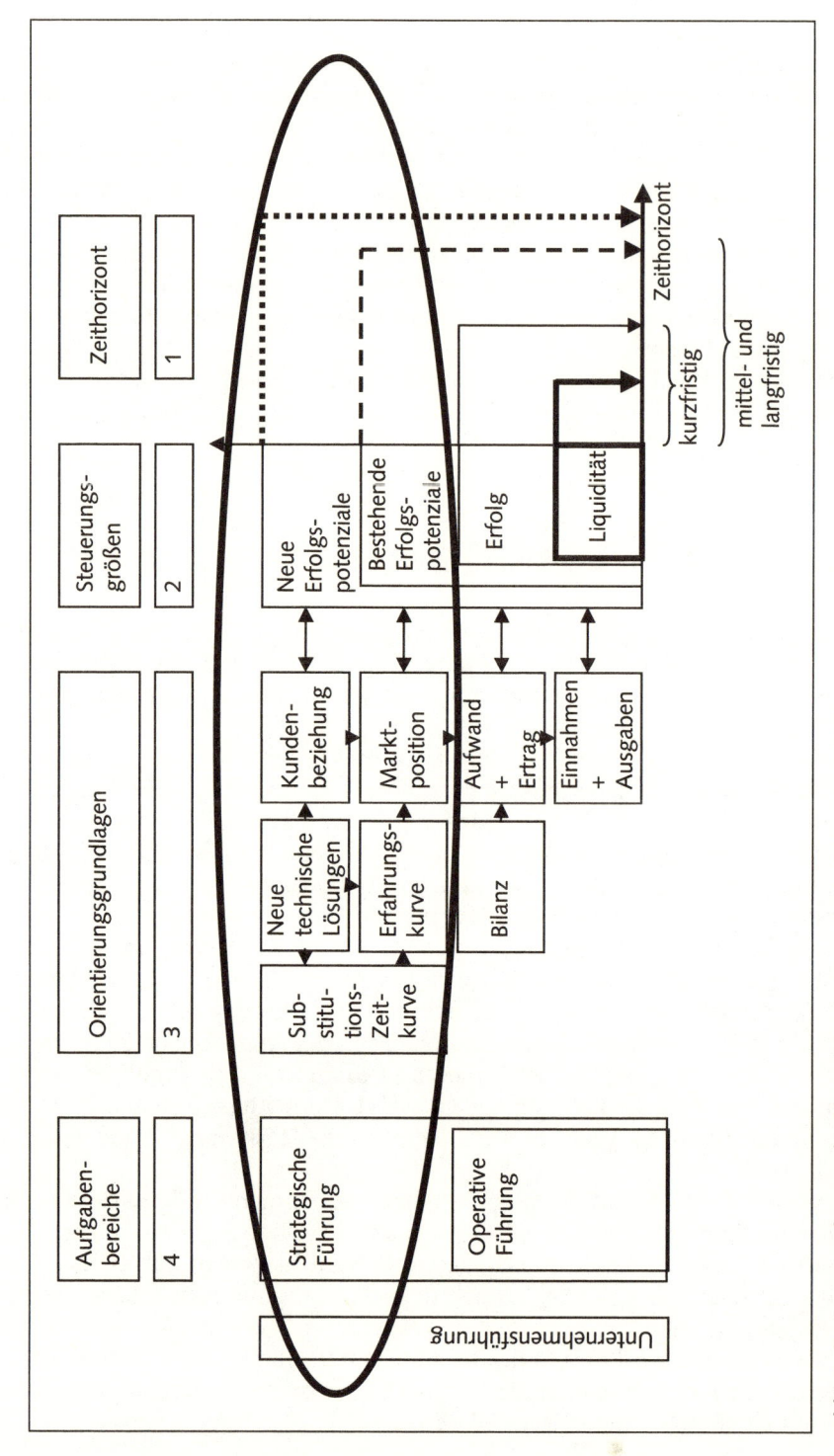

Abb. 2: Das unternehmerische Navigationssystem (vgl. *Gälweiler* 2005)

3.3 Die sechs Schlüsselgrößen

Jede Strategie ist nur so gut wie die Ergebnisse, die damit erzielt werden können. Daher ist richtiges Vorgehen notwendig. Die nachfolgende Abbildung 3 »Von der Strategie zu zählbaren Ergebnissen« stellt die genaue Prozesslogik der Unternehmenssteuerung dar. Sie ist durch Koordinaten dargestellt. Die Abbildung hat eine vertikale und eine horizontale Achse. Links von der vertikalen Achse befinden sich die Managementelemente für das Unternehmen als Ganzes. Rechts davon sind die Managementelemente für die Person als Individuum. Die horizontale Achse unterscheidet verschiedene Zeithorizonte. Oberhalb der horizontalen Achse liegen langfristige Elemente, die einen Zeitraum von mehr als einem Jahr betreffen. Unterhalb dagegen liegen die Elemente, die auf einen Zeitraum von weniger als einem Jahr fokussiert sind, somit auf das laufende Geschäftsjahr.

Für die vorliegende Fachfrage ist das linke obere Koordinatenfeld entscheidend:

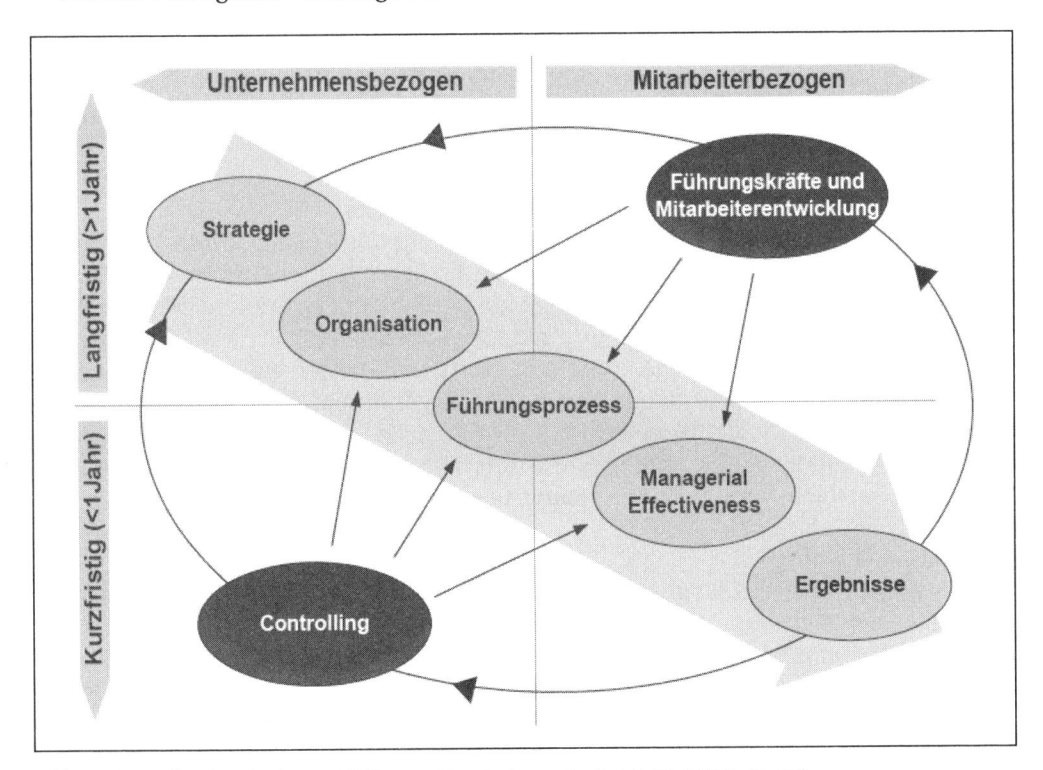

Abb. 3: Von der Strategie zu zählbaren Ergebnissen (vgl. *Malik* 2005, S. 88)

Ähnlich wie der menschliche Körper nicht nur nach einem Parameter (Pulsrate, Blutdruck, Zuckerspiegel etc.) gesteuert wird, ist es aus Sicht der Finanzagentur sinnvoll, mehrere Leistungsfelder und Beurteilungskriterien in Form von sechs Schlüsselgrößen für die Strategische Unternehmenssteuerung zu definieren (vgl. *Stöger*, 2007, S. 9 ff.):

- Stellung des »BMF« als Gesellschafter und Kunde/»Marktstellung« des Bundes
- Innovationsleistung
- Produktivitäten
- Attraktivität für richtige und gute Leute
- Liquidität
- Ertragskraft

Die sechs Schlüsselgrößen bestimmen,
- welche strategischen Fragen zu stellen und zu beantworten sind,
- was somit zu analysieren und
- was danach zu kontrollieren ist.

Die Ausgangslage wird aus Sicht dieser sechs Größen analysiert. Die Leitfrage lautet: *»Was müssen wir wissen, um die strategisch relevanten Fragen zu genau diesen Schlüsselgrößen zu beantworten?«* Anders gesagt wird nur das analysiert, was für diese sechs Schlüsselgrößen wirklich wichtig ist.

Im nächsten Schritt werden kurz die sechs Schlüsselgrößen erläutert. Obendrein werden Leitfragen zur jeweiligen Schlüsselgröße aufgezeigt. Diese sind aber nicht als abschließend zu sehen.

Stellung des Kunden »BMF«/Marktstellung des Bundes
Im Mittelpunkt der ersten Größe stehen die Stellung des Kunden »BMF« und die zu erbringenden Dienstleistungen für das BMF. Mittelbaren Einfluss nimmt dabei das im Namen und für Rechnung des Bundes getätigte Geschäft mit institutionellen Investoren und privaten Anlegern. Der Ausgangspunkt für die Beurteilung der Marktstellung und für die Marktabgrenzung bildet das originäre, von bereits bestehenden Produkten unabhängige Kundenproblem. Dabei ist für die Finanzagentur das BMF der einzige Kunde.

Die Leitfragen sind zum Beispiel:
- Wofür bezahlt der Kunde »BMF« und wofür nicht?
- Wo und weshalb war die Finanzagentur besonders erfolgreich?

Innovationsleistung
Für die Beurteilung des langfristigen Erfolges ist das wichtigste Frühwarnsignal die Innovationsleistung. Ein Unternehmen, dessen Innovationskraft deutlich nachlässt, befindet sich auf dem Abwärtstrend und zwar lange bevor sich dieser in den Zahlen des Rechnungswesens feststellen lässt. Innovation heißt immer Kunden-/Markterfolg mit Nachhaltigkeit und muss alleine lebensfähig sein.

Die Leitfragen sind zum Beispiel:
- Welches werden die echten Innovationen in den kommenden fünf Jahren sein?
- Welchen Beitrag zum Umsatz und zum Geschäftserfolg haben diese Innovationen geleistet?

Produktivitäten
Die Beurteilung der Produktivität ermöglicht es, gesundes von ungesundem Wachstum zu unterscheiden. Wachstum alleine ist kein aussagekräftiges Indiz für die wirtschaft-

liche Lage der Finanzagentur. Das Unternehmen wird nur dann stärker, wenn das Wachstum nicht auf Kosten der Produktivität geht. Das Gegenteil wäre ein Warnsignal.
Die Leitfragen sind zum Beispiel:
- Wie hat sich die Produktivität der direkt produktiven Mitarbeiter entwickelt?
- Welche Entwicklungen sind bei der Produktivität des Kapitals, des Wissens und der Zeit zu verzeichnen? Je nach Bereich der Finanzagentur sind diese Fragen unterschiedlich zu spezifizieren.

Attraktivität für gute Leute
Eine wesentliche Messgröße für Gesundheit und Erfolg der Finanzagentur ist die Fähigkeit, die richtigen und guten Leute anzuziehen sowie diese zu halten. Das wichtigste Kapital der Finanzagentur sind die richtigen Menschen am richtigen Platz.
Die Leitfragen sind zum Beispiel:
- Was sind überhaupt für die Finanzagentur richtige und gute Leute?
- Was ist den richtigen und guten Mitarbeitern wichtig?
- Was kann die Finanzagentur tun, um ihre Attraktivität für richtige und gute Leute unter den gegebenen Rahmenbedingungen zu steigern?

Liquidität
Die erste, gleichzeitig aber kurzfristige Steuerungsgröße der Finanzagentur ist die Liquidität. Die Finanzagentur kann eine gewisse Zeit auch ohne bzw. mit geringstem Gewinn bestehen, solange die Liquidität gesichert ist. Umgekehrt ist dies nicht möglich. Es kommt somit zunächst nicht auf Faktoren wie Gewinn, Wachstum, Rentabilität usw. an, sondern auf die Sicherung der Liquidität. Dabei haben die Suche, der Aufbau und die Erhaltung hinreichend hoher und sicherer zukünftiger Erfolgspotenziale stets die damit verbundenen langfristigen Liquiditätswirkungen aufzuzeigen. Die dazu erforderlichen Orientierungsgrößen sind in letzter Konsequenz die Einnahmen und die Ausgaben.
Leitfrage ist zum Beispiel:
- Gelingt der Finanzagentur die Finanzierung der Investitionen in die Zukunft und des Wachstums aus eigener Kraft?

Ertragskraft
Die Ertragskraft mit Relevanz für die Unternehmenssteuerung muss vom Gewinn aus gesehen werden. Die lenkungsrelevante Frage lautet: »Welcher Gewinn wird benötigt, um morgen noch im Geschäft zu sein?«
Leitfrage ist zum Beispiel:
- Übertrifft die Finanzagentur den für die nachhaltige Lebensfähigkeit erforderlichen Gewinn?

Zum Schluss sollten für jede der sechs Schlüsselgrößen die folgenden Fragen geklärt sein:
- Welches sind die relevanten Stärken der Finanzagentur?
- Welche Ziele gilt es zu erreichen?
- Wie, mit welchen Stoßrichtungen, kann die Finanzagentur das erreichen?

Die sechs Schlüsselgrößen definieren die Gesundheit der Finanzagentur. Gelingt es der Finanzagentur, die sechs Schlüsselgrößen unter Kontrolle zu bringen und vorausschauend zu steuern, ist das bereits so etwas wie eine Lebensversicherung. Deshalb werden diese Fragen regelmäßig und systematisch gestellt und einer Antwort unterzogen.

3.4 Der zeitliche Ablauf

Der strategische Steuerungsprozess lässt sich in die folgenden drei Phasen zerlegen:
1. Planung
2. Umsetzung
3. Kontrolle

Das tragende Gerüst der Planung bilden die Arbeitssitzungen des Exekutiv-Komitees der Finanzagentur (EKom). Dieses Gremium besteht aus den oberen Führungskräften der Finanzagentur, d. h. den Geschäfts- und Bereichsleitern. Die Arbeitssitzungen sind das dominierende Element und nicht die Zwischenphasen. Sie sind deshalb das dominierende Element, weil dort die wirkliche Kerngruppe der Entscheidungsträger zusammen ist. An diesen Stellen haben die verantwortlichen Manager der Finanzagentur die maßgebliche Urteilskraft und Willensbildung beizutragen. Der Bereichsleiter Finanzen nimmt dabei die wichtigsten Zahlen und Entwicklungen zur wirtschaftlichen Lage des Unternehmens auf.

Zwischen den Arbeitssitzungen gibt es Hausaufgaben für die Beteiligten und deren Spezialisten. Informationen müssen eruiert werden und Spezialfragen sind zu vertiefen. Parallel dazu werden auch die quantitativen Voraussetzungen und Konsequenzen in einer groben Ressourcenplanung geklärt. Nach spätestens drei Arbeitssitzungen, in einem Zeitraum von bis zu zwölf Wochen, kann die Strategie in ihren Grundzügen verabschiedet werden.

Abbildung 4 fasst den strategischen Steuerungsprozess im Überblick zusammen.

Die sechs Schlüsselgrößen bilden die entscheidende Substanz einer richtigen und guten Strategie, sie bestimmen die inhaltliche Logik. Bereits durch die Analyse der sechs Schlüsselgrößen und die Beurteilung, wie sie sich entwickeln, ergeben sich 60 bis 80 % der Strategie. Überall dort, wo Verbesserungsmöglichkeiten in den sechs Faktoren festgestellt werden, wird unmittelbar angesetzt. Die ersten Strategiestoßrichtungen können noch in den ersten Arbeitssitzungen erkannt und bereits erste Maßnahmen veranlasst werden. Es gibt nämlich in allen Strategien Maßnahmen, die völlig unabhängig von den weiteren Analysen durchzuführen sind. Für eine erfolgreiche Strategieumsetzung ist zu beachten:
- Gemäß dem Grundsatz »Die Struktur folgt der Strategie« wird dafür gesorgt, dass die Organisation eine erfolgreiche Strategieumsetzung begünstigt, zumindest nicht erschwert. An dieser Stelle steht die Beseitigung erheblicher organisatorischer Barrieren im Vordergrund. Dies kann zu Anpassungen von Strukturen und Prozessen führen.
- Die Führungskräfte und Mitarbeiter müssen die strategische Absicht der Finanzagentur kennen und verstehen. Der internen Kommunikation der Strategie kommt deshalb große Bedeutung zu. Daher ist die Organisationseinheit »interne Kommunikation« direkt an die Geschäftsleitung angebunden.

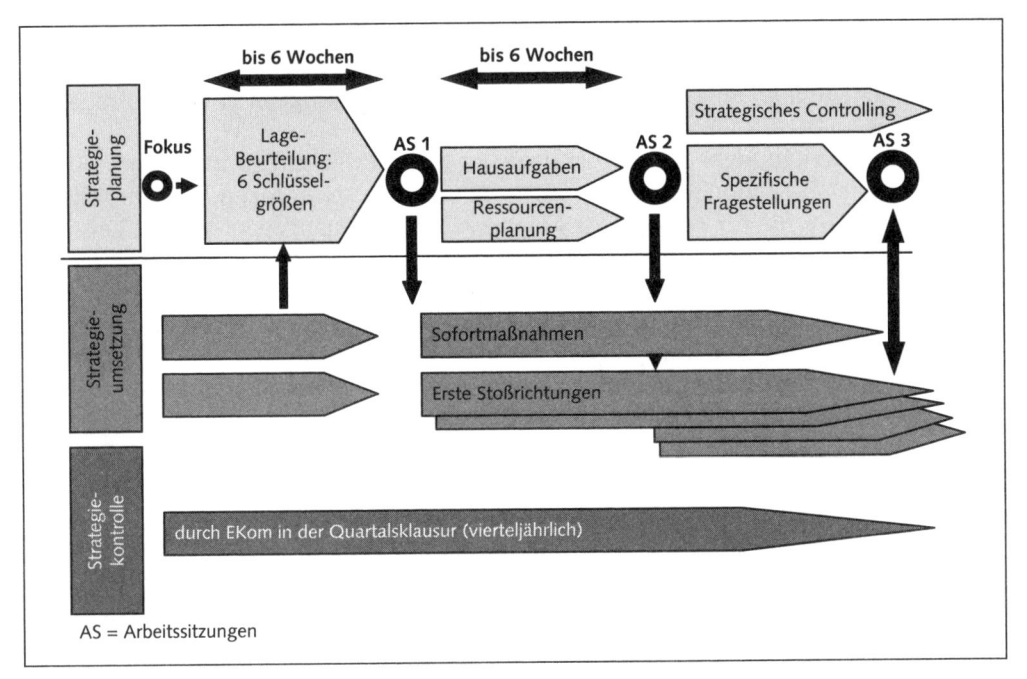

Abb. 4: Der strategische Steuerungsprozess im Überblick (eigene Aufstellung)

- Die Inhalte der Strategie finden Eingang in den integrierten Unternehmenssteuerungsprozess. Dies skizzieren die verbleibenden drei Koordinatenfelder in Abbildung 3. Zunächst erfolgt die Übersetzung der unternehmensbezogenen Zielsetzungen und Maßnahmen der Strategie auf die einzelnen Führungskräfte und Mitarbeiter mittels Zielvereinbarung. Jeder einzelne Mitarbeiter muss Klarheit haben, welchen persönlichen Beitrag er zu leisten hat, damit die Finanzagentur ihre Ziele erreichen kann. Der Mitarbeiter muss seinen Beitrag zum Ganzen verstehen.

Die Kontrolle erfolgt in den vierteljährlichen Klausuren des EKoms sowie als Vorarbeit für den jährlichen operativen Budgetprozess, der jeweils zum Jahresbeginn seinen Anfang nimmt.

4 Ausblick

Eine Unternehmensstrategie ist nur ein erster Schritt im Hinblick auf die Aufrechterhaltung der Lebensfähigkeit eines Unternehmens. Sie muss in der Folge realisiert und in konkrete Leistungen und Ergebnisse umgesetzt werden. Jede Strategie ist nur so gut wie die damit erzielten Resultate. Richtige und gute strategische Unternehmenssteuerung erfordert drei Elemente:

- das Erarbeiten der richtigen Strategie
- die wirksame Umsetzung der Strategie
- die Fähigkeit zu erkennen, wann und wie die Strategie angepasst werden muss

Es reicht heute nicht mehr aus, die Strategie im Mehrjahres-Rhythmus zu formulieren und sich in der Zwischenzeit auf deren Umsetzung zu beschränken. Als Konsequenz ergibt sich daraus für das strategische Management der Finanzagentur die Erkenntnis, dass die Lebensdauer bzw. die Halbwertszeit einer Strategie kürzer geworden ist.

Falsch wäre nun aber der Schluss, die Unternehmensstrategie der Finanzagentur an sich werde dadurch weniger wichtig. Das Primat der Strategie wird durch das Primat der Taktik nicht abgelöst. Das Gegenteil ist der Fall. Der Druck in dieser Phase der grundlegenden Veränderungen nimmt weiter zu. Daher muss die Finanzagentur mit einer sich am Kundennutzen orientierenden unternehmerischen Logistik ihr Dasein begründen.

Es geht also nicht um die Frage, ob die Finanzagentur eine Strategie braucht. Es geht darum, wie diese Strategie effizient und effektiv erarbeitet und aktualisiert wird. Die permanente »strategische Bereitschaft« wird immer deutlicher zu einer Schlüsselfähigkeit für die Lebensfähigkeit der Finanzagentur.

Die Strategie muss daher immer dann angepasst werden, wenn sich Grundsätzliches in den Rahmenbedingungen verändert hat oder absehbar verändern wird. Ob das vier Monate oder vier Jahre nach der letzten Strategieverabschiedung eintritt, ist völlig bedeutungslos. Genau hier liegt der Unterschied zwischen einem statischen, zeitpunktbezogenen und einem dynamischen, verlaufsbezogenen Strategieverständnis. Es geht um eine durchgängig besetzte strategische Kommandozentrale.

Dynamisches Strategieverständnis darf nicht verwechselt werden mit blinder operativer Hektik, mit abrupten und willkürlichen Richtungswechseln, im Gegenteil. Zeichen guten strategischen Managements ist die Kontinuität im Wandel. Sie zeigt sich in der beharrlichen und zielgerichteten Nutzung und Weiterentwicklung der eigenen Stärken in einem sich verändernden Umfeld.

Literatur

Bundesministerium der Finanzen, www.bundesfinanzministerium.de
Bundesrepublik Deutschland – Finanzagentur GmbH, www.deutsche-finanzagentur.de
Gälweiler, A. (2005), Strategische Unternehmensführung, 3. Aufl., Frankfurt am Main 2005
Horváth, P. (2008), Strategisches Controlling – Von der Budgetierung zur strategischen Steuerung, in: Controlling, Heft 12, Dezember 2008, S. 663–671
Malik, F. (2005), Management – Das A und O des Handwerks, Band 1, Frankfurt Allgemeine Buch, Frankfurt am Main 2005
Stöger, R. (2007), Strategieentwicklung für die Praxis, Kunde – Leistung – Ergebnis, Stuttgart 2007

Untersuchung komplexer Aufgaben und Prozesse am Beispiel der Organisationsuntersuchung des Finanzministeriums Baden-Württemberg

Thomas Bögelein[*]

1 Einleitung

2 Rahmenbedingungen der Untersuchung
   2.1 Ziele der Untersuchung
   2.2 Struktur des Finanzministeriums Baden-Württemberg
   2.3 Vorgaben für die Organisationsuntersuchung

3 Voruntersuchung
   3.1 Bisherige Erfahrungen – Added Value durch Prozessanalyse?
   3.2 Organisationsuntersuchungen in der Privatwirtschaft

4 Vorgehen
   4.1 Clusterbildung
   4.2 Vorgehen in Bereichen mit repetitiven, vergleichbaren Aufgaben
   4.3 Vorgehen in Bereichen mit konzeptionellen bzw. strategischen Aufgaben

5 Ergebnisse
   5.1 Ergebnisse in Bereichen mit repetitiven, vergleichbaren Aufgaben
   5.2 Ergebnisse in Bereichen mit konzeptionellen bzw. strategischen Aufgaben
   5.3 Akzeptanz – Untersuchungsdauer

6 Fazit

Literatur

---

[*] Thomas Bögelein, Leiter Organisationsreferat, Finanzministerium Baden-Württemberg, Stuttgart.

1 Einleitung

Die Finanzsituation der öffentlichen Hand ist seit Jahren durch einen Rückgang der zur Verfügung stehenden Ressourcen geprägt. Hiervon blieb auch die Landesverwaltung Baden-Württembergs nicht verschont. Trotz massiver Einsparprogramme stieg der Schuldenstand des Landes rasant an. Betrug der Schuldenstand des Landes im Jahr 1970 noch 1,4 Mrd. Euro (umgerechnet), stieg er 1990 bereits auf 18,6 Mrd. Euro und 2007 auf 41,7 Mrd. Euro an. Im Jahr 2008 ist es gelungen, keine neuen Schulden aufnehmen zu müssen. Das angestrebte Ziel, auch künftig ohne neue Schulden auszukommen, setzt eine ständige Optimierung der Landesverwaltung voraus. Dies gilt umso mehr vor dem Hintergrund der Finanzkrise und dem damit verbundenen Rückgang der Steuereinnahmen.

Die Struktur des baden-württembergischen Landeshaushalts stellt sich wie folgt dar:

		2007 Ist	2008 Ist	2009 2. Nachtrag
A. Haushaltsansätze in Mio. €				
1.	**EINNAHMEN**			
1.1	Gesamteinnahmen	35.704	36.291	35.941
1.2	Bereinigte Einnahmen*	34.359	35.833	34.145
1.3	Steuereinnahmen	26.941	28.002	25.800
1.4	Nettokreditaufnahme	997	-5	0
2.	**AUSGABEN**			
2.1	Formales Haushaltsvolumen	34.989	35.547	35.941
2.2	Bereinigte Ausgaben**	32.861	34.472	35.812
2.3	Personalausgaben	12.814	13.058	13.734
2.4	Investitionen	2.764	2.938	4.521
2.5	Schuldendienst	1.979	1.912	1.864
	- Zinsen	1.936	1.866	1.807
	- Tilgungen	43	46	58
3.	**FINANZIERUNGSSALDO**	1.499	1.361	-1.667

* Einnahmen ohne Einnahmen aus Kreditmarktmitteln, Entnahmen aus Rücklagen, Überschüssen aus Vorjahren und hhtechn. Verrechnungen

** Ausgaben ohne Tilgung von Kreditmarktmitteln, Zuführung an Rücklagen, Deckung von Vorjahresfehlbeträgen und hhtechn. Verrechnungen

Abb. 1: Struktur des baden-württembergischen Landeshaushalts

Bedingt durch diese Struktur mit einer signifikanten Personalausgabenquote war das Ziel der Nullverschuldung nur mit Personaleinsparungsprogrammen in erheblichem Umfang erreichbar. Hiervon waren und sind auch die Landesministerien und somit das Finanzministerium Baden-Württemberg betroffen.

Um die nach verschiedenen Einsparrunden vorhandene Personalstruktur auf den Prüfstand zu stellen und gleichzeitig Anhaltspunkte für noch zu erbringende Personaleinsparungen zu erhalten, hat das Finanzministerium entschieden, im eigenen Hause eine Organisationsuntersuchung durchzuführen.

2 Rahmenbedingungen der Untersuchung

2.1 Ziele der Untersuchung

Als Ziele der Organisationsuntersuchung wurden definiert:
- Der Personalbedarf der einzelnen Abteilungen und Referate soll anhand objektiver Kriterien überprüft und bemessen werden,
- Über- und Unterauslastungen Einzelner sollen vermieden werden,
- Bereiche, in denen ggf. weitere Stelleneinsparungen möglich sind, sollen identifiziert werden.

2.2 Struktur des Finanzministeriums Baden-Württemberg

Das Finanzministerium regelt u. a. die Grundsatzfragen der Organisation der Finanzverwaltung des Landes Baden-Württemberg. Nach Kultus-, Wissenschafts- und Innenressort ist die Finanzverwaltung mit insgesamt rund 21.000 Mitarbeitern das viertgrößte Ressort des Landes. Die überwiegende Zahl der Beschäftigten arbeitet in der Steuerverwaltung. Das Finanzministerium als oberste Landesbehörde ist zuständig für:
- die beiden Landesoberbehörden Statistisches Landesamt und Landesamt für Besoldung und Versorgung
- die Mittelbehörde Oberfinanzdirektion Karlsruhe
- den Landesbetrieb Vermögen und Bau Baden-Württemberg (bestehend aus Betriebsleitung, zwölf Ämtern und drei Universitätsbauämtern)
- die staatlichen Betriebe Staatliche Münzen Baden-Württemberg, die Wilhelma und das Staatsweingut Meersburg
- die örtlichen Behörden (65 Finanzämter und sechs Staatliche Hochbauämter)

Das Finanzministerium ist als Querschnittsressort für den Haushalt und die Finanzen des Landes, Steuern, Hochbau und Liegenschaften sowie für die Beteiligungen des Landes verantwortlich. Dies spiegelt sich organisatorisch in den fünf Fachabteilungen des Ministeriums wider.

Die Querschnittsaufgaben Personal, DV-Technik und Organisation sind in der Abteilung 1 zusammengefasst. Die Abteilung sorgt für einen reibungslosen Geschäftsablauf innerhalb des Ministeriums und übernimmt in Angelegenheiten aus dem öffentlichen Dienstrecht die Federführung für die gesamte Landesverwaltung.

Die Haushaltsabteilung (Abteilung 2) ist ein Herzstück des Finanzministeriums und hat für die Landesverwaltung erhebliche Bedeutung. Der Haushalt ist das in Zahlen gegossene Regierungsprogramm. In ihm werden die Einnahmen und Ausgaben für die nächsten ein bis zwei Jahre detailliert dargestellt.

Die Steuerabteilung (Abteilung 3) des Finanzministeriums leitet die Steuerverwaltung des Landes. Gemeinsam mit Bund und Ländern wirkt das Finanzministerium darüber hinaus an der Steuergesetzgebung mit und bringt dabei steuerpolitische Vorstellungen und Initiativen des Landes ein.

Die Abteilung Vermögen und Hochbau (Abteilung 4) ist zuständig für Baumaßnahmen im Bereich des Staatlichen Hochbaus für das Land, den Bund, insbesondere Bundesbehörden und Bundeswehr, sowie für ausländische Gaststreitkräfte. Daneben betreut sie die Liegenschaften des Landes. Davon ausgenommen sind die Liegenschaften der Universitäten.

In der Abteilung 5 sind die Finanzpolitik und die Beteiligungen zusammengefasst. Das Finanzministerium vertritt die finanzpolitischen Interessen des Landes Baden-Württemberg gegenüber dem Bund, den anderen Ländern und den Kommunen. Zur Finanzpolitik gehört neben Grundsatzangelegenheiten wie die Steuer- und Aufgabenverteilung zwischen den Gebietskörperschaften vor allem der Länderfinanzausgleich. Bei Unternehmen des privaten Rechts mit Landesbeteiligung nimmt das Finanzministerium die gesellschaftsrechtlichen Interessen des Landes wahr. Die Abteilung koordiniert ferner die Aufsichts- und Verwaltungsräte und Beiräte bei diesen Beteiligungen, bereitet politische Entscheidungen vor und setzt sie um. Teil des Finanzministeriums ist auch die Stabsstelle »Neue Steuerung und Umwandlung von Landesbetrieben« (NeStUL). Ihre Hauptaufgaben sind die Einführung betriebswirtschaftlicher Steuerungsinstrumente für die gesamte Landesverwaltung wie z. B. Kosten- und Leistungsrechnung und Controlling sowie die Bildung von Landesbetrieben und Beteiligungsunternehmen.

Im Finanzministerium sind 357 Mitarbeiter beschäftigt, davon gehören 283 Mitarbeiter dem höheren und gehobenen Dienst und 74 Mitarbeiter dem mittleren und einfachen Dienst an.

2.3 Vorgaben für die Organisationsuntersuchung

- Um eine möglichst hohe Akzeptanz für die Organisationsuntersuchung im Finanzministerium bei den betroffenen Mitarbeitern zu sichern, wurde entschieden, die Organisationsuntersuchung nicht von einem externen Unternehmen, sondern vom Organisationsreferat des Finanzministeriums durchführen zu lassen.
- Die Organisationsuntersuchung soll zeitnah durchgeführt werden.
- Es gibt keine Überprüfung einzelner Mitarbeiter.
- Es soll eine offene und rasche Kommunikation der Vorgehensweise und der Ergebnisse im Haus erfolgen.

3 Voruntersuchung

3.1 Bisherige Erfahrungen – Added Value durch Prozessanalyse?

Im Geschäftsbereich des Finanzministeriums wurden in der Vergangenheit eine Vielzahl von Organisationsuntersuchungen durchgeführt. Diese Untersuchungen hatten überwiegend eine Geschäftsprozessoptimierung und die Reduzierung der Prozesskosten zum Ziel. Ein besonders erfolgreiches Projekt sei hier beispielhaft erwähnt: die Restrukturierung der Landesoberkasse Baden-Württemberg. Durch die auf Basis einer Prozessanalyse vorgenommene Reorganisation der Geschäftsprozesse, verbunden mit der Einführung eines darauf angepassten neuen Softwareprogramms, konnte der Personalbestand von 476 auf 361 Mitarbeiter reduziert werden.

Auch die übrigen im Geschäftsbereich des Finanzministeriums durchgeführten Organisationsuntersuchungen basierten überwiegend auf Prozessanalysen.

Daher lag der Gedanke nahe, auch für das Finanzministerium selbst eine Prozessanalyse durchzuführen. Der Vorteil einer Prozessanalyse wurde insbesondere darin gesehen, dass hierdurch eine neue Transparenz der Aufgabenerledigung und des damit verbundenen Personaleinsatzes erreicht werden kann.

Allerdings wurde bei einer Grobanalyse der im Finanzministerium vorhandenen Prozessstrukturen deutlich, dass nur in wenigen Bereichen strukturierte, sich wiederholende Prozesse vorliegen. Strukturierte Prozesse wurden im Wesentlichen nur bei den Hilfsdiensten identifiziert. Bei den originären Aufgaben des Finanzministeriums konnten strukturierte Prozesse nur in marginalem Umfang festgestellt werden. Überwiegend handelt es sich um teilstrukturierte Prozesse oder um projektorientiertes Vorgehen. Auch hat sich bei der ersten Betrachtung ergeben, dass vergleichbare Prozesse über unterschiedliche Organisationseinheiten hinweg kaum vorhanden sind.

Trotz der zur Verfügung stehenden IT-Werkzeuge, die eine Prozessanalyse unterstützen, wurde der Nutzen einer umfassenden Prozessanalyse für das Finanzministerium wesentlich geringer als der entstehende Aufwand prognostiziert. So wurde auch der Einsatz des IT-Tools »Picture«, das eine prozessorientierte Verwaltungsmodernisierung unterstützt und den Aufwand für die Analyse und Restrukturierung strukturierter Verwaltungsprozesse erheblich reduziert, geprüft. Wegen der beim Finanzministerium vorliegenden Prozessstruktur hat die Prüfung ergeben, dass selbst bei Einsatz dieses Tools eine umfassende Prozessanalyse zu einem nicht vertretbaren Aufwand führen würde.

3.2 Organisationsuntersuchungen in der Privatwirtschaft

Auch lag es nahe, auf Erfahrungen, die in der Privatwirtschaft bei vergleichbaren Projekten gesammelt wurden, zurückzugreifen. Aufgrund der Aufgaben- und Personalstruktur ist das Finanzministerium am ehesten mit einer Firmen- oder Konzernzentrale zu vergleichen, da praktisch keine bzw. wenige operative Aufgaben wahrgenommen werden. Der Schwerpunkt liegt eindeutig im konzeptionellen strategischen Bereich.

Um die vorhandenen Erfahrungen aus der Privatwirtschaft zu nutzen, wurden mit leitenden Controllern namhafter Konzerne Workshops veranstaltet. Hierbei hat sich gezeigt, dass auch in der Privatwirtschaft die Prozessanalyse als Grundlage für Organisationsuntersuchungen dient. Allerdings wurden dort fast ausschließlich strukturierte Prozesse untersucht, die über Organisationseinheiten hinweg vergleichbar und somit auch benchmarkfähig sind. Strategische Aufgaben, vergleichbar mit denen des Finanzministeriums, wurden bislang auch dort nicht mit einer klassischen Prozessanalyse untersucht. Vielmehr wurden dort um zu Personaleinsparungen zu gelangen, pauschale Einsparungsauflagen (z. B. -10 %) vorgegeben.

4 Vorgehen

Aufgrund der Voruntersuchungen und dargestellten Rahmenbedingungen wurde für die Organisationsuntersuchung im Finanzministerium folgende Vorgehensweise gewählt:

4.1 Clusterbildung

Die Aufgabenbereiche des Finanzministeriums wurden in zwei Bereiche untergliedert:
- Organisationseinheiten, die repetitive Arbeiten erledigen
- Organisationseinheiten, die strategische bzw. konzeptionelle Aufgaben erledigen

Bei einer näheren Analyse hat sich gezeigt, dass repetitive Arbeiten im engeren Sinne beim Finanzministerium nur im so genannten »Inneren Dienst« wahrgenommen werden. Der Innere Dienst umfasst insbesondere den Schreibdienst, den Registraturdienst, den Botendienst, die Vervielfältigungsstelle und die Fernsprechvermittlung.

Im übrigen Bereich des Finanzministeriums werden repetitive Aufgaben, wenn überhaupt, nur in geringem Umfang ausgeübt.

4.2 Vorgehen in Bereichen mit repetitiven, vergleichbaren Aufgaben

- Analyse der Prozesse im Rahmen einer vereinfachten Prozessanalyse
- Erhebung von Kennzahlen (Fallzahlen, durchschnittliche Bearbeitungszeiten usw.)
- Schätzung des Zeitaufwands der Mitarbeiter für die einzelnen Arbeiten bzw. Prozesse (Schätzung durch betroffene Mitarbeiter)
- prozentuale Aufteilung der Gesamtarbeitszeit auf die unterschiedlichen Arbeiten bzw. Prozesse (Schätzung durch betroffene Mitarbeiter)
- internes Benchmarking
- externes Benchmarking mit den entsprechenden Bereichen anderer Ministerien
- Ermittlung Best Practice
- Prüfung, ob Outsourcing möglich und wirtschaftlich ist
- Diskussion der Ergebnisse mit den Beteiligten
- Umsetzung der Ergebnisse

4.3 Vorgehen in Bereichen mit konzeptionellen bzw. strategischen Aufgaben

Entsprach das unter 4.2 beschriebene Vorgehen in Bereichen mit repetitiven, vergleichbaren Aufgaben im Wesentlichen dem klassischen Vorgehen bei Organisationsuntersuchungen, mussten für die Bereiche mit konzeptionellen und strategischen Aufgaben andere Wege beschritten werden. Hier wurde für die einzelnen Organisationseinheiten folgende Vorgehensweise gewählt:
- Analyse der zu erledigenden Aufgaben
- Analyse der Personalstruktur
- Analyse der Kosten- und Leistungsrechnung dieser Organisationseinheiten,
- Entwicklung der Aufgabenstruktur in den vergangenen 10 (soweit möglich 20) Jahren
- Entwicklung der Personalstruktur in den vergangenen 10 (soweit möglich 20) Jahren
- Analyse der Schnittstellen zu anderen Organisationseinheiten des Hauses, insbesondere im Hinblick auf Überschneidungen
- Prüfung, ob die Aufgabe auf einen dem Finanzministerium nachgeordneten Bereich (z. B. Oberfinanzdirektion) delegiert werden kann
- soweit sinnvoll Ermittlung von Fallzahlen (z. B. Posteingänge, Kabinettsvorlagen usw.)
- soweit möglich Vergleich der Personalausstattung der jeweiligen Organisationseinheiten mit den korrespondierenden Organisationseinheiten anderer (vergleichbarer) Länderfinanzministerien (Flächenstaaten)
- Erhebung der einzelnen Tätigkeiten
- Schätzung der prozentualen Aufteilung der Gesamtarbeitszeit durch die betroffenen Mitarbeiter auf die unterschiedlichen Tätigkeiten (z. B. Erstellung von Kabinettsvorlagen, Beantwortung von Landtagsanfragen)

5 Ergebnisse

5.1 Ergebnisse in Bereichen mit repetitiven, vergleichbaren Aufgaben

Wie bereits dargestellt, handelt es sich hierbei in erster Linie um den so genannten »Inneren Dienst« des Finanzministeriums. Durch die Organisationsuntersuchung wurde festgestellt, dass die einzelnen Bereiche des Inneren Dienstes (z. B. Botendienst, Fernsprechvermittlung, Vervielfältigungsstelle) jeweils für sich betrachtet mit ausreichend Personal bestückt sind. Bedingt durch die geringen Mitarbeiterzahlen führt dies jedoch im Urlaubs- oder Krankheitsfall sofort zu personellen Engpässen, so dass die Aufgabenerledigung im jeweiligen Bereich leidet. Daher wurde in diesen Bereichen die kleinteilige Zuständigkeit im Wesentlichen aufgehoben und ein zentraler Servicebereich mit flexiblem Mitarbeitereinsatz geschaffen. Hierdurch wird der Service verbessert und Personalreduzierungen werden ermöglicht.

5.2 Ergebnisse in Bereichen mit konzeptionellen bzw. strategischen Aufgaben

In diesen Bereichen ist die Untersuchung noch nicht vollständig abgeschlossen. Das bisher erzielte Zwischenergebnis stellt sich wie folgt dar:
- Schaffung von völliger Transparenz über die wahrgenommenen Aufgaben.
- Auf Grundlage der einvernehmlich ermittelten Arbeitszeit für die einzelnen Aufgaben bzw. Tätigkeiten der jeweiligen Organisationseinheit wird bei künftigen Aufgabenverschiebungen oder Aufgabenwegfall eine exakte und transparente Bemessung des auf diese Aufgabe entfallenden Personalbedarfs ermöglicht.
- Durch Identifizierung von Schnittstellen und Überschneidungen der einzelnen Organisationseinheiten kann die Aufbauorganisation und somit der Personaleinsatz optimiert werden.

5.3 Akzeptanz – Untersuchungsdauer

Die Durchführung der Organisationsuntersuchung findet bei den Mitarbeitern im Finanzministerium überwiegend eine hohe Akzeptanz. Dies liegt nicht zuletzt darin begründet, dass die Organisationsuntersuchung nicht von externer Seite, sondern von Mitarbeitern des Hauses durchgeführt wird.

Gleichzeitig hat der Verzicht auf eine externe Unterstützung zur Folge, dass die Organisationsuntersuchung in vollem Umfang von eigenem Personal bewerkstelligt werden muss. Zusätzliches Personal wurde hierfür nicht zur Verfügung gestellt. Die Organisationsuntersuchung wurde zwar als Projekt aufgesetzt, aber in der Linienorganisation durchgeführt. Aufgrund der knappen Personalressourcen muss die Untersuchung über einen relativ langen Zeitraum abgewickelt werden.

6 Fazit

Trotz einer vereinfachten Vorgehensweise ist der Aufwand einer Organisationsuntersuchung bei Untersuchung komplexer Aufgaben und Prozesse erheblich. Dies gilt sowohl hinsichtlich des Aufwands für die Projektmitarbeiter als auch für den Aufwand der untersuchten Organisationseinheiten, die in unterschiedlichem Umfang mitarbeiten müssen (Herausarbeiten sämtlicher Aufgaben, Verteilung der Arbeitszeit auf einzelne Aufgaben).

Allerdings muss konstatiert werden, dass gerade bei komplexen Aufgaben und Prozessen, die zudem strategisch oder konzeptionell geprägt sind, eine direkte Ableitung von Personaleinsparungen in aller Regel nicht möglich ist. Um jedoch Transparenz über die einzelnen Aufgaben und die notwendigen Zeitaufwände sowie über Aufgabenüberschneidungen zu erlangen, ist eine Organisationsuntersuchung unerlässlich. Die gewonnene Transparenz rechtfertigt den nicht unerheblichen Aufwand.

Literatur

Becker, J./Algermissen, L./Falk, T. (2007), Prozessorientierte Verwaltungsmodernisierung, Heidelberg 2007

Finanzministerium Baden-Württemberg (2009), www.finanzministerium.baden-wuerttemberg.de

Steuerung von kommunalen Beteiligungen im Spannungsfeld zwischen privatwirtschaftlichen Anforderungen und öffentlichem Auftrag

Dr. Bernd Vöhringer/Barbara Stahl*

1   Die Stadt Sindelfingen

2   Kommunale Aufgaben und Umsetzung in eigenständigen Unternehmen
    2.1   Merkmale und Besonderheiten der kommunalen Betätigung
    2.2   Vorteile einer Ausgliederung von kommunalen Tätigkeiten
    2.3   Beteiligungen der Stadt Sindelfingen und deren finanzielle Bedeutung

3   Die drei Säulen der Beteiligungssteuerung
    3.1   Strategische Analyse und Steuerung des Beteiligungsportfolios
    3.2   Rechtliche Gestaltung
    3.3   Operative Steuerung

4   Spannungsfelder zwischen privaten Anforderungen und öffentlichem Auftrag
    4.1   Probleme bei der Beteiligungssteuerung
    4.2   Ansätze für ein erfolgreiches Beteiligungsmanagement

5   Fazit und Ausblick

Literatur

---

* Dr. Bernd Vöhringer, Oberbürgermeister, Stadt Sindelfingen; Barbara Stahl, Beteiligungsmanagerin, Stadt Sindelfingen.

1 Die Stadt Sindelfingen

Die Große Kreisstadt Sindelfingen in der Region Stuttgart hat derzeit ca. 60.000 Einwohner. Wirtschaftlich ist die Stadt durch den Automobilbau geprägt; hier liegt die weltweit größte Produktionsstätte der Daimler AG. Daneben ist Sindelfingen ein Standort für Mode und Hightech, z. B. Elektronik, Software und Maschinenbau. Um die überwiegende Monostruktur aufzuweichen, wurden Initiativen gestartet, um auch andere Technologiezweige wie Luft- und Raumfahrt anzusiedeln. Besonders hervorzuheben ist das Projekt Flugfeld, bei dem ca. 7.000–8.000 Arbeitsplätze und Wohneinheiten für rund 4.000 Bewohner geschaffen werden sollen.

Während die Stadt in den Jahren 2003–2007 ohne Neuverschuldung des Kernhaushalts auskam, geht die Verschuldung ab 2009 wieder stark nach oben und wird aufgrund der geringeren Gewerbesteuereinnahmen und hohen -rückzahlungen stark anwachsen. Größte Anstrengungen werden unternommen, um die Verschuldung möglichst gering zu halten, ohne zukunftsorientierte Projekte und das Gemeinwohl wesentlich zu beeinträchtigen.

2 Kommunale Aufgaben und Umsetzung in eigenständigen Unternehmen

2.1 Merkmale und Besonderheiten der kommunalen Betätigung

Während sich in der Privatwirtschaft Geschäftsfelder aufgrund der vorhandenen Kernkompetenzen und der Marktattraktivität ergeben, leiten sich die Betätigungsfelder der Kommune aus dem öffentlichen Zweck ab und erstrecken sich vorwiegend auf Aufgaben der Daseinsvorsorge. Diese bestehen bspw. in der dauerhaften und krisensicheren Grundversorgung mit Strom, Gas und Wasser, der zur Verfügungstellung von Wohnraum, auch für sozial Schwache, oder der Sicherung der Standortattraktivität für Bürger und Unternehmen durch technische und soziale Infrastruktur wie Straßen, Schulen, Bäder etc. Die Stadt Sindelfingen hat sich darüber hinaus die medizinische Versorgung zur Aufgabe gemacht.

Gemäß der Gemeindeordnung kann zwischen nichtwirtschaftlichen und wirtschaftlichen Tätigkeiten unterschieden werden. Nichtwirtschaftliche sind solche, die aus einer gesetzlichen Verpflichtung entstehen (Bsp. Abfallbeseitigung) oder eine hoheitliche Aufgabe der Kommune darstellen (Bsp. Museen). Alle anderen sind wirtschaftliche Tätigkeiten, die für die Kommune jedoch nur unter folgenden Voraussetzungen zulässig sind:
- Erfüllung des öffentlichen Zwecks
- Verhältnismäßigkeit zwischen Leistungsfähigkeit und Bedarf

Daneben sollen die Tätigkeiten einen Ertrag für den Haushalt der Stadt abwerfen (vgl. §102 GemO BW).

Die Ausübung einer wirtschaftlichen Tätigkeit in einer Privatrechtsform ist jedoch nur dann möglich, wenn weitere Bedingungen erfüllt werden:
- Verankerung des öffentlichen Zwecks im Gesellschaftsvertrag
- Sicherstellung eines angemessenen Einflusses der Gemeinde

Worin eine Gemeinde den öffentlichen Zweck sieht, ist von den örtlichen Gegebenheiten, den finanziellen Möglichkeiten sowie der Interessenlage des Gemeinderats abhängig. Der öffentliche Zweck wird im Allgemeinen gleichgesetzt mit Gemeinwohl oder öffentlichem Interesse und kann bspw. in der Sicherstellung einer umweltfreundlichen Leistungserbringung oder in der Verhinderung von überhöhten Preisen bei der Grundversorgung liegen. Gewöhnlich liefert das Leitbild der Stadt eine Präzisierung.

2.2 Vorteile einer Ausgliederung von kommunalen Tätigkeiten

Ausgliederungen können sowohl in Körperschaften des Öffentlichen Rechts wie Eigenbetriebe und Zweckverbände als auch in GmbHs erfolgen.

Die Ausgliederung in Eigenbetriebe führt zu einer erhöhten Kostentransparenz, da klar abgrenzbare Einheiten geschaffen werden. Diese ermöglichen wiederum Vergleiche mit anderen Unternehmen in Form der Best-Practice-Methode oder mit Hilfe von Benchmarks.

Die Bildung eines Zweckverbands zweier oder mehrerer Städte erfolgt hauptsächlich mit dem Ziel, die vorhandene Kompetenz zu bündeln, Synergieeffekte durch Vermeidung von Fixkosten zu erzielen oder einen stärkeren Marktauftritt zu generieren, bspw. durch den Betrieb einer gemeinsamen Veranstaltungshallengesellschaft.

Eine GmbH kann sowohl für die Zusammenarbeit von Städten oder Landkreisen als auch für die Zusammenarbeit mit privaten Partnern in Frage kommen. Sie bietet folgende Vorteile:
- Flexibilität: Diese zeigt sich hauptsächlich im relativ selbstständigen Management, der Nichtöffentlichkeit der Sitzungen, aber auch im Personaleinsatz und den Personalrekrutierungsmöglichkeiten.
- Wirtschaftlichkeit und Gewinnerzielung: Die kaufmännische Buchführung sowie Kosten- und Leistungsrechnung bilden eine gute Basis, um Unwirtschaftlichkeiten aufzudecken.
- Fachkompetenz: Die Fachkompetenz eines privaten Unternehmens bzw. der Geschäftsführung kann genutzt werden.
- Finanzierungsvorteile: Bessere Finanzierungsmöglichkeiten ergeben sich durch weitere Eigenkapitalgeber.

2.3 Beteiligungen der Stadt Sindelfingen und deren finanzielle Bedeutung

Einige Aufgaben der Stadt wurden in den vergangenen Jahren ausgegliedert, und zwar sowohl in Form von formalen als auch in Form von materiellen Privatisierungen. Die aktuelle Beteiligungsstruktur sieht folgendermaßen aus:

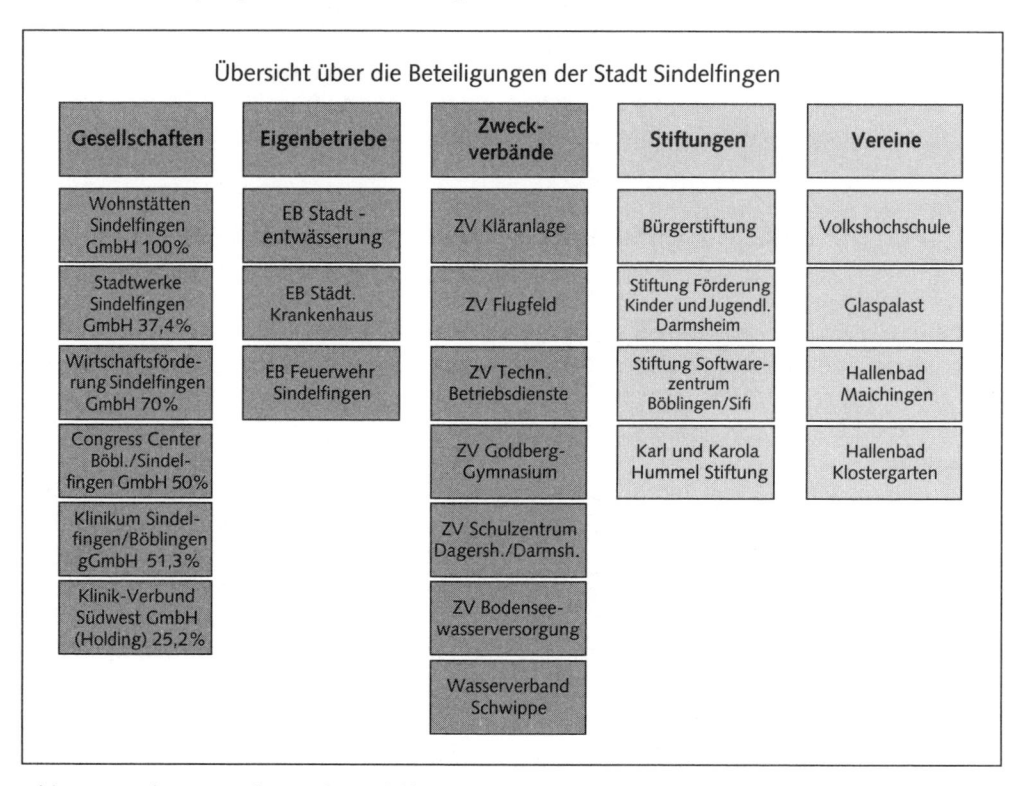

Übersicht über die Beteiligungen der Stadt Sindelfingen

Gesellschaften	Eigenbetriebe	Zweckverbände	Stiftungen	Vereine
Wohnstätten Sindelfingen GmbH 100%	EB Stadtentwässerung	ZV Kläranlage	Bürgerstiftung	Volkshochschule
Stadtwerke Sindelfingen GmbH 37,4%	EB Städt. Krankenhaus	ZV Flugfeld	Stiftung Förderung Kinder und Jugendl. Darmsheim	Glaspalast
Wirtschaftsförderung Sindelfingen GmbH 70%	EB Feuerwehr Sindelfingen	ZV Techn. Betriebsdienste	Stiftung Softwarezentrum Böblingen/Sifi	Hallenbad Maichingen
Congress Center Böbl./Sindelfingen GmbH 50%		ZV Goldberg-Gymnasium	Karl und Karola Hummel Stiftung	Hallenbad Klostergarten
Klinikum Sindelfingen/Böblingen gGmbH 51,3%		ZV Schulzentrum Dagersh./Darmsh.		
Klinik-Verbund Südwest GmbH (Holding) 25,2%		ZV Bodenseewasserversorgung		
		Wasserverband Schwippe		

Abb. 1: Beteiligungen der Stadt Sindelfingen

Die Mittelzuflüsse aus den Beteiligungen betrugen im Jahr 2008 per Saldo ca. vier Mio. Euro (vgl. Abbildung 2). Damit ist deren Bedeutung nicht unbeträchtlich, auch wenn sie in den Jahren 2007 und 2008 abgenommen hat. Stattdessen sind höhere Verlustübernahmen zu verzeichnen, was hauptsächlich mit der Ausgliederung des Bereichs Wirtschaftsförderung zu tun hat, der vorher im Kernhaushalt untergebracht war.

Die zunehmende Anzahl von Ausgliederungen stellt die Kommunen und auch Sindelfingen vor erhöhte Führungsanforderungen. Je mehr Partner und beteiligte Personen im Spiel sind, desto höher die Komplexität und die Notwendigkeit der Beteiligungssteuerung, sowohl strategisch als auch operativ.

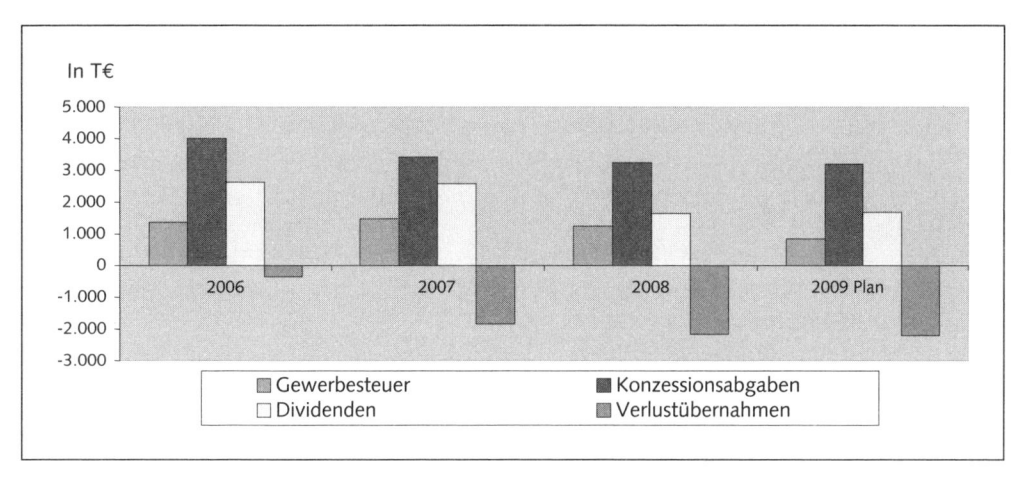

Abb. 2: Zahlungsflüsse von und zu Beteiligungen der Stadt Sindelfingen

3 Die drei Säulen der Beteiligungssteuerung

3.1 Strategische Analyse und Steuerung des Beteiligungsportfolios

Eine der wichtigsten strategischen Aufgaben der Beteiligungssteuerung ist die Entscheidung, in welchen Gebieten der Daseinsvorsorge oder Zukunftsentwicklung sich die Kommune allein oder unter Hinzunahme von privaten Partnern und unter Beachtung der rechtlichen Restriktionen betätigen will – oder wo sogar ein Ausstieg angestrebt wird.

Vorweg muss allerdings darauf hingewiesen werden, dass eine systematische strategische Analyse und Steuerung des Beteiligungsportfolios bei mittleren Kommunen nur rudimentär ausgeprägt ist – so auch in Sindelfingen. Die Stadt Sindelfingen baut derzeit jedoch ihr Beteiligungsmanagement neu auf. Die nachfolgenden Ausführungen stellen daher erste Ansätze einer strategischen Beteiligungssteuerung dar, deren Erprobung in der Praxis allerdings noch aussteht – wenngleich in die Überlegungen zahlreiche praktische Erfahrungen eingeflossen sind.

Die strategische Analyse und Steuerung des Beteiligungsportfolios soll in drei Schritten erfolgen:
1. Erstellung einer Entscheidungsmatrix zur Steuerung des kommunalen Beteiligungsportfolios
2. Detailbetrachtung und -bewertung der einzelnen Beteiligungen
3. Ableitung entsprechender Handlungsstrategien

Zu 1.
In einem ersten Schritt können Beteiligungen anhand ihrer Bedeutung für die Daseinsvorsorge und ihres Beitrags für die Zukunftsentwicklung in einer *Entscheidungsmatrix* dargestellt werden. Die wirtschaftliche Bedeutung wird über die Größe des Ovals im

Portfolio ausgedrückt (vgl. Abbildung 3). Je nach Einordnung in die Quadranten bieten sich strategische Entwicklungsrichtungen an, so dass aus einem Ist-Portfolio ein Soll-Portfolio entwickelt werden kann.

I. Fördern/Entwickeln: Beteiligungen, die einen wichtigen Beitrag zur Zukunftsentwicklung einer Gemeinde leisten, aber keinen relevanten Beitrag für die Daseinsvorsorge, sollten dennoch gefördert werden, weil sie neue Zukunftsfelder für die Kommune erschließen.

II. Halten und Ausbauen: In Beteiligungen, die eine große Bedeutung für die Daseinsvorsorge haben und einen wichtigen Beitrag für die Zukunftsentwicklung leisten, sollte weiter investiert werden.

III. Halten und Optimieren: In der Regel traditionelle Beteiligungen mit einer großen Bedeutung für die Daseinsvorsorge, aber geringem Beitrag für die Zukunftsentwicklung, sollten üblicherweise dennoch gehalten werden. Hier geht es darum, diese Beteiligungen zu optimieren und effizient zu führen.

IV: Desinvestition: Wenn für beide Dimensionen kein relevanter Beitrag geleistet wird, sollte ein Ausstieg geprüft werden.

Vor allem im I. und III. Quadranten ist eine detaillierte Betrachtung der Beteiligung erforderlich, weil die alleinige Platzierung in der Entscheidungsmatrix für eine Entscheidung in der Regel noch nicht hinreichende Informationen liefert.

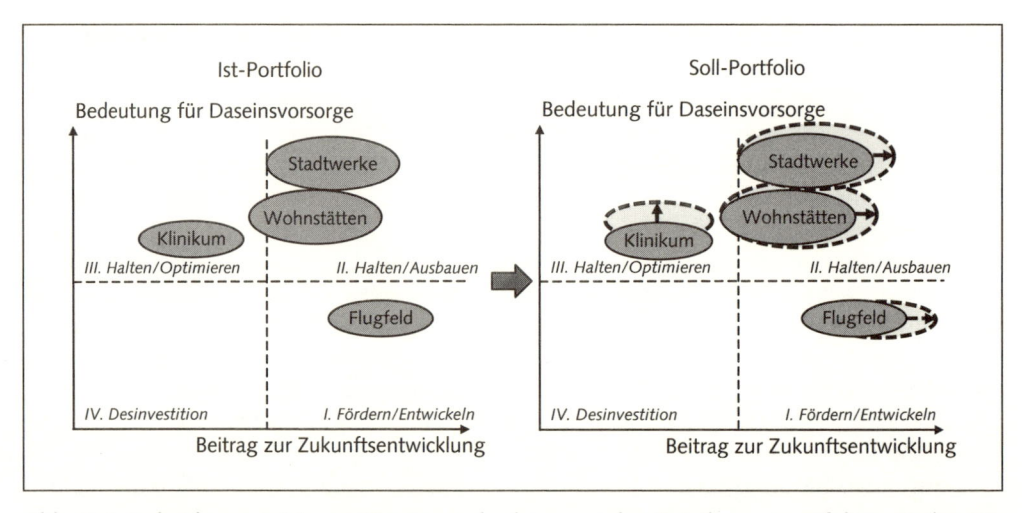

Abb. 3: Entscheidungsmatrix zur Steuerung des kommunalen Beteiligungsportfolios mit den Dimensionen »Bedeutung für die Daseinsvorsorge« und »Beitrag zur Zukunftsentwicklung«

Zu 2.
In einem zweiten Schritt erfolgt daher eine *Detailbetrachtung und -bewertung* der jeweiligen Beteiligung. Dazu kann beispielsweise die SWOT-Analyse eingesetzt werden. Um zu einer Entscheidung zu kommen, muss eine Beurteilung des Leistungsvermögens jeder Beteiligung hinsichtlich ihrer spezifischen Stärken und Schwächen sowie ihrer Chancen und Risiken erfolgen.

Zu 3.
Aus dieser Analyse lassen sich *Handlungsstrategien* ableiten. Dies kann bspw. die Aufstockung des Anteils bei Beteiligungen mit großer zukünftiger Bedeutung, Rückzug aus einem Geschäftsfeld mit geringer Bedeutung für die Daseinsvorsorge oder eine ertragsmäßige Optimierung der Beteiligung sein.

Die beschriebene Vorgehensweise könnte am *Beispiel der Wohnstätten* wie folgt aussehen: Die Beteiligung wird bezüglich der Bedeutung für die Daseinsvorsorge und die Zukunftsentwicklung der Stadt aufgrund folgender Kriterien als sehr hoch eingeschätzt:
- Beitrag zum Stadtumbau und zur Quartierssanierung
- Schaffung von lebenswertem und bezahlbarem Wohnraum
- Beitrag für politische und soziale Stabilität

Mit Hilfe der SWOT-Analyse wird festgestellt, dass u. a. der hohe Instandhaltungs- und Modernisierungsumfang bei Mietobjekten eine Stärke des Unternehmens darstellt. Diese ist gleichzeitig eine Chance, sich gegenüber Wettbewerbern klar abzugrenzen und sich mit den Objekten sukzessiv an den demographischen Wandel und die sich entsprechend verändernden Lebensgewohnheiten anpassen zu können. Die Stadt Sindelfingen hat daraufhin den Anteil an den Wohnstätten im Jahr 2008 um weitere 50 % auf 100 % aufgestockt.

Ebenso ist angedacht, die Anteile an den Stadtwerken aufgrund des hohen Beitrags für die Zukunftsentwicklung und der hohen wirtschaftlichen Bedeutung aufzustocken.

3.2 Rechtliche Gestaltung

Die rechtliche Gestaltung hängt im Wesentlichen davon ab, welchen Umfang an Einfluss sich die Kommune erhalten will. Eigenbetriebe lassen sich kraft ihrer Rechtsform enger führen als GmbHs. Bei privatwirtschaftlichen Unternehmen ist in erster Linie die Höhe der Einlage maßgebend. Je höher die Einlage, desto höher der Einfluss. Bei strategisch wichtigen Beteiligungen ist daher eine Mehrheitsbeteiligung mit mindestens 50,1 % anzustreben.

Das rechtliche Konstrukt ist so zu bilden, dass die Kommune durch die Beteiligung selbst keinen Schaden nimmt bzw. mit Verlusten und Verlustübernahmen konfrontiert wird, die ggf. aus anderen Geschäftsfeldern des Unternehmens resultieren. Daraus kann sich die Notwendigkeit zur Bildung von mehreren verbundenen Unternehmen ergeben, mit denen nur selektiv Gewinn- und Verlustabführungsverträge abgeschlossen werden.

Neben dem Rechtskonstrukt kommt der vertraglichen Gestaltung insbesondere bei der GmbH eine große Bedeutung zu. Generell gelten auch für die GmbH überwiegend die Vorschriften des AktG. Dort, wo diese nicht zur Anwendung kommen oder aus Sicht der Kommune Regelungsbedarf besteht, ist im Gesellschaftsvertrag eine entsprechende Vereinbarung zu treffen. Insbesondere muss die Erfüllung des öffentlichen Zwecks und der angemessene Einfluss der Gemeinde sichergestellt werden.

Zu regeln sind auch die Aufgaben des sog. fakultativen Aufsichtsrats. Diese beschränken sich bei der Kommune nicht nur auf die Kontrolle der wirtschaftlichen Daten, sondern auch auf die Beachtung des im Gesellschaftsvertrag verankerten öffentlichen Zwecks. Daher müssen besondere Zustimmungs- und Genehmigungsvorbehalte des Aufsichtsrats sowie Berichtspflichten der Geschäftsführung in Anlehnung an § 90 AktG vertraglich vorgesehen werden.

3.3 Operative Steuerung

Die operative Steuerung beginnt mit der Bestimmung der zu erbringenden nicht monetären und finanziellen Leistung sowie der Abstimmung mit den Zielen der Stadt, und zwar bevor der Wirtschaftsplan von der Gesellschaft erarbeitet und vorgelegt wird. So ist gewährleistet, dass sich die Umsetzung der strategischen Zielsetzungen der Kommune auch in den Wirtschaftsplänen wiederfindet.

Die laufende Beteiligungssteuerung erfolgt einmal auf Basis quartalsweiser Berichte, die im Beteiligungsmanagement zu einem Gesamtbericht mit den wichtigsten Finanz- und Leistungskennzahlen zusammengeführt werden. Dieser sollte einen Vergleich zur Vorperiode und zum Plan enthalten, um eine Bewertung zu ermöglichen. Der am Jahresende zu erstellende Beteiligungsbericht (vgl. § 105 II GemO BW) dient zwar nur der Rückschau. Die dazu notwendige Durchsicht der Jahresabschlüsse kann jedoch Basis für die Analyse der Ertragslage einzelner Geschäftsbereiche, für das Erkennen von Chancen und Risiken in der Zukunft und das Erkennen des Potenzials für die Aufdeckung stiller Reserven sein.

Des Weiteren ist die Prüfung und Bewertung der Unterlagen für Aufsichtsrats- und Gesellschafterversammlung die Basis, um einzelne Vorhaben bewerten und Diskrepanzen zum Gesellschaftsvertrag und Gesellschaftszweck ausfindig machen zu können.

4 Spannungsfelder zwischen privaten Anforderungen und öffentlichem Auftrag

4.1 Probleme bei der Beteiligungssteuerung

Ein privates Unternehmen ist primär von wirtschaftlichem Denken geprägt, denn ein wirtschaftliches Engagement lohnt sich nur, wenn die Rendite höher ist als der Kapitalmarktzins. Die Nachhaltigkeit des Agierens steht nicht im Vordergrund. Die Kommune dagegen strebt aufgrund des öffentlichen Zwecks neben der Kapitalrendite eine sog. Stadtrendite an, die auf den Säulen Ökonomie, Ökologie und Soziales aufbaut und kurzfristig Verzicht auf Gewinne bedeuten kann. Der Ertrag wird eher langfristig sichtbar, ist oft nur qualitativ messbar und kommt mehr der Kommune als dem Unternehmen selbst zugute (vgl. Abbildung 4). Hieraus entsteht ein Zielkonflikt, der insbesondere dann zum Tragen kommt, wenn neben kommunalen auch private Gesellschafter an einem Unternehmen beteiligt sind.

Der Konflikt bzw. das Spannungsfeld wird dadurch noch größer, dass durch die Ausgliederung in selbstständige Unternehmen die direkte Einflussnahme der Kommune

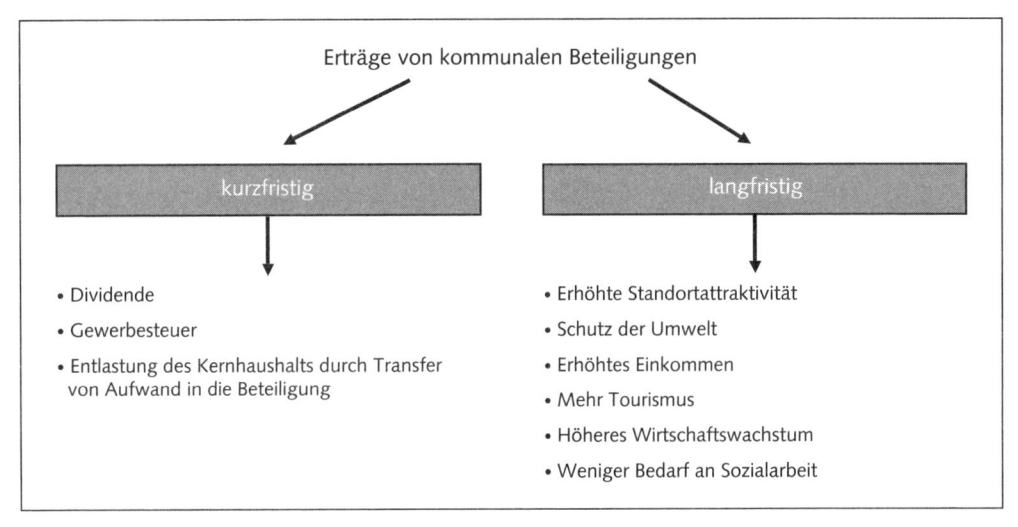

```
                    Erträge von kommunalen Beteiligungen
                    ╱                                    ╲
          kurzfristig                                          langfristig
              │                                                    │
              ▼                                                    ▼
• Dividende                                    • Erhöhte Standortattraktivität
• Gewerbesteuer                                • Schutz der Umwelt
• Entlastung des Kernhaushalts durch Transfer  • Erhöhtes Einkommen
  von Aufwand in die Beteiligung               • Mehr Tourismus
                                               • Höheres Wirtschaftswachstum
                                               • Weniger Bedarf an Sozialarbeit
```

Abb. 4: Erträge von kommunalen Beteiligungen

entfällt und die Verantwortung auf die Geschäftsführung und den Aufsichtsrat delegiert wird. Der Gemeinderat selbst kann seine Meinung entsprechend den Anteilsverhältnissen nur noch in der Gesellschafterversammlung vertreten, in der jedoch nicht über das operative Geschäft diskutiert und entschieden wird. Die Gemeinde ist daher darauf angewiesen, dass der öffentliche Zweck im Gesellschaftsvertrag verankert ist, die Geschäftsführung entsprechend handelt und der Aufsichtsrat seiner Funktion nachkommt.

Hauptsächlich hat der Aufsichtsrat gemäß § 111 Abs. 1 und 2 AktG eine kontrollierende Funktion, und zwar sowohl bezogen auf bereits vergangene Entwicklungen als auch auf die beabsichtigte Geschäftspolitik (vgl. § 90 AktG). Hieraus kann sogar eine Beratungspflicht abgeleitet werden, die sich in Anregungen und Verbesserungsvorschlägen ausdrückt. Die gewünschte Zusammenarbeit kommt auch im Deutschen Corporate Governance Kodex zum Ausdruck, wonach Aufsichtsrat und Management zum Wohle des Unternehmens eng zusammenarbeiten sollen (vgl. 3.1 DCGK).

Die Kommune als Gesellschafter eines Unternehmens »entsendet« die entsprechenden Aufsichtsräte aus den Reihen der Kommunalvertreter. Diese haben gemäß § 104 Abs. 3 GemO BW die Interessen der Gemeinde zu berücksichtigen und sind dieser gemäß der gesetzlichen und vertraglichen Regelung auskunftspflichtig.

Hier prallen nun zwei Grundsätze aufeinander, nämlich auf der einen Seite das Prinzip der Unabhängigkeit des Aufsichtsrats, auf der anderen Seite die gewünschte Interessenvertretung der Gemeinde. In der Praxis kann dies unter Umständen zu Problemen führen, da die Rechtslage nicht eindeutig ist und letztendlich im Einzelfall beurteilt werden muss.

Ein weiteres Konfliktfeld ergibt sich aus der Tatsache, dass in vielen Fällen hoch qualifizierte und entsprechend gut bezahlte Geschäftsführer in privaten Unternehmen Verwaltungsmitarbeitern als Beteiligungssteuerern gegenüberstehen. Bei einer wachsenden Zahl von Beteiligungen mit hoher wirtschaftlicher Bedeutung ist es für die

Verwaltungen zunehmend eine Herausforderung, die Steuerungsfunktion tatsächlich ausüben zu können. Verwaltungen müssen gewissen Verselbstständigungstendenzen von Beteiligungen und Zentrifugalkräften im Konzern Stadt entgegenwirken.

4.2 Ansätze für ein erfolgreiches Beteiligungsmanagement

Allein die Ausgliederung in eigenständige Rechtsformen macht die Erledigung einer Aufgabe weder besser noch wirtschaftlicher. Der Erfolg des Beteiligungsengagements hängt ganz entscheidend davon ab, inwieweit folgende Aufgaben gelöst werden:
- Einklang zwischen Unternehmenszielen und Zielen der Kommune
- zielorientierte Steuerung und Ergebnisüberwachung
- funktionierender Aufsichtsrat

Ohne explizite städtische Zielsetzung verfolgen Beteiligungen teilweise ihre eigenen Ziele, die nicht im städtischen Interesse liegen müssen. Die *Harmonisierung der Unternehmensziele mit den Zielen der Kommune* muss daher über den Gesellschaftsvertrag oder Konsortialvertrag durch Festlegung der gemeinsamen Absicht, des Ziels und evtl. der angestrebten Mindestrendite festgelegt werden. Darüber hinaus bietet sich eine Geschäftsanweisung an die Geschäftsführer an. Die Umsetzung der festgelegten Ziele sollte darüber hinaus durch Anreizsysteme für die Geschäftsführer unterstützt werden.

Sowohl für die Harmonisierung der Ziele als auch für die *zielorientierte Steuerung* kann eine Balanced Scorecard für das Beteiligungsunternehmen aus der Scorecard der Kommune abgeleitet werden (vgl. Abbildung 5). Die Mehrdimensionalität des Handels einer Kommune wird gewöhnlich über die vier Perspektiven Finanzen, Bürger, Personal- und Verwaltungsorganisation sowie Zukunftsorientierung beschrieben. Diese strategischen Ziele werden nun durch Definition von Zielen für das Beteiligungsunternehmen umgesetzt und durch Festlegung von Messgrößen und Maßnahmen operationalisiert. Damit lässt sich dieses Instrument sowohl für die strategische als auch für die operative Steuerung nutzen. Einerseits wird der Handlungsrahmen für den Managementprozess in der Beteiligung festgelegt, andererseits wird die Überwachung über die Beteiligungssteuerung in der Verwaltung wesentlich vereinfacht. Zudem kann allein schon die Entwicklung der BSC die Identifikation mit den gemeinsamen Zielen für Kommune und Beteiligung erhöhen.

Es ist von wesentlicher Bedeutung, dass das Management der Beteiligung den Ideenansatz der Balanced Scorecard mitträgt sowie die Vorteilhaftigkeit der Mehrdimensionalität und die Bedeutung der sog. »vorlaufenden« Leistungen erkennt. Dies sind solche, die kurzfristig ergebnisbelastend sind und sich oftmals erst zu einem späteren Zeitpunkt positiv auf die Ergebniszahlen auswirken. Unter Umständen sind gerade diese die wettbewerbsentscheidenden Faktoren.

Für die zielorientierte Steuerung innerhalb des Geschäftsjahres sind der Informationsaustausch und die ständige Kommunikation zwischen Kommune und Beteiligung von herausragender Bedeutung. Dies beginnt mit Planungsgesprächen im Vorfeld der Wirtschafts- und Finanzplanung und geht weiter mit regelmäßigen Jour-fixe-Terminen zwischen Beteiligungsmanagement und den Geschäftsführern, in denen wichtige

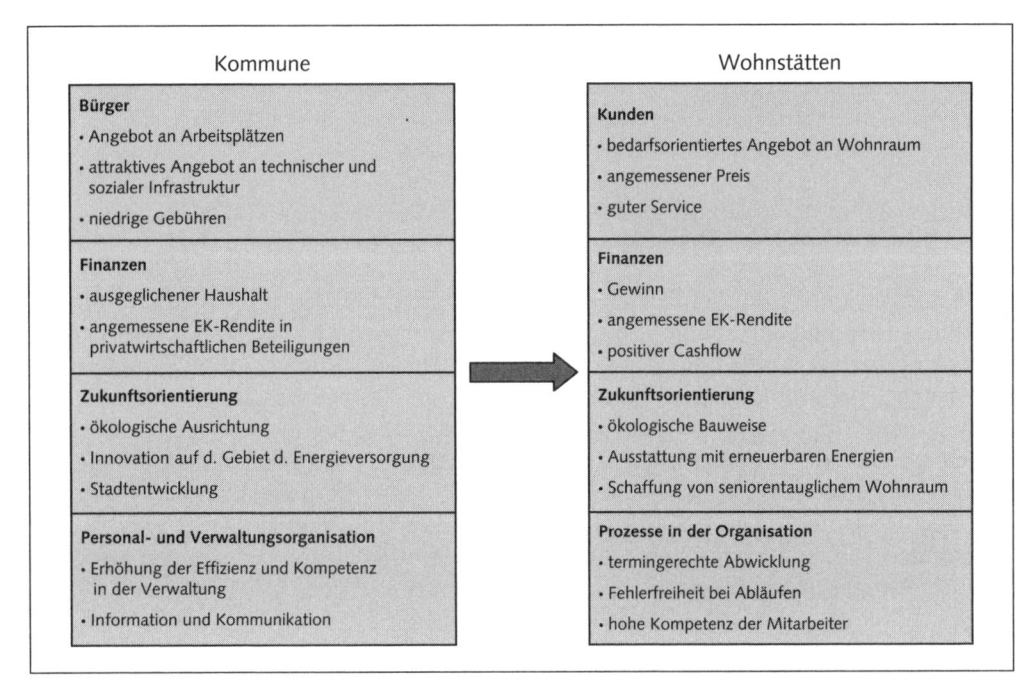

Kommune	Wohnstätten
Bürger • Angebot an Arbeitsplätzen • attraktives Angebot an technischer und sozialer Infrastruktur • niedrige Gebühren	**Kunden** • bedarfsorientiertes Angebot an Wohnraum • angemessener Preis • guter Service
Finanzen • ausgeglichener Haushalt • angemessene EK-Rendite in privatwirtschaftlichen Beteiligungen	**Finanzen** • Gewinn • angemessene EK-Rendite • positiver Cashflow
Zukunftsorientierung • ökologische Ausrichtung • Innovation auf d. Gebiet d. Energieversorgung • Stadtentwicklung	**Zukunftsorientierung** • ökologische Bauweise • Ausstattung mit erneuerbaren Energien • Schaffung von seniorentauglichem Wohnraum
Personal- und Verwaltungsorganisation • Erhöhung der Effizienz und Kompetenz in der Verwaltung • Information und Kommunikation	**Prozesse in der Organisation** • termingerechte Abwicklung • Fehlerfreiheit bei Abläufen • hohe Kompetenz der Mitarbeiter

Abb. 5: Balanced Scorecard der Kommune und eines Beteiligungsunternehmens

Vorgänge, neue Planungen und aktuelle wirtschaftliche Daten besprochen werden. Somit kann bereits im Vorfeld Einfluss auf Entscheidungen genommen und inhaltliche Konflikte können verringert oder gar vermieden werden.

Wichtig ist die Qualifikation der Verwaltungsmitarbeiter, damit sie in der Lage sind, Beteiligungen tatsächlich zu steuern und nicht nur zu verwalten. In Anbetracht der Entwicklung hin zum Konzern Stadt ist es von großer Bedeutung, dass Kommunen ein starkes Beteiligungsmanagement aufbauen.

Für die Sicherstellung der *Funktionsfähigkeit des Aufsichtsrates* ist eine Geschäftsordnung für Aufsichtsräte empfehlenswert, die sich am Deutschen Corporate Governance Kodex orientiert und in denen Rechte und Pflichten festgeschrieben werden. Dies sind insbesondere Zustimmungspflichten zu wichtigen Geschäften. Aufgrund der Bedeutung der Aufsichtsratsfunktion muss der Qualifikation von Aufsichtsratsmitgliedern ein stärkeres Augenmerk zukommen. Es darf nicht nur nach politischen, sondern es sollte auch nach weiteren Gesichtspunkten ausgewählt werden, wie z. B.:
- fachliche Qualifikation (wirtschaftlich, rechtlich, steuerlich)
- persönliche Erfahrung
- zeitliche Verfügbarkeit zur sorgfältigen und gewissenhaften Ausübung des Amtes
- Mindestkenntnisse hinsichtlich gesetzlicher und gesellschaftsvertraglicher Aufgaben

Sofern Lücken in der Erfüllung des Anforderungsprofils, insbesondere im fachlichen Bereich, vorhanden sind, können diese durch Schulungen ausgeglichen werden. Es muss erwartet werden, dass sich die Aufsichtsratsmitglieder in branchenspezifische Besonderheiten einarbeiten. Dies ist auch vor dem Hintergrund der Haftung und Schadensersatzpflicht zu empfehlen.

5 Fazit und Ausblick

Beteiligungen in Kommunen haben eine hohe Bedeutung. Sie wird vor dem Hintergrund des Haushaltskonsolidierungsdrucks und der gesellschaftlichen Verantwortung dieser Unternehmen weiter zunehmen. Da die strategische und operative Beteiligungssteuerung bislang nicht hinreichend ausgeprägt ist, besteht Handlungsbedarf, diese nach dem Vorbild der privatwirtschaftlich geführten Unternehmen zu entwickeln. Die besondere Aufgabe besteht darin, die Vielzahl der unterschiedlichen Geschäftsfelder im Einklang mit den Zielen der Kommune zu steuern und die Nachhaltigkeit des Wirtschaftens auch in privatwirtschaftlich geführten Unternehmen umzusetzen. Die Kommunen sollten dies als Chance begreifen, müssen aber die dadurch resultierende Verantwortung ernst nehmen.

Literatur

Ade, K./Neumaier-Klaus, E./Thormann, M./Kaufmann, R. (Hrsg.) (2005), Handbuch Kommunales Beteiligungsmanagement, Stuttgart 2005
Deutscher Corporate Governance Kodex, www.corporate-governance-code.de
Hille, D. (2003), Grundlagen des kommunalen Beteiligungsmanagements, Kommunale Unternehmen gründen, steuern und überwachen, München 2003
Horváth, P. (2008), Controlling, 11. Aufl., München 2008
Vöhringer, B. (2004), Computerunterstützte Führung in Kommunalverwaltung und -politik, Wiesbaden 2004

Cross Border Leasing – was nun?

Dr. Sven Christian Gläser*

1 Einleitung

2 Grundstruktur von CBL-Transaktionen

3 Motive für den Abschluss von CBL-Verträgen

4 Ausgewählte Risiken bei CBL-Transaktionen
    4.1   Steuerliche Risiken
    4.2   Bonitäts- und Insolvenzrisiken

5 Aktuelle Schwierigkeiten bei CBL-Transaktionen
    5.1   Steuerliche Probleme
    5.2   Probleme aufgrund der Finanzkrise

6 Handlungsbedarf für den Controller

7 Fazit

Literatur

---

* Dr. Sven Christian Gläser, Rechtsanwalt und Steuerberater, Prokurist, Ebner Stolz Mönning Bachem Partnerschaft, Stuttgart.

1 Einleitung

Seit Mitte der 1990er Jahre haben überwiegend Städte und Gemeinden sowie kommunale Unternehmen in ganz Europa mit US-amerikanischen Finanzinstituten Verträge über grenzüberschreitende Leasingverhältnisse in der Gestalt von Service-Contract-Konstruktionen abgeschlossen (Cross Border Leasing (CBL) oder US-Lease). In Deutschland handelt es sich Schätzungen zufolge um etwa 100 Städte mit 150 bis 200 Verträgen bei einem Gesamtvolumen zwischen 30 und 100 Milliarden Euro (vgl. *Georgi* 2009, S. 3).

Im Rahmen dieser Vereinbarungen werden vorzugsweise langlebige Wirtschaftsgüter der Daseinsvorsorge wie Wasserleitungen, Schienennetze, Kläranlagen und Kraftwerke langfristig an einen eigens zu diesem Zweck gegründeten US-amerikanischen Trust verleast (Head Lease) und sogleich für eine weit kürzere Dauer wieder zurückgemietet (Sub Lease). Nach Ablauf der Rückmietzeit steht dem Leasinggeber das Recht zu, gegen Zahlung eines bei Abschluss der Transaktion vereinbarten Preises seine Rechte an den Leasinggegenständen zurückzuerwerben und damit das Vertragsverhältnis zu beenden. Unmittelbar nach Vertragsschluss erfüllt der Investor seine Zahlungsverpflichtungen aus dem Head Lease, indem er den entsprechenden Betrag an mehrere Erfüllungsübernehmer – regelmäßig Kreditinstitute und Versicherungen – überweist. Diese erbringen in der Folgezeit sämtliche im Rahmen des Vertragswerks geschuldeten Leistungen des Leasinggebers, insbesondere die Mietzahlungen nach dem Sub Lease sowie bei Ausübung der Beendigungsoption den Rückerwerbspreis. Für seine Teilnahme an der Transaktion erhält der deutsche Vertragspartner einen Barwertvorteil in Höhe von meist 3 bis 5 % der Vertragssumme (vgl. *Römer/Herbeck* 2004, S. 42 f.).

Als Motivation für die Leasinggeschäfte wurde lange Zeit ein Steuervorteil genannt, der sich für den hinter dem Trust stehenden US-Investor ergebe, doch gibt es Anzeichen, dass auch die langfristige Absicherung von Forderungen durch bonitätsstarke Schuldner wie Kommunen und Kommunalunternehmen eine Rolle gespielt haben dürfte. Bereits bei Abschluss der Verträge haben einzelne Autoren die Ansicht vertreten, aus Sicht der US-amerikanischen Vertragspartner spielten nicht zuletzt Bürgschafts- und Gewährleistungselemente eine tragende Rolle (vgl. *Schacht* 2001, S. 230).

Aufgrund einer Änderung des US-amerikanischen Steuerrechts im Jahre 2004 ist zumindest der Steuervorteil entfallen, was dazu geführt hat, dass seitdem keine neuen Verträge mehr abgeschlossen wurden. Durch die Folgen der internationalen Finanzkrise ist das Thema Cross Border Leasing jedoch wieder in die öffentliche Diskussion zurückgekehrt, da die Ratingherabstufungen ehemals namhafter Finanzinstitute, die bei zahlreichen Transaktionen als Erfüllungsübernehmer fungieren, die deutschen Leasinggeber in vielen Fällen teuer zu stehen kommen. Diese sind nämlich vertraglich bei Unterschreiten eines bestimmten Bonitätsniveaus des Erfüllungsübernehmers zur Stellung von Ersatzsicherheiten verpflichtet und müssen im Insolvenzfall gar für dessen sämtliche Verbindlichkeiten aus der Transaktion einstehen.

Diese Entwicklung gibt Anlass, nach einem Überblick über Strukturen und Hintergründe von Cross-Border-Leasing-Verträgen die darin enthaltenen Risiken, nicht zuletzt im Angesicht der internationalen Finanzkrise, mögliche Lösungswege für die akuten Probleme sowie künftigen Handlungsbedarf für den Controller näher zu beleuchten.

2 Grundstruktur von CBL-Transaktionen

Grundlage jeder CBL-Transaktion ist ein Rahmenvertrag (Participation Agreement), welcher die grundsätzlichen Rechte und Pflichten aller Partner einer CBL-Transaktion regelt. Er beschreibt den Transaktionsgegenstand und verpflichtet den Anlageneigentümer, die übrigen Transaktionsbeteiligten von bestimmten Steuerforderungen freizustellen. Wie die operativen Verträge, so unterliegt auch der Rahmenvertrag US-amerikanischem Recht, regelmäßig demjenigen des Staates New York.

Im Rahmen des Hauptmietvertrags (Head Lease) vermietet der deutsche Vertragspartner (Lessor) seine Wirtschaftsgüter für bis zu 100 Jahre an einen eigens zu diesem Zweck vom Investor errichteten Treuhänder in der Rechtsform eines US-Single-Purpose-Trusts (Lessee). Dabei verbleibt aus deutscher Sicht das zivilrechtliche und wirtschaftliche Eigentum an den Leasinggegenständen in der Hand des Lessors. Zugleich wird zwischen beiden Parteien ein Rückmietvertrag (Sub Lease) abgeschlossen, wonach der Trust (Sublessor) seinem deutschen Vertragspartner (Sublessee) die Leasinggegenstände für bis zu 30 Jahre zurückvermietet. Während dieser Laufzeit ist der Sublessee zur uneingeschränkten Nutzung der Wirtschaftsgüter berechtigt und zugleich zu gewissenhafter Erhaltung und bestimmungsgemäßem Betrieb verpflichtet (vgl. *Sester* 2003/1, S. 4).

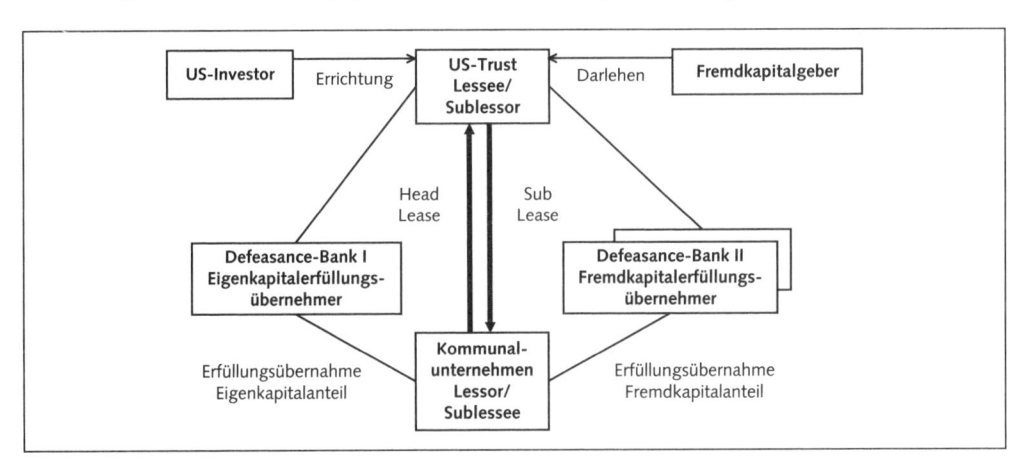

Abb. 1: Vertragsstruktur einer CBL-Transaktion

Nach Ablauf des Sub Lease stehen dem Sublessee regelmäßig folgende, vertraglich vereinbarte Handlungsmöglichkeiten offen (vgl. *Sester* 2003/1, S. 3):
- Er kann von der ihm hinsichtlich des Sub Lease eingeräumten Verlängerungsoption Gebrauch machen.
- Er kann gegen Zahlung eines bei Vertragsschluss festgelegten Optionspreises die Rechte des Lessees aus dem Head Lease zurückerwerben (Early Buyout Option). In diesem Fall erlöschen die Rechte und Pflichten im Rahmen des Head Lease durch Konfusion und werden die übrigen Vertragsverhältnisse beendet.
- Entscheidet sich das Kommunalunternehmen für keine dieser beiden Alternativen, ist der Trust berechtigt, die Leasinggegenstände einem Dritten entgeltlich zu überlas-

sen, der damit gegen Entgelt Dienstleistungen an den bisherigen Sublessee erbringt (Service Contract).

Der Trust refinanziert sich zu 80 bis 90 % durch Aufnahme von Fremdkapital (Leverage-Effekt). Zu diesem Zweck schließt er mit Kreditinstituten Darlehensverträge ab, welche die Möglichkeit der Ausübung der Early Buyout Option und damit der Beendigung der Transaktion berücksichtigen. Ein Rückgriff der Darlehensgeber auf den Investor ist dabei ausgeschlossen. Die restlichen 10 bis 20 % des Finanzierungsbedarfs werden durch Eigenmittel des US-Investors abgedeckt (vgl. *Günther/Niepel* 2002, S. 602).

Zur Erfüllung seiner Zahlungsverpflichtungen aus dem Sub Lease sowie der möglichen Ausübung der Rückerwerbsoption bedient sich der Sublessee der Dienste von Erfüllungsübernehmern. Im Rahmen eines dreiseitigen Vertrags (Payment Undertaking Agreement) verpflichten sich diese mittels eines Schuldbeitritts gegenüber dem Trust, die Zahlungsverpflichtungen des Sublessees neben diesem zu erfüllen. Rechtlich schuldet der Sublessee nach wie vor die Zahlung der laufenden Sub-Lease-Raten sowie ggf. des Optionspreises. Durch diese so genannte Defeasance-Struktur wird er aber wirtschaftlich von seiner Verbindlichkeit befreit, da er bei Ausübung der Rückerwerbsoption und planmäßigem Verlauf der Transaktion keine Leistungen mehr erbringen muss.

Nach Vertragsschluss erbringt der Lessee sämtliche im Rahmen des Head Lease geschuldeten Leistungen im Voraus, indem er den rechnerisch auf das Eigenkapital entfallenden Anteil unmittelbar an den Eigenkapitalerfüllungsübernehmer (Defeasance-Bank I) sowie den rechnerisch dem Fremdkapitalanteil entsprechenden Betrag direkt an die – regelmäßig sind es mehrere – Fremdkapitalerfüllungsübernehmer (Defeasance-Bank II) überweist. Den Barwertvorteil als Differenz zwischen den abgezinsten Beträgen der Head-Lease-Raten sowie der Sub-Lease-Raten und des Rückerwerbsoptionspreises abzüglich der Transaktionskosten erhält der deutsche Vertragspartner (vgl. *Roß/Drögemüller* 2004, S. 189f.).

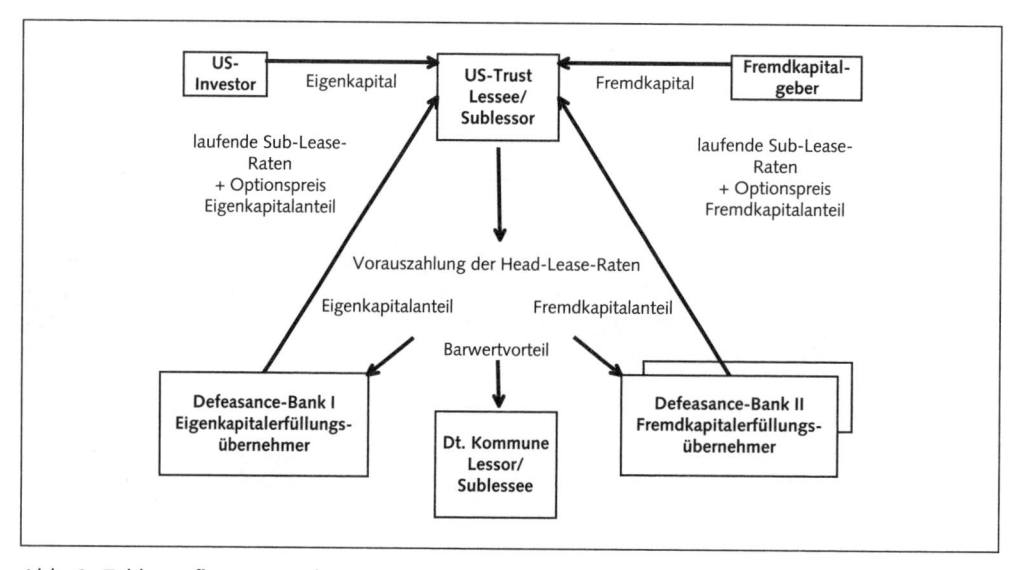

Abb. 2: Zahlungsflüsse im Rahmen einer CBL-Transaktion

3 Motive für den Abschluss von CBL-Verträgen

Hauptmotivation für den Abschluss eines CBL-Vertrags ist aus Sicht des US-Investors die Generierung eines Steuervorteils in Form einer Steuerstundung. Dabei wird im Wege der Steuerarbitrage die divergierende steuerrechtliche Zurechnung von Wirtschaftsgütern ausgenutzt, vorliegend die unterschiedliche Behandlung der CBL-Transaktion durch die deutsche und die US-amerikanische Rechtsordnung. Ein solcher negativer Qualifikationskonflikt ist nach dem geltenden Doppelbesteuerungsabkommen zwischen der Bundesrepublik Deutschland und den USA grundsätzlich zulässig. Die Attraktivität einer CBL-Transaktion begründet sich für beide Seiten vor allem darin, dass sie bilanzneutral durchgeführt werden kann und sich aus deutscher Sicht die Eigentumsverhältnisse an den betreffenden Wirtschaftsgütern nicht ändern (vgl. *Sester* 2003a, S. 6).

Beträgt die Laufzeit eines grenzüberschreitenden Leasingvertrags mindestens 99 Jahre, so wird der Lessee mit Sitz in den USA nach US-Steuerrecht als Eigentümer des betreffenden Wirtschaftsguts behandelt und ist berechtigt, dieses steuerwirksam abzuschreiben. Insgesamt stellen die Abschreibungsbeträge, die aktivisch abgegrenzte Mietvorauszahlung im Rahmen des Head Lease, die Transaktionskosten, soweit sie nicht vom Lessee zu tragen sind, sowie die Fremdkapitalzinsen für die aufgenommenen Darlehen aus Sicht des Trusts steuerlich abzugsfähigen Aufwand dar. Diesem gegenüber stehen die geringeren Einnahmen aus dem Sub Lease, was zu einer Verlustzuweisung beim Investor und damit bei diesem zu einem Steuerstundungseffekt führt (vgl. *Albrecht* 2005, S. 1900).

Von der Warte des deutschen Vertragspartners ist entscheidend, dass er durch die CBL-Transaktion weder das zivilrechtliche noch das wirtschaftliche Eigentum an den Leasingobjekten verliert und sich somit vollständig finanzierte und bereits in Betrieb befindliche Wirtschaftsgüter im Wege einer nachgelagerten Sonderfinanzierung dazu nutzen lassen, kurzfristig einen zusätzlichen Liquiditätszufluss zu generieren. Dieser Barwertvorteil fließt dem Kommunalunternehmen auf den ersten Blick ohne unmittelbare kaufmännische Gegenleistung zu.

Im Lichte der Folgen der weltweiten Finanzkrise erscheint jedoch nicht ausgeschlossen, dass aus der Sicht des US-Investors bzw. der involvierten Defeasance-Banken neben der Steuerersparnis auch noch andere Motive für den Abschluss von CBL-Transaktionen maßgeblich waren. So lassen sich die durch das Einstehen des – regelmäßig mit bester Bonität ausgestatteten – deutschen Vertragspartners langfristig besicherten Forderungen des Trusts gegen die Erfüllungsübernehmer im Rahmen von Finanzprodukten wie Credit Default Swaps nutzbar machen (vgl. *Roberts* 2009, S. 7). Diese Schlussfolgerung ist auch insofern nicht von der Hand zu weisen, als es sich bei den die Erfüllung der Verpflichtungen des deutschen Vertragspartners auf der Fremdkapitalseite übernehmenden Defeasance-Banken regelmäßig um Zweckgesellschaften (Special Purpose Vehicles) des den Trust mittels eines Darlehens fremdfinanzierenden Finanzkonzerns handelt.

4 Ausgewählte Risiken bei CBL-Transaktionen

Vorderhand erscheinen CBL-Transaktionen als Mittel der wundersamen Geldvermehrung für alle Beteiligten, entsteht doch bei oberflächlicher Betrachtungsweise der Eindruck, für den deutschen Vertragspartner erschöpfe sich die Teilnahme daran in der Unterschriftsleistung unter die Verträge und der Vereinnahmung des Barwertvorteils. Indes handelt es sich bei CBL-Transaktionen um hochkomplexe strukturierte Finanzierungen, denen eine Reihe von erheblichen Risiken namentlich für die deutsche Seite innewohnt. Hierzu zählen unter anderem das Risiko der Beschädigung oder des Untergangs des Leasingobjekts, das Risiko seines vertragsgemäßen Betriebs und Unterhalts sowie – angesichts der Abwicklung der gesamten Transaktion in US-Dollar und auf Grundlage des US-amerikanischen Zinsniveaus – Wechselkurs- und Zinsänderungsrisiken (hierzu eingehend *Ginsbach*, 2007, S. 99 ff. sowie *Günther/Niepel* 2002, S. 604 ff.). Der gebotenen Kürze und aktuellen Entwicklung Rechnung tragend soll nachfolgend nur auf die Steuerrisiken sowie die Bonitäts- und Insolvenzrisiken eingegangen werden.

```
                        Risiken des
                         US-Lease
         ┌──────────────────┼──────────────────┐
   Allgemeine         Leasingimmanente      Spezielle
 Vertragsrisiken          Risiken            Risiken
```

Insolvenzrisiken
- Insolvenz Kommune
- Insolvenz US-Trust
- Insolvenz Defeasance-Banken
- Insolvenz US-Investor

Finanzierungsrisiken
- Zinsänderungsrisiko
- Währungsrisiko
- Bonitätsrisiko

Risiken politisch-rechtlicher Natur
- (Steuer-)Rechtliche Änderungen
- Verschiedene Rechtsordnungen
- Steuerliche Anerkennung

Gestaltungsrisiken
- Konzeptionsrisiken
- Wegfall der Geschäftsgrundlage

Strukturelle Vertragsrisiken
- Kalkulatorische Richtigkeit
- Unberücksichtigte, unvollständige Sachfragen
- Vertragsabschlussrisiko

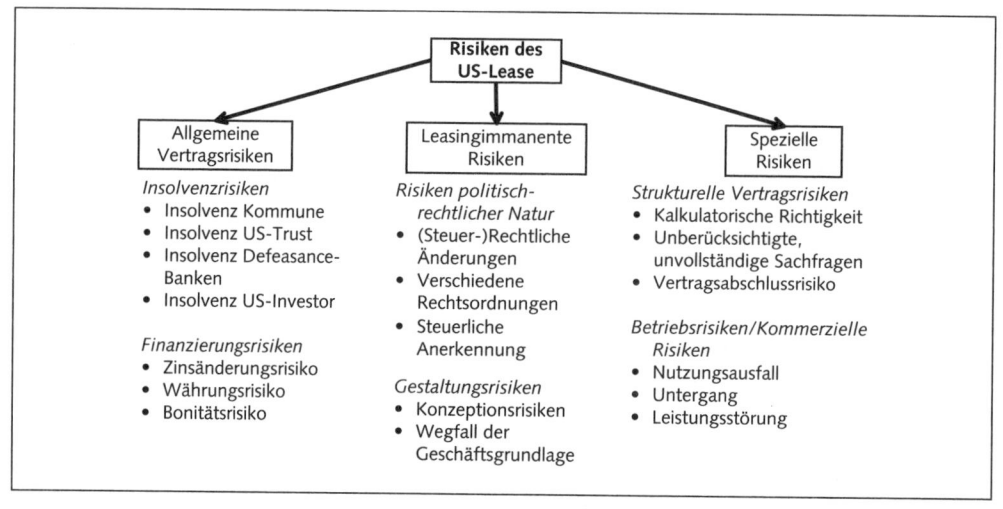

Betriebsrisiken/Kommerzielle Risiken
- Nutzungsausfall
- Untergang
- Leistungsstörung

Abb. 3: Wesentliche Risiken bei CBL-Transaktionen (vgl. *Günther/Niepel* 2002, S. 604)

4.1 Steuerliche Risiken

Von essenzieller Bedeutung für die in erster Linie steuergetriebene Transaktion und deren planmäßigen Verlauf ist ihre steuerliche Anerkennung sowohl in den USA als auch in Deutschland. Dabei trägt der Investor das Steueranerkennungsrisiko auf US-Seite, während das steuerliche Risiko auf deutscher Seite in die Sphäre des Lessors/Sublessees fällt.

Nach den vertraglichen Vereinbarungen trägt der Investor das alleinige Risiko der Nichtgewährung der antizipierten Steuervorteile in den USA, etwa aufgrund einer Änderung der anzuwendenden Steuergesetze, einer Änderung der maßgeblichen

Rechtsprechung oder einer gewandelten Verwaltungsauffassung bei der Auslegung des anwendbaren Rechts. Für diesen Fall ist der Lessor/Sublessee meist vertraglich verpflichtet, an einer Umstrukturierung der Transaktion mitzuwirken. Da eine rückwirkende Gesetzesänderung in den USA wenig wahrscheinlich, wenngleich nicht gänzlich ausgeschlossen ist, handelt es sich namentlich um das strukturelle Risiko unter geltendem Recht wie die Änderung der US-Steuertarife sowie der nur die US-Finanzverwaltung (Internal Revenue Service – IRS) bindenden Steuerregularien und nicht zuletzt der Nichtanerkennung der Transaktion als die Abschreibung rechtfertigenden True Lease (vgl. *Ginsbach* 2007, S. 156).

Das Risiko der steuerlichen Anerkennung der CBL-Transaktion in Deutschland wird durch einen Antrag auf verbindliche Auskunft über deren inländische steuerliche Folgen beim zuständigen deutschen Finanzamt reduziert, wenngleich nicht gänzlich ausgeschlossen. Denn verbindliche Auskünfte der Finanzverwaltung entfalten grundsätzlich nur dann Bindungswirkung, wenn der später verwirklichte Sachverhalt von dem der Auskunft zu Grunde gelegten Sachverhalt nicht oder nur unwesentlich abweicht. Da CBL-Transaktionen die Ersparnis US-amerikanischer Steuern zum Ziel haben, ist freilich die Gefahr der steuerlichen Nichtanerkennung durch die deutsche Finanzverwaltung vergleichsweise gering.

4.2 Bonitäts- und Insolvenzrisiken

Bei Abschluss des CBL-Vertrags übernimmt der deutsche Vertragspartner konstruktionsbedingt das Bonitäts- und Insolvenzrisiko insbesondere hinsichtlich der als Erfüllungsübernehmer fungierenden Defeasance-Banken (vgl. *Bühner/Sheldon* 2001, S. 318). Denn durch deren kumulativen Schuldbeitritt wird der Lessor/Sublessee nur wirtschaftlich von seiner Verpflichtung gegenüber dem Trust zur Leistung der laufenden Sub-Lease-Raten sowie des Optionspreises befreit; rechtlich bleibt er hierzu unverändert verpflichtet. Dabei obliegt dem deutschen Vertragspartner auch der Austausch der betreffenden Defeasance-Bank auf seine Kosten, wenn diese zwar nach wie vor hinreichend solvent ist, um ihren laufenden Verpflichtungen nachzukommen, jedoch ihr Rating unter ein vertraglich vereinbartes Mindestniveau fällt.

Neben der Bonität der Defeasance-Banken hat der deutsche Vertragspartner nach den vertraglichen Regelungen auch für seine eigene Bonität einzustehen. Aufgrund regelmäßig fehlenden eigenen Ratings des Kommunalunternehmens sind Ausgangspunkt des Vertragsschlusses zwischen dem Trust und dem deutschen Vertragspartner die Spitzenratings der Bundesrepublik Deutschland sowie der deutschen Bundesländer (AAA bei Standard & Poor's, Aaa bei Moody's etc.). Diese erstklassige Bonität wird den Kommunen aufgrund der kommunalen Finanzausgleichssysteme der Länder sowie den Erfahrungen pünktlicher Zahlungsweise in der Vergangenheit zugebilligt (vgl. *Ginsbach* 2007, S. 174 f.). Eine Ratingherabstufung des Bundeslandes, dessen Kommunalrecht der deutsche Vertragspartner unterliegt oder in welchem er seinen Sitz hat, oder der Bundesrepublik Deutschland verpflichtet den Lessor/Sublessee ggf. zur Stellung zusätzlicher Kapitalsicherheiten bzw. im schlimmsten Fall zur Zahlung der Kündigungswerte. Kommt es während der Vertragslaufzeit zu einer Verschlechterung des Ratings der Bundesrepublik Deutschland bzw. des betreffenden Bundeslandes unter das vertraglich vereinbarte Niveau (Trigger Event), ist der Trust also berechtigt, zusätzliche Sicherheiten zu fordern.

5 Aktuelle Schwierigkeiten bei CBL-Transaktionen

Die nachfolgend dargestellten steuerlichen Risiken sowie Bonitäts- und Insolvenzrisiken haben in jüngster Zeit besondere Brisanz gewonnen. So hat sich in steuerlicher Hinsicht das Risiko der Nichtanerkennung der Service-Contract-Konstruktionen durch den IRS realisiert. Daneben hat sich im Zuge der weltweiten Finanzkrise in einer Vielzahl von Fällen die Bonität der beteiligten erfüllungsübernehmenden Finanzinstitute derart verschlechtert, dass sie den vertraglichen Mindestanforderungen nicht mehr genügt. Insolvenzen von Erfüllungsübernehmern sind noch nicht bekannt geworden, jedoch keineswegs auszuschließen.

5.1 Steuerliche Probleme

Seit Februar 2005 qualifiziert der IRS CBL-Transaktionen in einer Verwaltungsrichtlinie als missbräuchliche Steuerumgehung (Abusive Tax Shelters and Transactions). Während die Änderung des US-Steuerrechts nur auf nach Verabschiedung des Gesetzes im Oktober 2004 abgeschlossene Verträge anwendbar ist, bezieht sich die Richtlinie des IRS auch auf vor diesem Zeitpunkt geschlossene Vereinbarungen. Zur Begründung wird angeführt, dem Trust würden weder Nutzen noch Lasten und damit kein wirtschaftliches Eigentum an den Leasingobjekten übertragen, außerdem nehme die Gesamtkonstruktion der Early Buyout Option aufgrund der hohen Wahrscheinlichkeit ihrer Ausübung den zur Anerkennung erforderlichen Optionscharakter. Diese Auffassung wurde zwischenzeitlich gerichtlich in einem Urteil des United States District Court für den Northern District of Ohio vom 28.05.2008 bestätigt und dem klagenden Investor der geltend gemachte steuerliche Abschreibungsaufwand versagt.

Obgleich das Risiko der steuerlichen Anerkennung der CBL-Transaktion in den USA beim Investor liegt, verschärft die Qualifikation durch den IRS als nicht anzuerkennende Steuerumgehung für den deutschen Vertragspartner die Gefahr, dass Vertragsverletzungen gegen ihn geltend gemacht werden. Im Einzelnen enthalten das Participation Agreement sowie die operativen Verträge Head Lease und Sub Lease eine große Zahl vertraglicher Verpflichtungen mit komplexen Regelungen für den Fall von Leistungsstörungen (vgl. *Sester* 2003b, S. 1837 f.). Diese enthalten die Beschreibung der Leistungspflichten und Garantien (Covenants, Representations, Warranties), die Definitionen von Leistungspflichtverletzungen (Events of Default) sowie die Festlegung der aus den Vertragsverletzungen resultierenden Sekundäransprüche (Default Remedies). Zu letzteren zählt insbesondere das Recht, die Verträge zu kündigen und die für jeden Monat der Vertragslaufzeit im Vorhinein festgelegten Kündigungswerte

(Termination Values) zu verlangen. Diese basieren auf den vom Trust im Rahmen des Sub Lease noch zu beanspruchenden Zahlungen sowie einem Ausgleich für entgangene Zinsen. Neben den Leistungsstörungen werden bestimmte Ereignisse definiert, deren Eintritt den Lessor/Sublessee meist zur Stellung zusätzlicher Sicherheiten verpflichtet (Trigger Events).

Vor dem Hintergrund der ggf. verlorenen Steuervorteile des Investors könnte jeglicher nicht innerhalb der hierfür vorgesehenen Fristen geheilte Verstoß gegen die vertraglichen Pflichten des Lessors/Sublessees als willkommener Anlass genommen werden, die problembehaftete Transaktion mit Verweis auf einen Event of Default und unter Einforderung der Termination Values ohne wirtschaftliche Einbußen vorzeitig zu beenden.

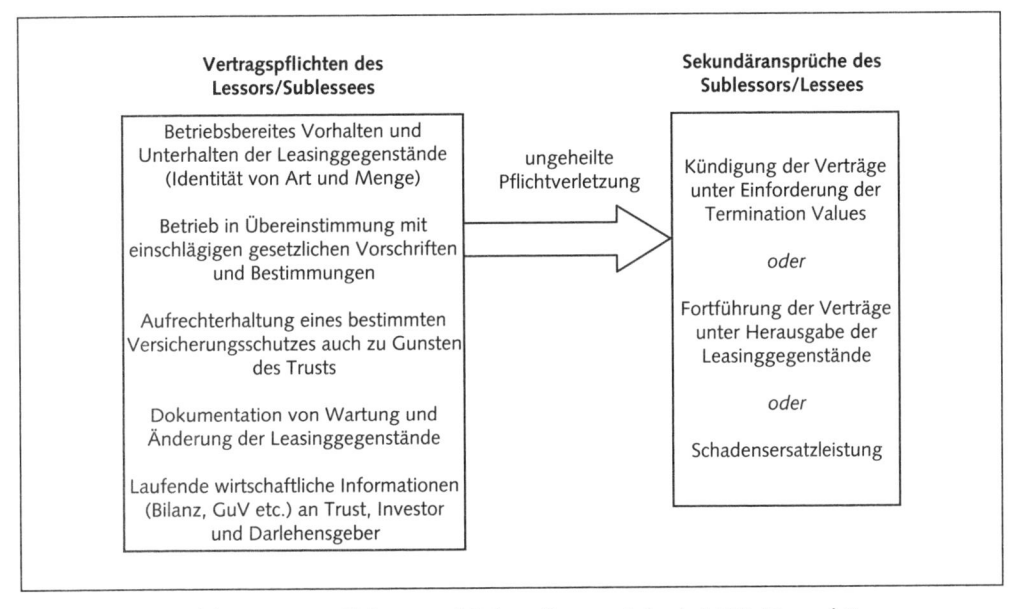

Abb. 4: Ausgewählte Vertragspflichten und Sekundäransprüche bei CBL-Transaktionen

5.2 Probleme aufgrund der Finanzkrise

Um das Ausfallrisiko hinsichtlich der involvierten Erfüllungsübernehmer zu minimieren, wurden hierzu regelmäßig Finanzinstitute mit herausragenden Bonitätsnoten ausgewählt. Zusätzlich obliegt dem Lessor/Sublessee für den Fall, dass das Rating eines Erfüllungsübernehmers unter ein vertraglich vereinbartes Mindestniveau fällt (Trigger Event), die Verpflichtung, diesen auf eigene Kosten durch ein anderes, den vertraglichen Anforderungen genügendes Institut zu ersetzen. Die Auswirkungen der internationalen Finanzkrise haben dazu geführt, dass das Rating zahlreicher als Erfüllungsübernehmer in CBL-Transaktionen eingeschalteter Banken und Versicherungen unter das jeweilige vertragliche Mindestniveau abgestuft wurde.

Indes lässt sich die nach Eintritt des Trigger Events bestehende Verpflichtung des Lessors/Sublessees zum Austausch des Erfüllungsübernehmers unter den besonderen, krisenbedingten Umständen in vielen Fällen nicht ohne weiteres erfüllen. Denn kaum noch ein Finanzinstitut weist den geforderten Ratingstandard auf, wobei Fälle bekannt geworden sind, in denen niemand den vertraglichen Kriterien gerecht zu werden imstande war. Daher wird mit Einverständnis des Investors häufig auf die – vertraglich regelmäßig nicht vorgesehene – Ausweichlösung des Erwerbs von US-Staatsanleihen zurückgegriffen, die an den Trust verpfändet werden. Dem Bonitätskriterium wird damit mittelbar durch Einschaltung der Vereinigten Staaten von Amerika als hinreichend bonitätsstarkem Drittschuldner Genüge getan. Dabei sind grundsätzlich zwei Wege denkbar, die auch in der Praxis je nach Lage des Falles beschritten werden:

Entweder werden US-Staatsanleihen in dem Umfang und mit der Laufzeit und Verzinsung erworben und verpfändet, wie es zur Bedienung sämtlicher noch ausstehenden Zahlungen an den Trust zu den vorgesehenen Terminen erforderlich ist. Der Vertrag mit dem bisherigen Erfüllungsübernehmer wird dann beendet und dieser gegen Zahlung des – in der Regel deutlich unter dem planmäßigen Vertragswert liegenden – Marktwerts aus seinen Verpflichtungen aus demselben entlassen. Der deutsche Vertragspartner trägt in diesem Fall die Kosten, die sich aus der Differenz zwischen dem Kaufpreis der zu erwerbenden US-Staatsanleihen und dem vom scheidenden Erfüllungsübernehmer gezahlten Marktwert ergeben.

Oder Erwerb und Verpfändung von US-Staatsanleihen erfolgen nur insoweit, als dies erforderlich ist, um die durch die schlechtere Bonität des Erfüllungsübernehmers entstandene Besicherungslücke zu schließen. Im Übrigen wird die Erfüllungsübernahmevereinbarung unverändert durchgeführt. Diese Vorgehensweise bietet die Aussicht, dass das betreffende Finanzinstitut ungeachtet seines gesunkenen Ratings in Zukunft in der Lage sein wird, seinen übernommenen Verpflichtungen vollständig nachzukommen und somit die erworbenen Staatsanleihen nicht zu Gunsten des Trusts, sondern des Lessors/Sublessees verwertet werden können. Gleichzeitig birgt sie das Risiko, dass aufgrund sich weiter verschlechternder Bonität des Erfüllungsübernehmers zusätzliche Sicherheiten in Form von US-Staatsanleihen erworben werden müssen – bis hin zu einem teilweisen oder totalen Ausfall mit der Folge entsprechenden Einstehenmüssens seitens des deutschen Vertragspartners.

Alternativ zur Fortsetzung der Transaktion ist eine einvernehmliche vorzeitige Beendigung der operativen Verträge denkbar und auch in der Praxis bereits vorgekommen. Freilich bedarf es hierzu einer Einigung zwischen den Parteien über die an den Trust zu leistende Schlusszahlung. Da der von den Erfüllungsübernehmern gezahlte Marktwert ihrer Verbindlichkeit in den wenigsten Fällen dem aktuellen Vertragswert nebst möglicher Vorfälligkeitsentschädigung entspricht, muss der Lessor/Sublessee auch hier mit erheblichen Zusatzkosten rechnen. Die Aufwendungen für wirtschaftliche und rechtliche Beratung trägt er in jedem Fall.

Die nunmehr zur Restrukturierung oder Beendigung der CBL-Transaktionen erforderlichen, in einer Reihe von Fällen den bei Vertragsschluss vereinnahmten Barwertvorteil bei weitem übersteigenden Aufwendungen der deutschen Vertragspartner legen die Frage nahe, ob diese seinerzeit von ihren Beratern richtig und vollständig über die den Verträgen immanenten Risiken aufgeklärt worden sind und ihre Entscheidung danach ausrichten konnten. War dies nicht der Fall, was im Einzelfall genau zu prüfen ist, kommt die Geltendmachung von Schadensersatzansprüchen in Betracht (vgl. *Roberts* 2009, S. 7).

Schließlich ist die steuerliche Beurteilung der im Rahmen der Restrukturierung bzw. Beendigung einer Transaktion vom deutschen Vertragspartner zu tragenden Aufwendungen von großer wirtschaftlicher Bedeutung. Der Barwertvorteil wurde nämlich sofort nach Vertragsschluss und Zahlung nach einem eigens für CBL-Transaktionen ergangenen bundesweiten Erlass der Finanzverwaltung vom 22.04.1999 ungeachtet der jahrzehntelangen Laufzeit der Verträge sofort und ohne passive Abgrenzung der Besteuerung unterworfen. Verluste können indes nur ein Jahr zurückgetragen werden und auch der Verlustvortrag findet seine Grenzen in der Mindestbesteuerung (§ 10d Einkommensteuergesetz). Ohnehin wird in nicht wenigen Fällen einer steuerlichen Nutzung der Aufwendungen mittels Verrechnung mit zukünftigen Gewinnen entgegenstehen, dass ein Kommunalunternehmen satzungsgemäß gar keine Überschüsse erwirtschaftet. Einen denkbaren Weg zur steuerlichen Berücksichtigung des Aufwands dürfte die Annahme eines rückwirkenden Ereignisses im Sinne des § 175 Abgabenordnung (AO) darstellen, wenngleich dabei durch die Rechtsprechung des Bundesfinanzhofs aufgestellte hohe Hürden zu überwinden sind. Bei der Restrukturierung und Fortführung eines Vertrags kommen häufig Probleme durch die Einschaltung von ausländischen Zweckgesellschaften, etwa als insolvenzfernes Akquisitionsvehikel zum Erwerb der zu verpfändenden US-Staatsanleihen, hinzu. Mit Argusaugen betrachtet die Finanzverwaltung derartige Gestaltungen, namentlich im Hinblick auf eine mögliche, von § 42 AO sanktionierte missbräuchliche Umgehung.

6 Handlungsbedarf für den Controller

Angesichts der vorstehend beschriebenen Risiken für den deutschen Vertragspartner von CBL-Transaktionen ergibt sich für die Verantwortungsbereiche des Risikomanagements und des Risikocontrollings erheblicher Handlungsbedarf. Ganz allgemein ist Ziel der Erkennung, Bewertung und Steuerung von Risiken durch Risikocontrolling unter anderem die Minderung der Risikokosten durch das frühzeitige Erkennen von Bedrohungsausmaßen und des Chancenpotenzials sowie durch das zielgerichtete Ausnutzen von Handlungsspielräumen mittels aktiven Verhaltens (vgl. *Horváth* 2008, S. 137 f.). Damit ist es für den mit einer CBL-Transaktion konfrontierten Controller entscheidend, die individuellen Risiken des konkreten Einzelfalls zu identifizieren, sie dem Grunde und der Höhe nach zu bewerten und sodann gezielt durch aktives Handeln zu steuern.

Bei Fortführung der jeweiligen CBL-Transaktion ist demnach für den deutschen Vertragspartner von entscheidender Bedeutung, zum einen die Risiken einer eigenen Leistungspflichtverletzung und zum anderen die Risiken einer Ratingherabstufung der beteiligten Erfüllungsübernehmer, der Bundesrepublik Deutschland bzw. des betreffenden Bundeslandes sowie – bei Stellung zusätzlicher Sicherheiten durch Erwerb von US-Staatsanleihen – der USA zu identifizieren und zu bewerten. Auch nach Beendigung der Verträge sind mögliche Aussichten auf Begrenzung des eingetretenen Schadens durch Geltendmachung von Haftungsansprüchen gegenüber den im Vorfeld der Transaktion und bei Vertragsschluss beteiligten Beratern sowie durch Rückforderung zu viel gezahlter Steuern detailliert zu prüfen.

Zur Vermeidung eines Events of Default sind sämtliche vertraglichen Verpflichtungen des Lessors/Sublessees genau einzuhalten und auch Verstöße gegen bislang nur als bloße Formsache angesehene Klauseln strikt auszuschließen. Möglich ist dies nur mit Hilfe eines aktiven Risikomanagements in Verbindung mit einem sachgerechten Pflichten- und Vertragsmanagement. Von zentraler Bedeutung ist dabei aufgrund der drohenden Sekundäransprüche des Trusts ein laufendes Monitoring hinsichtlich des Risikos des einseitigen Vertragsbruchs über die gesamte Laufzeit bis hin zum Break-even. Dieses hat neben der regelmäßigen Kontrolle des vertragskonformen Betriebs des Leasinggegenstands auch etwaige Risikoveränderungen zu beinhalten. Bereits in der Vergangenheit hat sich ein in vielen Fällen erstelltes Transaktionshandbuch (Compliance Memorandum) als sinnvolles Instrument erwiesen, eigene Vertragsverstöße bestmöglich auszuschalten und risikoerhöhende Ereignisse zu identifizieren, zu überwachen und ggf. abzuwenden. In diesem Pflichtenheft werden im Idealfall alle handlungsrelevanten wesentlichen Auskunfts-, Mitteilungs- und Mitwirkungspflichten sowie einzuhaltende Fristen aufgezählt. Für den Eintritt unvorhergesehener Umstände ist zur Erstellung eines vorläufigen Einsatzplans zu raten, um ein zeitnahes Krisenmanagement zu gewährleisten und gleichwohl eingetretene Pflichtverletzungen innerhalb der vertraglich vorgesehenen Fristen zu heilen (vgl. *Ginsbach* 2007, S. 269).

Im Hinblick auf den möglichen Eintritt eines Trigger Events namentlich aufgrund einer Ratingherabstufung empfiehlt sich die Implementierung eines aktiven kennziffergesteuerten Risikomanagements zur Überwachung der Rating-Performance aller relevanten Schuldner.

7 Fazit

Das Thema Cross Border Leasing wird die Fachwelt wie auch die interessierte Öffentlichkeit noch eine Weile beschäftigen. Die Laufzeit des letzten in Deutschland abgeschlossenen Vertrags endet planmäßig erst in einigen Jahrzehnten. Bis dahin wird sich zeigen, ob die im Rahmen aktuell erforderlicher Restrukturierungen ergriffenen Maßnahmen zu einer Stabilisierung der betroffenen CBL-Transaktionen führen werden und diese regulär beendet werden können (regelmäßig durch Ausübung der Early Buyout Option).

Einen wesentlichen Beitrag hierzu kann ein auf die spezifischen Bedürfnisse des jeweiligen Einzelfalls abgestimmtes Risikocontrolling Hand in Hand mit einem entsprechend entwickelten Pflichten- und Vertragsmanagement leisten. Im Fokus zu stehen haben dabei die Vermeidung einer Leistungspflichtverletzung seitens des deutschen Vertragspartners sowie die Begrenzung der wirtschaftlichen Folgen des Eintritts eines Trigger Events auf ein vertretbares Maß. Darüber hinaus kann durch eine sachgerechte Abschätzung des Schadensminderungspotenzials, etwa durch Geltendmachung von Haftungs- oder Steuererstattungsansprüchen, ein Nettoverlust aus der Transaktion vermieden oder zumindest reduziert werden. Schließlich ist während der gesamten

Vertragslaufzeit die Rentabilität der Transaktion ständig zu überprüfen, um ggf. den aus einer einvernehmlichen vorzeitigen Beendigung resultierenden positiven wirtschaftlichen Effekt nutzen zu können. Hierbei sind die bei Aufrechterhaltung des Vertragsverhältnisses entstehenden Aufwendungen sowie deren Risiko-Ertrags-Profil zu quantifizieren und den anlässlich einer vorzeitigen Vertragsauflösung anfallenden Kosten gegenüberzustellen.

Im Vergleich zu den im äußersten Fall enormen Kosten, die eine Realisierung der beschriebenen Risiken bedeuten kann, muten die für ein adäquates Controlling aufzuwendenden Beträge vergleichsweise bescheiden an. Gleiches gilt bei konsequenter Nutzung sich bietender Ertragschancen.

Literatur

Albrecht, A. (2005), Cross Border Leasing – Chancen und Risiken eines kommunalen Finanzierungsinstruments, in: Internationale Wirtschaftsbriefe, 18/2005, Gruppe 2, S. 1897–1910

Bühner, A./Sheldon, C. (2001), US-Leasingtransaktionen – Grundstrukturen einer grenzüberschreitenden Sonderfinanzierung – Chancen und Risiken für kommunale Anlageneigentümer, in: Der Betrieb, 6/2001, S. 315–318

Georgi, O. (2009), Kaum jemand las das Kleingedruckte, in: Frankfurter Allgemeine Zeitung, 17.03.2009, S. 3

Ginsbach, S. (2007), Cross-Border-Leasing als Instrument der Kommunalfinanzierung: Eine finanzwirtschaftliche Analyse unter besonderer Berücksichtigung der Risiken, Saarbrücken 2007

Günther, T./Niepel, M. (2002), Aufbau und Risiken des kommunalen US-Lease-in/Lease-out in Deutschland – Beratungsbedarf durch rechts- und steuerberatende Berufe, in: Deutsches Steuerrecht, 14/2002, S. 601–608

Horváth, P. (2008), Controlling, 11. Aufl., München 2008

Roberts, J. (2009), Das Wasserwerk als Sicherheit für Spekulanten, in: Stuttgarter Zeitung vom 03.01.2009, S. 7

Römer, M./Herbeck, I.-H. (2004), Das Cross-Border-Leasing – eine Orientierung, in: apf, Ausbildung – Prüfung – Fortbildung, Zeitschrift für die staatliche und kommunale Verwaltung, 3/2004, S. 41–47

Roß, N./Drögemüller, S. (2004), Handelsbilanzrechtliche Behandlung von US-Lease-in/Lease-out-Transaktionen, in: Die Wirtschaftsprüfung, 5/2004, S. 185–193

Sester, P. (2003a), Tatbestand und rechtliche Struktur des Cross-Border-Leasings, in: Zeitschrift für Bankrecht und Bankwirtschaft, 2/2003, Sonderdruck, S. 1–13

Sester, P. (2003b), US-Cross-Border-Leasing: Eine Risikoanalyse – unter besonderer Berücksichtigung der Risiken aus einer Insolvenz des US-Trusts und aus deliktischen Klagen in den USA, in: Wertpapiermitteilungen, 38/2003, S. 1833–1842

Schacht, J. (2001), Probleme und Risiken der »Cross-Border-Leasinggeschäfte«, in: Kommunale Steuer-Zeitschrift, 12/2001, S. 229–232

Autorenverzeichnis

Dr. Ralf v. Baer
Vorsitzender der Geschäftsleitung
Putzmeister Holding GmbH
Aichtal

Dr. Carsten Bange
Geschäftsführender Gesellschafter
BARC GmbH
Würzburg

Alexander Becker
Head of Internal Accounting and
Controlling
BMS AG
Leverkusen

Dr. Stefanie Beckmann
Project Associate
Verlagsgruppe Handelsblatt GmbH
Düsseldorf

Thomas Bögelein
Leiter Organisationsreferat
Finanzministerium Baden-Württemberg
Stuttgart

Univ.-Prof. Dr. Thomas M. Fischer
Inhaber des Lehrstuhls für Rechnungswesen und Controlling
Friedrich-Alexander-Universität
Erlangen-Nürnberg
Nürnberg

Dr. Sven Christian Gläser
Rechtsanwalt und Steuerberater, Prokurist
Ebner Stolz Mönning Bachem
Partnerschaft
Stuttgart

Boris Gleißner
Mitglied des Bereichsvorstands
des Geschäftsbereichs Power Tools
Robert Bosch GmbH
Leinfelden-Echterdingen

Prof. Dr. Peter Gomez
Dean der Executive School of
Management, Technology and Law
Universität St. Gallen
St. Gallen, Schweiz

Prof. Dr. Bernd Halfar
Dekan der Fakultät Soziale Arbeit
Katholische Universität
Eichstätt-Ingolstadt
Eichstätt
Partner
Unternehmensberatung
xit.forschen.planen.beraten
Nürnberg

Dr. Elizabeth Harrison
Geschäftsführerin
Oberschwaben Klinik gGmbH
Ravensburg

Jana Heimel
Consultant
Horváth & Partner GmbH
Stuttgart

Ellen Hohenfeld
Leitung Controlling and Finance
Excellence des Geschäftsbereichs Power
Tools
Robert Bosch GmbH
Leinfelden-Echterdingen

Katrin Hummel
Project Controller
Alstom Hydro Schweiz AG
Birr, Schweiz

Dr. Catharina Kriegbaum-Kling
Leiterin Controlling und Finanzen
TRUMPF Werkzeugmaschinen
GmbH + Co. KG
Ditzingen

Dr. Carsten Lehr
Mitglied der Geschäftsleitung
Bundesrepublik Deutschland –
Finanzagentur GmbH
Frankfurt am Main

René Linsner
Principal
Horváth & Partner GmbH
Stuttgart

Dr. Arno Mahlert
Vorsitzender des Vorstands (bis 15.05.09)
maxingvest ag
Hamburg
Vorsitzender des Aufsichtsrats
GfK SE
Nürnberg
Vorsitzender des Aufsichtsrats
Springer Science and Business Media S.A.
Luxemburg

Dr. Uwe Michel
Senior Partner
Leiter Competence Center Controlling
und Finanzen
Horváth & Partner GmbH
Stuttgart

Altfrid Neugebauer
Senior Partner
Horváth & Partner GmbH
München

Meinhard Remberg
Generalbevollmächtigter
SMS GmbH
Hilchenbach

Wolfgang Rieger
Geschäftsführer
Zentrum für Psychiatrie Südwürttemberg
Bad Schussenried

Lothar Sander
Vorstand Controlling und Rechnungs-
wesen der Marke VW PKW
Volkswagen AG
Wolfsburg

Holger Schmidt
Senior Project Manager
Horváth & Partner GmbH
Berlin

Dr. h.c. Klaus Schmidt
Vorsitzender der Vorstände
DEKRA e.V. und DEKRA AG
Stuttgart

Martin Schomaker
Vorstandsvorsitzender
R. STAHL AG
Waldenburg

Michael Schopf
Referent Controlling
Bundesagentur für Arbeit
Nürnberg

Dr. Klaus Schuberth
Bereichsleiter Controlling
Bundesagentur für Arbeit
Nürnberg

Stefan Schuhmann
Leiter Zentralbereich Steuern
TRUMPF GmbH + Co. KG
Ditzingen

Thomas Spitzenpfeil
Finanzvorstand
Zumtobel AG
Dornbirn, Österreich

Prof. (HSG) Dr. Sascha Spoun
Präsident
Leuphana Universität Lüneburg
Lüneburg

Barbara Stahl
Beteiligungsmanagerin
Stadt Sindelfingen
Sindelfingen

Dr. Bernd Vöhringer
Oberbürgermeister
Stadt Sindelfingen
Sindelfingen

Jan Vycital
Finanzdirektor
OOO Volkswagen Group RUS –
NSC Moskau
Moskau, Russland

Dr. Volker Wendel
CFO
AMEOS Gruppe
Zürich, Schweiz

Dr. Peter Zattler
Mitglied der Geschäftsführung und CFO
Giesecke & Devrient GmbH
München